Die Grenzen der erwerbswirtschaftlichen Betätigung der Kommunen

Christian Kuntze

Die Grenzen der erwerbswirtschaftlichen Betätigung der Kommunen

Ein Leitfaden für die Praxis

DEUTSCHER INSTITUTS-VERLAG

Die Deutsche Bibliothek – CIP-Einheitsaufnahme

Kuntze, Christian:
Die Grenzen der erwerbswirtschaftlichen Betätigung der Kommunen: ein Leitfaden für die Praxis / Christian Kuntze. – Köln: Dt. Inst.-Verl., 2002
ISBN 3-602-14585-9

Postfach 51 06 70, 50942 Köln
Gustav-Heinemann-Ufer 84–88
50968 Köln
Telefon (02 21) 49 81–4 52
Telefax (02 21) 49 81–4 45
E-Mail: div@iwkoeln.de
Internet: www.divkoeln.de

Druck: Reiner Winters GmbH, Wissen/Sieg

Inhalt

Anhang

Vorbemerkungen

1 Die Konfliktherde zwischen Privatwirtschaft und erwerbswirtschaftlicher Betätigung der Kommunen

Seit Beginn der neunziger Jahre weiten die öffentliche Hand, besonders die Städte und Gemeinden, mit großem Einfallsreichtum und von neuartigem Unternehmertum beseelt ihre wirtschaftlichen Aktivitäten mit „Goldgräberstimmung" aus. Kommunen – mögen sie groß oder klein, finanzstark oder hoch verschuldet sein – treten außerhalb ihrer eigentlichen daseinsvorsorgenden Aufgaben auf dem im Allgemeinen vom Wettbewerb dominierten Markt als Hersteller, Anbieter oder Verteiler von Gütern und Dienstleistungen in Bereichen auf, in denen bislang nur Private anzutreffen waren.

So betreiben Gemeinden nicht nur öffentliche, daseinsvorsorgende Verkehrsbetriebe, wie z. B. den MVV in München, oder bemühen sich um eine ausreichende Trinkwassergrundversorgung, sondern bieten ihren Gemeindebürgern wie auch weit über ihre Gemeindegrenzen hinaus den Gemeindefremden auf dem privaten Markt Lagerhallen, Anschlagtafeln, Kühlanlagen, Märkte und Ausstellungen, Weingüter, Steinbrüche, Wohnungsvermittlungstätigkeiten, Kiesgruben, Gebäudemanagementleistungen, Druckereien für Geburtsanzeigen oder Hochzeitseinladungen, Reisebüros, Metallbauarbeiten, Autowaschanlagen, Gärtnereien, Partyservices, Makler- und Umzugsleistungen, Ingenieur- und Vermessungsleistungen, Wartung und Installation von elektrischen und sanitären Anlagen.

Damit aber noch nicht genug: Die Stadtwerke Wuppertal beabsichtigten, beispielsweise nicht nur ungarische Ikarus-Busse zu warten, sondern planten die Errichtung einer Autorecyclinganlage sowie den Betrieb eines stadteigenen Abschleppdienstes bei der Verfolgung von Falschparkern (Pressekonferenz mit dem wirtschaftspolitischen Sprecher der CDU-Landtagsfraktion NRW vom 22. 02. 1996). Die Stadt Oberstdorf plant, Mineralwasser abzufüllen und zu verkaufen. Die Stadt Leverkusen gründete in Indien ein Softwareunternehmen und die Stadt Köln behinderte private Krankentransportunternehmen in der

Weise, dass sie die teureren Rettungsfahrzeuge der Feuerwehr gegenüber den privaten Krankentransportunternehmen über die Besetzung der Rettungsleitstellen bei der Vergabe von Kranken- und Unfalltransporten bevorzugte. In Mülheim unterhält die städtische Wohnungsbaugesellschaft zwei Gaststätten sowie ein Nagelstudio.

Diese ausufernden erwerbswirtschaftlichen Aktivitäten der Kommunen werden jeden Unternehmer, Gewerbetreibenden und Selbstständigen verwundern, zumal in den meisten Gemeindeordnungen der Bundesländer, so auch in Art. 87 der Bayerischen Gemeindeordnung, welcher die Zulässigkeit der erwerbswirtschaftlichen Betätigung der Kommunen regelt, zu lesen ist: „Die Gemeinde darf ein Unternehmen ... nur errichten, übernehmen oder wesentlich erweitern, ... wenn ein öffentlicher Zweck das Unternehmen erfordert ... und der Zweck nicht ebenso gut und wirtschaftlich durch einen anderen erfüllt wird oder erfüllt werden kann.“ Klarstellend sei zum Verständnis angemerkt, dass zum einen mit den „anderen“ ausschließlich der private Unternehmer, Gewerbetreibende oder Selbstständige gemeint ist, zum anderen nach Art. 87 der Bayerischen Gemeindeordnung die Gewinnerzielung keinem öffentlichen Zweck entspricht.

Aufschlussreich für das Ausmaß der erwerbswirtschaftlichen Tätigkeiten der Städte und Gemeinden ist auch ihr „mittelbarer“ Auftritt auf dem bislang von Privatunternehmern beherrschten Markt über ihre zahllosen und kostenintensiven wirtschaftlichen Beteiligungen nicht nur an Sparkassen und Banken, sondern auch an privaten Verkehrs- und Wohnungsbaugesellschaften, Telekommunikationsgesellschaften oder anderen Firmen mit unterschiedlichstem Unternehmensgegenstand.

So weist der Beteiligungsbericht der Stadt München, der so umfangreich ist wie die „Gelben Seiten“ einer Kleinstadt, für das Jahr 2000 insgesamt 97 unmittelbare oder mittelbare Beteiligungen aus, und zwar mit einem im Beteiligungsbericht angegebenen Wert von runden 347 324 700 Euro.

Sieht man über die bayerischen Landesgrenzen hinweg, so weckt auch die Beteiligung einer Schachtelgesellschaft der Stadt Köln über ihre eigenen Stadtwerke an dem privaten Fernsehsender VOX Aufmerksamkeit, die der Stadt Köln Anfang 1995 bereits Verluste von mehr als 35 Millionen Euro einbrachte. Auch die Verluste der Berliner Bank, welche sich in städtischem Besitz befindet, werden von der Stadt Berlin, das heißt letztlich aus den über die Gewerbesteuern der privaten Unternehmen erzielten Steuereinnahmen, „ausgeglichen".

Auch hier wird der Unternehmer, Gewerbetreibende und Selbstständige aufmerken. Denn die wirtschaftlichen Beteiligungen der Kommunen an privaten Unternehmen sind nach den meisten Gemeindeordnungen der einzelnen Bundesländer, so auch nach Art. 87 der Bayerischen Gemeindeordnung, nur dann zulässig, wenn ein „öffentlicher Zweck" die Beteiligung „erfordert" und dieser öffentliche Zweck „nicht ebenso gut und wirtschaftlich durch einen anderen erfüllt wird oder erfüllt werden kann", reine Gewinnerzielung schließlich unzulässig ist. Würde nunmehr, bleibt man in Bayern, das im Jahre 1996 in München gegründete Unternehmen M"net, welches auf seiner Website „das gesamte Telekommunikationsspektrum aus einer Hand" den Privat- wie auch Firmenkunden anbietet, ebenfalls enorme Verluste wie der Kölner Fernsehsender oder die Berliner Bank „erwirtschaften", so stellt sich die Frage nach dem öffentlichen Zweck umso mehr, als an M"net die Stadt München über ihre Stadtwerke, die Stadtsparkasse München und die Bayerische Landesbank maßgeblich beteiligt sind. Fängt sodann die Stadt München über ihre Beteiligungsgesellschaften einen angenommenen Verlust von M"net mittels zinsloser Darlehen, anderer Finanzspritzen oder durch kostenlose Infrastrukturmaßnahmen, wie z. B. das Zurverfügungstellen mietfreier, da im städtischen Besitz befindlicher Büroräume, wieder auf, wird das Staunen des privaten Unternehmers, welcher nicht in den Genuss der Finanzkraft der Stadt München kommt, umso größer, wenn er die Vorschrift des auch in Deutschland geltenden Art. 87 des Vertrages über die Gründung der Europäischen Gemeinschaft liest, der bestimmt, dass „staatliche oder aus staatlichen Mitteln gewährte Beihilfen gleich welcher Art ... mit dem Gemeinsamen Markt unvereinbar sind ...". Klarstellend sei in diesem Zusammenhang angemerkt, dass mit Beihilfen gleich welcher Art sämtliche nicht marktgerechten Vergünstigungen der öffentlichen Hand, also Subventionen im weitesten Sinne, gemeint sind, auch wenn die Vergünstigungen über eigenständige, aber staatliche Unternehmen des Privatrechts, wie die Münchner Stadtwerke oder die staatseigenen Kreditinstitute, gewährt werden sollten. Dass ein beabsichtigtes Auffangen von möglichen Verlusten des Unternehmens M"net zumindest mittelbar durch die Stadt München nicht fern liegt, belegt die ebenfalls auf der Website von M"net enthaltene Aussage: „Kompetenzen aus der Verbindung von *Finanzkraft* und technischem Verständnis" (Hervorhebung durch Verfasser).

Hinzu kommt, dass die Städte und Kommunen die Tatsache, dass es sich bei den Kommunalunternehmen um öffentliche Unternehmen handelt, gerne zur Imagewerbung im Wettbewerb mit den privaten Konkurrenzunternehmen um Kunden plakativ herausstellen. So wirbt M"net auf seiner Website mit der Aussage: „Überzeugender Background: Hinter M"net steht ein starker und etablierter Gesellschafterkreis: die Stadtwerke München, die Bayerische Landesbank und die Stadtsparkasse München." Hier liegt der Gedanke nicht fern, dass die öffentliche Hand ihre amtliche Autorität und die mit ihr verbundene Vertrauensstellung zur Erreichung von Vorteilen im Wettbewerb missbräuchlich ausnutzt, was nach § 1 des Gesetzes gegen den unlauteren Wettbewerb grundsätzlich problematisch ist, da hier das Anstandsgefühl aller billig und gerecht denkenden Marktteilnehmer durchaus verletzt sein kann.

Schließlich leidet die Privatwirtschaft auch bei der Vergabe von öffentlichen Aufträgen unter dem zunehmenden Druck, der dadurch entsteht, dass die Städte und Gemeinden sich nicht nur über „ihre" erwerbswirtschaftlich tätigen Unternehmen an Ausschreibungen ihrer Städte und Gemeinden beteiligen, sondern die Städte und Gemeinden die ausschreibungspflichtigen Aufträge freihändig, also ohne förmliches Vergabeverfahren, an ihre eigenen Unternehmen vergeben. Zudem nutzen die gemeinde- oder stadteigenen Unternehmen im Wettbewerb mit privaten ihre amtliche oder organisatorische Nähe zur Verwaltung, um die Auftragsvergabe zu ihren Gunsten zu beeinflussen, weshalb diese nicht selten von den Verwaltungen bevorzugt werden. Zu diesem Themenkomplex regelt § 97 des Gesetzes gegen Wettbewerbsbeschränkungen, wohl wiederum zum Erstaunen des Unternehmers: „Öffentliche Auftraggeber beschaffen Waren, Bau- und Dienstleistungen ... im Wettbewerb und im Wege transparenter Vergabeverfahren. ... Die Teilnehmer an einem Vergabeverfahren sind gleich zu behandeln. ... Der Zuschlag wird auf das wirtschaftlichste Angebot erteilt. ...“

2 Ziel, Inhalt und Gang der Darstellung

Bis heute haben nur sehr vereinzelt Unternehmer, Gewerbetreibende, Selbstständige, private Berufs- oder Unternehmensgruppen oder deren private Wirtschaftsverbände nachhaltig von den ihnen in die Hand gegebenen rechtlichen Möglichkeiten Gebrauch gemacht,

- um die beispielhaft beschriebenen Übergriffe der Städte und Gemeinden mit ihren erwerbswirtschaftlichen Betätigungen / Wirtschaftsbeteiligungen in die den Privaten vorbehaltenen Märkte zu unterbinden,
- um die unzulässigen Beihilfen / Subventionen an die Kommunalunternehmen (auch rückwirkend) zu beseitigen oder
- um rechtmäßige oder unterbliebene Ausschreibungen durchzusetzen.

All dies läge aber im Interesse der Herstellung und der Erhaltung einer funktionierenden, von staatlichen Wettbewerbseingriffen freien oder befreiten Wettbewerbsordnung, die sich durch eine arbeitsteilige Aufgabenerfüllung in der Weise auszeichnet, dass auf der einen Seite die öffentliche Hand die äußeren gesetzlichen Rahmenbedingungen schafft und deren Einhaltung überwacht, innerhalb derer auf der anderen Seite die Privatunternehmen in faire und produktive Konkurrenz zueinander treten. In diesem Sinne haben sich daher die Kommunen wettbewerbsneutral zu verhalten; es ist ihnen untersagt, in Konkurrenz zur Privatwirtschaft zu treten und hierdurch die für den Verbraucher erforderliche und bestmögliche Allokation von Wirtschaftsleistungen zu stören.

Die bisherige Zurückhaltung der Unternehmer bei der rechtlichen Durchsetzung einer von der erwerbswirtschaftlichen Betätigung der Kommunen befreiten Markt- und Wettbewerbsordnung oder bei der Untersagung wettbewerbsverzerrender und unzulässiger Eingriffe der Kommunen in den Markt hat wohl besonders zwei Gründe: Zum einen bestehen Befürchtungen, dass diejenigen Unternehmen, die eine Stadt oder Gemeinde auf Unterlassung von wettbewerbswidrigem Handeln in Anspruch genommen haben, möglicherweise bei zukünftigen Ausschreibungen oder auch sonst von den Kommunen benachteiligt werden könnten. Zum anderen ist den Unternehmern häufig gar nicht bekannt, dass und wie sie mit Erfolg die eingangs beispielhaft genannten Eingriffe der Kommunen in den Markt unterbinden können und dass dies zugleich volkswirtschaftlich in ihrem Interesse dringend erforderlich wäre. Denn die Möglichkeiten der Privatwirtschaft, sich gegen die erwerbswirtschaftliche Betätigung der Gemeinden zur Wehr zu setzen, sind vielfältig und erfolgversprechend, nimmt man gerade die jüngst hierzu ergangene Rechtsprechung beim Wort.

Es ist daher das erklärte Ziel dieses Leitfadens, den Unternehmern, Gewerbetreibenden und Selbstständigen praxis- und fallorientiert aufzuzeigen,

- in welchen Fällen sie dem wettbewerbswidrigen Verhalten der öffentlichen Hand, vor allem der Städte und Kommunen, mit Erfolg Einhalt gebieten können und
- wie sich die konkrete Rechtsdurchsetzung vor den Gerichten, auch unter Zuhilfenahme des in Deutschland geltenden Europäischen Wettbewerbsrechts, konkret gestaltet.

Im Vordergrund stehen hierbei

- das Gesetz gegen den unlauteren Wettbewerb und hierauf gestützte Klagen nach den §§ 1 ff. UWG,
- das Kommunalwirtschaftsrecht der Bayerischen Gemeindeordnung,
- das Europäische Beihilfenaufsichtsrecht, nach welchem von der öffentlichen Hand an ihre Unternehmen gewährte Subventionen und Beihilfen gleich welcher Art grundsätzlich unzulässig sind, sowie
- die Grundzüge des Ausschreibungsverfahrens bei der Vergabe von öffentlichen Aufträgen nebst den in diesem Bereich zur Verfügung stehenden Rechtsschutzmöglichkeiten.

Um die Thematik „Privatwirtschaft versus erwerbswirtschaftliche Betätigung der Kommunen" im weitesten Sinne möglichst praxisbezogen und lesbar aufzubereiten sowie dem Unternehmer für seine zukünftigen Reaktionsmöglichkeiten eine berechenbare Entscheidungsgrundlage an die Hand zu geben, wird darauf verzichtet, den Text mit zahlreichen Literaturfundstellen oder dogmatisch wissenschaftstheoretischen Anmerkungen zu überladen.

Im Vordergrund stehen vielmehr beispielhafte Ausgangssachverhalte, welche stellvertretend für weitere zahlreiche Fälle die unzulässige erwerbswirtschaftliche Betätigung der Städte und Gemeinden aufzeigen und anhand derer die konkret den Unternehmen in die Hand gegebenen rechtlichen Möglichkeiten unter Bezugnahme auf die bisher ergangene Rechtsprechung dargestellt werden, mit denen das wettbewerbswidrige Verhalten der Kommunen unterbunden werden kann (eine Übersicht mit Fundstellennachweisen über die in den letzten ca. 7 bis 8 Jahren zu der im Leitfaden behandelten Thematik veröffentlichen Literatur ist im Anhang abgedruckt).

Zudem werden auch besondere Fallgestaltungen behandelt, die unmittelbar von den beispielhaft hier zugrunde gelegten Ausgangssachverhalten nicht angesprochen sind, wie z. B. steuerliche Begünstigungen von Kommunalunternehmen gegenüber Privatunternehmen, besondere Problemlagen im Bereich der Wasserwirtschaft oder dem Bestattungswesen oder Fragen zu den liberalisierten Märkten, wie dem Energie-, Telekommunikations- oder Abfallsektor.

Dass es bei den nachfolgenden Ausführungen nicht darum geht, „Recht zu bekommen", sondern dies betriebs- wie volkswirtschaftlich für das einzelne Unternehmen in seiner konkreten Konkurrenzsituation zu den kommunalen Unternehmen und schließlich im Sinne einer umfassenden und leistungsstarken Versorgung der Bevölkerung geboten ist, wird – losgelöst von der juristischen Argumentation – in einem volkswirtschaftlichen Teil belegt.

Der Leitfaden gliedert sich in nachfolgende Teile:

A Grundlegung: Ausgangssachverhalte und die zur Beantwortung anstehenden Fragen der Unternehmen zur Zulässigkeit der erwerbswirtschaftlichen Betätigung der Kommunen

B Die Grenzen der erwerbswirtschaftlichen Betätigung von Kommunen unter besonderer Berücksichtigung nachfolgender Themen:

- Die Unzulässigkeit erwerbswirtschaftlicher kommunaler Betätigungen nach den landesrechtlichen Gemeindeordnungen und dem Gesetz gegen unlauteren Wettbewerb
- Die Unzulässigkeit der Subventionierung und sonstigen (auch steuerlichen) Begünstigungen kommunaler Unternehmen
- Die Unzulässigkeit der Bevorzugung kommunaler Unternehmen im Rahmen von öffentlichen Ausschreibungen
- Die Rechtsschutzmöglichkeiten der Privatwirtschaft.

Volkswirtschaftlicher Teil: Gründe, weshalb die öffentliche Hand sich der wirtschaftlichen Betätigung zu enthalten hat und die Privatwirtschaft aufgerufen ist, wettbewerbskorrigierend einzugreifen.

Lösung der Ausgangssachverhalte und Aufbauhilfen für Klage- und Beschwerdeschriften.

A

Grundlegung

Ausgangssachverhalte und die zur Beantwortung anstehenden Fragen der Unternehmen zur Zulässigkeit der erwerbswirtschaftlichen Betätigung der Kommunen

Um den Blick des Unternehmers für die Konfliktherde zwischen Privatwirtschaft und der erwerbswirtschaftlichen Betätigung der Städte und Gemeinden zu sensibilisieren, stellen wir zunächst vier frei erfundene Ausgangssachverhalte, wie sie sich täglich ereignen können, voran. Die Ausgangssachverhalte erhalten jeweils einen für sie typischen Namen, spiegeln das umfangreiche Spektrum, das sich bei der juristischen Auseinandersetzung um die Konfliktherde zwischen der Privatwirtschaft und den wettbewerbsrelevanten Eingriffen der Städte und Kommunen ergeben kann, wider und formulieren vorweg die angenommenen und zur Beantwortung anstehenden Fragen der betroffenen privaten Konkurrenzunternehmen. Im Anschluss an die Ausgangssachverhalte werden wir die hier relevanten und zur Anwendung kommenden rechtlichen Begriffe klären sowie in einem Überblick über die bestehende Rechtslage den treffenden Blick auf die zur Anwendung kommenden rechtlichen Gesetze, Rahmenregelungen und ergangene Rechtsprechung lenken. Unter Einschluss praktischer Hinweise bei der Klageführung werden die Ausgangssachverhalte in Teil D einer konkreten Lösung zugeführt sowie die von den Unternehmen angenommenen Fragen beantwortet.

I Ausgangssachverhalte nebst rechtlichem Problem- und Fragenaufriss

1 Antoner Unterkünfte

Sachverhalt

Die Stadt Anton hält 100 Prozent der Geschäftsanteile der Antoner Stadtwerke GmbH. Unmittelbar neben dem Hauptbahnhof der Stadt Anton betreibt Herr Peter Müller als eingetragener Einzelkaufmann sein kleines „Hotel Müller“ mit insgesamt 25 Betten. Das Hotelgebäude hatte Herr Müller von der Stadt Anton zu marktüblichen Konditionen für insgesamt 10 Jahre bis zum Jahr 2001 – allerdings mit zugunsten von Herrn Müller einseitig ausübbaren Verlängerungsoptionen – angemietet. In unmittelbarer Umgebung zum „Hotel Müller“ befinden sich zahlreiche modern ausgestattete Hotels, die zum Teil von internationalen Hotelketten betrieben werden und die ihre Betten gegenüber dem „Hotel Müller“ um ca. 30 Prozent teurer anbieten. Da das „Hotel Müller“ sich in baulich schlechtem und veraltetem Zustand befindet, beschließt Herr Müller, das Hotel mangels Kapital für dringend erforderliche Renovierungen zu schließen. Verhandlungen mit Banken über den Investitionsbedarf sind wegen fehlender Sicherheiten gescheitert. Auch private Investoren haben es infolge des Überangebots von Hotelbetten in der Bahnhofsgegend und der erforderlichen hohen Investitionen als unrentabel abgelehnt, sich an dem „Hotel Müller“ gleich in welcher Weise zu beteiligen. Die Antoner Stadtwerke treten mit Herrn Müller in Verhandlung, um sich im Zuge einer Umwandlung des Hotels in eine Aktiengesellschaft mit insgesamt 60 Prozent am sodann geplanten 100 000 Euro betragenden Stammkapital sowie einem Aufgeld von 200 000 Euro zu beteiligen. Das Aufgeld soll für die notwendigen Investitionen verwendet werden. Hintergrund des Engagements der Stadt Anton über ihre Stadtwerke ist zum einen die Erzielung von Einnahmen, die in den verschuldeten Stadthaushalt fließen sollen. Zum anderen will die Stadt Anton Arbeitsplätze auf dem Hotelsektor sichern sowie die Hotelinfrastruktur verbessern. Denn das „Hotel Müller“ ist das einzige Hotel im Umkreis von ca. 8 km um den Bahnhof, welches im unteren Preissegment Hotelbetten zur Verfügung stellt. Aus diesem Grund erwartet die Stadt zudem eine Beruhigung der Verkehrssituation gerade in Messezeiten. Schließlich planen die Stadtwerke Anton, bei Erfolg der Unternehmung das Vorhaben auch in anderen Städten umzusetzen; Auslandsaktivitäten sind hierbei nicht ausgeschlossen.

Die zur Beantwortung anstehenden Fragen

Die betroffenen Konkurrenzunternehmen werden infolge der zur erwartenden Konkurrenz seitens der nunmehr städtischen „Hotel Müller AG“ nachfolgende Fragen stellen:

- Dürfen sich die Antoner Stadtwerke überhaupt an einem Hotelbetrieb beteiligen?
- Dürfen die Antoner Stadtwerke der Hotel Müller AG Investitionskapital zur Verfügung stellen, obwohl weder Banken noch private Investoren mangels Aussicht auf Rentabilität des Vorhabens zu Investitionen oder deren Finanzierung bereit waren?
- Dürfen die Stadtwerke Anton im Falle des Erfolgs der Hotel Müller AG auch außerhalb Antons Hotels betreiben?
- Dürfen die Stadtwerke Anton im Falle des Erfolgs der Hotel Müller AG auch im Ausland Hotels betreiben?
- Welche rechtlichen Möglichkeiten stehen den betroffenen privaten Konkurrenzunternehmen oder ihren Verbänden zur Verfügung, die Maßnahmen der Stadtwerke Anton zu unterbinden?

2 Bertaner Hausverwaltung

Sachverhalt

Die Bertaner Stadtwerke GmbH, deren alleinige Gesellschafterin die Stadt Berta ist, gründen die Bertaner Wohnungsverwaltungsgesellschaft mbH, die ab sofort an private und gewerbliche Kunden technische (Gebäudemanagement, Aufzugswartung u. Ä.), kaufmännische (Mahnwesen, Mieterhöhungen, Nebenkostenabrechnungen u. Ä.) und infrastrukturelle Managementleistungen (Hausmeisterdienste) anbietet.

Die zur Beantwortung anstehenden Fragen

Die betroffenen Konkurrenzunternehmen werden infolge der zur erwartenden Konkurrenz seitens der nunmehr städtischen Bertaner Wohnungsverwaltungsgesellschaft mbH nachfolgende Fragen stellen:

- Dürfen die Bertaner Stadtwerke überhaupt solche Managementleistungen anbieten?
- Welche rechtlichen Möglichkeiten stehen den betroffenen privaten Konkurrenzunternehmen oder ihren Verbänden zur Verfügung, die Maßnahmen der Stadtwerke Berta zu unterbinden?

3 Caesarner Druckerei

Sachverhalt

Die Stadt Caesar privatisiert die bislang als Regiebetrieb geführte Hausdruckerei, da in Zukunft sämtliche hausinternen Broschüren, Druckerzeugnisse usw. von einer privaten Druckerei erstellt werden sollen. Hintergrund dieser Maßnahme sind die leeren Kassen der Stadt Caesar, weshalb die anstehenden hohen Modernisierungsmaßnahmen der Hausdruckerei langfristig nicht von der Stadt Caesar getragen werden können. Aus diesem Grunde verkauft die Stadt Caesar nach Umwandlung des Regiebetriebs in die Caesarner Druckerei GmbH sämtliche Geschäftsanteile hieran an die private Caesarner Druckerei „Druck und Satz GmbH". Gleichzeitig wird der Caesarner Druckerei GmbH für die nächsten 5 Jahre sämtliche Druckaufträge zu marktüblichen Preisen exklusiv vergeben. Um im Übrigen die nunmehr von der „Druck & Satz GmbH" zu tragenden Modernisierungsmaßnahmen der noch defizitär arbeitenden Caesarner Druck GmbH zu erleichtern, werden die bislang für die Stadt tätigen Drucker für einen Zeitraum von 2 Jahren der Caesarner Druck GmbH überlassen, wobei die Personalkosten die Stadt Caesar trägt. Im Gegenzug verpflichtete sich die Caesarner Druck GmbH, die überlassenen Drucker der Stadt für mindestens weitere 5 Jahre zu beschäftigen.

Die zur Beantwortung anstehenden Fragen

Die betroffenen Konkurrenzunternehmen werden nachfolgende Fragen stellen:

- Darf die Stadt Caesar überhaupt ihre als Regiebetrieb geführte Druckerei in eine GmbH umwandeln und sodann sämtliche Geschäftsanteile an private Unternehmen verkaufen?
- Darf die Stadt Caesar die Druckerei ohne Ausschreibung verkaufen?
- Darf die Stadt Caesar ihre Druckaufträge an die Caesarner Druck GmbH ohne vorangegangene Ausschreibung für 5 Jahre vergeben?

- Darf die Stadt Caesar die Personalkosten für die an die Caesarner Druck GmbH überlassenen Mitarbeiter befristet übernehmen?
- Welche rechtlichen Möglichkeiten stehen den betroffenen privaten Konkurrenzunternehmen oder ihren Verbänden zur Verfügung, die Maßnahmen der Stadt Caesar zu unterbinden?

4 Deltaner Autowartung

Sachverhalt

Die von der Stadt Delta als GmbH geführte stadteigene Kfz-Werkstätte „Deltaner Autowartung GmbH" repariert, wartet und pflegt den gesamten Fuhrpark der Stadt. Im Jahre 1994 beschloss die Stadt infolge von Einsparungsmaßnahmen, ihren Fuhrpark erheblich zu reduzieren, so dass 10 Prozent der insgesamt 80 bei der Deltaner Autowartung GmbH beschäftigten Mitarbeiter für Autopflegeleistungen nicht mehr eingesetzt werden konnten. Aus diesem Grunde bietet die Deltaner Autowartung GmbH zur besseren Auslastung seither ihre Kfz-Leistungen auch Privaten an, worauf neuerdings mit großflächigen Werbemaßnahmen auf den Straßenbahnwagen der Deltaner Verkehrsbetriebe aufmerksam gemacht wird. Weiterhin werden für Werbezwecke zugunsten der Autowartung GmbH Anfang 2000 an den Straßenbahnhaltestellen moderne Monitore montiert, die Werbespots der Deltaner Autowartung GmbH zeigen, wobei diese Monitore aber auch für private Unternehmen für Werbezwecke zur Verfügung gestellt werden sollen. Für die Wartung der Monitore ist eine weitere Person von der Stadt Delta eingestellt worden. Allerdings beabsichtigt die Deltaner Autowartung GmbH, in Zukunft weniger klassische Kfz-Wartungsleistungen anzubieten, sondern der neue Tätigkeitsschwerpunkt soll auf die Wartung von sonnenenergiebetriebenen Autos verlagert werden, wozu die Stadt im Jahre 2000 eine besondere Wartungsanlage erworben hat. Gleichzeitig wird geplant, ab 2001 umfangreiches Zubehör anzubieten bis hin zu einem neuartigen auf die Region Delta beschränkten örtlichen Navigationssystem mit Branchenverzeichnis, das die Stadt hierzu eigens entwickelt und der Allgemeinheit zum Herunterladen kostenlos auf ihrer von dem Bundesland Bayern unterhaltenen Website www.delta.baynet.de sowie auf der stadteigenen Website www.delta.de zur Verfügung stellt. Auf den Websites www.delta.baynet.de sowie www.delta.de finden sich allgemeine Informationen zur Stadt Delta sowie den in der Stadt und im Umland ansässigen Unternehmen, die sich kostenlos in die Website aufnehmen lassen können. Aufgrund des großen Erfolges wird in der Nachbarstadt Emil eine Niederlassung der Deltaner Autowartung GmbH gegründet, wo jedoch ausschließlich Privatfahrzeuge und nicht städtische Fahrzeuge gewartet und repariert werden.

Die zur Beantwortung anstehenden Fragen

Die betroffenen Konkurrenzunternehmen werden nachfolgende Fragen stellen:

- Darf die Stadt Delta überhaupt ihre Kfz-Leistungen an Private anbieten und ihre Tätigkeit auf die Nachbarstadt Emil ausweiten?
- Darf die Stadt Delta für ihre Leistungen großflächig auf ihren Straßenbahnwagons Werbung betreiben?
- Darf die Stadt Delta für Werbemaßnahmen neue Monitore an den Straßenbahnhaltestellen anbringen?
- Darf die Stadt Delta ihre Kfz-Leistungen auf sonnenenergiebetriebene Fahrzeuge ausweiten und hierfür besondere Wartungsanlagen erwerben?
- Darf die Stadt Delta Kfz-Zubehör sowie ein eigens für den Verkauf an Private hergestelltes örtliches Navigationssystem verkaufen und sogar kostenlos abgeben?
- Darf die Stadt Delta eine Website unterhalten, in die sich Unternehmen kostenlos aufnehmen lassen können?
- Welche rechtlichen Möglichkeiten stehen den betroffenen privaten Konkurrenzunternehmen oder deren Verbänden zur Verfügung, die Maßnahmen der Stadt Delta zu unterbinden?

II Der gesetzliche Rahmen, der die Konfliktherde zwischen der Privatwirtschaft und den erwerbswirtschaftlichen Betätigungen der Städte und Gemeinden regelt

Letztlich lassen sich die Fragen der Privatwirtschaft, ob die in den Vorbemerkungen und Ausgangssachverhalten angesprochenen konkurrenzträchtigen und erwerbswirtschaftlichen Betätigungen der Städte und Gemeinden zulässig sind, auf die Prüfung reduzieren,

- ob die Kommunen sich überhaupt wirtschaftlich betätigen dürfen,
- ob die Kommunen sich an privaten Unternehmen beteiligen dürfen,
- ob die Kommunen auch außerhalb ihres Gemeindegebiets erwerbswirtschaftlich aktiv werden dürfen,
- ob die Kommunen ihren eigenen Unternehmen Zuwendungen, Subventionen oder ähnliche Vorteile in weitestem Sinne gewähren dürfen,
- wann die Kommunen bei der Vergabe von Aufträgen Ausschreibungen durchführen müssen und
- wie die Privatwirtschaft die erwerbswirtschaftlichen Betätigungen der Kommunen, welche nichts anderes als Konkurrenz zur Privatwirtschaft bedeuten, rechtlich unterbinden kann, wie sie den Kommunalunternehmen die von ihren Städten und Gemeinden erhaltenen Zuwendungen, Subventionen oder ähnliche Vorteile in weitestem Sinne wieder „wegklagen“ kann und wie sie sicherstellen kann, dass die den Kommunen vorgeschriebenen Ausschreibungen ordnungsgemäß durchgeführt werden.

So umfangreich die Fragestellungen anmuten, so lassen sie sich doch im Wesentlichen mit nur wenigen Gesetzesvorschriften beantworten:

- So ist die Zulässigkeit der erwerbswirtschaftlichen Tätigkeit nebst den Beteiligungen der Kommunen an privaten Unternehmen in den kommunalen Gemeindeordnungen der Länder, in Bayern in den Art. 86 und 87 BayGO geregelt.
- Die Zulässigkeit von Vergünstigungen der Kommunen an ihre Unternehmen regeln die Art. 87 und 88 EGV.

- Weiterhin enthält § 97 GWB, ergänzt durch zahlreiche weitere Ausführungsbestimmungen, die Tatbestände, wann und wie die Kommune eine Ausschreibung durchzuführen hat. Auch finden sich in den Vorschriften des GWB die Rechtsschutzmöglichkeiten der Privatwirtschaft.
- Schließlich schwebt über allen genannten Vorschriften und beschriebenen Tätigkeiten der Kommunen als Auffangnorm § 1 UWG, welcher ganz allgemein wettbewerbswidriges Verhalten nicht nur der Privaten, sondern selbstverständlich ebenso der Kommunen strikt untersagt. § 1 UWG kann besonders vor den Zivilgerichten zur erfolgreichen gerichtlichen Durchsetzung der Verbote einer unzulässigen kommunalerwerbswirtschaftlichen Betätigung nach Art. 87 BayGO sowie des strikten Subventionsverbots nach Art. 87 und 88 EGV instrumentalisiert werden.

In den nachfolgenden Abschnitten werden die jeweils hier zur Anwendung kommenden gesetzlichen Regelungen wie auch die grundsätzlichen Klagemöglichkeiten der Privatwirtschaft transparent und „gebrauchsfertig" erläutert. Hierbei werden zunächst – soweit erforderlich – der jeweils entscheidende Gesetzeswortlaut aufgeführt, sodann unter Zugrundelegung der ergangenen Rechtsprechung die wesentlichen Kernessenzen und Hintergrundinformationen gegeben, mit denen sich die konkreten Fragestellungen der privaten Unternehmer, der Ausgangssachverhalte sowie weitere wichtige Detailprobleme nebst Klage- und Rechtsschutzmöglichkeiten vorweg beantworten und in Teil D noch praxisnäher „durchspielen" lassen.

B
Die Grenzen der erwerbswirtschaftlichen Betätigung von Kommunen

I Die Unzulässigkeit der erwerbswirtschaftlichen Betätigung von Kommunen nach Art. 86 und 87 BayGO

1 Grundsätzliches

Die Frage, welcher Unternehmensformen – Eigenbetrieb, Regiebetrieb oder Privatrechtsformen wie GmbH oder AG – die Kommunen sich bei der Erfüllung ihrer Aufgaben überhaupt bedienen dürfen, regelt Art. 86 BayGO. Die materiellen Zulässigkeitsvoraussetzungen für eine erwerbswirtschaftliche Betätigung finden sich in Art. 87 BayGO. Beide Vorschriften sind Teil des vierten Abschnitts der Bayerischen Gemeindeordnung, der die Überschrift „Gemeindliche Unternehmen" trägt und durch das Gesetz zur Änderung des kommunalen Wirtschaftsrechts und anderer kommunalrechtlicher Vorschriften vom 24. 07. 1998 im Wesentlichen neu gefasst wurde.

2 In welchen Unternehmensformen darf die Kommune ihre Aufgaben erfüllen (Art. 86 BayGO)?

Die den Kommunen zur Aufgabenerfüllung zur Verfügung gestellten Unternehmensformen bestimmt Art. 86 BayGO:

> „Die Gemeinde kann Unternehmen außerhalb ihrer allgemeinen Verwaltung in folgenden Rechtsformen betreiben:
>
> 1. als Eigenbetrieb,
> 2. als selbstständiges Kommunalunternehmen des öffentlichen Rechts,
> 3. in der Rechtsform des Privatrechts."

Kernessenz

➧ Der Regelungshalt des Art. 86 BayGO beschränkt sich auf die Aussage, dass er der Kommune zur Erfüllung ihrer Aufgaben bestimmte Organisationsformen außerhalb ihrer allgemeinen Verwaltung zur Verfügung stellt. Art. 86 BayGO sagt nichts darüber aus, ob die Kommunen sich erwerbswirtschaftlich betätigen dürfen oder ob die Wahl einer der in Art. 86 BayGO zur Verfügung gestellten Rechtsformen zulässig ist. Diese Fragen sind in Art. 87 BayGO geregelt.

- Der somit rein formale Unternehmensbegriff ist ausschließlich ein Sammelbegriff für die der Kommune zur Verfügung gestellten Unternehmensrechtsformen, nämlich Eigenbetrieb, selbstständiges Kommunalunternehmen des öffentlichen Rechts und Gesellschaftsformen des Privatrechts, wie z. B. die Kapitalgesellschaften. Der Regiebetrieb ist ebenfalls eine zulässige Handlungsform der Kommune, auch wenn er nicht eigens in Art. 86 BayGO genannt wird.
- Die Unternehmereigenschaft der Kommune als solche hängt ausschließlich von der Ausgliederung von Aufgaben aus ihrer Verwaltung in eine bestimmte Rechtsform ab, wobei es nicht auf die Art der übertragenen oder zu erfüllenden Aufgaben ankommt.

Hintergrundinformationen

- Art. 86 BayGO ist aus sich heraus klar und eindeutig; praxisrelevante strittige Fragen oder entscheidende Rechtsprechung finden sich hierzu nicht.

3 Unter welchen Voraussetzungen darf die Kommune sich erwerbswirtschaftlich betätigen (Art. 87 BayGO)?

Die Zulässigkeitsvoraussetzungen für eine erwerbswirtschaftliche Betätigung der Kommunen sind dem Grundsatz nach in Art. 87 BayGO geregelt:

> (1) Die Gemeinde darf ein Unternehmen im Sinne von Art. 86 nur errichten, übernehmen oder wesentlich erweitern, wenn
> 1. ein öffentlicher Zweck das Unternehmen erfordert, insbesondere wenn die Gemeinde mit ihm gesetzliche Verpflichtungen oder ihre Aufgaben gemäß Art. 83 Abs. 1 der Verfassung und Art. 57 dieses Gesetzes erfüllen will,

2. das Unternehmen nach Art und Umfang in einem angemessenen Verhältnis zur Leistungsfähigkeit der Gemeinde und zum voraussichtlichen Bedarf steht,
3. die dem Unternehmen zu übertragenden Aufgaben für die Wahrnehmung außerhalb der Verwaltung geeignet sind,
4. bei einem Tätigwerden außerhalb der kommunalen Daseinsvorsorge der Zweck nicht ebenso gut und wirtschaftlich durch einen anderen erfüllt wird oder erfüllt werden kann.

Alle Tätigkeiten oder Tätigkeitsbereiche, mit denen die Gemeinde oder ihre Unternehmen an dem vom Wettbewerb beherrschten Wirtschaftsleben teilnehmen, um Gewinne zu erzielen, entsprechen keinem öffentlichen Zweck. Soweit Unternehmen entgegen Satz 2 vor dem 1. September 1998 errichtet oder übernommen wurden, dürfen sie weitergeführt, jedoch nicht erweitert werden.

(2) Die Gemeinde darf mit ihren Unternehmen außerhalb ihres Gemeindegebiets nur tätig werden, wenn dafür die Voraussetzungen des Absatzes 1 vorliegen und die berechtigten Interessen der betroffenen kommunalen Gebietskörperschaften gewahrt sind. Bei der Versorgung mit Strom und Gas gelten nur die Interessen als berechtigt, die nach den Vorschriften des Energiewirtschaftsgesetzes eine Einschränkung des Wettbewerbs zulassen.

(3) Für die Beteiligung der Gemeinde an einem Unternehmen gilt Absatz 1 entsprechend. Absatz 2 gilt entsprechend, wenn sich die Gemeinde an einem außerhalb ihres Gemeindegebiets tätigen Unternehmen in einem Ausmaß beteiligt, das den auf das Gemeindegebiet entfallenden Anteil an den Leistungen des Unternehmens erheblich übersteigt.

(4) ... (Hier unbedeutende Regelungen, Anmerkung des Verfassers)

Kernessenz

3.1 Der öffentliche Zweck

Zentraler Anknüpfungspunkt für die Beurteilung der Zulässigkeit der gesamten erwerbswirtschaftlichen Betätigung der Kommunen, sei es die Errichtung, der Betrieb, die Übernahme, Erweiterung von Unternehmen oder die Beteiligung an privaten Unternehmen, ist deren ausnahmslose Bindung an einen **öffentlichen Zweck**, welcher jedoch durch das Gesetz nicht definiert wird.

Negative Bestimmung des öffentlichen Zwecks

Soweit die Kommune mit ihrer Teilnahme am Wirtschaftsleben in erster Linie Gewinne erwirtschaften will, ist ein öffentlicher Zweck keinesfalls gegeben. Da es der Kommune andererseits haushaltsrechtlich nach Art. 75 BayGO untersagt ist, ihre Vermögenswerte zu verschleudern, ist das Erzielen von Gewinnen nicht schlechthin verboten oder unzulässig. Entscheidend ist, dass der zu verfolgende öffentliche Zweck nicht hinter der Gewinnerzielung zurücktritt, sondern die erwerbswirtschaftliche Betätigung der Kommune klar, eindeutig und in ihrem Schwerpunkt dominiert.

Hierzu urteilte der **Rheinland-Pfälzische Verfassungsgerichtshof** in seinem Urteil vom 28. 03. 2000, DVBl. 2000, S. 992 ff.: „Aus Sicht der verfassungsrechtlichen Selbstverwaltungsgarantie ist kommunales Wirtschaftsengagement niemals privatautonomes Handeln, sondern zweckgebundene Verwaltungstätigkeit. Die öffentliche kommunale Verwaltung bleibt auch dann Verwaltung, wenn sie wirtschaftet. Von öffentlichen Aufgaben gelöste, erwerbswirtschaftlich-fiskalische Betätigung, bei der das Gewinnstreben Selbstzweck ist, genießt daher den Schutz der Selbstverwaltungsgarantie von vornherein nicht." Ähnlich urteilte auch das **Bundesverfassungsgericht** in seinem Sasbach-Urteil, BVerfGE 61, 28 ff., in dem es ausführt, dass gerade nach den kommunalrechtlichen einfachgesetzlichen Vorschriften eine alleine der Gewinnerzielung dienende vorgenommene wirtschaftliche Tätigkeit der Gemeinden unzulässig sei. Hieraus wird im Übrigen ein allgemeines verfassungsrechtliches Verbot der staatlichen Aufgabenfinanzierung durch reine Gewinnerzielung von öffentlichen Unternehmen abgeleitet. In diesem Sinne spricht schließlich Art. 87 I 2 BayGO ausdrücklich das Verbot einer durch Gewinnerzielungsabsicht motivierten erwerbswirtschaftlichen Betätigung der Kommunen aus.

Kommunalunternehmen, die vor dem 01.09.1998 vornehmlich zur Gewinnerzielung errichtet wurden, genießen allerdings Bestandsschutz, dürfen jedoch nicht, auch nicht unwesentlich, erweitert werden.

Positive Bestimmung des öffentlichen Zwecks

Die positive Bestimmung und die hier praxisrelevante Bedeutung des öffentlichen Zwecks kann nur vor dem Hintergrund des Inhalts der so genannten Privatschutzklausel (Subsidiaritätsprinzip) und den Aufgaben erfolgen, die zur Daseinsvorsorge gerechnet werden. Aus diesen Gründen wird der Inhalt des öffentlichen Zwecks positiv unter den nachfolgenden Abschnitten „Die Privatschutzklausel" (Ziffer 3.2), „Gesetzlich definierte Aufgaben der Daseinsvorsorge" (Ziffer 3.3) und „Abgrenzung zwischen öffentlichem Zweck und Daseinsvorsorge" (Ziffer 3.4) erläutert.

3.2 Die Privatschutzklausel (Subsidiaritätsprinzip)

Anwendungsbereich

Bis zur Reform des bayerischen Gemeindewirtschaftsrechts im Jahre 1998 galt allgemein der Vorbehalt, dass der von der Kommune mit ihrer erwerbswirtschaftlichen Betätigung verfolgte öffentliche Zweck nicht ebenso gut und wirtschaftlich durch einen anderen erfüllt wird oder erfüllt werden kann. Nunmehr gilt diese Privatschutzklausel „nur noch" mit der Einschränkung, dass es sich um Aufgaben handeln muss, bei denen es nicht um die so genannte Daseinsvorsorge geht. In Anbetracht der Tatsache, dass die Konfliktherde zwischen der Privatwirtschaft und der erwerbswirtschaftlichen Tätigkeit sich regelmäßig nicht auf dem Bereich der ureigenen klassischen Daseinsvorsorge abspielen, ist diese Einschränkung in der Praxis nicht überzubewerten. **Bei der Beurteilung der Zulässigkeit der erwerbswirtschaftlichen Tätigkeit ist somit aus Sicht der Privatwirtschaft danach zu fragen, ob die Gemeinde mit ihrer erwerbswirtschaftlichen Betätigung Aufgaben der Daseinsvorsorge erfüllt.** Ist dies der Fall, können dies die privaten Unternehmen nicht verhindern. Verfolgt die Gemeinde mit ihrer erwerbswirtschaftlichen Betätigung jedoch lediglich einen öffentlichen Zweck, der nicht zur Daseinsvorsorge gerechnet werden kann, ist die zur Beurteilung anstehende erwerbswirtschaftliche Betätigung der Kommune in diesem Bereich nur dann nach der Privatschutzklausel i. S. d. Art. 87 I 2 BayGO rechtmäßig, wenn der von der Kommune verfolgte öffentliche Zweck nicht ebenso gut und wirtschaftlich durch einen anderen erfüllt wird oder erfüllt werden kann. Hier ist zu fordern, dass diese Voraussetzungen durch einen Sachverständigenbericht dargelegt werden.

Inhalt

Der Formulierung der Privatschutzklausel in Art. 87 I 2 BayGO ist zu entnehmen, dass eine erwerbswirtschaftliche Tätigkeit der Kommune erst dann als rechtmäßig anzusehen ist, wenn sie erforderlich ist, um Bedürfnisse der Gemeindebürger zu befriedigen, die infolge von Marktversagen nicht von der Privatwirtschaft befriedigt werden können. Dies setzt infolge des verfassungskräftigen Gesetzesvorbehaltes (keine Tätigkeit der öffentlichen Hand ohne gesetzliche Grundlage) sowie des Amtsermittlungsgrundsatzes eine Marktanalyse der Kommune voraus, die belegt, dass der Markt entweder unzureichende Marktergebnisse erzielt oder ein Markt erst gar nicht aufgebaut werden kann und zugleich die Gemeindebürger der in Frage stehenden Leistungen, die mit der erwerbswirtschaftlichen Tätigkeit der Kommune produziert werden sollen, im Hinblick auf eine grundrechtsgerechte Lebensgestaltung bedürfen. (Zur Abgrenzung des öffentlichen Zwecks gegenüber der Daseinsvorsorge vergleiche die nachfolgenden

Ausführungen „Gesetzlich definierte Aufgaben der Daseinsvorsorge" [Ziffer 3.3] und „Abgrenzung zwischen öffentlichem Zweck und Daseinsvorsorge" [Ziffer 3.4]).

3.3 Gesetzlich definierte Aufgaben der Daseinsvorsorge

Die Kommune verfolgt regelmäßig **Aufgaben der Daseinsvorsorge**, wenn sie Tätigkeiten nach den Art. 57 BayGO oder 83 BV erfüllt. **Wir zählen diese Aufgaben deshalb auf, weil sie einerseits veranschaulichen, wo der Gesetzgeber daseinsvorsorgende Aufgaben bejaht, und andererseits die hier in Rede stehende und relevante ausufernde erwerbswirtschaftliche Betätigung der Kommunen allenfalls am Rande berühren.** So sind in Art. 57 BayGO ausdrücklich, aber nicht abschließend genannt: die Schaffung und Erhaltung von öffentlichen Einrichtungen, die nach den örtlichen Verhältnisses für das wirtschaftliche, soziale und kulturelle Wohl und die Förderung des Gemeinschaftslebens ihrer Einwohner erforderlich sind, besonders Einrichtungen zur Aufrechterhaltung der örtlichen Sicherheit und Ordnung, der Feuersicherheit, der öffentlichen Reinlichkeit, des öffentlichen Verkehrs, der Gesundheit, der öffentlichen Wohlfahrtspflege einschließlich der Jugendhilfe, des öffentlichen Unterrichts und der Erwachsenenbildung, der Jugendertüchtigung, des Breitensports und der Kultur- und Archivpflege, jeweils unter Berücksichtigung der Belange des Natur- und Umweltschutzes. **Pflichtaufgaben werden den Kommunen auch in anderen Gesetzen zugewiesen**, so die Abwasserbeseitigung in Art. 41 BayWG, die Entsorgung privaten Mülls nach § 13 KrW-/AbfG oder die Errichtung von Sicherheitsbehörden nach Art. 6 LStVG. Nach Art. 83 BV i. V. m. Art. 11 BV werden den Kommunen zur Aufgabe überantwortet vor allem die Verwaltung ihres Gemeindevermögens und der Gemeindebetriebe, der örtliche Verkehr nebst Straßen- und Wegebau, die Versorgung der Bevölkerung mit Wasser, Licht, Gas und elektrischer Kraft, Einrichtungen zur Sicherung der Ernährung, die Ortsplanung, der Wohnungsbau und die Wohnungsaufsicht, die örtliche Polizei, der Feuerschutz; die örtliche Kulturpflege, das

Volks- und Berufsschulwesen sowie die Erwachsenenbildung, das Vormundschaftswesen, die Wohlfahrtspflege; das örtliche Gesundheitswesen, die Ehe- und Mütterberatung sowie Säuglingspflege, die Schulhygiene und körperliche Ertüchtigung der Jugend, öffentliche Bäder, Totenbestattung, Erhaltung ortsgeschichtlicher Denkmäler und Bauten.

Die wichtige Abgrenzung zwischen der den Kommunen ausschließlich vorbehaltenen Daseinsvorsorge und dem öffentlichen Zweck, bei dessen Erfüllung zugunsten der privaten Unternehmen die Privatschutzklausel eingreift, wird im folgenden Kapitel behandelt.

3.4 Abgrenzung zwischen öffentlichem Zweck und Daseinsvorsorge

Bedeutung der Abgrenzung

Die Abgrenzung zwischen Daseinsvorsorge und öffentlichem Zweck ist erforderlich, da bei den Aufgaben der Daseinsvorsorge die Privatschutzklausel zugunsten der Privatwirtschaft nicht greift (siehe oben unter Ziffer 3.2). Weder der Begriff der Daseinsvorsorge noch der Begriff des öffentlichen Zwecks werden gesetzlich klar definiert oder durch die Rechtsprechung explizit und allgemein gültig beschrieben.

Definition der Daseinsvorsorge

Einigkeit besteht weitgehend darin, dass die Aufgaben, wie sie in Art. 57 BayGO und Art. 83 BV ausdrücklich aufgezählt werden (siehe hierzu die wörtliche Wiedergabe der genannten Vorschriften unter Ziffer 3.3), Aufgaben der Daseinsvorsorge sind. Hieraus sowie aus allgemeinen verfassungs- und rechtsstaatlichen Grundsätzen lassen sich die Aufgaben der Daseinsvorsorge mit der Schaffung und Aufrechterhaltung derjenigen Umfeldeinrichtungen umschreiben, die für das individuelle Leben sowie das Zusammenleben der Gemeindebürger existenziell, d. h. unbedingt lebensnotwendig, sind und den Gemeindebürgern gleichberechtigt zur Verfügung stehen müssen.

Definition des öffentlichen Zwecks

Tätigkeiten der Kommune erfüllen hingegen „lediglich" einen öffentlichen Zweck, wenn allgemeine, d. h. *nicht* existenziell notwendige Gemeinwohlbelange befriedigt werden *und* nach den gesetzlichen Rahmenregelungen die hierfür erforderlichen Leistungen auch von der Privatwirtschaft erbracht werden könn(t)en, wobei sowohl der Begriff der Daseinsvorsorge als auch der Begriff des öffentlichen Zwecks neben gesetzlichen Bestimmungen durch die allgemeine Verkehrsanschauung geprägt wird. Aus diesem Grund können zum einen im Wandel der Zeit Aufgaben, die bislang noch eindeutig zur Daseinsvorsorge gerechnet wurden, bereits nach der allgemeinen Gesellschaftsanschauung allmählich und vollständig in den Bereich des einfachen öffentlichen Zwecks „herabwandern". Dies wird derzeit politisch diskutiert – jedoch mangels eindeutiger gesetzlicher Regelungen noch ohne rechtssicheres und somit rechtlich offenes Ergebnis – für den Bereich des öffentlichen Personennahverkehrs oder für (Teil-)Bereiche der öffentlichen Wasserversorgung. Das „Herabwandern" von Aufgaben der Daseinsvorsorge kann im Übrigen aber auch besonders durch einfachgesetzliche Regelungen und Ausgestaltungen durch die jeweiligen Landes- oder Bundesgesetzgeber der in Art. 57 BayGO, 11 und 83 BV genannten Aufgaben erfolgen. Dies bekräftigt ausdrücklich der Bayerische Verfassungsgerichtshof in seinem Urteil vom 04. 07. 1996, BayVBl. 1996, 590 ff., wonach zwar das (Feuer-)Bestattungswesen nach Art. 11 BV ursprünglich und heute noch zum Bereich der Daseinsvorsorge gerechnet wird, jedoch nach dem in der konkreten Rechtsanwendung im Verhältnis zwischen Privatwirtschaft und Kommune vorrangig zur Anwendung kommenden Art. 13 Bayerisches Bestattungsgesetz in seiner aktuellen Fassung vom 10. 08. 1994 in zulässiger Weise nunmehr auch von privaten Unternehmen betrieben werden darf (siehe hierzu Ziffer 3.5.3).

Zum anderen muss sich der öffentliche Zweck einer erwerbswirtschaftlichen Betätigung unmittelbar im Produkt oder der Leistung des Kommunalunternehmens selbst wiederfinden und darf nicht nur eine sonstige Nebenwirkung z. B. beschäftigungspolitischer Art sein, so das Bundesverfassungsgericht in seinem Urteil vom 08. 07. 1982, BayVBl. 1982, 621 ff. Der öffentliche Zweck muss also Hauptmotivation und -moment der Leistungen der Kommune sein, wobei als solche auch der Umweltschutz oder die allgemeine Wettbewerbs- oder Wirtschaftsförderung in Betracht kommen können. Dies bringt schließlich auch Art. 92 I 1 Nr. BayGO dadurch zum Ausdruck, dass bei privatwirtschaftlichen kommunalen Unternehmen im Gesellschaftsvertrag oder in der Gesellschaftssatzung sicherzustellen ist, dass das Unternehmen den öffentlichen Zweck im Sinne des Art. 87 I BayGO erfüllt.

Ein Weiteres: *Erfordern* muss nach Art. 87 BayGO der öffentliche Zweck die erwerbswirtschaftliche Betätigung der Kommune. Diese Voraussetzung ist nur dann erfüllt, wenn bei Nichttätigwerden durch die Kommune nicht hinnehmbare Nachteile für die Gemeindebürger entstünden.

Bedeutung europarechtlicher Vorgaben

Die Vorgaben aus dem Bereich des Europäischen Gemeinschaftsrechts für die Frage, ob die Kommune Aufgaben der Daseinsvorsorge erfüllt, spielen bei der Frage eine entscheidende Rolle, ob die Kommune an „ihre“ Unternehmen Subventionen vergeben darf. An dieser Stelle, wo es um die Zulässigkeit der erwerbswirtschaftlichen Betätigung der Kommunen geht, beeinflusst das Europäische Gemeinschaftsrecht zwar die politische Diskussion, nicht aber die bestehende Gesetzes- und Rechtslage.

3.5 Keine Aufgaben der Daseinsvorsorge: Weite Bereiche der Telekommunikation, der Abfallwirtschaft und andere

Der Wandel der Zeit sowie besonders die durch europäische Marktliberalisierungsvorgaben initiierte nationalgesetzliche Öffnung für ein Tätigwerden der Privatwirtschaft in (Versorgungs-)bereichen, die bislang als hergebrachte klassische Aufgaben der Daseinsvorsorge ausschließlich oder in erster Linie von der öffentlichen Hand den Gemeindebürgern zur Verfügung gestellt wurden, hat dazu geführt, dass vermehrt Aufgaben von der Daseinsvorsorge in den Bereich des einfachen öffentlichen Zwecks „herabgewandert" sind. Hiervon sind beispielhaft und keinesfalls abschließend weite Teile der Abfallwirtschaft oder der Telekommunikationssektor im weiten Sinne zu nennen. Da die Städte und Gemeinden gerade auf vorgenannten Bereichen verstärkt erwerbswirtschaftlich tätig werden und somit in Konkurrenz zur Privatwirtschaft auf dem Markt auftreten, wird die – aufgrund der Anwendbarkeit der Privatschutzklausel des Art. 87 BayGO – rechtliche Unzulässigkeit der erwerbswirtschaftlichen Betätigung der Kommunen auf diesen wie auch für weitere Bereiche nachfolgend in ihrem gerichtlich durchsetzbaren Kern zusammenfassend aufgezeigt. Soweit die nachfolgenden Sektoren nicht mehr zur Daseinsvorsorge gerechnet werden können, sondern vielmehr Teil des allgemeinen öffentlichen Zwecks i. S. d. Art. 87 BayGO sind, gelten zudem die Ausführungen zur Zulässigkeit und Begrenzung gebietsüberschreitender erwerbswirtschaftlicher Betätigung der kommunalen Unternehmen, wie unter Ziffer 3.7 ausgeführt.

3.5.1 Abfallwirtschaft

Bis zur Novellierung des Abfallrechts durch das seit dem 06. 10. 1996 geltende Kreislaufwirtschafts- und Abfallgesetz durften die Kommunen nach § 3 II 1 (altes) Abfallgesetz die in ihrem Gebiet anfallenden Abfälle nahezu exklusiv, also monopolartig unter Ausschluss privater Entsorgungsunternehmen, entsorgen/verwerten, und zwar unabhängig davon, ob es sich um gewerbliche oder private Abfälle handelte. Anders nunmehr das Privatisierung und Deregulierung verfolgende Kreislaufwirtschafts- und Abfallgesetz, welches die Zuständigkeiten der kommunalen Entsorgungsträger zugunsten der privaten Abfallverwertungsgesellschaften erheblich einschränkt mit dem erklärten Ziel, im Wettbewerb durch den Einsatz marktwirtschaftlicher Kräfte die

Anwendung innovativer und wettbewerbsfähiger Technologien zu fördern (so die amtliche Begründung zum Regierungsentwurf, BT-Drs. 12/5672, 44 ff., und des Bundesministeriums für Umwelt in seiner Presseerklärung Nr. 26/1993 vom 31.01.1994). Diesen Gedanken bringt das Kreislaufwirtschafts- und Abfallgesetz an zahlreichen Stellen zum Ausdruck:

Zum einen bestimmt § 1 KrW-/AbfG, dass das Ziel des Gesetzes in der Förderung der Kreislaufwirtschaft zur Schonung der natürlichen Ressourcen und in der Sicherung der umweltverträglichen Beseitigung von Abfällen besteht. Zum anderen regelt § 4 KrW-/AbfG in Fortführung dieser Vorgaben, dass Abfälle in erster Linie zu vermeiden, in zweiter Linie zu verwerten und erst in dritter Linie zu beseitigen sind. Schließlich begrenzt § 15 KrW-/AbfG in Umsetzung des Deregulierungs- und Privatisierungsgedankens die Zuständigkeit der kommunalen Entsorgungsträger auf die *Beseitigung* der in ihrem Gebiet anfallenden und überlassenen Abfälle aus *privaten Haushaltungen* sowie aus anderen Herkunftsbereichen. **Dies bedeutet zugleich, dass die *Verwertung* von Abfällen aus „anderen Herkunftsbereichen", also von Abfällen, die nicht aus privaten Haushaltungen stammen, sondern vor allem gewerblicher Herkunft sind, den privaten Verwertungsunternehmen vorbehalten sind.** Konsequenterweise unterliegen gewerbliche Abfälle auch nicht mehr der öffentlich-rechtlichen Entsorgungspflicht nach § 13 KrW-/AbfG, sondern ihre Entsorgung ist vielmehr im Zuge des durch das Kreislaufwirtschafts- und Abfallgesetz vollzogenen „Wechsels von der Daseinsvorsorge zur privaten Verursacherverantwortung" Aufgabe der privaten Abfallerzeuger und Abfallbesitzer. Aus diesen Gründen haben die Kommunen auch das Recht verloren, die Abfallverwertung durch ein Versorgungsmonopol mittels Einführung eines Anschluss- und Benutzungszwanges wieder zu „kommunalisieren", um auf diese Weise zu den privaten Entsorgern in Konkurrenz zu treten – allenfalls ist eine erwerbswirtschaftliche Betätigung der öffentlich-rechtlichen Entsorgungsträger im Rahmen der *Beseitigung* gewerblicher Abfälle denkbar.

Vor diesem Hintergrund können die massiven Bemühungen der kommunalen Entsorgungsträger verstanden werden, nämlich gewerbliche Abfälle zur Beseitigung in nicht ausgelasteten kommunalen Beseitigungsanlagen, wie Deponien oder Müllverbrennungsanlagen, zu akquirieren, was jedoch bereits deshalb unzulässig ist, da hierdurch neben einer rechtswidrigen Umgehung der vorgeschriebenen Zuständigkeiten zudem gegen die Ziele des Kreislaufwirtschafts- und Abfallgesetzes, wie beispielsweise den Grundsatz „Verwertung vor Beseitigung", verstoßen wird. Die Zuständigkeit der öffentlich-rechtlichen Entsorgungsträger für die *Verwertung* von (besonders gewerblichen) Abfällen kann nach § 13 KrW-/AbfG nur mit der Begründung bejaht werden, wenn entweder die Gewerbetreibenden „ihre" Abfälle nicht in eigenem Namen beseitigen (können) oder überwiegende öffentliche Interessen die Überlassung der Abfälle an den öffentlich-rechtlichen Entsorgungsträger erfordern sollten. Da weitestgehend eine leistungsfähige private Entsorgungswirtschaft vorhanden ist, versuchen die Kommunen, ihre Zuständigkeit für eine erwerbswirtschaftliche Betätigung auf dem Bereich der Verwertung von gewerblichen Abfällen mit dem Argument des „öffentlichen Interesses" zu rechtfertigen, dass die kommunalen Abfallanlagen besser ausgelastet werden müssten, um eine Anhebung der Abfallgebühren zu vermeiden. Dieser Gedanke widerspricht jedoch nicht nur der begründeten Zuständigkeit der privaten Entsorgungsunternehmen, sondern ebenso dem dargelegten Sinn und Zweck des Kreislaufwirtschafts- und Abfallgesetzes, nämlich dass der Abfall nicht beseitigt, sondern *von der abfallerzeugenden Wirtschaft* für *wirtschaftliche Zwecke genutzt werden soll.* Zudem wird hier von den Kommunen verkannt, dass die erforderlichen Mittel für eine kostendeckende und für die Gemeindebürger bezahlbare Abfallentsorgung von den jeweiligen Bundesländern zur Verfügung gestellt werden müssen (so ausdrücklich der Bayerische Verfassungsgerichtshof in seinem Urteil vom 04. 07. 1996, BayVBl. 1996, 590 ff., zur Finanzierung von Feuerbestattungseinrichtungen).

An die vom Bundesgesetzgeber im Kreislaufwirtschafts- und Abfallgesetz vorgegebene Zuständigkeits- und Aufgabenzuweisung an die privaten Entsorgungsunternehmen sind die Landesgesetzgeber gebunden, wie das Bundesverfassungsgericht in seinem Urteil vom 07. 05. 1998, BVerfGE 98, 106 ff., bereits als rechtsstaatliche Selbstverständlichkeit deklaratorisch festgestellt hat. Aus diesem Grunde kann die in § 107 I 1 Nr. 3 der Gemeindeordnung Nordrhein-Westfalen enthaltene Regelung in Übereinstimmung mit dem Urteil des LG Wuppertal vom 29. 10. 1999, DVBl. 1999, 939 ff., und entgegen dem zu Recht scharf kritisierten Urteil des OLG Düsseldorf vom 28. 10. 1999, NWVBl. 2000, 75, wonach die Kommunen im Bereich der Abfallwirtschaft praktisch schlechthin erwerbswirtschaftlich tätig werden dürfen, keinen Bestand haben. Da eine mit § 107 I 1 Nr. 3 der Gemeindeordnung Nordrhein-Westfalen vergleichbare Regelung, also ein Aufgaben- oder Zuständigkeitsvorbehalt zugunsten einer erwerbswirtschaftlichen Tätigkeit der Kommunen, in der Bayerischen Gemeindeordnung fehlt, bleibt es bei der Beurteilung der erwerbswirtschaftlichen Betätigung der Kommunen im Bereich der Verwertung von Abfällen bei den allgemeinen Bestimmungen des Art. 87 BayGO. Danach ist diese nur dann zulässig, wenn die Verwertung von Abfällen nicht ebenso gut und wirtschaftlich durch die Privatwirtschaft vollzogen werden kann. Das ohnehin abzulehnende Urteil des OLG Düsseldorf vom 28. 10. 1999, NWVBl. 2000, 75, kommt in Bayern also nicht, auch nicht entsprechend, zur Anwendung. In Bezug auf das von den Kommunen zur Rechtfertigung ihrer erwerbswirtschaftlichen Betätigung auch auf dem Bereich der Abfallverwertung herangezogene Argument, dass zur Vermeidung von Gebührenerhöhungen die kommunalen Abfallanlagen besser ausgelastet werden müssen, ist neben dem bereits genannten Verstoß gegen die bundesstaatliche Ordnung auch das zitierte Urteil des Bayerischen Verfassungsgerichtshofes Art. 87 I 1 Nr. 4 BayGO entgegenzuhalten, nach dem die im Vordergrund stehende Gewinnerzielungsabsicht keinem öffentlichen Zweck entspricht und somit unzulässig ist. Dass schließlich die Auslastung von „leer stehenden“ kommunalen Abfallanlagen mit der „Übernahme“ der Abfallverwertung keine zulässige Randnutzung oder gar einen Annex darstellt, wird unter Ziffer 3.6 klargestellt, wonach bestehende Überkapazitäten in kommunalen Abfallanlagen abzubauen sind.

Abschließend sei darauf hingewiesen, dass Abfallgemische, die aus verwertbaren und unverwertbaren Stoffen bestehen, entgegen der Auffassung, die häufig von den Kommunen zur Rechtfertigung einer unzulässigen Abfall*beseitigung* zur besseren Auslastung ihrer Anlagen vertreten wird, nicht als einzelne Abfälle i. S. d. § 4 KrW-/AbfG anzusehen und daher insgesamt nicht etwa verwertungs*un*fähig sind. Vielmehr müssen die Abfallgemische daraufhin eingeordnet werden, ob die geplante Entsorgung nach dem Anteil der verwertbaren Teile und ihrer geplanten Nutzung im Hauptzweck insgesamt objektiv eine Verwertung darstellt (so der Bayerische Verwaltungsgerichtshof München mit Urteil vom 30. 11. 1999, ZUR 2000, 211 ff.). Dies ist dann der Fall, wenn nach einer wirtschaftlichen Betrachtungsweise unter Berücksichtigung der im einzelnen Abfall bestehenden Verunreinigung der Hauptzweck der Maßnahme in der Nutzung des Abfalls und nicht in der Beseitigung des Schadstoffpotenzials liegt.

Weiterführende wirtschaftspolitische Hintergrundinformationen zur Abfallwirtschaft

Seit Oktober 1996 ist in Deutschland mit dem Kreislaufwirtschaftsgesetz (http://www.gesetze4free.de/) die grundsätzliche Weichenstellung für eine Privatisierung der Abfallwirtschaft vollzogen worden. Der umweltpolitische Grundgedanke liegt darin, nicht vermeidbare Abfälle so lange wie möglich im Wirtschaftskreislauf zu halten. Ziel des Gesetzes ist weiterhin, die privatwirtschaftliche Verwertung von Abfällen zu fördern und die Eigenverantwortung der Wirtschaft nachhaltig zu stärken. Im Gegensatz zum vorherigen Abfallgesetz sieht das neue Recht vor, dass grundsätzlich nicht mehr die öffentliche Hand, sondern die Erzeuger und Besitzer von Abfällen dafür verantwortlich sind, diese nach den rechtlichen Vorgaben zu entsorgen.

Maßgeblich für den bundeseinheitlichen Vollzug des Kreislaufwirtschaftsgesetzes ist die Abgrenzung zwischen Produkt und Abfall sowie zwischen Abfällen zur Verwertung und Beseitigung. Maßgeblich für den Vollzug des deutschen Abfallrechts ist die Abgrenzung zwischen Beseitigung und Verwertung der Abfälle, die der abfallrechtlichen Überwachung unterliegen. Zur Auslastung vorhandener Anlagenkapazitäten versuchen die öffentlichen Betreiber von Deponien und Verbrennungsanlagen – bei sinkenden Abfallmengen –, möglichst viele Abfälle einer Beseitigungspflicht zu unterwerfen. Dieses nachhaltig kritisierte Vorgehen soll die Abfälle letztlich nur Andienungs- und Überlassungspflichten unterwerfen.

3.5.2 Der Telekommunikationssektor

Die erwerbswirtschaftliche Betätigung von Städten und Gemeinden nimmt derzeit auf dem Telekommunikationssektor enorm zu. Besonders über ihre Stadtwerke versuchen nicht nur große Städte, wie das bereits erwähnte Beispiel M"net in München belegt, sondern ebenso kleinere Gemeinden, Dritten umfassende Telekommunikationsleistungen auf dem privaten Markt anzubieten. Dass diese Pläne und Aktivitäten nach Art. 87 BayGO wegen Verstoßes gegen die Privatschutzklausel unzulässig sind, lässt sich recht einfach durch das neue Telekommunikationsgesetz (TKG) sowie mit dem Privatisierungsgebot des Art. 87 f II GG belegen. So bestimmt § 1 TKG: „Zweck des Gesetzes ist es, durch Regulierung im Bereich der Telekommunikation **den Wettbewerb zu fördern** und flächendeckend angemessene und ausreichende Dienstleistungen zu gewährleisten" (Hervorhebung durch Verfasser). Weiterhin bestimmt Art. 87 II 2 GG, dass die Telekommunikationsleistungen als **„privatwirtschaftliche Tätigkeiten** durch die aus dem Sondervermögen Deutsche Bundespost hervorgegangenen Unternehmen und durch **andere private Anbieter** erbracht" werden (Hervorhebungen durch Verfasser). Infolge der hierdurch verfassungsrechtlich angeordneten materiellen Privatisierung ist es der öffentlichen Hand, somit auch den Kommunen, untersagt, Telekommunikationsleistungen anzubieten. Selbst wenn man entgegen dem Bundesrecht, welches dem Landesrecht vorgeht, die Anwendung von Art. 87 BayGO bejahen wollte, kann jedoch heute davon ausgegangen werden, dass bereits ein sehr großes Angebot an privaten Telekommunikationsleistungen besteht und somit der öffentliche Zweck, nämlich die Grundversorgung der Gemeindebürger mit Telekommunikationsleistungen, über private Anbieter sichergestellt ist. Aus diesem Grund lassen sich die erwerbswirtschaftlichen Betätigungen der Kommunen auf dem Gebiet der Telekommunikation nicht rechtfertigen. Vielmehr verstoßen sie gegen die in Art. 87 BayGO verortete Privatschutzklausel sowie gegen das materielle Privatisierungsgebot des Art. 87 II 2 GG. An dieser durch Bundesrecht vorgegebenen Rechtslage können aufgrund des Grundsatzes „Bundesrecht bricht Landesrecht" landesrechtliche Kommunalregelungen nichts ändern. So ist die in Art. 107 I 2 der Gemeindeordnung Nordrhein-Westfalen enthaltene Regelung, nach der die Privatschutzklausel keine Anwendung auf das Betreiben von Telefondienstleistungen findet, wegen Verstoßes gegen vorgehendes Bundes- und Verfassungsrecht unwirksam.

Aus denselben Gründen liegt auch die amtliche Begründung zum Gesetz zur Änderung des kommunalen Wirtschaftsrechts und anderer kommunalrechtlicher Vorschriften vom 24. 07. 1998 in Bayern, dort zu Art. 87 BayGO, als rechtlich unbeachtlich neben der Sache, wenn es dort heißt, dass auch der Bereich der Telekommunikation zur Daseinsvorsorge gezählt wird, „die", so die amtliche Begründung, „zwar von der Verfassung noch nicht erfasst ist, aber in der Regel als Annexaufgabe zur Versorgung mit Strom und Gas erfüllt wird und die nach allgemeiner Auffassung einem öffentlichen Zweck wie z. B. der Herstellung effektiven Wettbewerbs in der Telekommunikation oder der Verbesserung der Infrastruktur dient". Aber auch sonst greift die vorstehend zitierte amtliche Begründung nicht: Zum einen wird der von der amtlichen Begründung angeführte Bereich der Energiewirtschaft zunehmend liberalisiert. Zum anderen erfüllt das Anbieten von Telekommunikationsleistungen den ebenso nach Art. 87 BayGO rechtfertigungsbedürftigen Tatbestand der „Erweiterung“ oder der „Errichtung“ eines Unternehmens und kann insofern keinen Annex zur Versorgung mit Strom und Gas darstellen. Lediglich die Kommunalunternehmen, die Telekommunikationsleistungen anbieten und bereits zum 01. 09. 1998 bestanden haben, genießen nach Art. 87 I 2 BayGO Bestandsschutz, der wegen Verstoßes gegen Bundes- bzw. Verfassungsrecht gleichwohl angreifbar bleibt.

Da somit der Bereich der Telekommunikationsleistungen nicht der Daseinsvorsorge zuzurechnen ist, ist die in Art. 87 BayGO enthaltene Privatschutzklausel uneingeschränkt anwendbar. Es bleibt schließlich abzuwarten, ob der auf dem Telekommunikationsbereich durch Art. 87 BayGO gewährte Bestandsschutz wegen durchaus vorstellbarem Verstoß gegen höherrangiges Bundes- und Verfassungsrecht Bestand vor den gegebenenfalls anzurufenden Gerichten haben wird. Und wenn der Bayerische Gesetzgeber bereits erkannt hat, dass die Telekommunikation seiner Auffassung nach zum Bereich der Daseinsvorsorge zu rechnen ist, so hätte es nahe gelegen, dies durch eine gesetzliche Regelung klarzustellen, wie er es in anderen Bereichen getan hat. So heißt es beispielsweise in Art. 2 I 1 des Gesetzes über den öffentlichen Personennahverkehr in Bayern in der Fassung vom 30. 07. 1996: „Öffentlicher Personennahverkehr ist eine Aufgabe der Daseinsvorsorge.“ Für den Bereich der Telekommunikation fehlt jedoch eine solche gesetzliche Regelung. Allerdings verstieße diese wohl ohnehin im Bereich der Telekommunikation gegen höherrangiges Bundes- und Verfassungsrecht.

Weiterführende wirtschaftspolitische Hintergrundinformationen zur Telekommunikation

Telekommunikation ist Teil des Nervensystems einer modernen Industrie- und Dienstleistungsgesellschaft. Information als eigener, neuer Produktionsfaktor wird durch Telekommunikation wirksam in alle Produktions- und Organisationsprozesse der Wirtschaft integriert. Deregulierung, Privatisierung und Internationalisierung der Telekommunikationswirtschaft sind daher auch im Hinblick auf ihre Bedeutung für die Industrie, für weiteres Wachstum und neue Arbeitsplätze eine ordnungspolitische Aufgabe ersten Ranges.

Die ersten Jahre nach der endgültigen Liberalisierung der Telekommunikationsmärkte durch Freigabe des Sprachdienstmonopols auf der Basis des Telekommunikationsgesetzes (http://www.gesetze4free.de/) haben in Deutschland gezeigt, dass der Wettbewerb zügig in Gang gekommen ist. So sind die Kosten für Ferngespräche um über 80 Prozent, in Teilbereichen sogar um 93 Prozent gesunken. Die Wachstums- und Beschäftigungspotenziale sind hoch. Allein bei den Anbietern von Telekommunikations- und Mehrwertdiensten sind über 230 000 Arbeitsplätze vorhanden, entstanden zum größten Teil in den wenigen zurückliegenden Jahren der jungen Telekommunikationsmärkte (vgl. BDI, Deckmantel Daseinsvorsorge, Berlin 2000, S. 33, URL: http://www.bdi-online.de/fram_publikationen.html).

3.5.3 Feuerbestattungen

Für **Feuerbestattungen** sind unter den in Art. 13 II Bayerisches Bestattungsgesetz Genehmigungen an private Feuerbestattungsunternehmen zu erteilen, wenn dem keine öffentlichen Vorschriften entgegenstehen. Dies bedeutet, dass in diesem Bereich private Unternehmen Feuerbestattungsanlagen betreiben dürfen und die Genehmigung hierzu nicht im Ermessen der Gemeinde liegt. Der **Bayerische Verfassungsgerichtshof** führte in seinem Urteil vom 04. 07. 1996, BayVBl. 1996, 590 ff., zur Verfassungsmäßigkeit des Bayerischen Bestattungsgesetzes, in welchem es um die Zulässigkeit von Feuerbestattungen durch private Unternehmen ging, aus: „Nach Art. 7 BestG sind die Gemeinden nur insoweit verpflichtet, die erforderlichen Bestattungseinrichtungen herzustellen und zu unterhalten, als dafür ein *öffentliches*

Bedürfnis besteht. ... Die Verpflichtung einer Gemeinde, eine Feuerbestattungsanlage zu unterhalten, kann nur unter *engen Voraussetzungen* angenommen werden. Eine solche Anlage kann nur bei einer entsprechend hohen Zahl von Einäscherungen kostendeckend betrieben werden. Eine Verpflichtung zum Betrieb einer Feuerbestattungsanlage kommt allenfalls für größere Städte und nur dann in Betracht, wenn ein entsprechend hoher Bedarf besteht und wenn die Anlage aller Voraussicht nach kostendeckend betrieben werden kann. ... Soweit mithin die Gemeinden verpflichtet sein könnten, die erforderlichen Bestattungseinrichtungen herzustellen und zu unterhalten, weil sie ... von anderen Stellen nicht bereitgestellt werden, müssen sie diese Einrichtungen nicht selbst betreiben." (Hervorhebungen durch Verfasser) Feuerbestattungen zählen demnach nicht mehr zum Kernbereich der Daseinsvorsorge. Dies bedeutet letztlich, dass die Gemeinden sich der Feuerbestattung zu enthalten haben, wenn diese nach Art. 87 BayGO ebenso gut von den privaten Feuerbestattungsunternehmen ausgeführt werden kann oder wird. Dies muss umso mehr gelten, als bis zur Änderung des Bayerischen Bestattungsgesetzes am 10. 08. 1994 Feuerbestattungen ausschließlich von juristischen Personen des öffentlichen Rechts durchgeführt werden durften.

3.5.4 Trinkwasserver- und Wasserentsorgung, Energiewirtschaft

Auch in den Bereichen der **Trinkwasserver- und Wasserentsorgung** oder der **Energiewirtschaft** lässt sich durchaus – angesichts der hier nicht umfassend behandelbaren Komplexität dieser Bereiche vereinfacht gesprochen – erfolgreich argumentieren, dass die erwerbswirtschaftliche Tätigkeit von Städten und Kommunen unzulässig ist, wenn die wirtschaftliche Tätigkeit von privaten Versorgern und Unternehmern zu ausreichenden Marktergebnissen im Sinne der Privatschutzklausel führt.

Speziell für den Bereich der Energieversorgung mit Strom und Gas ist dies nach dem neuen Energiewirtschaftsgesetz vom 24. 04. 1998 verstärkt anzunehmen, da der deutsche Gesetzgeber diese Sektoren im

Zuge der Marktöffnung infolge der europäischen Liberalisierung durch die Elektrizitätsbinnenmarktrichtlinie Nr. 96/20/EG vom 19. 12. 1996, ABlEG 1997 Nr. L 27, 20 ff., und die Erdgasbinnenmarktrichtlinie Nr. 98/30/EG vom 22. 06. 1998, ABlEG 1998, Nr. L 204, 1 ff., auf die privaten Unternehmen ausdrücklich mit überantworten muss. Dies ist für den Bereich „Strom" bereits geschehen durch das Energiewirtschaftsgesetz, das die Elektrizitätsbinnenmarktrichtlinie umsetzt und am 29. 04. 1998 in Kraft getreten ist. Damit werden für den Sektor „Strom" die Einführung von Wettbewerb sowie die Beseitigung des Schutzes der bislang geschlossenen Versorgungsgebiete bezweckt, wie die amtliche Gesetzesbegründung, BT-Drs. 13/7274, 10 ff., ausdrücklich formuliert. Zu diesem Zweck haben die privaten Anbieter nach § 6 EnWG nunmehr ausdrücklich einen Anspruch auf Netzzugang erhalten, wodurch das bisher zugunsten der öffentlichen Hand vorbehaltene Versorgungsmonopol durchbrochen wird. Der Netzzugang, der insoweit von wesentlicher Bedeutung ist, als infolge der natürlichen Begrenztheit der Netze weiterhin ein faktisches Netzmonopol der Netzbetreiber fortbesteht, wird umgesetzt über den so genannten verhandelten Netzzugang nach § 6 I EnWG bzw. die so genannte Netzzugangsalternative nach § 7 EnWG. Gleichzeitig wurden die Ausnahmevorschriften der §§ 103 und 103 a GWB aufgehoben, d. h., die kartellrechtliche Missbrauchskontrolle der §§ 1, 15 und 18 GWB findet nunmehr im Gegensatz zur früheren Rechtslage für den gesamten Strombereich umfassend Anwendung, wodurch vor allem die wettbewerbsverhindernden Demarkationsverträge und die Ausschließlichkeits- wie Verzichtsklauseln in den Konzessionsverträgen der Energieversorgungsunternehmen nichtig sind. Gerade durch den zur Anwendung kommenden § 19 IV i. V. m. § 20 GWB wird dafür Sorge getragen, dass neben dem behinderungs- und diskriminierungsfreien Netzzugang im Rahmen des verhandelten Netzzugangs auch eine Überprüfung der geforderten Netzzugangsentgelte justiziabel wird.

Der in der Regel praktizierte verhandelbare Netzzugang nach § 6 EnWG gibt nach dem Urteil des LG Potsdam, WuW 2000 DE-R,

464 ff., und nach dem nicht veröffentlichten Urteil des LG Chemnitz vom 24. 07. 2000 einen gerichtlich durchsetzbaren Anspruch auf Zugang zu den Netzen, also auf Vertragsschluss. Dagegen gehen das LG Leipzig, NJWE-WettbR 2000, 279 ff., und das LG Berlin, WuW 2000, 997 ff., von einem gesetzlichen Schuldverhältnis aus. Zusammenfassend kann gesagt werden, dass die Gründe, mit denen die Netzbetreiber bislang den Netzzugang verweigert haben, im Wesentlichen keinen Bestand vor den angerufenen Gerichten hatten. Insbesondere das Bundesverfassungsgericht führte in seinem Urteil vom 24. 04. 2000, NVwZ 2000, 789 ff., aus, dass die vom Netzbetreiber beispielsweise gefürchtete Unwirtschaftlichkeit infolge der zu gewährenden Durchleitung erst dann eine Durchleitungsverweigerung rechtfertigen könnte, wenn in der Summe so viele Kunden verloren gingen, dass das erste Kraftwerk aus wirtschaftlichen Gründen abgeschaltet werden müsste. Für die kommunalen Stadtwerke, die die örtliche Gemeinschaft mit Strom versorgen, war deren jeweiliges Gebietsmonopol über die nun weggefallenen Demarkations- und Konzessionsverträge gesichert. Die heute anstehende Frage, inwieweit die kommunalen Stadtwerke über ihre Grenzen hinaus ihre Leistungen anbieten dürfen, wird unter Ziffer 3.7 beantwortet. Denn nach Art. 87 II BayGO darf die Gemeinde nur bei Vorliegen der übrigen Voraussetzungen des Art. 87 I BayGO über ihre Grenzen hinweg tätig werden, d. h., ein öffentlicher Zweck muss die überörtliche Tätigkeit der Stadtwerke erfordern, und zugleich darf dieser öffentliche Zweck nicht ebenso gut und wirtschaftlich durch die privaten Anbieter erfüllt werden oder erfüllt werden können.

Gerade im Bereich der Energiewirtschaft ist darüber hinaus zu beachten, dass die Rechtsentwicklung noch nicht abgeschlossen, vielmehr voll im Gang ist, was für die anderen zur Liberalisierung anstehenden Wirtschaftssektoren ebenso gilt. Entscheidend ist schließlich für die liberalisierten Märkte, dass dort – vorbehaltlich anderweitiger entgegenstehender bundesgesetzlicher Regelungen – das jeweilige landesrechtliche Kommunalrecht als Zulässigkeitsmaßstab für eine erwerbswirtschaftliche Betätigung der Städte und Gemeinden zur Anwendung gelangt, in Bayern ist dies die bedeutende Regelung des Art. 87 BayGO.

Weiterführende wirtschaftspolitische Hintergrundinformationen zur Energiewirtschaft

Industrie und Handwerk sind auf eine sichere Energieversorgung zu international wettbewerbsfähigen Preisen angewiesen. Der Strom- und Erdgasbinnenmarkt in Europa ist durch die Richtlinien der EU zum Elektrizitätsbinnenmarkt vom 19. 12. 1996 und zum Erdgasbinnenmarkt vom 22. 06. 1998 neu geordnet worden. Mit der sich anschließenden Umsetzung der Richtlinien in nationales Recht durch die Reform des aus dem Jahr 1935 stammenden Energiewirtschaftsgesetzes (http://www.gesetze4free.de/) wurden der Energiemarkt in Deutschland liberalisiert und die Begrenzungen des lokalen Marktes aufgehoben. Vor allem Strom ist mittlerweile zur normalen Handelsware geworden. Stadtwerke können sich nicht mehr auf den Gebietsschutz berufen, sondern müssen den freien Wettbewerb in ihrem angestammten Versorgungsgebiet zulassen.

Der BDI stellt dazu fest: „... Die Erfahrungen mit der Liberalisierung der Strom- und Gasversorgung zeigen, dass der zunehmende Wettbewerb die Gemeinwohlbelange wie Versorgungssicherheit, Qualität und Zuverlässigkeit der Energieversorgung, Umweltschutz, Ressourcenschonung oder Versorgung in der Fläche nicht negativ beeinträchtigt hat.... Die Verbraucher spüren darüber hinaus, dass die Strompreise erheblich sinken. So sind die Stromtarife für die Haushaltskunden um bis zu 20 Prozent und die der Industrie um bis zu 50 Prozent in Einzelfällen gesunken. Damit ist das Ziel, breite Bevölkerungsschichten möglichst preisgünstig mit Energie zu versorgen, im liberalisierten Markt besser als im Monopol erfüllt worden." (BDI, Deckmantel Daseinsvorsorge, Berlin 2000, S. 32, URL: http://www.bdi-online.de/fram_publikationen.html.

3.6 Errichtung des Kommunalunternehmens; wesentliche Erweiterungen versus zulässige Randnutzung / Annextätigkeiten eines Kommunalunternehmens; das unzulässige Argument der Kommunen einer verbesserten Auslastung zur Rechtfertigung von Erweiterungen ihrer Unternehmen

Die oben beschriebenen Zulässigkeitsvoraussetzungen (öffentlicher Zweck und Einhaltung der Privatschutzklausel) gelten für die Errichtung, d. h. Neugründung eines Kommunalunternehmens, ebenso wie für die Beteiligung der Kommune an einem privaten Unternehmen oder für eine wesentliche Erweiterung des bereits bestehenden Kommunalunternehmens oder der Beteiligung. Der Begriff der gesetzlich nicht definierten, wesentlichen Erweiterung ist der Schlüsselbegriff für die Beurteilung der Zulässigkeit neuer wirtschaftlicher Aktivitäten durch die Kommunalunternehmen. Nur wenn eine *einem öffentlichen Zweck dienende* Erweiterung vorliegt, *die zugleich wesentlich ist*, greift die zugunsten der Privatwirtschaft bestehende Privatschutzklausel nicht ein. Dient die wesentliche Erweiterung lediglich der Gewinnerzielung, ist ein öffentlicher Zweck zu verneinen, so dass auch hier die zugunsten der Privatwirtschaft bestehende Privatschutzklausel eingreift.

3.6.1 Zum Begriff der (wesentlichen) Erweiterung

Die wesentliche Erweiterung ist abzugrenzen von der so genannten zulässigen gewinnorientierten **Ressourcennutzung** und der zulässigen gewinnorientierten **Randnutzung.** Bei der Ressourcennutzung wird beim Gemeindeunternehmen vorhandenes Wirtschaftspotenzial, also Ressourcen, **nicht abgebaut oder brachliegen gelassen, sondern zur Einnahmenerzielung genutzt, wobei die Nutzung keinem öffentlichen Zweck dient.** Bei der Randnutzung geht es um die Ergänzung zulässiger, da einem öffentlichen Zweck dienenden Grundleistungen durch zusätzliche Leistungen, die – isoliert betrachtet – keinem öffentlichen Zweck dienen, auf die sich aber der Zweck der Grundleistung erstreckt.

3.6.2 Die bisher zur (wesentlichen) Erweiterung ergangene Rechtsprechung

Das Bundesverwaltungsgericht hat in einer älteren Entscheidung vom 21. 04. 1989, NJW 1989, 2409 ff., eine grundsätzliche Aussage zur Randnutzung wie folgt getroffen: „Die Beifügung von Werbematerial stellt eine so genannte Randnutzung des Kontostand-Mitteilungsdienstes dar. ... Mit dem Begriff der Randnutzung wird ... die wirtschaftliche Betätigung bezeichnet, die die öffentliche Hand bei Gelegenheit der Erfüllung ihrer öffentlichen Aufgaben betreibt, um sonst brachliegendes Wirtschaftspotential, das im übrigen aber öffentlichen Zwecken dient, auszunutzen.... Gerechtfertigt wird die Randnutzung mit dem Wirtschaftlichkeitsprinzip, das die Verwaltung zu ökonomisch vernünftigen, sparsamen Wirtschaften unter Ausnutzung ihres Wirtschaftspotentials verpflichtet. Die Grenzen ihrer Zulässigkeit liegen dort, wo sie über den Funktionsbereich des Verwaltungsträgers hinausgeht, mit den öffentlichen Zwecken der Verwaltungstätigkeit nicht mehr vereinbar ist oder die sachgerechte Aufgabenerledigung beeinträchtigt."

Das OLG München hat in seinem Urteil vom 20. 04. 2000, GewArch 2000, 279 ff., zur wesentlichen Erweiterung ausgeführt: „Es liegt eine wesentliche Erweiterung vor, wenn neue Geschäftsfelder eröffnet werden, die sich nicht lediglich als untergeordnete Annex-Aufgabe zum Unternehmensgegenstand qualifizieren lassen." Ob dies der Fall ist, richtet sich nach dem OLG München nach der Verkehrsanschauung und den differenzierbaren Tätigkeitsfeldern der privaten Konkurrenzunternehmen.

Der Rheinland-Pfälzische Verfassungsgerichtshof vom 28. 03. 2000, DVBl. 2000, nimmt – präzisierend zum OLG München – eine konkretere und handhabbare Definition zum Begriff der wesentlichen Erweiterung wie folgt vor: „Wesentlich ist eine Erweiterung erst dann, wenn die fraglichen Maßnahmen den Umfang oder die Leistungsfähigkeit des Unternehmens i. S. einer **räumlichen oder funktionellen** Ausdehnung

erheblich steigern, etwa wenn Stadtwerke zusätzlich zur schon angebotenen Stromversorgung auch die Gasversorgung übernehmen wollen. Keine wesentlichen Erweiterungen sind dagegen bloße Rationalisierungsmaßnahmen wie die Verbesserung der Betriebseinrichtungen oder Arbeitsmethoden, darüber hinaus aber auch nicht die Übernahme einer untergeordneten Annexaufgabe zum Unternehmensgegenstand. Eine Zusatzleistung wird, wenn sie sich wirtschaftlich gesehen und wegen des Sachzusammenhangs als bloße Ergänzung oder Abrundung der einem öffentlichen Zweck dienenden Hauptleistung darstellt und sie nicht behindert, von der öffentlichen Zweckbestimmung mitumfasst und ist somit als Unternehmenserweiterung nicht wesentlich. So handelt es sich um eine **un**wesentliche Erweiterung beispielsweise dann, wenn Stadtwerke ihr Energieversorgungsangebot durch gewisse Zusatzdienste wie Beratung oder Installation zu einer wettbewerbsfähigen Gesamtleistung abrunden.“ Ob gerade infolge der Liberalisierung des Strommarktes die Auffassung des Rheinland-Pfälzischen Verfassungsgerichtshofes zutreffend ist, wird sicherlich erst durch die weitere Rechtsprechung verlässlich und rechtssicher geklärt werden können. Auch hier wäre es durchaus einen Versuch wert, die Zulässigkeit der Zusatzleistungen der Stadtwerke im Rahmen eines Gerichtsverfahrens „auszuloten“, zumal der Rheinland-Pfälzische Verfassungsgerichtshof nicht explizit zur dieser Frage zu entscheiden hatte, so dass es auf den jeweils zu entscheidenden Einzelfall und den konkreten Umfang der Zusatzdienste der Stadtwerke ankommt. Denn auch der Rheinland-Pfälzische Verfassungsgerichtshof sagt nicht, dass die Zusatzdienste, wie Beratung oder Installation, generell als zulässige Abrundung der Haupttätigkeit anzusehen sind, sondern spricht ausdrücklich nur von „gewissen“ Zusatzdiensten, ohne sich näher festzulegen. Wichtig ist auch, dass den gewinnorientierten Kommunalunternehmen, die einen Bestandsschutz genießen, da sie vor dem 01. 09. 1998 gegründet wurden, bereits eine unwesentliche Erweiterung untersagt ist, soweit kein öffentlicher Zweck verfolgt wird.

Das OLG Hamm führt in seinem Urteil vom 23.09.1997 ff., BB 1999, 493 ff., aus: „Die **bessere Auslastung** gemeindlicher Einrichtungen durch eine zusätzliche privatwirtschaftliche Betätigung stellt **keinen solchen die entsprechende Betätigung rechtfertigenden öffentlichen Zweck** dar. **Denn das Bedürfnis einer solchen Betätigung muss sich von außen ergeben.** Es muss ein Bedürfnis gerade der örtlichen Gemeinschaft sein, das eine privatwirtschaftliche Betätigung der Gemeinde erfordert. **Die Gemeinde kann sich den die Betätigung rechtfertigenden öffentlichen Zweck nicht selbst schaffen, indem sie die entsprechenden Einrichtungen so dimensioniert, dass sie nur bei zusätzlicher privatwirtschaftlicher Betätigung wirtschaftlich arbeitet.**"

Das OLG München hat sich in seinem Urteil vom 20.04.2000, GewArch 2000, 279 ff., unter wörtlichem Zitieren der Auffassung des OLG Hamm ausdrücklich und ohne Einschränkung angeschlossen, verweist darüber hinaus sogar auf die Kommentierung von Widtmann-Grasser zu Art. 87 BayGO, wonach „schon der vorübergehende Einsatz bis zum Abbau von Personal oder Sachmitteln als unzulässig" angesehen wird.

3.7 Gebietsüberschreitende erwerbswirtschaftliche Betätigungen der Kommune / Örtlichkeitsprinzip

Die Kommune überschreitet mit ihrer erwerbswirtschaftlichen Betätigung ihre Gemeindegrenzen und ist sozusagen überörtlich tätig, wenn die eigentliche Wertschöpfung der zu erbringenden Produkte oder Dienstleistungen in ihrem Schwerpunkt noch auf dem eigenen Gemeindegebiet erfolgt oder auf die eigene Gemeindebevölkerung sowie deren Zusammenleben bezogen ist.

3.7.1 Allgemeine Zulässigkeitsvoraussetzungen einer überörtlichen erwerbswirtschaftlichen kommunalen Betätigung

Die in vorstehenden Ziffern genannten allgemeinen Zulässigkeitsvoraussetzungen des Art. 87 BayGO (Vorliegen eines öffentlichen Zwecks und Privatschutzklausel) sind auch bei gebietsüberschreitenden Tätigkeiten der Kommunen entsprechend zu beachten.

3.7.2 Sonderbereich Energiewirtschaft

Wie unter Ziffer 3.5 ausgeführt, hatten die kommunalen Stadtwerke bis zur Liberalisierung des Strommarktes die örtliche Gemeinschaft nahezu exklusiv mit Strom versorgt, bis mit In-Kraft-Treten des neuen Energiewirtschaftsgesetzes am 29. 04. 1998 deren bis dahin über Demarkations- und Konzessionsverträge abgesicherte jeweilige Gebietsmonopole weggefallen sind. Nach der amtlichen Begründung zum neuen Energiewirtschaftgesetz, BT-Drs. 13/7274, 32 ff., ist einerseits die Besonderheit zu beachten, dass die Stadtwerke frei darüber entscheiden können sollen, ob sie nunmehr über ihre Stadtgrenzen hinaus tätig werden wollen. Andererseits sind selbstverständlich die in den jeweiligen landesrechtlichen Kommunalgesetzen verorteten Begrenzungen zu beachten. In Bayern bedeutet dies, dass kommunale Stromversorger wie die Stadtwerke nach Art. 87 II BayGO nur in dem Fall über ihre Grenzen hinweg tätig werden dürfen, wenn eine solche grenzüberschreitende Tätigkeit von einem öffentlichen Zweck erfordert wird und dieser nicht ebenso gut und wirtschaftlich durch die privaten Anbieter erfüllt wird oder erfüllt werden kann. Den Stadtwerken ist über das Alleinkäufermodell nach § 7 EnWG bereits ein ausreichender, wenngleich bis 31. 12. 2005 befristeter, aber durch den Bundestag verlängerbarer Schutz ihrer Versorgungszuständigkeit zugesprochen worden. Gleichwohl können sie nach der hier vertretenen, jedoch – soweit ersichtlich – noch nicht offiziell vertretenen oder gerichtlich entschiedenen Auffassung eine grenzüberschreitende Tätigkeit nur mit dem Argument rechtfertigen, dass die Stromversorgung durch private Stromanbieter nicht ebenso gut und wirtschaftlich angeboten werden kann, wie dies bei einem grenzüberschreitenden Tätigwerden der Stadtwerke möglich ist. Vor allem im Rahmen der Energiewirtschaft stellt sich zudem die Frage, wann eine überörtliche Tätigkeit der Stadtwerke angenommen werden muss. So sind die Stadtwerke zweifellos infolge des Alleinkäufermodells befugt, den Energiebedarf außerorts zu beziehen. Geht man weiterhin davon aus, dass es darauf ankommt, dass die eigentliche Wertschöpfung innerhalb des Gemeindegebiets zu erfolgen hat, so folgt daraus, dass die Stadtwerke zwar Strom über ihre örtliche Einspeisung in das Netz auch über ihre Gemeindegrenzen liefern dürfen, jedoch nicht eigene Anlagen außerhalb ihres Gemeindegebiets errichten oder sich an anderen überörtlichen Anlagen beteiligen dürfen, soweit dies nicht durch den beschriebenen öffentlichen Zweck unter Beachtung der Privatschutzklausel erfordert wird.

3.8 Die Rechtsschutzmöglichkeiten der Privatwirtschaft / Ausstrahlungswirkung von Art. 87 BayGO auf das Wettbewerbsrecht

3.8.1 Wettbewerbsrechtliche Klagen gegen die Kommunalunternehmen vor den Zivilgerichten nach § 1 UWG

Soweit es bislang strittig war, ob die privaten Unternehmen unter Berufung auf die Verletzung der Privatschutzklausel die erwerbswirtschaftliche Betätigung der Kommunen auf dem Klageweg unterbinden können, spricht sich die amtliche Begründung zur Neufassung des Art. 87 BayGO eindeutig dafür aus, dass – in Übereinstimmung mit der **absolut herrschenden unteren wie höchsten Zivilgerichtsrechtsprechung** – die unmittelbar gegen die Kommunalunternehmen geführten Klagen der privaten Unternehmen nach § 1 UWG vor den Zivilgerichten von Erfolg gekrönt sein werden, wenn die erwerbswirtschaftliche Betätigung der Kommunen gegen die Privatschutzklausel verstößt. So lautet die amtliche Begründung zu diesem Fragenkreis: „Mit den zusammenhängenden Vorschriften von Satz 1 Nr. 1 (Erfordernis eines öffentlichen Zwecks) und Satz 2 (Ausschluss allein auf Gewinnerzielung ausgerichteter Teilnahme am Wettbewerb) will der Gesetzentwurf nicht nur die Kommunen vor den Gefahren überdehnter unternehmerischer Tätigkeit schützen, sondern zugleich auch einer ‚ungezügelten' Erwerbstätigkeit der öffentlichen Hand zu Lasten der Privatwirtschaft vorbeugen" (so BayVGH, BayVBl. 1976, 628, zum Ziel der früheren einschlägigen Beschränkungen). Auch wenn dieses allgemeine Ziel dem einzelnen Konkurrenten kein subjektiv-öffentliches Recht einräumt, kann es doch einen vor den Zivilgerichten zu verfolgenden, wettbewerbsrechtlichen Unterlassungsanspruch gem. §§ 1 i. V. m. § 13 Abs. 2 UWG begründen (BGH, BB 1965, S. 391 – „Blockeis II"; OLG Düsseldorf, VBl. NRW 1997, 353; OLG Hamm, Urteil vom 23.09.1997 – 4 U 99/97) wie die Gesetzesbegründung zu dem neu gefassten Art. 87 BayGO (siehe auch die Kernessenz unter nachfolgender Ziffer II).

3.8.2 Wettbewerbsrechtliche Unterlassungsklagen gegen die Kommunen vor den Verwaltungsgerichten

Dass entgegen der in vorstehender Ziffer zitierten amtlichen Begründung gleichwohl die Privatschutzklausel zugunsten der betroffenen privaten Unternehmen ein subjektives Recht gewähren kann, so dass auch Klagen der betroffenen privaten Unternehmen vor den Verwaltungsgerichten auf Unterlassung der rechtswidrigen erwerbswirtschaftlichen Betätigung der Kommunen in Zukunft entgegen der bislang absolut herrschenden verwaltungsgerichtlichen Rechtsprechung erfolgreich geführt werden könnten, belegt das Urteil des Rheinland-Pfälzischen Verfassungsgerichtshofs vom 28.03.2000, DVBl. 2000, S. 992 ff., zum Inhalt von § 85 Rh.-Pf.GO, der eine Privatschutzklausel enthält, die mit der in Art. 87 BayGO vergleichbar ist.

So heißt es in dem Urteil ausdrücklich: „Der neu gefasste § 85 Abs. 1 Nr. 3 GemO ist nach Wortlaut und Gesetzeszweck eine drittschützende Norm i. S. des § 42 Abs. 2 VwGO. Denn er ist zumindest auch dem Schutz von Individualinteressen derart zu dienen bestimmt, dass deren Inhaber die Einhaltung des Rechtssatzes soll verlangen können: Nicht nur hebt der Gesetzeswortlaut die Zweckerfüllung durch einen privaten Dritten als Betätigungssperre für die Gemeinde hervor, sondern der Gesetzgeber bezweckte mit der Subsidiaritätsklausel u. a. ausdrücklich, die Privatwirtschaft vor einer Beeinträchtigung ihrer Interessen zu schützen. Das Bedenken, der gemeindliche Beurteilungsspielraum lasse eine drittschützende Wirkung und damit das Klagerecht eines privaten Konkurrenten nicht zu, trägt demgegenüber nicht. Zwar hat das Verwaltungsgericht diesen Beurteilungsspielraum zu achten und ist deshalb gehindert, seine eigene Beurteilung an die Stelle derjenigen der Gemeinde zu setzen. Legt die Gemeinde aufgrund eines vollständig ermittelten Sachverhalts und ausgehend von einem richtigen Verständnis der anzuwendenden Norm vertretbar dar, dass und warum ihre eigene Leistungserbringung wirtschaftlicher oder besser ist, haben das Verwaltungsgericht und der private Dritte dies hinzunehmen. Ob sich die Beurteilung der Gemeinde in dem durch das Gesetz vorgegebenen Rahmen hält, ist aber eine gerichtlich voll nachprüfbare Rechtsfrage."

Gerade der Wortlaut der bayerischen Privatschutzklausel lässt den Schluss zu, dass nach der in der verwaltungsgerichtlichen Rechtsprechung vorherrschenden Schutznormtheorie die Privatschutzklausel zumindest auch dazu dient, die privaten Wettbewerber der Kommunen als von der Allgemeinheit abgrenzbaren Personenkreis zu schützen. Bislang vermittelten nach der absolut herrschenden verwaltungsgerichtlichen Rechtsprechung die Normen des Gemeindewirtschaftsrechts nur Drittschutz, soweit die Kommunalwirtschaft eine monopolistische Tendenz hat oder die privatwirtschaftliche Betätigung in unerträglicher Weise einengt. Nach dem Bundesverfassungsgericht genügt es hingegen bereits, dass durch staatliche Maßnahmen der Wettbewerb beeinflusst und die Ausübung einer beruflichen Tätigkeit dadurch behindert wird (BVerfG 86, 28 [37]). Hier bleibt es also abzuwarten, ob das zitierte jüngste Urteil des Rheinland-Pfälzischen Verfassungsgerichtshofes zu einer Änderung in der bayerischen Verwaltungsgerichtsrechtsprechung führen wird.

Hintergrundinformationen, ergänzende Rechtsprechungshinweise, interessante Urteile

Die Diskussion und Auseinandersetzung um die Zulässigkeit einer erwerbswirtschaftlichen Betätigung der Kommunen wird nicht nur politisch, sondern auch in der juristischen Fachliteratur nicht selten unübersichtlich und unsystematisch geführt. Erstaunlich häufig werden – vorbestimmt durch das Interessenlager, welchem der jeweilige Verfasser angehört – persönliche Auffassungen und Weltanschauungen wiedergegeben, die jedoch mit rechtlich fundierter Argumentation wenig gemein haben. So ist in juristischen Fachartikeln von namhafter Seite zur absolut herrschenden Rechtsprechung der Zivilgerichte, die – im Gegensatz zur Verwaltungsgerichtsbarkeit – der Privatschutzklausel Schutzfunktion zugunsten der Privatwirtschaft ableitet, zu lesen, „dass die ordentliche Gerichtsbarkeit nicht berufen ist, vermeintliche oder tatsächliche Unzulänglichkeiten der Verwaltungsgerichtsbarkeit oder der staatliches Verhalten regelnden Rechtsordnung durch Bejahung ihrer Zuständigkeit und durch zivilistisch geprägte Interpretation und Interpolation öffentlichen Rechts zu korrigieren“. Andernorts heißt es zur gleichen Thematik, dass die Rechtsprechung des BGH dazu diene, Mittelstandspolitik im Gewand von Rechtsprechung zum Zweck illegaler Erschließung staatlicher Finanzquellen im profitorientierten Wettbewerbsinteresse gewisser Freiberufler zu betreiben, bzw. dass sie „zivilgerichtliche(s) Dilettieren im Zentralbereich des allgemeinen Verwaltungsorganisationsrechts und speziell des Kommunalrechts“ sei. Wir wollen diese sehr persönlich und emotional gehaltenen Auffassungen nicht weiter kommentieren, sondern den Blick für die Werthaltigkeit und Rechtssicherheit gebenden juristischen Argumente sensibilisieren und die Verunsicherungen bei der Privatwirtschaft bei ihren Entscheidungen beseitigen. In der nachfolgenden Auflistung werden daher einige der immer wieder zu findenden, unzutreffenden Argumente, die eine erwerbswirtschaftliche Betätigung zu rechtfertigen suchen, richtiggestellt.

- Häufig wird angeführt, dass die erwerbswirtschaftliche Betätigung der Kommunen ihre Legitimation in der Selbstverwaltungsgarantie des Art. 28 II GG findet. Dies mag zutreffend sein, doch kann die Selbstverwaltungsgarantie eine erwerbswirtschaftliche Betätigung gegenüber der Privatwirtschaft nicht rechtfertigen. Die Kommunen sind uneingeschränkt Teil der öffentlichen Hand und können sich daher gegenüber der Privatwirtschaft nicht auf die Selbstverwaltungsgarantie des Art. 28 II GG berufen. Art. 28 II GG hat ausschließlich Bedeutung im Verhältnis von Kommune zu den übergeordneten staatlichen Ebenen wie Bundesland und Bund. Die Kommune ist nicht grundrechtsfähig, sondern im Verhältnis zur Privatwirtschaft an die bestehenden Gesetze, besonders an die Vorschriften der Gemeindeordnungen, die die erwerbswirtschaftliche Betätigung regeln, gebunden.

- Die von den Zivilgerichten, neuerdings auch vom Rheinland-Pfälzischen Verfassungsgerichtshof in seinem Urteil vom 28.03.2000, DVBl. 2000, S. 992 ff., der Privatwirtschaft zugesprochene Schutzfunktion der Privatschutzklausel wird gerne mit dem Argument entwertet, die jeweiligen Urteile beträfen gemeinderechtliche Vorschriften anderer Bundesländer mit anderen Inhalten. Zwar ist zutreffend, dass die Kommunalvorschriften der einzelnen Bundesländer nicht inhaltsgleich und besonders die Privatschutzklauseln unterschiedlich ausgestaltet sind. Doch die Unterschiede zwischen den einzelnen Landesregelungen sind letztlich marginal. Es ist daher durchaus gerechtfertigt und überzeugend, Urteile zu anderen Kommunalregelungen bei der Auslegung der „eigenen" kommunalrechtlichen Privatschutzklausel als entscheidungserheblich mit Vorbildwirkung heranzuziehen.

- Die erwerbswirtschaftliche Betätigung wird verbreitet mit den neuen, so genannten Steuerungsmodellen (New Public Management) gerechtfertigt. Es ist durchaus begrüßenswert, wenn die Kommunen und die öffentliche Verwaltung ihre eigene Dienstleistungsfähigkeit, Kundenorientiertheit und Produktivität überprüfen und das Leistungsprinzip verstärkt berücksichtigen. Doch können allgemein anerkannte Wirtschafts- und Leistungsprinzipien nicht dazu führen, dass die strengen Voraussetzungen einer erwerbswirtschaftlichen Betätigung, wie sie in Art. 87 BayGO verortet sind, zu umgehen.

- Gewinnerzielungen der Kommunalunternehmen werden nicht selten mit dem Argument der Senkung der Fixkostenbelastungen gerechtfertigt. Wir meinen, dass Fixkosten nicht um ihrer selbst willen bestehen, sondern durch Abbau von Ressourcen gesenkt werden, wie das OLG Hamm in seinem Urteil vom 23.09.1997, BB 1999, 493 ff. – ihm folgend das OLG München mit Urteil vom 20.04.2000, GewArch 2000, 279 ff. – eindeutig formuliert hat: „Die bessere Auslastung gemeindlicher Einrichtungen durch eine zusätzliche privatwirtschaftliche Betätigung stellt keinen solchen die entsprechende Betätigung rechtfertigenden öffentlichen Zweck dar.... Die Gemeinde kann sich den die Betätigung rechtfertigenden öffentlichen Zweck nicht selbst schaffen, indem sie die entsprechenden Einrichtungen so dimensioniert, dass sie nur bei zusätzlicher privatwirtschaftlicher Betätigung wirtschaftlich arbeitet."
- Gerade kleine Kommunen versuchen, ihre neuen erwerbswirtschaftlichen Aktivitäten unter Berufung auf den Gleichheitssatz des Art. 3 GG zu verteidigen, da große Kommunen sich seit jeher wirtschaftlich betätigen. Diese Argumentation verkennt, dass die Kommune – wie oben ausgeführt – nicht grundrechtsfähig ist und sich daher gegenüber der Privatwirtschaft nicht auf Art. 3 GG berufen kann. Im Übrigen kann eine langjährige, aber unzulässige wirtschaftliche Betätigung nicht durch ihre fortdauernde Rechtswidrigkeit, auch nicht durch eine „normative Kraft des Faktischen", rechtmäßig werden, es sei denn, der Gesetzgeber greift regelnd, d. h. rechtfertigend, ein.
- Es handelt sich bei der Frage, ob ein öffentlicher Zweck die erwerbswirtschaftliche Betätigung der Kommune rechtfertigen kann und ob die Voraussetzungen der Privatschutzklausel gewahrt sind, zwar um Rechtsbegriffe, die einer Beurteilung zugänglich sind. Gleichwohl kann das Vorliegen eines öffentlichen Zwecks nicht frei und außerhalb jeglicher gerichtlicher Kontrolle vom Gemeinde- oder Stadtrat beschlossen werden. Insbesondere infolge der Betroffenheit der Privatwirtschaft und der verfassungskräftigen Bindung der Kommune an das Gesetz ist die bestehende Einschätzungs-

prärogative des Gemeinde- oder Stadtrats gerichtlich nachprüfbar, wie nicht nur der oben zitierte Rheinland-Pfälzische Verfassungsgerichtshof in seinem Urteil vom 28.03.2000, DVBl. 2000, S. 992 ff., betonte, sondern wovon auch die ebenfalls zitierte amtliche Begründung zu Art. 87 BayGO ausgeht. Ebenso urteilten zahlreiche Zivilgerichte und scheuten sich zu Recht nicht davor, die Beurteilung der betroffenen Kommunen zu verwerfen, so z. B. das Urteil des OLG Düsseldorf vom 10.10.1996, NJW-RR 1997, 1470 ff., welches einem Unterlassungsanspruch eines Diplom-Pädagogen, der sein Einkommen u. a. durch die Erteilung von Nachhilfeunterricht in der Sekundarstufe I erzielte, gegen die Stadt Düsseldorf, die in ihrer Volkshochschule ebenfalls Nachhilfeunterricht für Schüler der Sekundarstufe I anbot, stattgegeben hatte. Das OLG Düsseldorf führt hierzu aus, dass sich die Stadt Düsseldorf in einer gegen § 107 GO NW, die mit Art. 87 BayGO vergleichbar ist, verstoßenden Weise wirtschaftlich betätigt habe, indem sie Dienstleistungen angeboten habe, die ihrer Art nach auch von einem Privaten mit der Absicht der Gewinnerzielung erbracht werden könnten und ausreichend erbracht wurden, da auch eine ausreichende Anzahl privater Anbieter vorhanden sind. Ebenso das LG Wuppertal, DVBl. 1999, 939 ff., das in seinem Urteil einen von der verklagten Kommune angenommenen Bedarf für eine von ihr betriebene Autorecyclinganlage verneinte, weil offensichtlich genügend private Anbieter auf dem Markt vorhanden sind. Ähnlich auch das LG München, Urteil vom 19.05.1999, GewArch 1999, 413 ff., bestätigt wiederum durch das sehr lesenswerte und instruktive Urteil des OLG München vom 20.04.2000, GewArch 2000, 279 ff., wonach der Klage einer Münchner Elektrikerfirma gegen die Stadt München stattgegeben wurde, mit der die klagende Firma die Unterlassung von der Stadt München begehrte, auf Messen, Märkten und Festveranstaltungen, wie z. B. dem Oktoberfest, dem Augsburger Plärrer oder auf Christkindlmärkten oder Dulten, für die fliegenden Bauten der dort jeweils vertretenen Marktkaufleute die benötigten Elektroinstallationen vorzunehmen. Schließlich dürfen hier auch das Urteil des OLG Hamm vom 23.09.1997, BB 1999, 493 ff. – Gelsengrün – sowie die Blockeisentscheidung II des BGH, DB 1965, 391 ff., nicht unerwähnt bleiben. Das OLG Hamm gab einer Klage statt, mit welcher der beklagten Stadt Gelsenkirchen untersagt wurde, mit ihrem städtischen Grünflächen- und Friedhofsamt privaten Dritten gärtnerische oder landschaftsbauliche Arbeiten jeder Art anzubieten. Der BGH gab der Klage privater Blockeishersteller gegen einen städtischen Schlachthofbetrieb statt, der Blockeis preisgünstig an private Abnehmer verkaufte. In allen genannten Fällen überprüften die angerufenen Gerichte zu Recht die Beurteilung durch die beklagten Städte und Gemeinden.

- Bis heute versagte die Rechtsprechung der Privatwirtschaft durchgehend einen Schutz gegen die erwerbswirtschaftliche Betätigung der Kommunen aus Grundrechtsverletzungen. So führt das Bundesverwaltungsgericht in seinem Urteil vom 22.02.1972, BVerwGE 39, 229 ff., aus: „Art. 12 GG schützt nicht vor Konkurrenz, auch nicht vor dem Wettbewerb der öffentlichen Hand." „Anderes gilt erst, wenn die private Konkurrenz unmöglich wird", so das Bundesverwaltungsgericht in seinem Urteil vom 21.03.1995, NJW 1995, 2938. Nach dem Urteil des Bundesverwaltungsgerichts vom 19.12.1963, BVerwGE 17, 306 ff., schützt im Übrigen Art. 14 GG nicht vor einem Auftreten von Wettbewerb, auch nicht, wenn die öffentliche Hand der Wettbewerber ist, es sei denn, sie erhält eine unerlaubte Monopolstellung und verdrängt private Wettbewerber vom Markt. Allerdings melden sich in der juristischen Fachliteratur verstärkt Stimmen, die aus den Grundrechten, insbesondere dem Grundrecht auf Berufsfreiheit (Art. 12 GG) sowie aus Eigentumsgarantie (Art. 14 GG), die erwerbswirtschaftliche Betätigung über die Anforderungen des Art. 87 BayGO für rechtfertigungsbedürftig halten. Wir sind der Meinung, dass sich diese Auffassungen auch in der Rechtsprechung durchsetzen lassen werden.

II Die Bedeutung von § 1 UWG bei der Beurteilung der nach Art. 87 BayGO unzulässigen erwerbswirtschaftlichen Betätigung der Kommunen sowie für die vor den Zivilgerichten zulässigen wettbewerbsrechtlichen Klagen der Privatwirtschaft gegen die Kommunalunternehmen / Kommunen auf Unterlassung und Schadensersatz

1 Grundsätzliches

In der heute absolut herrschenden Zivilgerichtsrechtsprechung, wie wir sie bereits unter Ziffer I zitiert haben, wird eine **Verletzung der Privatschutzklausel i. S. d. Art. 87 BayGO mehr oder weniger zugleich als sittenwidriges Verhalten des Kommunalunternehmens / der Kommune i. S. d. § 1 UWG** beurteilt. Ebenso sieht die absolut herrschende Zivilgerichtsrechtsprechung **für auf § 1 UWG gestützte Klagen der Privatwirtschaft, die sich gegen die unzulässige, da gegen Art. 87 BayGO verstoßende erwerbswirtschaftliche Betätigung wenden, den Zivilrechtsweg und nicht – wie ebenfalls bereits ausgeführt – den derzeit wohl noch keinen Erfolg versprechenden Verwaltungs- oder Sozialgerichtsrechtsweg als eröffnet** an. Da § 1 UWG nicht nur die nach Art. 87 BayGO unzulässige erwerbswirtschaftliche Betätigung der Kommunen / Kommunalunternehmen (Marktzutritt) untersagt, sondern selbstverständlich auch das Verhalten der Marktteilnehmer auf dem Markt selbst (Marktverhalten) regelt, muss sich damit ebenso das Verhalten der Kommunalunternehmen auf dem Markt im Wettbewerb mit Dritten an dem Maßstab des § 1 UWG messen lassen. Unstreitig kann sich somit die Privatwirtschaft auf § 1 UWG berufen, wenn es um die nach Art. 87 BayGO unzulässige erwerbswirtschaftliche Betätigung der Kommunen / Kommunalunternehmen, also um den Marktzutritt, geht, sowie wenn ein bestimmtes Marktverhalten der Kommune / des Kommunalunternehmens sittenwidrig ist.

2 Die Sittenwidrigkeit der erwerbswirtschaftlichen kommunalen Tätigkeit nach § 1 UWG (Marktzutritt)

Die Voraussetzungen für wettbewerbswidriges Verhalten sind u. a. in der hier zur Anwendung kommenden wettbewerbsrechtlichen Generalklausel des § 1 UWG enthalten:

> „Wer im geschäftlichen Verkehre zu Zwecken des Wettbewerbs Handlungen vornimmt, die gegen die guten Sitten verstoßen, kann auf Unterlassung und Schadensersatz in Anspruch genommen werden."

Kernessenz

2.1 Anwendbarkeit von § 1 UWG: Handeln im geschäftlichen Verkehr zu Zwecken des Wettbewerbs erfasst auch Eigen- und Regiebetriebe

§ 1 UWG kommt nicht nur dann zur Anwendung, wenn die Kommune entschließt, sich über privatrechtlich organisierte Unternehmen erwerbswirtschaftlich zu betätigen, also beispielsweise über eine GmbH oder AG, sondern ebenso, wenn die Kommune über öffentlich-rechtlich organisierte Unternehmensformen, wie z. B. Eigen- oder Regiebetriebe, erwerbswirtschaftlich am Markt auftritt. Entscheidend ist somit, dass das privatrechtlich oder öffentlich-rechtlich organisierte Kommunalunternehmen im geschäftlichen Verkehr und zu Zwecken des Wettbewerbs handelt. Dies gilt nach der herrschenden Zivilgerichtsrechtsprechung selbst in dem Fall, wenn die Leistungsbeziehungen zwischen dem Kommunalunternehmen und seinen Kunden öffentlich-rechtlich, also hoheitlich, ausgestaltet sein sollten, da es auf die gleichgeordnete Wettbewerbsbeziehung zwischen dem Kommunalunternehmen und dem konkurrierenden Privatunternehmen ankommt und nicht etwa auf die Beziehung zwischen dem Kommunalunternehmen und seinen Kunden (siehe hierzu BGH vom 19. 01. 1995, WRP 1995, 475 ff. – Sterbegeldversicherung).

Im geschäftlichen Verkehr zu Zwecken des Wettbewerbs handelt das Kommunalunternehmen bei jeder selbstständigen, wirtschaftliche Zwecke verfolgenden Tätigkeit, in der eine Teilnahme am Erwerbsleben zum Ausdruck kommt, wobei eine Gewinnerzielungsabsicht nicht notwendig ist, also bei jeder irgendwie gearteten gewerblichen Betätigung auf dem Markt, die sich auf gegenwärtige oder zukünftige Mitbewerber auswirken kann. Dabei handelt das Kommunalunternehmen auch dann zu Zwecken des Wettbewerbs, wenn es hoheitliche Aufgaben erfüllt und dabei in den Wettbewerb eingreift.

2.2 Verstoß gegen die guten Sitten bei nach Art. 87 BayGO unzulässiger erwerbswirtschaftlicher Betätigung der Kommunen

Zum allgemeinen Verständnis der Sittenwidrigkeit

Für die Annahme eines Verstoßes gegen die guten Sitten ist auf das Anstandsgefühl aller billig und gerecht Denkenden nach Auffassung der allgemeinen Volks- und Marktbewusstheit abzustellen. Im Rahmen des UWG kommt es dabei darauf an, ob zum Zweck des Wettbewerbs Mittel eingesetzt werden, die geeignet sind, den allgemeinen Leistungsvergleich zwischen den Wettbewerbern zu verfälschen. Kann dies bejaht werden, ist das in Frage stehende Marktverhalten sittenwidrig.

Zum besonderen Verständnis der Sittenwidrigkeit des Marktzutritts und Marktverhaltens der Kommunen / Kommunalunternehmen

In Bezug auf die wettbewerbsrechtliche Beurteilung von Marktzutritt und Marktverhalten von Kommunen / Kommunalunternehmen haben die Rechtsprechung und Literatur neben den systematisierenden Fallgruppen wie

- Missbrauch amtlicher Befugnisse zu geschäftlichen Zwecken,
- missbräuchliche Ausnutzung von amtlichem Sonderwissen oder Geheimnissen,

- Preisunterbietungen mit Hilfe öffentlicher Mittel oder
- Missbrauch des Vertrauens in die Uneigennützigkeit und Unparteilichkeit der öffentlichen Hand

auch die Fallgruppe des **Wettbewerbsvorsprungs durch Rechtsbruch** herausgebildet. **Diese zeichnet sich dadurch aus, dass die Kommune die ihr in öffentlich-rechtlichen Vorschriften gesetzten Kompetenzen, wie sie beispielsweise in Art. 87 BayGO normiert und begrenzt sind, überschreitet und dadurch zum Zweck des Wettbewerbs Mittel einsetzt, die geeignet sind, den allgemeinen Leistungsvergleich zwischen den Wettbewerbern zu verfälschen** (siehe hierzu die unter Ziffer I zitierte Zivilrechtsprechung oder das Urteil des BGH vom 29. 10. 1973, NJW 1974, 140 ff.). Zu beachten ist jedoch, dass in der zivilgerichtlichen Rechtsprechung Einigkeit darüber besteht, dass nicht jeder Verstoß der Kommunen gegen öffentlich-rechtliche Vorschriften zugleich sittenwidrig i. S. d. § 1 UWG ist. Vielmehr muss bei der Beurteilung der Sittenwidrigkeit infolge von Verstößen gegen öffentlich-rechtliche Vorschriften durch die Städte und Kommunen zwischen wertneutralen und wertbezogenen öffentlich-rechtlichen Vorschriften unterschieden werden.

Wertneutrale Vorschriften

Unter wertneutralen öffentlich-rechtlichen Vorschriften werden diejenigen gesetzlichen Regelungen verstanden, die ausschließlich im Interesse der öffentlichen Hand die organisationsinterne Zweck- und Ordnungsmäßigkeit des Verwaltungshandelns regeln, ohne dass diesen Normen eine darüber hinausgehende Wertung entnommen werden kann. Zu den wertneutralen öffentlich-rechtlichen Vorschriften werden beispielsweise die *haushaltsrechtlichen* Vorschriften des § 65 BHO gerechnet, welche die Beteiligung des Bundes an privatrechtlichen Unternehmen regeln, oder Art. 87 I Nr. 2 BayGO, wonach die Kommune nur dann ein Kommunalunternehmen errichten oder betreiben darf, wenn dies „nach Art und Umfang noch in einem angemessenen

Verhältnis zur Leistungsfähigkeit der Gemeinde und zum voraussichtlichen Bedarf steht". **Bei einem Verstoß gegen wertneutrale öffentlich-rechtliche Vorschriften durch die Kommune kann eine Sittenwidrigkeit i. S. d. § 1 UWG erst bei Hinzutreten weiterer Umstände bejaht werden.**

Wertbezogene Vorschriften

Unter wertbezogenen öffentlich-rechtlichen Vorschriften werden diejenigen gesetzlichen Regelungen verstanden, die zumindest nicht ausschließlich im Interesse der öffentlichen Hand liegen, sondern eine irgendwie geartete Wettbewerbsbezogenheit oder einen wettbewerbsregelnden Inhalt haben. Eine in diesem Sinne verstandene Wertbezogenheit wird bei öffentlich-rechtlichen Vorschriften vermutet, wenn deren Inhalt zumindest auch darauf gerichtet ist, die individuellen Mitbewerber auf dem Markt zu schützen. Dies wird einerseits angenommen, wenn die in Frage stehende Norm individualschützend zugunsten des einzelnen klagenden individuellen Privatunternehmens ist, was sich nach der im öffentlichen Recht geltenden Schutznormtheorie für die Beurteilung der Klagebefugnis bei Klagen der Privatwirtschaft gegen die Kommunen vor den Verwaltungsgerichten beurteilt. Darüber hinaus wird die Wertbezogenheit der zur Beurteilung anstehenden öffentlich-rechtlichen Vorschrift bejaht, wenn der Regelung entnommen werden kann, dass sie generell die erwerbswirtschaftliche Betätigung der Kommune gegenüber der Privatwirtschaft zum Schutz des Wettbewerbs schlechthin begrenzen soll, ohne dass es darauf ankommt, ob auch der einzelne individuelle Kläger von der Norm geschützt wird, so die absolut herrschende Auffassung der zivilgerichtlichen Rechtsprechung, wie sie bereits unter Ziffer I zitiert wurde.

Zu den wertbezogenen öffentlich-rechtlichen Vorschriften wird heute von der absolut herrschenden Zivilgerichtsbarkeit Art. 87 I Nr. 4 BayGO gerechnet, wonach eine erwerbswirtschaftliche Tätigkeit der Kommune außerhalb der Daseinsvorsorge unzulässig ist, wenn der von der Kommune verfolgte Zweck „nicht ebenso gut und wirtschaftlich durch einen anderen erfüllt wird oder erfüllt werden kann“. Bei einem Verstoß gegen diese wertbezogene öffentlich-rechtliche Vorschrift durch die Kommune kann nach der heute absolut herrschenden zivilgerichtlichen Rechtsprechung (siehe die Rechtsprechungsnachweise unter Ziffer I) eine Sittenwidrigkeit i. S. d. § 1 UWG grundsätzlich bejaht werden, wenn der Gesetzesverstoß „vorsätzlich und planmäßig“ begangen wird (so ausdrücklich das OLG München mit Urteil vom 20.04.2000, GewArch 2000, 279 ff.), was jedoch regelmäßig bei Verstößen gegen Art. 87 BayGO angenommen werden kann und muss. Es ist besonders aufgrund der heute intensiv geführten Diskussion über die Zulässigkeit der erwerbswirtschaftlichen Betätigung der Kommunen kaum ein Argument denkbar, mit dem die Kommune ihre unzulässige erwerbswirtschaftliche Betätigung rechtfertigen kann, so dass vorsätzliches Handeln in der Regel vorliegt. Aber auch das Erfordernis der Planmäßigkeit wird regelmäßig erfüllt sein, da eine erwerbswirtschaftliche Betätigung normalerweise auf Dauer, zumindest auf längere Sicht hin angelegt sein wird.

Im Gegensatz zur Auffassung des zitierten OLG München verlangen weder das **OLG Hamm** noch das **OLG Düsseldorf** oder der **BGH** für die Annahme der Sittenwidrigkeit i. S. d. § 1 UWG, dass die Kommune „vorsätzlich und planmäßig“ gegen die die erwerbswirtschaftliche Betätigung der Kommune einschränkende Privatschutzklausel verstößt, bejaht also bereits per se bei Verstoß gegen die Privatschutzklausel die Sittenwidrigkeit i. S. d. § 1 UWG (OLG Düsseldorf, NJW-RR 1997, 1470 ff., und OLG vom 23.09.1997, GewArch 1998, 197 ff.). So urteilte der BGH am 19.01.1995 – Sterbegeldversicherung –, WRP 1995, 475 ff.: „Regelt eine öffentlich-rechtliche Vorschrift die Zulässigkeit und die Grenzen privatwirtschaftlicher Betätigung der öffentlich-rechtlichen Hand in einer Weise, dass es der öffentlichen Hand verwehrt ist, in den Wettbewerb im Markt einzugreifen, so ist ein Gesetzesverstoß regelmäßig auch als wettbewerbswidrig zu beurteilen.“ Ebenso auch das **LG München** in seinem Urteil vom 19.05.1999,

GewArch 1999, 413 ff., in dem es ausführt: „Bei diesen Vorschriften handelt es sich wettbewerbsrechtlich um ‚wertbezogene' Normen, die auch dem Schutz der privaten Wirtschaft gegenüber nichtgerechtfertigter Wirtschaftstätigkeit der Gemeinde und damit dem Schutz eines ‚wichtigen Gemeinschaftsguts' dienten, so dass sich die Sittenwidrigkeit nach § 1 UWG aus dem Gesetzesverstoß selbst ergibt." Von dieser weiten Rechtsprechung des LG München oder auch der OLG Hamm und Düsseldorf wie auch von der etwas, aber nur scheinbar engeren Rechtsprechung des OLG München ist die gesamte Palette der erwerbswirtschaftlichen Betätigung der Kommune erfasst, sei es die Errichtung oder die wesentliche Erweiterung eines Kommunalunternehmens oder die Beteiligung an Drittunternehmen.

2.3 Verstoß gegen die guten Sitten bei nach Art. 87 BayGO unzulässigem Marktverhalten der Kommunen bei Ausübung ihrer erwerbswirtschaftlichen Betätigung

Wie bereits dargelegt, unterliegt das Kommunalunternehmen auch mit seinem Marktverhalten, also bei der Art und Weise, wie das Kommunalunternehmen am Markt auftritt, den wettbewerbsrechtlichen Vorschriften des UWG. So urteilte das LG München zu einer Klage eines privaten Elektrounternehmens gegen die Stadtwerke München, die an Private Elektroinstallationen angeboten hatten, in seinem Urteil vom 19. 05. 1999, GewArch 1999, 413 ff., anschaulich: „Der Klägerin (ein privates Elektrounternehmen, Anmerkung der Verfasser) steht der geltend gemachte Unterlassungsanspruch aus § 1 UWG aber auch noch im Hinblick auf die konkrete Art und Weise des Vorgehens der Beklagten (Stadtwerke München GmbH im Besitz der Stadt München, Anmerkung der Verfasser) zu, und zwar aus dem Gesichtspunkt des *Autoritätsmissbrauchs und der Ausnutzung amtlicher Beziehungen*. Für den Autoritätsmissbrauch, also die sachwidrige Druckausübung durch einen Amtsinhaber, genügt bereits, dass die angesprochenen Personen den Eindruck gewinnen können, ihre Entscheidung könnte die Entscheidungen des Amtsinhabers beeinflussen. Dies ist hier der Fall.

Die Beklagte hat bereits wenige Tage nach ihrer Privatisierung Kunden geworben, denen sie zuvor nur als städtische Behörde begegnet ist. Es kann dabei dahinstehen, ob die Angestellten der Beklagten, die die Marktkaufleute auf der O.-Festwiese als Kunden geworben haben, tatsächlich darauf hingewiesen haben, dass die Beklagte ‚die Stadt' sei. Die Beklagte ist jedenfalls gemäß Art. 86 BayGO auch in privatisierter Form ein städtisches Unternehmen, so dass auch ohne besonderen Hinweis die bei der Platzvergabe, aber auch in sonstiger Hinsicht auf die Stadt angewiesenen Marktkaufleute aus Angst vor Nachteilen und wegen vermuteter Verbindungen und Einflussmöglichkeiten sich unter Druck gesetzt fühlen und nicht riskieren, ein Angebot der Beklagten auszuschlagen oder, wenn die meisten Mitbewerber ‚zu den Stadtwerken gehen', dies nicht zu tun. Ebenso liegt der Tatbestand der *Ausnutzung amtlicher Informationen* vor. Hierfür genügt, dass amtlich erlangte Informationen, die von privaten Mitbewerbern nicht oder nicht ohne weiteres oder nicht so rasch zugänglich sind, dazu ausgenutzt werden, eigenen Wettbewerb zu fördern. Die Beklagte hat über viele Jahre als Behörde durch Veranstaltung der städtischen Ausschreibungen auf dem Gebiet, auf dem sie sich jetzt wirtschaftlich betätigt, bis ins Einzelne Kenntnis erlangt von der Preisgestaltung ihrer jetzigen Wettbewerber und kann diese Kenntnisse nunmehr bei der Abgabe ihrer Angebote verwerten. Es kann dabei dahinstehen, ob sie die Klägerin bei der Ausschreibung für das O.-Fest 1999 mit einem Gesamtauftragsvolumen von DM ... tatsächlich nur um DM ... unterboten hat. Jedenfalls hat sie sowohl bei dieser Ausschreibung als auch bei der Ausschreibung der Veranstaltungsgesellschaft der M'er Schausteller für die Frühlingsfeste der nächsten 5 Jahre das günstigste Angebot abgegeben, wobei ein Kausalzusammenhang zwischen den zuvor amtlich erlangten Informationen und dieser Tatsache für das Gericht offensichtlich ist." (Hervorhebungen durch Verfasser) Angesichts der Klarheit der Ausführungen des zitierten Urteils des LG München sind weitere Ausführungen oder Erläuterungen zur Frage des wettbewerbswidrigen Marktverhaltens von Kommunalunternehmen entbehrlich.

Hintergrundinformationen

- Das Grundgesetz geht von der wirtschaftspolitischen Neutralität der deutschen Wirtschaftsordnung aus, enthält also kein Verbot der erwerbswirtschaftlichen Betätigung der öffentlichen Hand schlechthin. Aus diesem Grund ist es nahezu unbestritten, dass der Staat, mithin auch die Städte und Gemeinden, sich **im Rahmen der Gesetze, also beispielsweise unter Beachtung des die Zulässigkeit einer erwerbswirtschaftlichen Betätigung beschränkenden Art. 87 BayGO,** neben der Privatwirtschaft am Wirtschaftsleben beteiligen dürfen.
- Während die bisherige absolut herrschende verwaltungsgerichtliche Rechtsprechung § 1 UWG selbst in dem Fall nicht als Prüfungsnorm oder -maßstab heranzieht, wenn die erwerbswirtschaftliche Betätigung einer Kommune gegen Art. 87 BayGO verstößt, nimmt die heute absolut herrschende zivilgerichtliche Rechtsprechung den gegenteiligen Standpunkt ein (siehe die unter Ziffer I zitierte landes- und oberlandesgerichtliche Rechtsprechung). Hintergrund für die gegensätzlichen und bis heute unversöhnlichen Auffassungen der beiden Gerichtszüge ist folgender:

Die verwaltungsgerichtliche Rechtsprechung sieht sich ausschließlich zuständig für alle Streitigkeiten, die die Aufnahme der erwerbswirtschaftlichen Betätigung der Kommunen schlechthin betreffen. Die Frage der Zulässigkeit der Aufnahme einer erwerbswirtschaftlichen Betätigung richte sich nach Art. 87 BayGO, einer unstreitig öffentlich-rechtlichen Norm, weshalb eine ausschließlich öffentlich-rechtliche Streitigkeit nach § 40 VwGO gegeben sei. Nur in den Fällen, in denen es darum geht, wie sich das bereits gegründete Kommunalunternehmen auf dem Markt verhält, sei der Zivilrechtsweg – was wiederum unstreitig ist – nach § 13 GVG gegeben, da es erst dann um die Anwendung von zivilrechtlichen Wettbewerbsvorschriften wie dem UWG gehe. Soweit sich die Verwaltungsgerichte für zuständig erachten, prüfen sie ausschließlich öffentlich-rechtliche Normen wie Art. 87 BayGO, nicht hingegen eine mögliche Verletzung von § 1 UWG.

Die zivilgerichtliche Rechtsprechung sieht sich ausschließlich zuständig für alle Streitigkeiten, wenn die rechtliche Natur des Klageanspruchs, wie sie sich aus den zu seiner Begründung vorgetragenen Tatsachen maßgeblich als eine bürgerlich-rechtliche Streitigkeit darstellt (BGH, BGHZ 82, 382). Dies hat auch der Große Senat mit Beschluss von 1984, BSGE 37, 292, eindeutig entschieden, in dem er ausführt: „Die Art einer Streitigkeit ... bestimmt sich, wenn ... eine ausdrückliche Rechtswegzuweisung ... fehlt, nach der Natur des Rechtsverhältnisses, aus dem der Klageanspruch hergeleitet wird. Dabei ist zu fragen, durch welche Rechtsnorm der Sachverhalt entscheidend geprägt wird und welche Rechtssätze für die Beurteilung des Klagebegehrens in Anspruch genommen werden können." (Beschluss des Gemeinsamen Senats, GemS-OBG, BGHZ 97, 312, ebenso BGH, NJW 1995, 2168, Beschluss des Gemeinsamen Senats, GemS-OBG NJW 1990, 1527; Beschluss des Gemeinsamen Senats, GemS-OBG BGHZ 102, 280). Dies bedeutet, dass nicht jede Norm, also auch nicht der hier zur Anwendung kommende Art. 87 BayGO, bei der Rechtswegfrage relevant ist, sondern nur diejenige Norm, aus der sich das Klagebegehren, hier § 1 UWG, herleitet. Stützt sich die Privatwirtschaft somit bei ihrer Klage gegen die erwerbswirtschaftliche Betätigung der Kommunen auf § 1 UWG, ist – was heute absolut bei der Zivilgerichtsrechtsprechung unstreitig ist – der Zivilrechtsweg nach § 13 GVG eröffnet, auch wenn die Verletzung von § 1 UWG mit einem Verstoß der Kommune gegen Art. 87 BayGO begründet wird. **Dass heute auf § 1 UWG gestützte Klagen der Privatwirtschaft, mit denen die nach Art. 87 BayGO unzulässige erwerbswirtschaftliche Betätigung der Kommunen begehrt wird, ohne Risiko vor den Zivilgerichten erhoben werden können, belegen die unter Ziffer I zitierten landes- und oberlandesgerichtlichen Urteile, die die Rechtswegfrage gar nicht mehr problematisieren oder ansprechen, sondern von ihrer Zuständigkeit ohne weitere Ausführungen hierzu ausgehen.** Dass diese Auffassung zutreffend und die Zivilgerichte befugt sind, die Einhaltung der Voraussetzungen für eine erwerbswirtschaftliche Betätigung der Kommunen nach Art. 87 BayGO zu prüfen, belegt § 17 II GVG, der bestimmt: „Das Gericht des zulässigen Rechtsweges entscheidet den Rechtsstreit unter allen in Betracht kommenden rechtlichen Gesichtspunkten“, also auch unter dem Gesichtspunkt des Art. 87 BayGO. Nur in dem Fall, dass die Privatwirtschaft sich nicht auf § 1 UWG beruft, sondern ihren Unterlassungsanspruch ausschließlich mit einer Verletzung des Art. 87 BayGO begründen sollte, wäre der – wie ausgeführt – bislang nicht erfolgversprechende Verwaltungsrechtsweg eröffnet.

- Allgemein lässt sich sagen: Die von der Privatwirtschaft gegen die erwerbswirtschaftliche Betätigung vor den ordentlichen Gerichten erhobene Klage ist immer zulässig, wenn die Privatwirtschaft ein unlauteres Wettbewerbsverhalten der Kommune / des Kommunalunternehmens geltend macht, auch und gerade, wenn das unlautere Wettbewerbsverhalten mit einem Verstoß der Kommune / des Kommunalunternehmens gegen Art. 87 BayGO begründet wird.
- Bei der Beurteilung der unzulässigen erwerbswirtschaftlichen Tätigkeit der Kommunen nach Art. 87 BayGO darf sowohl die „Blockeis II“ genannte Entscheidung des BGH, DB 1965, 391 ff., als auch die als „Brillenurteil“ bezeichnete Entscheidung des BGH vom 18. 12. 1981, GR 1982, 425 ff., nicht unerwähnt bleiben:

Im *Blockeisurteil* hatte der BGH die Zulässigkeit der Abgabe von Blockeis durch einen städtischen Schlachthofbetrieb an Private unter Verstoß gegen die nordrhein-westfälische Gemeindeordnung unter dem Aspekt des § 1 UWG zu bewerten. Der BGH vertrat die Auffassung, dass die kommunalrechtliche Bestimmung zwar eine wertneutrale Vorschrift sei, jedoch aufgrund besonderer Umstände ein Sittenverstoß i. S. d. § 1 UWG gleichwohl bejaht werden müsse. Als besondere Umstände wertete der BGH die Tatsache, dass die Abgabe von Blockeis an Private trotz Beanstandungen durch die Aufsichtsbehörde und Zusicherungen der Stadt, diese einzustellen, fortführte. In der juristischen Auseinandersetzung um die Zulässigkeit der erwerbswirtschaftlichen Betätigung durch die Städte und Gemeinden ist es wichtig zu beachten, dass zum einen der BGH kein Aussage darüber getroffen hat, ob auch ohne die besonderen Umstände ein Verstoß gegen § 1 UWG bejaht worden wäre, zum anderen das BGH-Urteil durch die bereits oben zitierten zivilrechtlichen Entscheidungen überholt ist.

Im *Brillenurteil* hatte der BGH mit Urteil vom 18. 12. 1981, GR 1982, 425 ff., der Unterlassungsklage privater Augenoptiker gegen die Allgemeinen Ortskrankenkassen Düsseldorf und Leer stattgegeben, mit welcher nach § 1 UWG den Kassen die kostenlose Abgabe sowohl von Feinbrillen als auch von Kassenbrillen an ihre Versicherten untersagt wurde. Der BGH begründete die Sittenwidrigkeit i. S. d. § 1 UWG der gesetzlich verbotenen kostenlosen Abgabe der Brillen mit dem Argument, dass die Selbstabgabe bislang nur einzelner Krankenkassen bei einem entsprechenden Erfolg bundesweite Nachahmung und Ausdehnung findet und zu einer ernstlichen Gefahr für den Bestand des Leistungswettbewerbs führt, unabhängig hiervon die Ortskrankenkassen wegen ihrer Befreiung von der Gewerbesteuer im Gegensatz zu den privaten Mitbewerbern einen ungebührlichen Vorteil hätten. Damit kann die Sittenwidrigkeit einer unzulässigen erwerbswirtschaftlichen Betätigung der Städte und Kommunen nach § 1 UWG mit dem Argument der negativen Vorbildwirkung begründet werden.

Schließlich sei noch auf das Urteil des BGH vom 19. 05. 1995, NJW 1995, 2352 ff., verwiesen, mit welchem über das Verhältnis eines Sozialversicherungsträgers zu einer privaten Krankenversicherung entschieden wurde und wonach mit den Angehörigen dieser Heilberufe und Heilgewerbe die Sozialversicherungsträger nach § 1 UWG nicht in Konkurrenz treten dürfen. Das Gericht hatte einer gesetzlichen Krankenkasse untersagt, Sterbegeldversicherungen anzubieten, nachdem der Gesetzgeber diese Aufgabe in § 30 I SGB IV den Krankenkassen entzogen hatte.

III Beihilfenaufsichtsrecht

1 Die allgemeinen und besonderen wettbewerbsrechtlichen Vorgaben des Europäischen Gemeinschaftsrechts für die erwerbswirtschaftliche Betätigung der Kommunen

Von den Kommunen in der Regel völlig unterschätzt und als unbeachtlich negiert wird die erhebliche rechtliche Einflussnahme des Europäischen Gemeinschaftsrechts auf das nationale Recht. So hat bereits im Jahre 1988 der damalige Präsident der Europäischen Kommission, Jacques Delors, konstatiert, dass etwa 80 Prozent aller nationalen Vorschriften im Bereich des Wirtschaftsrechts durch EG-Recht determiniert und nahezu 50 Prozent aller deutschen Gesetze durch das Gemeinschaftsrecht veranlasst sind (vgl. J. Delors, Rede im Europäischen Parlament am 04. 07. 1988, Bulletin EG 1988, Nr. 7/8, 124). Diese Zahl dürfte zwischenzeitlich deutlich nach oben zu korrigieren sein.

Das Europäische Gemeinschaftsrecht enthält selbstverständlich auch erhebliche und rechtlich verbindliche Vorgaben für die Zulässigkeit sowie die Art und Weise der gesamten erwerbswirtschaftlichen Betätigung der Städte und Gemeinden. Es ist daher unerlässlich, zunächst allgemeine Anmerkungen zu den Verpflichtungen der Kommunen aus dem heute ganz verstärkt an Bedeutung gewinnenden Europäischen Gemeinschaftsrecht voranzustellen, bevor es konkret um das grundsätzliche, infolge der unmittelbar geltenden Bestimmungen des Europäischen Gemeinschaftsrechts ausgesprochene Verbot der Kommunen geht, „ihre" Unternehmen, gleich auf welche Weise, zu nicht marktgerechten Bedingungen zu unterstützen.

- Nach Art. 12 EGV sind die Kommunen verpflichtet, bei Ausübung ihrer erwerbswirtschaftlichen Betätigung das in Art. 12 EGV verortete Diskriminierungsverbot zu beachten. Dieses Verbot, das jede Diskriminierung aus Gründen der Staatsangehörigkeit untersagt, wird in verschiedenen Politiken der Gemeinschaft durch spezielle Diskriminierungsverbote ergänzt und konkretisiert, besonders durch die Regelungen zu den Grundfreiheiten. Es handelt sich bei Art. 12

EGV um das grundlegende Rechtsprinzip des Gemeinschaftsrechts, das sich durch nahezu sämtliche Vorschriften des EG-Rechts zieht.

- Weiterhin haben die Kommunen die Vorgaben aus den im nationalen Recht unmittelbar anwendbaren Vorschriften über die so genannten Grundfreiheiten uneingeschränkt zu beachten, also die Freizügigkeit von Arbeitnehmern, die Niederlassungsfreiheit, die Freiheit des Kapital- und Waren- und Dienstleistungsverkehrs oder die Regelungen über die Unionsbürgerschaft.

  Die Bedeutung der auch von den Kommunen und deren Unternehmen zu beachtenden Ausgestaltungen der Grundfreiheiten erklärt sich aus dem Ziel der Europäischen Gemeinschaft, einen Gemeinsamen Markt bzw. Binnenmarkt nach Art. 14 EGV zu errichten. Danach umfasst der Binnenmarkt einen Raum ohne Binnengrenzen, in dem der freie Verkehr von Waren, Personen, Dienstleistungen und Kapital gewährleistet ist.

- Schließlich dürfen die Kommunen nicht gegen die hier im Vordergrund stehenden, ebenso im nationalen Recht grundsätzlich unmittelbar geltenden wettbewerbsrechtlichen Vorschriften des Gemeinschaftsrechts verstoßen. Gemeint sind die kartellrechtlichen und beihilferechtlichen Vorschriften der Art. 81 ff. EGV, die bereits ohne weitere nationale Umsetzungsakte grundsätzlich bedingungslose Geltung beanspruchen und der deutschen Rechtsordnung – die kommunale eingeschlossen – vorgehen. Weiterhin geben vorgenannte Regelungen der Europäischen Kommission die Möglichkeit und das Recht, unmittelbare Anordnungen an die betroffenen kommunalen Unternehmen oder die Kommunen zu geben. Unter den wettbewerbsrechtlichen Vorschriften des EG-Vertrags nimmt die Kontrolle der staatlichen Beihilfen eine der wichtigsten Aufgaben der europäischen Wettbewerbspolitik ein.

- Nach Art. 3 lit. g EGV ist ein System zu errichten, das den Wettbewerb innerhalb des Gemeinsamen Markts vor Verfälschungen schützt. Die für Wachstum und Beschäftigung positiven Auswirkungen des Binnenmarkts können nur eintreten, wenn die Verschwendung von Ressourcen u. a. durch einen Subventionswettlauf und Wettbewerbsverfälschungen verhindert wird. Die Unternehmen sollen frei von äußeren, staatlichen Einflüssen miteinander konkurrieren und unabhängig von Vergünstigungen, gewährten Vorteilen oder aufgezwungenen Nachteilen ihren Standort frei wählen, die Produktpalette frei bestimmen und ihre Preispolitik frei gestalten. Der Erfolg eines Unternehmens soll allein vom ihm selbst abhängen. Damit folgt das europäische Wettbewerbsrecht der liberal marktwirtschaftlichen Philosophie in der Weise, dass dem Wohle der Wirtschaft einschließlich des Verbrauchers am ehesten mit einem unverfälschten, d. h. von privaten und staatlichen Einschränkungen möglichst befreiten Wettbewerb gedient ist. Während dabei die Art. 87 ff. und 90 ff. EGV eine Verfälschung des Wettbewerbs, die durch staatliche Eingriffe herbeigeführt wird, wie beispielsweise Subventionen und Steuerhemmnisse, verhindern sollen, beziehen sich die Art. 81 ff. auf Wettbewerbsvorschriften, die vom Verhalten von (Kommunal-)Unternehmen selbst ausgehen. Angesprochen sind somit das Beihilfenverbot sowie das Europäische Kartellrecht, d. h. das Verbot wettbewerbsbeschränkender Abreden zwischen Unternehmen, oder das Verbot, eine marktbeherrschende Stellung im Markt zu missbrauchen. Gerade hinter dem Beihilfenverbot steht der grundlegende Gedanke, dass eine faire Konkurrenz von Unternehmen nur auf der Basis gleichartiger Rahmenbedingungen stattfinden kann, dass es also zumindest eines grundlegend harmonisierten „Level Plane Field“ bedarf. Es muss verboten sein, dass bestimmte Trainer ihren Spielern leistungsfördernde Mittel zwecks Dopings zukommen lassen. Dieser Gedanke findet sich in Art. 87 EGV: Die Kommunen sollen besonders ihre eigenen Unternehmen durch Beihilfen gegenüber den Mitkonkurrenten nicht bevorteilen dürfen. Gleiches gilt nach Art. 82 EGV, wenn die Kommunalunternehmen eine beherrschende Stellung missbräuchlich ausnutzen, indem sie beispielsweise Wettbewerber künstlich vom Markt ausschließen.

2 Das grundsätzliche Verbot der Kommunen, ihre Unternehmen zu nicht marktgerechten Bedingungen zu unterstützen, und die Stellung der Kommunen und ihrer Unternehmen im Gemeinschaftsrecht

2.1 Das grundsätzliche Verbot der Kommunen, ihre Unternehmen zu nicht marktgerechten Bedingungen zu unterstützen

Die Bedeutung des Subventionsverbots nach dem im deutschen Recht unmittelbar anwendbaren Europäischen Gemeinschaftsrecht wird erkennbar, wenn man sich vor Augen führt, dass Klagen von nicht subventionierten Konkurrenten gegen die Subventionierung der Kommunalunternehmen durch deren Städte und Gemeinden nach „rein deutschem Recht" keine Aussicht auf Erfolg haben. Denn nach absolut herrschender zivil- und verwaltungsgerichtlicher Rechtsprechung hat der nicht unterstützte Konkurrent nur dann Aussicht, die so genannte negative Konkurrentenklage zu gewinnen, wenn seine schutzwürdigen Interessen willkürlich durch die Subventionierung vernachlässigt wurden oder wenn der „leer ausgegangene" Konkurrent in unerträglicher, existenzgefährdender Weise durch die Subvention betroffen ist. Negative Konkurrentenklagen gegen staatliche Subventionierungen von Kommunalunternehmen bleiben daher im Allgemeinen erfolglos.

Diese „rein nationale deutsche" Rechtslage wird nunmehr durch das hier zum Tragen kommende Europäische Beihilfenaufsichtsrecht nach den Art. 87 ff. EGV erheblich umgestaltet.

!! Nach Art. 88 III 3 EGV ist es jeder Kommune strikt und unmittelbar untersagt, ihren Unternehmen in weiten Bereichen Beihilfen, gleich welcher Art, und sei es durch verbotene Quersubventionen, zu gewähren, bevor nicht die Europäische Kommission die beabsichtigten Beihilfen genehmigt hat.

!! Soweit die Kommune gegen das vorstehende Beihilfenverbot verstößt, kann der leer ausgegangene Konkurrent nicht nur vor den luxemburgischen Gerichten, sondern ebenso vor den nationalen

Verwaltungsgerichten die Kommune erfolgreich daraufhin verklagen, dass die Kommune die rechtswidrigen Beihilfen von dem unterstützten Unternehmen wieder zurückfordert.

!! Schließlich kann der leer ausgegangene Konkurrent nicht nur die subventionierende Kommune vor den Verwaltungsgerichten oder den luxemburgischen Gerichten auf Rückzahlung der rechtswidrigen Beihilfe in Anspruch nehmen, sondern kann zudem vor den nationalen Zivilgerichten unmittelbar vom rechtswidrig subventionierten Konkurrenten nach § 1 UWG Unterlassung sowie auf Schadensersatz fordern.

2.2 Die Stellung der Kommunen und ihrer Unternehmen im Europäischen Wettbewerbsrecht

Die Kommunen können sich der Beihilfenaufsicht nicht mit dem Argument entziehen, dass es sich bei ihren Unternehmen um öffentliche Unternehmen handelt. So ist auf der einen Seite die Existenz einer öffentlichen Wirtschaft nach Art. 295 EGV anerkannt mit der Folge, dass der Staat wie jede natürliche oder juristische Person am Wirtschaftsleben teilnehmen darf. Auf der anderen Seite stellt Art. 86 I EGV unmissverständlich klar, dass die Mitgliedstaaten, und somit auch die Kommunen, in Bezug auf ihre Unternehmen keine dem EG-Vertrag widersprechenden Maßnahmen ergreifen dürfen. Die öffentlichen Unternehmen werden auf diese Weise den privaten gleichgestellt und grundsätzlich der umfassenden Bindung der wettbewerbsrechtlichen Regelungen des EG-Vertrags, vor allem den kartell- und beihilfenaufsichtsrechtlichen, unterworfen. In Ansehung der europäischen Wettbewerbsregeln und Beihilfenvorschriften der Art. 87 ff. EGV werden die öffentlichen Unternehmen, also auch die privaten Unternehmen der Kommunen, explizit gleichgestellt. Die gerne als Rechtfertigung der Kommunen für die an „ihre“ Unternehmen gewährten Beihilfen angeführte Bestimmung des Art. 86 II EGV greift nicht. Nach Art. 86 II EGV gelten die Beihilfenaufsichtsregeln des EG-Vertrags nicht für Unternehmen, die mit Dienstleistungen von allgemeinem wirtschaftlichem Interesse betraut sind oder den Charakter eines Finanzmonopols haben, soweit die Anwendung der Beihilfenaufsichtsregeln deren Aufgabenerfüllung tatsächlich oder rechtlich verhindern. Es handelt sich, wie noch gezeigt wird, um eine nur in absolut extremen Ausnahmefällen greifende Befreiungsregelung.

3 Die Systematik des Europäischen Beihilfenaufsichtsrechts und weiterer Gang der Darstellung

Bevor auf die einzelnen Tatbestände des Beihilfenaufsichtsrechts eingegangen wird und die Rechtsschutzmöglichkeiten der leer ausgegangenen Konkurrenten gegen die subventionierten Kommunalunternehmen dargestellt werden, wird nachfolgend die Systematik des komplexen Beihilfenaufsichtsrechts zusammengefasst, wie es im weiteren Fortgang näher behandelt wird. Die komplizierte Materie des Beihilfenaufsichtsrechts kann nur in ihren wesentlichen Grundzügen vorgestellt werden, da andernfalls der Rahmen dieses Leitfadens gesprengt würde. Ziel ist es auch hier, den leer ausgegangenen Unternehmer für die bestehenden Rechtsschutzmöglichkeiten zu sensibilisieren und ihm aufzuzeigen, dass er sich mit guter Aussicht auf Erfolg gegen die rechtswidrige Beihilfengewährung der Kommunen an die Unternehmen zur Wehr setzen kann.

3.1 Das materielle Beihilfenaufsichtsrecht nach Art. 87 EGV i. V. m. bestehenden EG-Verordnungen und Gemeinschaftsrahmen und Leitlinien

Die grundlegenden Vorschriften zu den Fragen,

- was unter Beihilfen i. S. d. Art. 87 EGV zu verstehen ist,
- wann Beihilfen unzulässig sind und
- unter welchen Voraussetzungen Beihilfen von der Europäischen Kommission genehmigt werden können,

werden in erster Linie von dem entscheidenden Art. 87 EGV geregelt. Als eine Art Anwendungshilfe hat die Europäische Kommission umfangreiche interne Auslegungsrichtlinien in Form von Gemeinschaftsrahmen und Leitlinien erlassen, nach welchen sie die Zulässigkeit der in Frage stehenden Beihilfen für unterschiedliche Bereiche, wie beispielsweise Umstrukturierungs-, Rettungs-, Forschungs- und Entwicklungs-, Umweltbeihilfen oder Beihilfen zugunsten der Textil- oder Kfz-Industrie, bewertet. Schließlich ist auf nachfolgende, am 12.01.2001 erlassene und im nationalen Recht unmittelbar anwendbare Verordnungen hinzuweisen: Verordnung (EG) Nr. 68/2001 der Kommission vom 12. Januar 2001 über die Anwendung der Artikel 87 und 88 EG-Vertrag auf Ausbildungsbeihilfen, Verordnung (EG) Nr. 69/2001 der Kommission vom 12. Januar 2001 über die Anwendung der Artikel 87 und 88 EG-Vertrag auf De-minimis-Beihilfen und Verordnung (EG) Nr. 70/2001 der Kommission vom 12. Januar 2001 über die Anwendung der Artikel 87 und 88 EG-Vertrag auf staatliche Beihilfen an kleine und mittlere Unternehmen. Auf Inhalt und Bedeutung der Verordnungen wird noch gesondert eingegangen.

3.2 Das formelle Beihilfenaufsichtsrecht nach Art. 88 EGV, den bestehenden EG-Verordnungen und Gemeinschaftsrahmen und Leitlinien, wonach die Europäische Kommission die Genehmigung von Beihilfen aussprechen kann

Das Verfahren, nach dem die Europäische Kommission die Zulässigkeit der nach Art. 87 EGV grundsätzlich unzulässigen Beihilfen prüft und genehmigen kann, ist im Wesentlichen in Art. 88 EGV sowie in der hierzu ergangenen Verordnung (EG) Nr. 659/1999 des Rates über besondere Vorschriften für die Anwendung von Artikel 93 des EG-Vertrages vom 22. 03. 1999 (nachfolgend: Verfahrensverordnung, abgekürzt VVO genannt) enthalten.

3.3 Die den leer ausgegangenen Konkurrenten zustehenden Rechtsschutzmöglichkeiten

Leer ausgegangene Konkurrenten haben die ihnen nach Art. 88 EGV i. V. m. der VVO zustehenden Verfahrensrechte bei Prüfung der Beihilfen durch die Europäische Kommission. Zudem können sie vor den luxemburgischen Gerichten gegen Genehmigungsentscheidungen der Europäischen Kommission Klage erheben und haben Klagemöglichkeiten gegen die subventionierende Kommune vor den nationalen Verwaltungsgerichten sowie gegen die subventionierten Unternehmen der Kommunen vor den nationalen Zivilgerichten nach § 1 UWG.

4 Das materielle Beihilfenaufsichtsrecht: Art. 87 EGV i. V. m. bestehenden EG-Verordnungen und Gemeinschaftsrahmen und Leitlinien

Art. 87 EGV spricht das grundsätzliche Verbot kommunaler Beihilfen aus:

> (1) Soweit in diesem Vertrag nicht etwas anderes bestimmt ist, sind staatliche oder aus staatlichen Mitteln gewährte Beihilfen gleich welcher Art, die durch die Begünstigung bestimmter Unternehmen oder Produktionszweige den Wettbewerb verfälschen oder zu verfälschen drohen, mit dem Gemeinsamen Markt unvereinbar, soweit sie den Handel zwischen Mitgliedstaaten beeinträchtigen.
>
> (2) Mit dem Gemeinsamen Markt vereinbar sind:
>
> (a) Beihilfen sozialer Art an einzelne Verbraucher, wenn sie ohne Diskriminierung nach der Herkunft der Waren gewährt werden;
>
> (b) Beihilfen zur Beseitigung von Schäden, die durch Naturkatastrophen oder sonstige außergewöhnliche Ereignisse entstanden sind;
>
> (c) Beihilfen für die Wirtschaft bestimmter, durch die Teilung Deutschlands betroffener Gebiete der Bundesrepublik Deutschland, soweit sie zum Ausgleich der durch die Teilung verursachten wirtschaftlichen Nachteile erforderlich sind.
>
> (3) Als mit dem Gemeinsamen Markt vereinbar können angesehen werden:

(a) Beihilfen zur Förderung der wirtschaftlichen Entwicklung von Gebieten, in denen die Lebenshaltung außergewöhnlich niedrig ist oder eine erhebliche Unterbeschäftigung herrscht;
(b) Beihilfen zur Förderung wichtiger Vorhaben von gemeinsamem europäischem Interesse oder zur Behebung einer beträchtlichen Störung im Wirtschaftsleben des Mitgliedstaats;
(c) Beihilfen zur Förderung der Entwicklung gewisser Wirtschaftszweige oder Wirtschaftsgebiete, soweit sie die Handelsbedingungen nicht in einer Weise verändern, die dem gemeinsamen Interesse zuwiderläuft;
(d) Beihilfen zur Förderung der Kultur und der Erhaltung des kulturellen Erbes, soweit sie die Handelsbeziehungen nicht in einem Maß beeinträchtigen, das dem gemeinsamen Interesse zuwiderläuft;
(e) sonstige Arten von Beihilfen, die der Rat durch eine Entscheidung mit qualifizierter Mehrheit auf Vorschlag der Kommission bestimmt.

Kernessenz

4.1 Der systematische Überblick über den Regelungsinhalt des Art. 87 EGV

Bevor es um die Tatbestandsmerkmale des Art. 87 EGV im Einzelnen geht, folgt zunächst ein kurzer systematischer Überblick über den grundsätzlichen Regelungsgehalt dieser Vorschrift.

Das grundsätzliche Verbot kommunaler Beihilfen

Art. 87 I EGV erklärt zunächst die Beihilfen der Mitgliedstaaten und damit auch der Kommunen für mit dem Gemeinsamen Markt unvereinbar und somit für grundsätzlich unzulässig, soweit sie den Wettbewerb und den Handel zwischen den Mitgliedstaaten mittelbar, unmittelbar, potenziell oder aktuell beeinträchtigen können.

Die Legalausnahmen vom grundsätzlichen Verbot kommunaler Beihilfen

Art. 87 II EGV zählt diejenigen nationalen Beihilfen auf, welche kraft Gesetzes per se aus dringenden allgemeinen oder besonderen wirtschaftspolitischen Gründen für mit dem Gemeinsamen Markt vereinbar erklärt werden. Man spricht hier von den Legalausnahmen. Diese haben keine relevante praktische Bedeutung. Auch die Legalausnahme nach Art. 87 II lit. c EGV, wonach Beihilfen für die Wirtschaft bestimmter, durch die Teilung Deutschlands betroffener Gebiete der Bundesrepublik Deutschland zulässig sind, soweit sie zum Ausgleich der durch die Teilung verursachten wirtschaftlichen Nachteile erforderlich sind, können die umfangreichen Beihilfen in den neuen Bundesländern nicht rechtfertigen. Deshalb kommt dieser Ausnahmeregelung bereits seit der Wiedervereinigung keine praktische Bedeutung zu.

Die Fakultativausnahmen vom grundsätzlichen Verbot kommunaler Beihilfen

Art. 87 III EGV nennt schließlich weitere Arten von Beihilfen, die zwar nicht von vornherein mit dem Gemeinsamen Markt vereinbar sind, deren Genehmigung aber in das pflichtgemäße Ermessen der Kommission gestellt wird.

4.2 Zum Beihilfenbegriff des Art. 87 I EGV

Der Anwendungsbereich des Beihilfenverbots nach Art. 87 EGV wird durch den nachfolgend zu bestimmenden Begriff der Beihilfe eröffnet, weshalb ihm wesentliche Bedeutung zukommt.

Abgesehen von ihrer Herkunft – staatliche oder aus staatlichen Mitteln – und den Wirkungen der Beihilfen – aktuelle oder potenzielle, unmittelbare oder mittelbare Wettbewerbsverfälschung / Handelsbeeinträchtigung – werden Beihilfen gesetzlich nicht definiert. Auch der EuGH und die Europäische Kommission haben keine Versuche unternommen, den Begriff der Beihilfe abschließend zu definieren. Es besteht jedoch Einigkeit darüber, dass er infolge der Formulierung in Art. 87 I EGV – gleich welcher Art – weit zu verstehen ist, so dass die Kommission in die Lage versetzt ist, die Überwachung der nationalen Beihilfenpolitik effektiv und umfassend auszuüben. Ausgehend von Sinn und Zweck des Art. 87 I EGV – die umfassende Kontrolle der Beihilfengewährung der Kommunen, um den unverfälschten Wettbewerb innerhalb der EG zu gewährleisten – können nachfolgende, nicht abschließende Kriterien zur Bestimmung des Beihilfenbegriffs festgemacht werden:

!! Für das Vorliegen einer Beihilfe ist es nicht entscheidend, welchen gesellschaftspolitischen oder sonstigen Zweck die Kommune mit der einzelnen Beihilfe verfolgt, sondern es kommt ausschließlich auf die Wirkung und die damit verbundene Möglichkeit an, dass durch die Beihilfengewährung der Wettbewerb verfälscht und dadurch der Handel zwischen den Mitgliedstaaten *möglicherweise* beeinträchtigt werden *kann*. Art. 87 EGV liegt somit kein finaler, sondern ein ausschließlich wirkungsbezogener Beihilfenbegriff zugrunde.

!! Das Vorliegen einer Beihilfe ist von der Rechtsnatur der begünstigenden Maßnahme unabhängig. Dies bedeutet, dass neben dem Handeln in spezifisch öffentlich-rechtlichen Formen besonders auch privatrechtlich eingekleidetes Handeln der Kommunen in den Anwendungsbereich des Beihilfenverbots fällt.

!! Ungeschriebenes Tatbestandsmerkmal der Beihilfe ist, dass es sich um eine freiwillige (hoheitliche) „Zuwendung" der Kommune handelt. Danach sollen nur solche Leistungen Beihilfen darstellen können, die ohne jegliche Rechtspflicht geleistet werden. Schadensersatzzahlungen oder vergleichbare Kompensationsmaßnahmen der Kommunen an ihre Unternehmen, die in Befolgung eines Rechtsanspruchs des Empfängers zugewandt werden, unterliegen nur hinsichtlich eventueller überschießender Elemente dem Anwendungsbereich der Art. 87 ff. EGV.

!! Letztlich wird die Beihilfe als unentgeltlicher wirtschaftlicher Vorteil in jeder Form beschrieben, und sei es nur durch unmittelbare Zuwendungen oder durch Belastungsverminderungen. Um dies festzustellen, ist u. a. ein Vergleich vorzunehmen und danach zu fragen, ob ein marktwirtschaftlich handelnder Investor die in Frage stehenden Leistungen zu ähnlichen Konditionen gewährt hätte, und zwar unabhängig von allen sozial- oder regionalpolitischen Erwägungen (sog. Market-Economy-Test). Damit wird der Beihilfenbegriff auf seine begünstigende Wirkung reduziert und lässt sich seiner Höhe nach vereinfacht nach der Formel ermitteln: Staatliche Leistung / Minderung einer Abgabenlast ./. Leistung eines (hypothetischen) marktwirtschaftlich handelnden Investors / normale Abgabenlast = Wert der Beihilfe.

!! Die Beihilfenmöglichkeiten sind vielfältig und lassen sich nicht begrenzen. Auf eine Anfrage eines Europaabgeordneten hin zählte die Kommission als mögliche Beihilfenarten auf:

- Zuschüsse,
- Befreiungen von Steuern und Abgaben,
- Befreiungen von parafiskalischen Abgaben,
- Zinszuschüsse,
- Übernahme von Bürgschaften zu besonders günstigen Bedingungen,
- unentgeltliche oder besonders preiswerte Überlassung von Gebäuden oder Grundstücken,
- Lieferung von Gütern oder Dienstleistungen zu Vorzugsbedingungen,
- Übernahme von Verlusten oder
- jede andere Maßnahme mit gleicher Wirkung.

Weiterhin können beispielhaft, keinesfalls abschließend genannt werden: Patronatserklärungen; Beschäftigungsbeihilfen; Steuervorteile für Auslandsniederlassungen; Zuschüsse für Werbemaßnahmen im Ausland; Beihilfen für Exportkredite und Wechselkursgarantien; Rückvergütungen für andere direkte Abgaben; bezugsneutrale steuerliche Vergünstigung bei schadstoffarmen Kfz; in gewissem Rahmen Rundfunkgebühren; unter bestimmten Voraussetzungen die Beteiligung der Kommune an privaten Unternehmen; beschleunigte Abschreibungsmöglichkeiten von Investitionsausgaben, die nicht von allen Unternehmen oder nicht unabhängig von ihrer Größe, Branchenzugehörigkeit und Standort beansprucht werden können; Zuschüsse zur Schaffung neuer Infrastrukturen, zur Errichtung neuer Telekommunikationssysteme und zu Energieversorgungs- und Entsorgungsanlagen; den Status quo erhaltende Betriebsbeihilfen, wie z. B. die Befreiung von Soziallasten, Kapitalzuschüsse, zinsverbilligte Darlehen; Beihilfen zur Weiterentwicklung bereits bekannter Erzeugnisse, zur laufenden Erneuerung und Modernisierung von Produktionsanlagen, zur Errichtung neuer Betriebsanlagen, zur Verbesserung bestehender Produktionsverfahren oder zur periodischen Renovierung von Betriebsstätten; Beihilfen zur Änderungen im Warenangebot; allgemeine Ausfuhrbeihilfen; Beihilfen zur Rettung und Umstrukturierung von Unternehmen; verbilligte kommunale Grundstücksverkäufe; Anstaltslast und Gewährträgerhaftung nicht nur bei kommunalen Sparkassen; kommunale Wirtschaftsförderung; Erfüllung einer Bürgschaft ohne Versuch der Darlehensrückzahlung; Verzicht des Staates auf einen Teil des Kaufpreises bei Grundstücksverkauf; Befreiung von Grunderwerbssteuer beim Kauf von Industriegrundstücken; kostenlose Erschließung von Grundstücken für Unternehmen; die Übernahme von Verlusten eines (kommunalen) Unternehmens; Zahlung staatlicher Entschädigungen ohne Verpflichtung; Nichteintreibung von Forderungen durch staatliche Stellen; Zahlungsaufschub für Darlehensrückzahlungen; Stundung des Kaufpreises; Zinsvergünstigungen für Ausfuhrkredite; der Ausgleich von Standortnachteilen. Beteiligungen der Kommunen am Kapital „ihrer“ Unternehmen oder von der Kommune durchgeführte Kapitalerhöhungen, obgleich private Investoren hierzu nicht bereit wären (Bewertungskriterien sind hier z. B. die Finanzlage des Unternehmens, erfolgte fruchtlose Mittelzufuhr in der Vergangenheit, das Verhalten der anderen privaten Gesellschafter, die strukturellen Bedingungen, das Bestehen von Sanierungsplänen, absatztechnische Faktoren usw.). Gerade das letztgenannte Beispiel wird häufig in der Praxis relevant, wenn die Kommune „ihr" defizitäres Unternehmen öffentlicher oder auch privater Rechtsform über Kapitalspritzen sanieren möchte, um es sodann – gegebenenfalls zudem zu einem günstigen Preis – zu privatisieren.

Dass im Übrigen auch steuerliche Vergünstigungen staatliche Beihilfe darstellen können, hat der EuGH mit seinem Urteil vom 19.09.2000, Rs. C-156/89, ZIP 2000, 1738 ff., zu § 52 VIII EStG – Steuervergünstigungen bei Investitionen in ostdeutsche KMU – bestätigt. Auch die Europäische Kommission hat in ihrer Mitteilung über die direkte Besteuerung von Unternehmen, ABlEG. Nr. C 284/3 vom 10.12.1998, klare Kriterien herausgearbeitet, bei deren Vorliegen von einer unzulässigen Beihilfe ausgegangen werden muss. Weiterhin stellt es eine Beihilfe dar, wenn beispielsweise das staatliche Postunternehmen seiner privaten Tochtergesellschaft zu nicht marktgerechten Bedingungen nach dem Market-Economy-Test logistische Unterstützungen gewährt. Gleiches gilt für die Bereitstellung von anderen Dienstleistungen und Waren zu Vorzugspreisen (vgl. hierzu insgesamt Europäische Kommission, Generaldirektion Wettbewerb, Wettbewerbsrecht in den Europäischen Gemeinschaften, Band II B, Erläuterungen zu den Wettbewerbsregeln für staatliche Beihilfen, 1997). Bei Privatisierungen öffentlicher Unternehmen, die nicht an der Börse notiert sind, kann eine Beihilfe vorliegen, wenn sie nicht öffentlich, transparent und bedingungslos ausgeschrieben werden und somit nicht der hypothetisch beste Bieter letztlich den Zuschlag erhält. Ebenso handelt es sich um Beihilfe, wenn die Privatisierung unter der Bedingung erfolgt, dass vorhandene Schulden von der Kommune übernommen oder Schulden gegenüber der Kommune erlassen werden.

!! Bei den den Unternehmen oder Produktionszweigen gewährten Beihilfen muss es sich um „staatliche" Mittel handeln. Dies wird immer dann angenommen, wenn sie unmittelbar aus Haushaltsmitteln finanziert und vergeben werden. Aber auch bei Mitteln, die von öffentlichen oder auch von privaten Einrichtungen der Kommunen gewährt werden, kann es sich um aus staatlichen Mitteln finanzierte Beihilfen handeln. Das ist immer dann der Fall, wenn eine haushaltsrechtliche Rückkoppelung gegeben ist in dem Sinne, dass entweder ein staatlicher Mittelabfluss zu verzeichnen ist oder aber der Staat auf Einnahmen – auch in der Zukunft – verzichtet, was sich einnahmemindernd auf den Haushalt auswirkt. Besonders zu prüfen sind diese Kriterien beispielsweise in den Fällen, in denen die Kommunen auf „ihre“ Unternehmen oder auf Unternehmen, an denen sie beteiligt sind, einen maßgeblichen Einfluss haben. Gewähren z. B. die in kommunalem Besitz befindlichen Stadtwerke an andere Unternehmen der Kommune Rabatte, die ein privat handelnder Investor oder privater Unternehmer nicht gewähren würde, ist der Beihilfetatbestand erfüllt, da die Kommune auf Einnahmen verzichtet, die sie erzielen könnte.

!! Die Liste von als Beihilfen in Betracht kommenden Begünstigungen lässt sich angesichts der Weite der Begriffsbestimmung und infolge des Einfallsreichtums der Kommunen, immer neue Formen von Vergünstigungen für „ihre“ Unternehmen zu kreieren, nicht begrenzen. So sind ebenfalls relevante Beihilfen von der Kommune übernommene Altlastensanierungen, die Vereinbarung von verbilligten Mieten, nicht marktgerechte Gesellschafterdarlehen an kommunale Unternehmen usw.

!! Nach vorstehenden Definitionskriterien unterfallen dem Beihilfenbegriff auch die so genannten Quersubventionen. Von Quersubventionen wird gesprochen, wenn die Kommune wirtschaftlichen Unternehmensbereichen Beihilfen, die für defizitäre oder unrentable Geschäftsbereiche bestimmt sind, zuleitet.

!! Schließlich ist es für die Frage, ob eine Beihilfe vorliegt, unerheblich, ob es sich um (kommunale) Unternehmen / Betriebe handelt, die im Rahmen der Daseinsvorsorge Aufgaben erfüllt. Nach Art. 86 I

EGV werden die öffentlichen Unternehmen den privaten gleichgestellt und den Wettbewerbsvorschriften der Art. 87 ff. EGV unterworfen. Nur in seltenen Ausnahmen nach Art. 86 II GEV finden die Beihilferegelungen keine Anwendung. Bevor jedoch die Ausnahmen des Art. 86 II EGV (vgl. hierzu im Folgenden unter Ziffer 4.3) überhaupt eingreifen, sollte zuvor die Frage nach dem Vorliegen einer Beihilfe gestellt werden.

4.3 Die kommunalen Unternehmen als taugliche Empfänger von Beihilfen

4.3.1 Grundsatz: Auch die Kommunalunternehmen sind verbotsrelevante Beihilfenempfänger

Als taugliche Beihilfenempfänger kommen nach Art. 86 I EGV sämtliche Unternehmen ohne Beschränkung auf ihren Unternehmensgegenstand (Güterherstellung, Dienstleistungs-/Handelsunternehmen und alle sonstigen Gewerbezweige, somit jede Wirtschaftstätigkeit schlechthin) und unabhängig von ihrer Rechtsform und ihren Eigentumsverhältnissen in Betracht, also auch die Unternehmen, an denen die Kommunen beteiligt sind, scheinprivatisierte Unternehmen, öffentliche Unternehmen oder Unternehmen, denen besondere oder ausschließliche Rechte übertragen worden sind. Die Unterstellung auch der öffentlichen Unternehmen unter das Beihilfenaufsichtsrecht ist zwingend nach dem Konzept des Gemeinsamen Marktes geboten, wonach dieser in erster Linie von den Kräften des Wettbewerbs gestaltet wird, in dem öffentliche Unternehmen und solche mit gesetzlich vorgesehenen Monopolen oder sonstigen Vorteilen einen Fremdkörper darstellen und einen nicht gerechtfertigten Wettbewerbsvorteil gegenüber ihren privaten Konkurrenten erlangen. Als öffentliche Unternehmen (nicht nur Unternehmen in Privatrechtsform, sondern auch in öffentlich-rechtlicher Form, wie Anstalten und Körperschaften des öffentlichen Rechts, Regiebetriebe, sonstige verwaltungsunmittelbare Wirtschaftseinheiten) gelten nach dem Europäischen Gemeinschaftsrecht diejenigen Unternehmen, an denen die Kommune aufgrund von

Eigentum, finanzieller Beteiligung, Satzung oder sonstiger Bestimmungen, die die Tätigkeit des Unternehmens regeln, unmittelbar oder mittelbar einen beherrschenden Einfluss ausüben kann (siehe hierzu die gleichlautende Definition in Art. 2 I der Richtlinie 80/723/EWG, zuletzt geändert durch die Richtlinie 2000/52/EWG vom 29. 07. 2000, ABIEG Nr. L 193, 75, über die Transparenz der finanziellen Beziehungen zwischen den Mitgliedstaaten und den öffentlichen Unternehmen). Dies bedeutet jedoch, dass umgekehrt die privaten Haushalte sowie soziale, kirchliche, karitative oder kulturelle Einrichtungen, soweit sie allerdings keinen wirtschaftlichen Zweck verfolgen, als Beihilfenempfänger i. S. d. Art. 87 EGV grundsätzlich nicht in Betracht kommen. Etwas anderes kann aber dann gelten, wenn mit einer Verbrauchersubvention an private Haushalte die Auflage zum Bezug bestimmter Güter oder Dienstleistungen aus bestimmten Unternehmen verbunden ist. In diesem Falle würde es sich wegen der damit verbundenen diskriminierenden Auflage um eine mittelbare Beihilfe zugunsten des betreffenden Unternehmens handeln. Bei der Bestimmung der Beihilfe kommt es daher weniger auf deren Empfänger als vielmehr auf den durch sie letztlich bewusst oder unbewusst Begünstigten an. So wird eine Beihilfe bei Vergünstigungen zum Ankauf von Steinkohle zum Nachteil anderer Energieträger oder auch bei der Steuerermäßigung für den Verbraucher beim Kauf abgasarmer Autos bestimmter Marken zu bejahen sein.

4.3.2 Ausnahmen vom Beihilfenverbot: Art. 86 II EGV

Nach Art. 86 II EGV findet das Beihilfenaufsichtsrecht und somit das grundsätzliche Beihilfenverbot, wie es in Art. 87 I EGV formuliert ist, keine Anwendung, wenn

- es sich bei den begünstigten Unternehmen um solche handelt, die mit Dienstleistungen von allgemeinem wirtschaftlichem Interesse betraut sind oder den Charakter eines Finanzmonopols besitzen und

- die Anwendung des Beihilfenverbots nach Art. 87 I EGV die Erfüllung der diesen Unternehmen übertragenen besonderen Aufgaben rechtlich oder tatsächlich verhindert und
- die Entwicklung des Handelsverkehrs durch die Befreiung vom Beihilfenverbot nicht dem Interesse der Gemeinschaft zuwiderläuft.

Der auch in Art. 16 EGV verwendete Begriff der Dienstleistung von allgemeinem wirtschaftlichem Interesse deckt sich weitgehend mit dem Katalog der Daseinsvorsorgeaufgaben der Art. 83 BV und 57 BayGO, wie er bereits unter Ziffer I dargestellt wurde. Das vom Beihilfenverbot ausgenommene Unternehmen muss von der öffentlichen Hand in einem besonderen Rechtsakt mit den besonderen Aufgaben betraut worden sein, wobei die Betrauung mittels Gesetz oder Verwaltungsakt zu erfolgen hat, um Umgehungen des Beihilfenverbotes zu minimieren. Hierbei greift die Befreiung vom Beihilfenverbot jedoch dann nicht, wenn gleichwohl die Entwicklung des Handelsverkehrs in einem Ausmaß beeinträchtigt wird, das dem Interesse der Gemeinschaft zuwiderläuft. Schließlich hat der Beihilfengeber, hier die Kommunen, sicherzustellen, dass die Nichtanwendung der Beihilfenverbote nicht über das zur tatsächlichen Erfüllung des Auftrags erforderliche Maß hinausgeht, denn nur insoweit sieht Art. 86 II EGV eine Befreiung vor, was jeweils der betroffene Mitgliedstaat zu beweisen hat. Kriterien sind hier unter anderem nach der Rechtsprechung des EuGH, ob das „befreite" Unternehmen in der Lage ist, die Leistungen in seinem Tätigkeitsbereich in dem vom Markt geforderten Umfang zu erbringen und ob die Freistellung nach Art und Umfang für die Erfüllung einer im allgemeinen Interesse liegenden, bestimmten Unternehmen übertragenen, eindeutig feststehenden Aufgabe unerlässlich ist und die gewährten Beihilfen nicht über die mit der anvertrauten Aufgabe verbundenen Nettomehrkosten hinausgehen (vgl. auch die Mitteilung der Europäischen Kommission zur Daseinsvorsorge in Europa vom 20. 09. 2000, KOM[2000] 580 endg.). Zu diesem Zweck sieht die Transparenzrichtlinie der Europäischen Kommission vom 29. 07. 2000, ABlEG Nr. L 193, 75, eine Ausdehnung der Vorschriften über die getrennte Buchführung, die bislang nur für einige wenige Branchen gelten, auf jedes Unternehmen vor, dem besondere oder ausschließliche Rechte gewährt werden oder das mit Dienstleistungen von allgemeinem wirtschaftlichem Interesse nach Art. 86 II EGV betraut ist und hierfür staatliche Beihilfen gleich welcher Art, seien es Zuschüsse, Unterstützungs- oder Ausgleichsleistungen, erhält und gleichzeitig noch andere Geschäftstätigkeiten ausübt. Mit Hilfe dieser Bestimmungen soll die Europäische Kommission in die Lage versetzt werden, jegliche versteckte Finanzierungen dieser wirtschaftlichen Tätigkeiten durch staatliche Beihilfen, insbesondere über Quersubventionen, oder die Gewährung übermäßiger Ausschließlichkeitsrechte zu verhindern.

Die Kommunen suchen heute gerne – vergeblich – unter Hinweis auf den durch den Amsterdamer Vertrag eingefügten Art. 16 EGV die Freistellung der kommunalen daseinsvorsorgenden Unternehmen vom Beihilfenverbot zu rechtfertigen. Nach Art. 16 EGV soll gewährleistet werden, dass die Funktionsfähigkeit der im allgemeinen wirtschaftlichen Interesse liegenden Bedürfnisse sichergestellt ist. Es ist hierbei jedoch ausdrücklich zu beachten, dass Art. 16 EGV eine rein politische Bedeutung ohne hier rechtlich relevanten Gehalt besitzt. Dies bringt Art. 16 EGV dadurch zum Ausdruck, dass er u. a. die Art. 86 und 87 EGV unberührt lässt. Insgesamt ist zu der Ausnahmeregelung des Art. 86 II EGV festzuhalten, dass diese Vorschrift von den luxemburgischen Gerichten und der Europäischen Kommission äußert restriktiv angewendet wird. Dies lässt sich nicht nur mit dem Sinn und Zweck der Beihilfenverbote, sondern auch mit dem Wortlaut des Art. 86 II EGV unmittelbar begründen, der eine Verhinderung der Aufgabenerfüllung durch die betrauten Unternehmen fordert, eine Behinderung also nicht genügen lässt. Aus diesem Grunde kann keinesfalls bereits mit dem Vorliegen des Tatbestandsmerkmals „Dienstleistung von allgemeinem wirtschaftlichem Interesse“ die Befreiung nach Art. 86 II EGV gerechtfertigt werden. An dieser Auslegung ändert auch die gerne von den Kommunen angeführte Mitteilung der Kommission zur Daseinsvorsorge in Europa vom 20. 09. 2000, KOM(2000) 580 endg., nichts, die an der bisher ergangenen Rechtsprechung der luxemburgischen Gerichte sowie an der bisher vertretenen Auffassung der Europäischen Kommission zur restriktiven Auslegung des Art. 86 II EGV ausdrücklich festhält.

4.3.3 Der Selektivitätsgrundsatz

Damit eine verbotsrelevante Beihilfe vorliegt, muss immer ein jeweils einzelnes kommunales Unternehmen oder ein spezifizierbarer (kommunaler) Unternehmenskreis begünstigt sein. Ziel dieses Selektivitätsgrundsatzes ist es, dass Maßnahmen, die der gesamten Wirtschaft eines Mitgliedstaates zugute kommen, wie dies bei der allgemeinen Konjunkturpolitik der Fall ist, nicht unter Art. 87 I EGV fallen. Keine Beihilfen sind demnach die *generellen* Senkungen des Körperschaftsteuersatzes, allgemeine Zuschüsse für die Einstellung von Langzeitarbeitslosen, die beschleunigte Abschreibung von Investitionsausgaben, die *von allen Unternehmen unabhängig von ihrer Größe, Branchenzugehörigkeit und Standort* beansprucht werden können. Soweit jedoch bereits ein bestimmter Unternehmenskreis, auch regional, begünstigt wird, ist der Selektivitätsgrundsatz und somit der Beihilfentatbestand grundsätzlich erfüllt.

4.4 Die drohende Wettbewerbsverfälschung und Handelsbeeinträchtigung

Die staatlichen Beihilfen sind nur dann nach Art. 87 I EGV verboten, wenn sie den Wettbewerb verfälschen oder zu verfälschen drohen und zugleich den Handel zwischen den Mitgliedstaaten beeinträchtigen können. Hier muss man sich über folgende zwei Aspekte im Klaren sein:

!! Eine aktuelle Wettbewerbs- oder Handelsbeeinträchtigung ist nicht erforderlich. Vielmehr ist es ausreichend, wenn eine solche lediglich droht. Die Europäische Kommission vertritt insoweit die Auffassung, dass grundsätzlich jeder wie auch immer geartete Kostenvorteil für ein bestimmtes Unternehmen diesem auch regelmäßig in der Wettbewerbssituation gegenüber Konkurrenten einen Vorteil verschaffen wird. Rechtstechnisch indiziert damit das Vorliegen einer Beihilfe eine Wettbewerbsverfälschung sowie gleichzeitig eine Handelsbeeinträchtigung.

!! Auch auf kommunaler oder lokaler Ebene indizieren Beihilfen eine Wettbewerbs- oder Handelsbeeinträchtigung. Es sind heute nur noch in Ausnahmefällen Wirtschaftsbereiche vorstellbar, in welchen Beihilfen rein lokale Auswirkungen haben. In zahlreichen Fällen kann – was ausreichend ist – durch eine Beihilfe der Zugang zum Markt für Unternehmen, die außerhalb des Mitgliedstaates ansässig sind und diese Beihilfe nicht erhalten, behindert werden. Das häufig von den Kommunen angeführte Argument, die Beihilfe habe keinen Bezug zum Gemeinsamen Markt und keine Auswirkungen auf den zwischenstaatlichen Handel, greift nicht selten viel zu kurz. So hat der EuGH in seinem Urteil vom 17.06.1999, Slg. 1999, I-3671 – Maribel, ausgeführt, dass der innergemeinschaftliche Handel auch dann von Beihilfen beeinträchtigt werden kann, wenn das begünstigte Unternehmen selbst am Export gar nicht beteiligt ist und nur lokal tätig ist. Denn soweit überhaupt in dem relevanten Tätigkeitsbereich ein innergemeinschaftlicher Handel stattfindet, stärkt die Beihilfe dessen innerstaatliche Marktstellung auch gegenüber Konkurrenten aus anderen Mitgliedstaaten.

4.5 Ausnahmen vom Beihilfenverbot: Freistellungsverordnungen für bestimmte De-minimis-Beihilfen, bestimmte Beihilfen für kleine und mittlere Unternehmen und Ausbildungsbeihilfen

Nach den am 12.01.2001 verabschiedeten Verordnungen müssen bestimmte Beihilfen an kleine und mittlere Unternehmen, Ausbildungsbeihilfen sowie die so genannten De-minimis-Beihilfen vor ihrer Gewährung durch die Kommunen nicht mehr bei der Europäischen Kommission notifiziert werden. Soweit die Beihilfen den in den genannten Freistellungsverordnungen enthaltenen Voraussetzungen entsprechen, dürfen sie sofort ohne Genehmigung der Europäischen Kommission gewährt werden. So müssen De-minimis-Beihilfen nicht notifiziert werden, wenn sie einen Betrag von insgesamt 100 000 Euro innerhalb von drei Jahren nicht übersteigen. Dabei sind weitere Voraussetzungen zu beachten, auf die hier jedoch nicht vertieft eingegangen werden kann, da dies den Rahmen der Darstellung sprengen würde. Ebenso muss es bei dem Hinweis bleiben, dass zahlreiche Beihilfen an kleine und mittlere Unternehmen unter Einhaltung auch formeller Bestimmungen nicht mehr notifiziert werden müssen, wenn diese bestimmte Beihilfenintensitäten nicht überschreiten. Gleiches gilt für Ausbildungsbeihilfen. Infolge der unmittelbar im nationalen Recht geltenden Freistellungsverordnungen ist die Einhaltung der dort genannten Voraussetzungen auch durch die nationalen Verwaltungs- und Zivilgerichte möglich und zwingend.

4.6 Die Legalausnahmen vom Beihilfenverbot nach Art. 87 II EGV

Die in Art. 87 II EGV verorteten Legalausnahmen betreffen insgesamt drei Arten von staatlichen Beihilfen, nämlich neben den Verbraucher- und den Katastrophenbeihilfen die aufgrund der Teilung Deutschlands gewährten staatlichen Beihilfen.

4.6.1 Die Verbraucherbeihilfen

Verbraucherbeihilfen sind mit dem Gemeinsamen Markt vereinbar, wenn sie sozialer Art sind und ohne Diskriminierung nach der Herkunft der Waren gewährt werden (z. B. Steuerbefreiungen, die Deutschland den Käufern von Kfz mit Katalysator unabhängig von der Automarke einräumt; Zuwendungen, die die Lebenshaltungskosten sozial oder wirtschaftlich schwächerer Bevölkerungsschichten vermindern, wie beispielsweise die Verbilligung von Kleidungs-, Heiz- und Nahrungsmittelkosten ohne Beschränkung auf bestimmte Abgabenmengen). Verbraucherbeihilfen können unter Art. 87 I EGV fallen, wenn sie den Herstellern der geförderten Produkte gegenüber den Produzenten von damit konkurrierenden Erzeugnissen einen Vorteil verschaffen.

4.6.2 Die Katastrophenbeihilfen

Beihilfen zur Beseitigung von Schäden, die durch Naturkatastrophen oder sonstige außergewöhnliche Ereignisse entstanden sind, sind mit dem Gemeinsamen Markt vereinbar. Naturkatastrophen sind ausschließlich außergewöhnliche Naturereignisse mit schwerwiegenden Folgen, wie schwerste Unwetter, Überschwemmungen und Erdbeben usw., gegen welche die (kommunalen) Unternehmen sich für gewöhnlich nicht versichern, nicht dagegen gewöhnliche oder häufig wiederkehrende Naturereignisse wie Hagel oder Schlechtwetterperioden. Unter außergewöhnlichen Ereignissen versteht man Krieg, Terroranschläge, Giftgaskatastrophen („Seveso"), „Rheinwasserverschmutzung" durch Betriebsunfälle, nicht aber plötzlich auftretende Begebenheiten im Wirtschafts- und Währungsbereich. Es darf nur ein Ausgleich der unmittelbaren Schäden erfolgen.

4.6.3 Nach der „Teilungsklausel" zulässige Beihilfen

Nach Art. 87 II lit. c EGV fallen die Beihilfen für die Wirtschaft bestimmter, durch die Teilung Deutschlands betroffener Gebiete der Bundesrepublik Deutschland unter die Legalausnahme, soweit sie zum Ausgleich der durch die Teilung verursachten wirtschaftlichen Nachteile erforderlich sind. Ohne die vertretenen Argumente zu dieser Problematik hier im Einzelnen wiederzugeben, sei angemerkt, dass die Kommission die Anwendung dieser Ausnahme auf Beihilfen in den neuen Bundesländern bislang grundsätzlich in Übereinstimmung mit der luxemburgischen Rechtsprechung ablehnt, was insoweit von wichtiger praktischer Relevanz ist, als die neuen Bundesländer in den letzten Jahren in erheblichem Umfang Subventionsprogramme für das Beitrittsgebiet verabschiedet haben, ohne hierfür die Genehmigung der Europäischen Kommission eingeholt zu haben. In dem Urteil vom 15. 12. 1999, EuZW 2000, 115, führte der EuGH aus, dass der Anwendungsbereich der Teilungsklausel auf die unmittelbaren Folgen der Grenzziehung zwischen den östlichen und westlichen Besatzungszonen in Deutschland beschränkt ist, und lehnte zugleich die Einbeziehung nachteiliger wirtschaftlicher Folgen des politischen und ökonomischen Systems der ehemaligen DDR strikt ab. Das Europäische Beihilfenaufsichtsrecht gewinnt daher gerade in den neuen Bundesländern sehr an Bedeutung.

4.7 Die Fakultativausnahmen vom Beihilfenverbot nach Art. 87 III EGV

Die in Art. 87 III EGV vorgesehenen Ausnahmen haben eine ganz andere Tragweite als die des Art. 87 II EGV. Sie gelten nämlich nicht unmittelbar, sondern nur in Fällen, in denen die Kommission im Anschluss an eine Würdigung und Prüfung deren Anwendung auf ein Beihilfenvorhaben beschließt. Über diese Möglichkeit verfügt die Kommission in den in Art. 87 III EGV definierten Fällen. So handelt es sich um Beihilfen zur Förderung der wirtschaftlichen Entwicklung von Gebieten, in denen die Lebenshaltung außergewöhnlich niedrig ist oder eine erhebliche Unterbeschäftigung herrscht, um Beihilfen zur Förderung wichtiger Vorhaben von gemeinsamem europäischem Interesse oder zur Behebung einer beträchtlichen Störung im Wirtschaftsleben eines Mitgliedstaates oder um Beihilfen zur Förderung der Entwicklung gewisser Wirtschaftszweige oder Wirtschaftsgebiete, soweit sie die Handelsbedingungen nicht in einer Weise verändern, die dem gemeinsamen Interesse zuwiderläuft. Seit dem EU-Vertrag hat die Kommission auch ausdrücklich die Aufgabe, Beihilfen zur Förderung der Kultur und der Erhaltung des kulturellen Erbes zu prüfen.

Da diese Fakultativausnahmen jedoch für eine transparente und berechenbare Rechtsanwendung zu ungenau und allgemein gehalten sind, hat die Europäische Kommission so genannte Gemeinschaftsrahmen und Leitlinien veröffentlicht, um die Grundsätze anzugeben, nach denen sie bestimmte Beihilfearten beurteilen wird. So hat sie beispielsweise Gemeinschaftsrahmen erlassen für staatliche Beihilfen an Unternehmen in benachteiligten Stadtvierteln, Beschäftigungsbeihilfen, Regionalbeihilfen, Umweltschutzbeihilfen, Forschungs- und Entwicklungsbeihilfen, nach denen die Genehmigungsmöglichkeiten näher festgelegt werden. Zu beachten ist, dass diese Gemeinschaftsrahmen und Leitlinien nur verwaltungsinterne Bedeutung besitzen, also auch dann nicht von der Notifizierungspflicht befreien, wenn die dort genannten Genehmigungsvoraussetzungen erfüllt sein sollten. Für besondere Bereiche, wie den Verkehr, wurden Verordnungen erlassen, die die Zulässigkeit der Beihilfen ebenfalls näher regeln.

Ohne auf die einzelnen, in der Praxis wichtigen Tatbestandsmerkmale des Art. 87 III EGV sowie den Gemeinschaftsrahmen und das weitere Sekundärrecht eingehen zu können, sollen zumindest beispielhaft einige der grundlegendsten Kriterien zusammengefasst werden, die die Europäische Kommission ihrer Ermessensausübung zugrunde legt:

!! Im Rahmen ihrer Entscheidungsbefugnis beurteilt die Europäische Kommission die Auswirkungen der Beihilfen nicht aus nationaler, sondern aus gemeinschaftlicher Sicht, um zu verhindern, dass die Beihilfen lediglich bestimmte wirtschaftliche Schwierigkeiten von einem Mitgliedstaat auf den anderen übertragen, anstatt sie endgültig aus dem Wege zu räumen.

!! Die Beihilfen müssen das begünstigte Unternehmen in die Lage versetzen, seine wirtschaftlichen Probleme endgültig zu lösen, um dann wieder unter normalen Marktbedingungen funktionieren zu können. Dabei wendet die Kommission im Allgemeinen den Grundsatz der Gegenleistung an, indem sie von den begünstigten Unternehmen verlangt, dass sie sich an der Lösung ihrer Probleme, besonders durch Umstrukturierungs- und Finanzierungsbemühungen oder aber mittels Betriebsteilstilllegungen, beteiligen. Dies bedeutet, dass reine den Status quo erhaltende Betriebsbeihilfen, wie z. B. die Befreiung von Soziallasten, unzulässig sind.

!! Schließlich dienen nach der Praxis der Kommission Beihilfen grundsätzlich nicht der Entwicklung des jeweiligen Wirtschaftszweiges und sind daher mit dem Gemeinsamen Markt unvereinbar, wenn sie für Wirtschaftszweige gewährt werden, die sich in labilem Gleichgewicht befinden, da die Steigerung von Produktionskapazitäten unter Berücksichtigung von Überkapazitäten auf Gemeinschaftsebene vermieden werden soll, oder wenn die Beihilfen der Weiterentwicklung bereits bekannter Erzeugnisse, der laufenden Erneuerung und Modernisierung von Produktionsanlagen dienen.

4.8 Die Gewährung von nach Art. 87 und 88 EGV rechtswidrig gewährten Beihilfen ist nach § 1 UWG sittenwidrig

Soweit die Kommune an „ihre" Unternehmen unter Verstoß gegen Art. Art. 87 und 88 EGV Beihilfen gewährt, sind diese nach § 1 UWG sittenwidrig und daher mit allen Folgen, die das UWG hieraus zieht, wettbewerbsrechtlich unzulässig. Im Einzelnen wird hierauf gesondert unter den Ziffern 5 und 6 näher eingegangen, wenn es um die konkreten Rechtsschutzmöglichkeiten der leer ausgegangenen privaten Unternehmen geht.

4.9 Die Auswirkungen rechtswidriger Beihilfen auf das Vergabeverfahren

Häufig verwenden die begünstigten (kommunalen) Unternehmen die empfangenen rechtswidrigen Beihilfen, um kostengünstige Angebote im Rahmen von Ausschreibungen abgeben zu können. Auf diesen Sonderbereich wird unter Ziffer V näher eingegangen.

5 Das formelle Beihilfenaufsichtsrecht: Art. 88 EGV i. V. m. der Verfahrensverordnung; die Verfahrensstellung der leer ausgegangenen Unternehmen im Notifizierungsverfahren; die Rechtsschutzmöglichkeiten der privaten Unternehmen vor den luxemburgischen Gerichten sowie den nationalen Verwaltungs- und Zivilgerichten, gegen die rechtswidrigen Beihilfen an (kommunale) Unternehmen erfolgreich vorzugehen

5.1 Grundsätzliches und Gang der Darstellung

Das Verfahren, in dem die Kontrolle über die staatlichen Beihilfen durch die Europäische Kommission ausgestaltet wird, ist in Art. 88 EGV sowie der hierzu ergangenen Verordnung (EG) Nr. 659/1999 des Rates über besondere Vorschriften für die Anwendung von Artikel 93 des EG-Vertrages vom 22. 03. 1999 (VVO) geregelt. Entscheidend ist hierbei die in Art. 88 III 3 EGV verortete Auszahlungssperre, wonach die Kommunen die in Frage stehende Beihilfe erst gewähren dürfen, nachdem die zuvor angemeldete Beihilfe durch die Europäische Kommission genehmigt worden ist. Eine gegen die Auszahlungssperre gewährte Beihilfe ist somit in jedem Falle bis zu einer gegebenenfalls nachfolgenden Genehmigung durch die Europäische Kommission rechtswidrig, da eine später erfolgende Genehmigungsentscheidung keine Rückwirkung besitzt.

Nach einem kurzen Überblick über das Beihilfenverfahrensrecht, soweit dies für die Beurteilung der Rechtsschutzmöglichkeiten der privaten Unternehmen erforderlich ist, werden die Rechte der privaten Unternehmen im Notifizierungsverfahren sowie ihre Möglichkeiten dargestellt, gegen positive Genehmigungsentscheidungen der Kommission vor den luxemburgischen Gerichten Klage zu erheben. Im Anschluss hieran geht es um die den privaten Unternehmen vor den nationalen Verwaltungs- und Zivilgerichten zur Verfügung gestellten Klagemöglichkeiten gegen einerseits die Beihilfe gewährende Kommune und andererseits gegen das begünstigte (kommunale) Unternehmen selbst mit dem Ziel, neben Schadensersatz die Rückzahlung der gewährten Beihilfe durch das begünstigte (kommunale) Unternehmen an die Beihilfe gewährende Kommune zu erwirken.

5.2 Das Beihilfenverfahrensrecht / Notifizierungsverfahren sowie die (Rückforderungs-)Entscheidungen der Europäischen Kommission im Überblick

5.2.1 Grundsätzlich unterliegen alle Beihilfen der Kontrolle durch die Europäische Kommission

Nach Art. 87 EGV i. V. m. der Verfahrensverordnung werden sämtliche in den jeweiligen Mitgliedstaaten bestehenden oder beabsichtigten Beihilfen – also auch die kommunalen – der *ausschließlichen* Kontrolle durch die Europäische Kommission unterstellt. Die Europäische Kommission wird hierbei mit der exklusiven Beurteilung und Feststellung betraut, ob die nationalen Beihilfenvorhaben die Bedingungen des Beihilfenverbots erfüllen und gegebenenfalls unter die Ausnahmevorschriften der Art. 87 II und III EGV subsumiert werden können. Zur Sicherstellung des ausschließlichen Kontroll- und Prüfrechts durch die Europäische Kommission sind die Mitgliedstaaten verpflichtet, grundsätzlich ihre *sämtlichen* nationalen Beihilfenvorhaben – die kommunalen wiederum eingeschlossen – bei der Europäischen Kommission anzumelden und über ihre bereits bestehenden oder von der Europäischen Kommission genehmigten Beihilfen Berichte abzuliefern, die die Europäische Kommission in die Lage versetzen, zu prüfen, ob besonders Letztere an die möglicherweise geänderten Marktbedingungen angepasst werden müssen. Die Pflicht zur Notifizierung der (auch kommunalen) Beihilfen durch die Mitgliedstaaten ist nach Art. 88 EGV i. V. m. der VVO grundsätzlich allumfassend. Sie umfasst sowohl (kommunale) Einzelbeihilfen an einzelne (kommunale) Unternehmen als auch ganze Beihilfenprogramme, so etwa Stimulationsprogramme zur Investitionsförderung in bestimmten Regionen. Bei Beihilfenprogrammen handelt es sich um Beihilfensysteme in Form von Richtlinien oder Gesetzen wie auch beispielsweise das Ausgleichsleistungsgesetz oder gesetzliche Steuerentlastungsregelungen, in deren Rahmen dann Einzelbeihilfen an ganze Gruppen von Unternehmen, wie z. B. KMU, oder zugunsten bestimmter Wirtschaftszweige vergeben werden. Hat die Kommission eine solche Beihilfenregelung genehmigt, so braucht die einzelne Beihilfengewährung im Rahmen dieser Regelung grundsätzlich nicht mehr notifiziert zu werden.

Die Gewährung oder Durchführung eines neuen (kommunalen) Beihilfenvorhabens ohne vorhergehende Anmeldung und Genehmigung durch die Europäische Kommission macht dieses Vorhaben von vornherein gemeinschaftsrechtswidrig. Das Verfahrensrecht dient somit der Durchsetzung der materiellen Vorschriften des Art. 87 EGV und der Vorbereitung der Entscheidung der zuständigen Stelle über die Vereinbarkeit der nationalen Beihilfen mit dem Gemeinsamen Markt. Von der Notifizierungspflicht sind nur solche (kommunalen) Beihilfen ausgenommen, die unter die Ausnahmetatbestände der nachfolgenden, im nationalen Recht unmittelbar anwendbaren Verordnungen der Europäischen Gemeinschaft fallen, nämlich die Verordnung (EG) Nr. 68/2001 der Kommission vom 12. Januar 2001 über die Anwendung der Artikel 87 und 88 EG-Vertrag auf Ausbildungsbeihilfen, die Verordnung (EG) Nr. 69/2001 der Kommission vom 12. Januar 2001 über die Anwendung der Artikel 87 und 88 EG-Vertrag auf De-minimis-Beihilfen und der Verordnung (EG) Nr. 70/2001 der Kommission vom 12. Januar 2001 über die Anwendung der Artikel 87 und 88 EG-Vertrag auf staatliche Beihilfen an kleine und mittlere Unternehmen. Soweit Beihilfen nach den bestehenden Gemeinschaftsrahmen und Leitlinien der Europäischen Kommission genehmigt werden können, sind diese *nicht* von der vorhergehenden Notifikationspflicht freigestellt. Die Gemeinschaftsrahmen und Leitlinien besitzen nämlich keine unmittelbaren Wirkungen. Vielmehr sind sie lediglich Verwaltungsinterna und haben nur für die Ausübung des der Europäischen Kommission zustehenden Ermessens bei ihrer Genehmigungsentscheidung Bedeutung.

5.2.2 Die Notifikation der beabsichtigten Beihilfe

Beabsichtigen der Bund, das Land, die Kommunen oder deren Einrichtungen, eine Beihilfe an ein (kommunales) Unternehmen zu vergeben, so muss die Zentralregierungsinstanz über die Ständige Vertretung der Bundesrepublik Deutschland in Brüssel die Notifizierung der Europäischen Kommission übermitteln. Das die Beihilfe erhaltende Unternehmen kann somit nicht aus eigenem Recht die ihm in Aussicht gestellte Beihilfe notifizieren. Mit der Notifizierung müssen der Europäischen Kommission alle Informationen zur Verfügung gestellt werden, die diese benötigt, um die Vereinbarkeit der Beihilfe mit dem Gemeinsamen Markt prüfen zu können.

5.2.3 Das Notifizierungsverfahren vor der Europäischen Kommission: Vor- und Hauptprüfverfahren

Das Prüfungsverfahren der Kommission untergliedert sich nach Art. 88 EGV i. V. m. der Verfahrensverordnung in zwei Abschnitte, nämlich in das Vor- und in das Hauptprüfverfahren.

Das Vorprüfverfahren

Hat die Notifizierung eines Mitgliedstaates die Europäische Kommission erreicht, bildet sie sich im Vorprüfverfahren innerhalb von zwei Monaten eine erste Meinung über die Zulässigkeit der angemeldeten Beihilfe. Ist sie von der Vereinbarkeit der Beihilfe mit Art. 87 EGV überzeugt, wird sie dem Mitgliedstaat eine so genannte Unbedenklichkeitserklärung erteilen. Die Beihilfe darf also gewährt werden. An diesem Vorprüfverfahren sind die Konkurrenten des beihilfenbegünstigten Unternehmens nicht beteiligt.

Das Hauptprüfverfahren

Hat die Europäische Kommission beim kursorischen Vorprüfverfahren Bedenken gegen die Zulässigkeit der Beihilfe oder stößt sie auf ernste Schwierigkeiten bei der Beurteilung der angemeldeten Beihilfe, leitet sie das Hauptprüfverfahren ein. Der wesentliche Unterschied zwischen dem Vor- und dem Hauptprüfverfahren besteht darin, dass die Europäische Kommission im Vorprüfverfahren Dritten, wie z. B. nicht begünstigten Wettbewerbern, keine formalisierte Gelegenheit zur Stellungnahme geben muss und in der Regel auch nicht gibt. Beim Hauptprüfverfahren hingegen muss sie die beteiligten Dritten und Wettbewerber über eine Mitteilung im Amtsblatt der Europäischen Gemeinschaft auffordern, sich am Verfahren über Stellungnahmen zu beteiligen. Es handelt sich dann um ein kontradiktorisches Verfahren, das entweder mit einer die Beihilfe genehmigenden oder versagenden Entscheidung endet. Der Sinn und Zweck der Beteiligung der Wettbewerber im Hauptprüfverfahren besteht unter anderem darin, dass deren Stellungnahmen der Kommission weitere Informationen liefern, die für die Beurteilung der wettbewerbsrechtlichen Zulässigkeit oder Unzulässigkeit der angemeldeten Beihilfe erforderlich sind.

5.2.4 Die (Rückforderungs-)Entscheidungen der Europäischen Kommission

Hat die Kommune die Beihilfe bereits gewährt, bevor die Europäische Kommission diese auf ihre Vereinbarkeit mit dem Gemeinsamen Markt nach Art. 87 EGV überprüft hatte, spricht sie nach Art. 11 VVO die Anordnung an den Mitgliedstaat aus, dass die Beihilfe auszusetzen und gegebenenfalls bei Vorliegen bestimmter Voraussetzungen zumindest vorläufig bis zu einer positiven Genehmigungsentscheidung zurückzufordern ist. Kommt die Kommission endgültig zu dem Ergebnis, dass die Beihilfe nicht mit dem Gemeinsamen Markt nach Art. 87 EGV vereinbar ist, spricht sie die unbedingte Verpflichtung des Mitgliedstaates aus, die Beihilfe von dem Beihilfe empfangenden (kommunalen) Unternehmen zurückzufordern. Hierbei ist von entscheidender Bedeutung, dass der Beihilfenempfänger sich nicht mit einem irgendwie gearteten Vertrauensschutz gegen die Rückforderung, die nach nationalem Recht durch die Beihilfe gebende Kommune zu erfolgen hat, zur Wehr setzen kann. Der EuGH urteilt in seiner ständigen Rechtsprechung, dass die Durchführung des Beihilfenaufsichtsrechts nicht praktisch unmöglich gemacht werden darf. Das heißt, dass keinerlei Einwendungen des Beihilfenempfängers, seien diese auch nach nationalem Recht unter Hinweis auf bestehende gesetzlich normierte Vertrauenstatbestände, durch Zusagen der Verwaltungsstellen oder Ministerien oder auch nach Treu und Glauben gerechtfertigt, die Rückforderung der Beihilfe verhindern können. Dies bedeutet für das deutsche Subventionsrecht, dass der Beihilfenempfänger oder der Subventionsgeber sich auf den Schutz irgendeines Vertrauens in die Rechtmäßigkeit der erhaltenen Beihilfe weder berufen noch damit die Rückforderung der Beihilfe verhindern können. Dies haben der EuGH (EuZW 1997, 276 ff.) wie auch das Bundesverwaltungsgericht (EuZW

1998, 730 ff.), bestätigt durch das Bundesverfassungsgericht (EuZW 2000, 445 ff.), erneut in der Rechtssache Alcan geurteilt. Es ist insoweit auch gerechtfertigt, da die Europäische Kommission mittlerweile eine Vielzahl von Maßnahmen ergriffen hat, um zu verhindern, dass ein berechtigtes Vertrauen des Beihilfenempfängers überhaupt noch entstehen kann. So weist die Europäische Kommission die potenziell Beihilfe empfangenden Unternehmen mittels zahlreicher im Amtsblatt veröffentlichter Mitteilungen regelmäßig auf den prekären Charakter der Beihilfen hin, die ihnen ohne vorherige Genehmigung gewährt werden. Das heißt, dass selbst schriftliche Rechtmäßigkeitszusagen der jeweiligen Landes- oder Bundesminister einen Vertrauensschutz nicht begründen können.

Nach der Rechtsprechung der luxemburgischen Gerichte handeln die Beihilfenempfänger sogar sorgfaltswidrig, also schuldhaft, wenn sie sich vor dem Erhalt der Beihilfe über ihre Rechtmäßigkeit nicht vergewissert haben. Danach sind sämtliche rechtlichen Argumente, die einer Rückforderung aus nationaldogmatischen Gründen entgegenstehen, unbeachtlich, und zwar selbst dann, wenn die Subventionierung auf der Grundlage eines öffentlich-rechtlichen oder gar privatrechtlichen Subventionsvertrags erfolgte. Die hier gewöhnlich nach nationalem Recht bestehenden Einwendungen oder Einreden, die einer Subventionsrückforderung wirksam entgegengehalten werden könnten, sind also abgeschnitten, denn das unmittelbar geltende Europäische Recht verdrängt in diesem Fall das entgegenstehende nationale Recht.

Wie ist es nun, wenn das geförderte Unternehmen insolvent wird und damit die Rückforderung der Beihilfen praktisch unmöglich ist, aber die wesentlichen Aktiva des insolventen Unternehmens auf einen Dritten übergehen? In diesem Falle hat die Europäische Kommission entschieden, dass auch der Dritterwerber Adressat der Rückforderungsentscheidung sein kann, und zwar auch dann, wenn die Beihilfe bei Festsetzung des Kaufpreises berücksichtigt worden ist. Eine Insolvenz infolge der Beihilfenrückzahlung kann die Rückforderung schließlich ebenfalls keinesfalls verhindern.

5.3 Die Möglichkeiten der leer ausgegangenen Wettbewerber, die Genehmigungsentscheidungen der Europäischen Kommission vor den luxemburgischen Gerichten anzufechten

Grundsatz

Die Entscheidungen der Europäischen Kommission, mit denen die angemeldeten Beihilfen genehmigt werden, können nach heute gefestigter Rechtsprechung der luxemburgischen Gerichte vor dem Europäischen Gericht I. Instanz (nachfolgend: EuG) von den benachteiligten Wettbewerbern angefochten werden, und zwar auch dann, wenn die positive Entscheidung der Europäischen Kommission im Vorprüfverfahren getroffen wurde.

Weshalb die leer ausgegangenen Wettbewerber im Hauptprüfverfahren Stellungnahmen abgeben sollten

Beabsichtigt der Wettbewerber des Beihilfenempfängers, gegen die positive Genehmigungsentscheidung der Europäischen Kommission Klage vor dem EuG zu erheben, so gibt es wesentliche Zulässigkeitsvoraussetzungen. Zum einen muss der klagende Unternehmer in einem zumindest potenziellen Wettbewerbsverhältnis zum begünstigten (kommunalen) Unternehmen stehen. Zum anderen muss das klagende Unternehmen sich über Stellungnahmen am Hauptprüfverfahren umfassend beteiligt haben. Um hierbei mit neuen Argumenten und neuem Sachvortrag im Klageverfahren vor dem EuG nicht zwingend präkludiert zu werden, ist es von entscheidender Bedeutung, dass das klagende Unternehmen sämtliche Argumente – und seien sie in sich widersprüchlich – bereits im Hauptprüfverfahren ausführlich vorgetragen hat, aufgrund derer die Europäische Kommission ihre Entscheidung getroffen hat.

Hinzu kommt: Ist eine beispielsweise positive Kommissionsentscheidung erst einmal gefallen, ist es bei den großzügigen Prüfmaßstäben, die das EuG der Europäischen Kommission gewährt, äußerst schwierig, die Entscheidung wieder gerichtlich zu kippen, da das EuG nicht in das Verwaltungsermessen der Kommission eingreifen darf. Es ist somit auf Fragen der Art beschränkt, ob die Verfahrens- und Begründungsvorschriften eingehalten wurden und ob der Sachverhalt, der der Ermessensentscheidung der Europäischen Kommission zugrunde gelegt wurde, zutreffend festgestellt wurde.

Hatte die Europäische Kommission bereits im Vorprüfverfahren die angemeldete Beihilfe genehmigt, ist die Klagebefugnis des klagenden Wettbewerbers bereits erfüllt, wenn er darlegen kann, in einem zumindest potenziellen Wettbewerbsverhältnis zum begünstigten Unternehmen zu stehen. Ein Recht zur Abgabe von Stellungnahmen besitzt der Wettbewerber des zu begünstigenden Beihilfenempfängers im Vorprüfverfahren gerade nicht. Die Klagebefugnis leitet sich hier aus dem Argument ab, dass der Wettbewerber in seiner Verfahrensstellung beeinträchtigt sein kann.

5.4 Das formelle Beschwerderecht der leer ausgegangenen Wettbewerber bei der Europäischen Kommission

Nach Art. 10 und 20 VVO ist die Europäische Kommission verpflichtet, sämtlichen nachvollziehbaren und schlüssigen Informationen gleich welcher Herkunft über eine rechtswidrige, da unter Verstoß gegen die Notifizierungspflicht und die Auszahlungssperre erfolgte Beihilfengewährung nachzugehen. Hieraus leitet sich ein formelles Beschwerderecht der Wettbewerber über gegebenenfalls rechtswidrig geförderte (kommunale) Unternehmen ab. Tatsächlich ist es in der Praxis auch so, dass die Kommission von unrechtmäßigen Beihilfen weniger aufgrund eigener Recherchen erfährt als vielmehr über Beschwerden Dritter, die in der Regel Konkurrenten des Beihilfe empfangenden (kommunalen) Unternehmens sind, oder auch aus der (Lokal-)Presse. Werden solche Beschwerden seitens Dritter der Europäischen Kommission zugeleitet, ist sie nach Art. 10 und 20 VVO verpflichtet, die ihr zugetragenen Informationen zu prüfen und gegebenenfalls weitere Auskünfte von dem betreffenden Mitgliedstaat einzuholen. Sollte dieser trotz eines Erinnerungsschreibens nach Art. 5 II VVO keine weiteren Auskünfte zur Verfügung stellen, so kann die Kommission die Auskünfte auch durch Entscheidung (= Anordnung zur Auskunftserteilung) unter Fristsetzung nach Art. 10 III VVO anfordern, das Hauptprüfverfahren eröffnen, die vorläufige Aussetzung der Beihilfe sowie gegebenenfalls ihre Rückforderung anordnen. Soweit der Beschwerde führende Wettbewerber es wünscht, wird seine Identität vertraulich behandelt.

6 Die den privaten Unternehmen vor den nationalen Verwaltungs- und Zivilgerichten zur Verfügung gestellten Klagemöglichkeiten gegen einerseits die die Beihilfe gewährende Kommune und andererseits gegen das begünstigte (kommunale) Unternehmen selbst mit dem Ziel, neben Schadensersatz die Rückzahlung der gewährten Beihilfe durch das begünstigte (kommunale) Unternehmen an die Beihilfe gewährende Kommune zu erwirken

6.1 Grundsätzliches

Die unter Verstoß gegen das oben dargestellte Europäische Beihilfenaufsichtsrecht erfolgte Gewährung von Beihilfen an (kommunale) Unternehmen beeinträchtigt den Gemeinsamen Markt, ist rechtswidrig und stört die Chancengleichheit der leer ausgegangenen (privaten) Wettbewerber. Soweit eine von der öffentlichen Hand (Kommune) in Aussicht genommene und notifizierte Beihilfe von der Europäischen Kommission genehmigt wurde, kann der leer ausgegangene private Wettbewerber die Genehmigungsentscheidung der Kommission vor dem EuG anfechten, was unter den vorstehenden Abschnitten ausgeführt wurde.

Nachfolgend werden die vor den nationalen Zivil- und Verwaltungsgerichten bestehenden Rechtsschutzmöglichkeiten der privaten Wettbewerber dargestellt, mittels derer erfolgreich gegen eine unter Verstoß gegen die Auszahlungssperre des Art. 88 III 3 EGV erfolgte Beihilfengewährung an (kommunale) Unternehmen vorgegangen werden kann. Als durchsetzbare Klageansprüche der privaten Wettbewerber kommen besonders in Betracht:

- Anspruch des privaten Wettbewerbers gegen die Beihilfe gewährende Kommune auf Unterlassung einer unmittelbar bevorstehenden rechtswidrigen Gewährung von Beihilfen an „ihre“ Unternehmen;
- Anspruch des privaten Wettbewerbers gegen die Beihilfe gewährende Kommune auf Rückforderung einer rechtswidrig gewährten Beihilfe von „ihren“ Unternehmen;
- Anspruch des privaten Wettbewerbers gegen die Beihilfe gewährende Kommune auf Schadensersatz infolge einer rechtswidrig an „ihre“ Unternehmen gewährten Beihilfe;
- Anspruch des privaten Wettbewerbers gegen das rechtswidrig subventionierte (kommunale) Unternehmen auf Unterlassung der Verwendung der rechtswidrig erhaltenen Beihilfe bzw. auf deren Rückzahlung an die Beihilfe gebende Kommune;
- Anspruch des privaten Wettbewerbers gegen das rechtswidrig subventionierte (kommunale) Unternehmen auf Schadensersatz und
- Ansprüche des privaten Wettbewerbers gegen die Beihilfe gewährende Kommune und gegen „ihre“ subventionierten Unternehmen, wenn die Beihilfengewährung unter Verstoß gegen die Freistellungsverordnungen erfolgt ist.

Bevor im Einzelnen die vorstehend aufgezählten erfolgversprechenden Klagemöglichkeiten dargestellt werden, muss man sich zuvor folgende Rechtsgrundsätze bewusst machen:

- Das unmittelbar Geltung beanspruchende Europarecht, im Speziellen das Recht der Europäischen Gemeinschaft mit seinem EG-Vertrag (Primärrecht) sowie den hierzu ergangenen EG-Verordnungen, EG-Richtlinien und EG-Entscheidungen (Sekundärrecht) in der Auslegung der luxemburgischen Gerichte, hat in der konkreten Rechtsanwendung Vorrang vor dem entgegenstehenden nationalen Recht. Soweit also nationales Recht – seien es Verwaltungsakte, Verordnungen, Gesetze, Verfassungsnormen oder sonstiges Verwaltungshandeln – den Regelungen des unmittelbar geltenden europäischen Primär- oder Sekundärrechts widerspricht, ist nicht das nationale Recht, sondern das europäische Primär- oder Sekundärrecht anzuwenden.

- Der in Art. 88 III 3 EGV verorteten Auszahlungssperre kommt im nationalen Recht unmittelbare Wirkung zu. Dies bedeutet im Einzelnen:
  - !! Sämtliche zu notifizierenden (kommunalen) Beihilfen, die ohne vorherige Genehmigung von den Kommunen, deren Einrichtungen oder sonstigen nationalen (kommunalen) Verwaltungsstellen gewährt werden, sind rechtswidrig.
  - !! In Bezug auf die hieraus den privaten Wettbewerbern nach nationalem Recht zustehenden Rechtsschutzmöglichkeiten führt der EuGH in ständiger Rechtsprechung aus, dass der private Wettbewerber vor allem auch vor den nationalen Gerichten zumindest gegen formell rechtswidrige Beihilfen, also solchen, die entgegen der Auszahlungssperre gewährt worden sind, *wirksamen* Rechtsschutz erhalten muss, und zwar unabhängig davon, ob das nationale Recht solche Rechtsschutzmöglichkeiten zur Verfügung stellt oder nicht.
  - !! Der EuGH konstatiert infolge der unmittelbaren Geltung der Notifizierungspflicht verbunden mit der Auszahlungssperre nach Art. 88 III 3 EGV, dass eine nicht notifizierte Beihilfe von den Gerichten der Mitgliedstaaten als rechtswidrig zu bewerten ist, und zwar mit allen Folgen, die das nationale Recht an eine solche Rechtswidrigkeit knüpft. Dieses Rechtswidrigkeitsurteil hat nach ständiger Rechtsprechung des EuGH selbst dann Bestand, wenn die Europäische Kommission in einem späteren materiellen Prüfverfahren feststellen sollte, dass die Beihilfe mit Art. 87 EGV vereinbar ist, genehmigt werden kann und wird, denn die Beihilfengenehmigungen der Kommission haben keine Rückwirkung.
  - !! Nach ständiger Rechtsprechung des EuGH darf der Auszahlungssperre des Art. 88 III 3 EGV entgegenstehendes nationales Recht die effektive Durchsetzung des Beihilfenaufsichtsrechts nicht praktisch unmöglich machen; diese Aussage des EuGH ist

wörtlich zu nehmen! Es ist also immer danach zu fragen, ob Einwendungen des vom privaten Wettbewerber in Anspruch genommenen, rechtswidrig subventionierten (kommunalen) Unternehmens oder der rechtswidrige Beihilfen vergebenden Kommune dazu dient, die Durchsetzung des Beihilfenaufsichtsrechts „praktisch unmöglich" zu machen. Diese Wertung muss selbstverständlich auch für das die Beweislast regelnde Zivilprozessrecht gelten. Aus diesem Grund muss man sich an dieser Stelle nochmals den Sinn und Zweck des Beihilfenaufsichtsrechts vor Augen führen, nämlich den Schutz vor Verfälschungen des Wettbewerbs und die Beseitigung künstlicher Vorteile im Wettbewerb, die durch (rechtswidrige) Beihilfen entstehen können.

6.2 Die öffentlich-rechtliche Konkurrentenklage gegen den (kommunalen) Beihilfengeber vor den Verwaltungsgerichten auf Rückforderung / Unterlassung einer (unmittelbar bevorstehenden) rechtswidrigen Gewährung von Beihilfen

Die öffentlich-rechtlichen Formen der Subventionsvergabe, gegen die sich der private Wettbewerber wendet, und die damit verbundenen Fragen des verwaltungsgerichtlichen Rechtsweges und der Klagearten

Die Kommunen vergeben die hier in Frage stehenden Beihilfen in der Regel

- aufgrund eines Verwaltungsaktes, aufgrund dessen sodann die Beihilfen in öffentlich-rechtlicher oder privatrechtlicher Form vergeben werden (so genannte Zweistufentheorie),
- aufgrund eines öffentlich-rechtlichen (Verwaltungs-)Vertrags oder
- aufgrund einfachen Verwaltungshandelns.

Da das Ziel des klagenden privaten Wettbewerbers zunächst die Rückforderung der zu beurteilenden Beihilfe durch die die Beihilfe gewährende Kommune ist, muss mit der Klage der Rechtsgrund für die Beihilfenvergabe angegriffen werden (der Anspruch auf Schadensersatz wird weiter unten angesprochen). Als Klagearten kommen daher – die

Eröffnung des Verwaltungsgerichtswegs aufgrund der öffentlich-rechtlichen Klagegegenstände Verwaltungsakt, Verwaltungsvertrag oder schlichtes Verwaltungshandeln liegt nach § 40 VwGO auf der Hand – je nach Art des konkreten öffentlichen Verwaltungshandelns die Anfechtungsklage, die negative Feststellungsklage oder die allgemeine negative Leistungsklage in Betracht.

Das allen verwaltungsgerichtlichen negativen Konkurrentenklagen immanente Problem der Klagebefugnis und die Begründetheit der Klagen

Für sämtliche aufgezählten Klagearten muss der klagende private Wettbewerber nach § 42 II (analog) VwGO die Verletzung subjektiver Rechte oder ein besonderes Rechtsschutzinteresse geltend machen können.

Stellt man allein auf nationales Recht ab, so haben negative Konkurrentenklagen grundsätzlich keine Aussicht auf Erfolg, es sei denn, der Wettbewerber kann geltend machen, dass durch die Subventionierung Dritter seine schutzwürdigen Interessen willkürlich vernachlässigt wurden oder ihn die Subventionierung Dritter unerträglich und existenzgefährdend trifft, was aber in der Regel nicht gegeben ist (siehe unter Ziffer III.2).

Die Klagebefugnis oder das erforderliche besondere Rechtsschutzbedürfnis lassen sich jedoch anhand des Beihilfenaufsichtsrechts begründen. Art. 88 III 3 EGV soll gewährleisten, dass Beihilfenmaßnahmen erst umgesetzt werden, wenn ihre Rechtmäßigkeit in dem in Art. 88 EGV vorgesehenen Verfahren von der Europäischen Kommission überprüft und bestätigt wurde. Das Beihilfenaufsichtsrecht ist Teil des nach Art. 3 lit. f EGV zu errichtenden Wettbewerbssystems. Schutzzweck der gemeinschaftlichen Wettbewerbsbestimmungen ist damit nicht nur die Gewährleistung des objektiven Wettbewerbssystems, sondern auch die Sicherung der individuellen wirtschaftlichen Freiheit, zu der die Wettbewerbsfreiheit zählt, da die Sicherung der individuellen

Handlungs- und Entscheidungsfreiheit erst Voraussetzung für die Funktionsfähigkeit der gemeinschaftlichen Wettbewerbsordnung ist. Damit handelt es sich bei Art. 88 III 3 EGV um eine Regelung, die nicht nur dem Gemeininteresse dient, sondern auch dem Interesse der einzelnen Marktteilnehmer, frei von Störungen durch rechtswidrige Beihilfen wirtschaften zu können.

Die Klage ist in diesem Fall aber auch schon begründet und hat Erfolg, da infolge der Verletzung der unmittelbar geltenden Notifizierungspflicht die Rechtswidrigkeit und Verletzung der subjektiven Rechte unwiderruflich feststehen. Da schließlich eine nachfolgende Genehmigung der Beihilfe durch die Kommission keine Rückwirkung besitzt, haben die unter Berufung auf die Verletzung der Notifizierungspflicht klagenden Konkurrenten nicht einmal ein Prozessrisiko zu tragen, sondern können die rechtswidrig erfolgte Subventionierung Dritter mit Sicherheit und ohne größeren Aufwand verhindern. Die Rückzahlungsverpflichtung folgt dem mit der Begründetheit einhergehenden Folgebeseitigungsanspruch.

Der Erfolg sowie die Zulässigkeit wie Begründetheit der genannten Klagemöglichkeiten bei Verstoß einer Beihilfengewährung gegen Art. 88 III 3 EGV folgen unmittelbar aus dem Grundsatz des Vorrangs des Art. 88 III 3 EGV, und zwar unabhängig von der jeweils in der Literatur (und Rechtsprechung) diskutierten dogmatischen Verortung im nationalen (Verwaltungs-)Recht oder in der nationalen Verwaltungsgerichtsordnung. Es spielt keine Rolle, wie die Rechtswidrigkeit des angegriffenen Beihilfenverwaltungsaktes oder die Nichtigkeit des angegriffenen Beihilfenverwaltungsvertrags im nationalen Recht dogmatisch begründet werden kann. Entscheidend ist die Vorgabe der unmittelbaren Wirkung des Art. 88 III 3 EGV, wonach der angegriffene Verwaltungsakt oder der Verwaltungsvertrag keine Wirkung in der Weise entfalten darf, der zum Behaltendürfen der rechtswidrigen Beihilfe führt. Soweit nicht bekannt sein sollte, in welcher Form die rechtswidrige Beihilfe gewährt wurde oder gewährt werden soll, muss der leer ausgegangene private Wettbewerber ebenso die Möglichkeit haben, hilfsweise eine Klage auf Feststellung zu erheben, dass eine zu notifizierende Beihilfe vorliegt und diese unter Umständen nicht gewährt oder behalten werden darf. Auch hier folgt somit das für die hilfsweise und gegebenenfalls vorbeugende Feststellungsklage erforderliche besondere Rechtsschutzbedürfnis unmittelbar aus dem Sinn und Zweck des Art. 88 III 3 EGV.

Die Möglichkeiten der privaten Wettbewerber, über einen einstweiligen verwaltungsgerichtlichen Rechtsschutz eine unmittelbar bevorstehende rechtswidrige Subventionsgewährung durch die Beihilfe vergebende Kommune zu unterbinden

Nach dem EuGH muss den (privaten) Wettbewerbern die Möglichkeit eröffnet sein, vor den nationalen Gerichten eine unmittelbar bevorstehende Wettbewerbsverzerrung im Wege des einstweiligen Rechtsschutzes zu verhindern. So ist auch die am 02. 09. 1998 ergangene Entscheidung des VG Magdeburg völlig zu Recht ergangen, nach der im Wege einer einstweiligen Anordnung nach § 123 VwGO die bevorstehende verbilligte Veräußerung einer landwirtschaftlichen Fläche nach dem Ausgleichsleistungsgesetz unterbunden wurde (VG Magdeburg, EuZW 1998, 671), da u. a. die Verkäufe der dort geregelten land- und forstwirtschaftlichen Flächen nach dem Ausgleichsleistungsgesetz unterhalb des allgemeinen Marktniveaus erfolgten, der verbilligte Grundstückspreis als Beihilfe gewertet werden musste und das Gesetz nicht bei der Europäischen Kommission notifiziert worden war. Die Situation, dass eine Wettbewerbsverzerrung zunächst auf Jahre festgeschrieben wird, bis endlich ein Urteil vorliegt, wird somit beseitigt.

Bei einem einstweiligen Rechtsschutzverfahren ist das nationale Gericht im Übrigen befugt, das Vorliegen einer notifizierungspflichtigen Beihilfe selbst eigenständig zu prüfen, ohne die Europäische Kommission „fragen“ zu müssen, oder die Frage, ob eine notifizierungspflichtige Beihilfe vorliege, im Rahmen eines Vorabentscheidungsverfahrens klären zu lassen. Andernfalls würde hierdurch der einstweilige Rechtsschutz seines Sinns – schnelle und vorläufige Regelung – entleert werden. Im Hauptsachverfahren muss das entscheidende Gericht die Frage, ob eine zu notifizierende Beihilfe vorliegt, dem EuGH zur Vorabentscheidung vorlegen oder eine verbindliche Stellungnahme von der Europäischen Kommission einholen, da nach den Art. 87 und 88 EGV ausschließlich diese das Recht zur Beurteilung hat, ob eine Beihilfe i. S. d. Art. 87 I EGV gegeben ist.

6.3 Die Ansprüche der privaten Wettbewerber gegen den (kommunalen) Beihilfengeber auf Schadensersatz

Bislang fehlt eine nationale Rechtsprechung zum Schadensersatz des leer ausgegangenen Wettbewerbers gegen die unter Verstoß gegen Art. 88 III 3 EGV Beihilfen gewährende Kommune. Allerdings ist nach der bisher ergangenen Rechtsprechung des EuGH ein solcher Anspruch zwingend. In Betracht kommen Ansprüche des leer ausgegangenen Wettbewerbers aus Amtshaftung nach § 839 BGB i. V. m. Art. 34 GG sowie aus den vom EuGH entwickelten allgemeinen Voraussetzungen eines Schadensersatzanspruches, wenn die Kommune, also der Mitgliedstaat, gegen unmittelbar geltende Vorgaben aus dem EG-Recht verstößt. Beide Ansprüche sind vor den Zivilgerichten geltend zu machen.

6.3.1 Zum Amtshaftungsanspruch nach § 839 BGB i. V. m. Art. 34 GG

Hier sind zwei Problembereiche zu klären, nämlich die Frage nach dem Verschulden sowie der Nachweis eines eingetretenen Schadens.

!! In Bezug auf das Verschulden wird dieses grundsätzlich zu bejahen sein. Der EuGH, Slg. 1990, I-3437, 3457 – Kommission ./. Deutschland, hat ausdrücklich festgestellt, dass der Beihilfenempfänger schlechthin insoweit keinen Vertrauensschutz genießt, als es für einen sorgfältigen Gewerbetreibenden zumutbar ist, sich über die Einhaltung des Verfahrens gem. Art. 88 III EGV zu informieren. Gleiches muss erst recht in Bezug auf die unter Verstoß gegen Art. 88 III 3 EGV rechtswidrige Beihilfen gewährende Kommune gelten. Dies ist auch deshalb zutreffend, da die Europäische Kommission regelmäßig im Amtsblatt der Europäischen Gemeinschaft auf die Folgen rechtswidriger Beihilfen hinweist, zudem die Diskussion in der Tagespresse einen immer höheren Stellenwert einnimmt.

!! Für den Inhalt und Umfang des Schadensersatzanspruches gelten grundsätzlich die §§ 249 ff. BGB. Der klagende, leer ausgegangene Wettbewerber kann daher im Grundsatz seinen entgangenen Gewinn nach § 252 BGB ersetzt verlangen; allerdings muss sich der klagende und verletzte Wettbewerber den Gewinn anrechnen lassen, den er aufgrund anderweitigen Einsatzes seiner Ressourcen erzielt oder zu erzielen böswillig unterlassen hat (254, 324 I 2 BGB analog). Schwierig kann es noch sein, den Schaden, der adäquat kausal durch die rechtswidrige Beihilfengewährung eingetreten ist, nachzuweisen. Der klagende Wettbewerber muss nachweisen, dass die rechtswidrige Beihilfe zu einer Preisunterbietung des Beihilfenempfängers geführt und der klagende Wettbewerber gerade hierdurch einen konkret nachweisbaren Schaden erlitten hat. Die nach der Zivilprozessordnung anzuwendenden Beweisregelungen zulasten des klagenden Wettbewerbers – dieser hat den Nachweis zu führen – müssen ebenso im Licht des vorgehenden unmittelbar geltenden Beihilfenaufsichtsrechts, besonders des Art. 88 III 3 EGV, ausgelegt werden. So könnte von der – vom Beihilfenempfänger widerlegbaren – Vermutung ausgegangen werden, dass die rechtswidrig gewährte Beihilfe grundsätzlich zu Preissenkungen führen wird, da der Beihilfenempfänger sich nicht anderweitig refinanzieren oder sonst Eigenkapital einsetzen muss. Bleibt dann nur noch die Schwierigkeit des klagenden Wettbewerbers, die Höhe seines eigenen, adäquat kausal eingetretenen Schadens nachzuweisen.

6.3.2 Zum Schadensersatzanspruch nach den vom EuGH entwickelten Grundsätzen

Seit der so genannten Francovich-Entscheidung des EuGH, Rs. C-6/90 und 9/90, Slg. 1991, I-5357, ist der Mitgliedstaat zum Ersatz desjenigen Schadens verpflichtet, welcher infolge einer nicht rechtzeitig umgesetzten EG-Richtlinie entsteht. Diese Voraussetzungen sind ebenso auf den Fall anzuwenden, wenn der Mitgliedstaat oder seine Untergliederungen wie die Kommunen gegen sonstiges unmittelbar geltendes EG-Recht verstoßen hatte und hierdurch ein Schaden entstanden ist. Der Schadensersatzanspruch ist vor den Zivilgerichten geltend zu machen, wobei auch hierzu bislang noch keine konkrete Rechtsprechung für den Fall der rechtswidrigen Beihilfengewährung existiert. Die Voraussetzungen des Schadensersatzanspruchs nach der Francovich-Rechtsprechung wären vorliegend im Falle der Gewährung von Beihilfen durch eine Kommune unter Verstoß gegen Art. 88 III 3 EGV erfüllt:

- Art. 88 III 3 EGV ist unmittelbar im nationalen Recht anzuwenden;
- es bestehen im nationalen Recht keine angemessenen Rechtsfolgen bei Verstoß gegen die Auszahlungssperre des Art. 88 III 3 EGV. Diese Voraussetzung wäre erfüllt, wenn der Schadensersatzanspruch aus § 839 BGB i. V. m. Art. 34 GG oder aus § 1 UWG wegen mangelnden Verschuldens scheitern würde;
- Art. 88 III 3 EGV hat drittschützende Wirkung und ist eindeutig formuliert;
- der Verstoß gegen die Auszahlungssperre des Art. 88 III 3 EGV führt adäquat kausal zu dem geltend gemachten Schaden;
- der Verstoß gegen Art. 88 III 3 EGV ist qualifiziert, da er offenkundig und schwerwiegend ist.

Es ist allgemein auf die bereits aufgeführten Probleme der Beweisführung hinsichtlich der geltend gemachten Schadenshöhe hinzuweisen.

6.4 Die zivilrechtliche Konkurrentenklage des privaten Wettbewerbers gegen das rechtswidrig subventionierte (kommunale) Unternehmen auf Unterlassung der Verwendung der rechtswidrig erhaltenen Beihilfe bzw. auf deren Rückzahlung an die Beihilfe gebende Kommune sowie der Anspruch des privaten Wettbewerbers gegen das rechtswidrig subventionierte (kommunale) Unternehmen auf Schadensersatz

Die Frage, ob der leer ausgegangene Wettbewerber nach § 1 UWG unmittelbar gegen das (kommunale) Unternehmen, das unter Verstoß gegen die Auszahlungssperre eine Beihilfe von der Kommune erhalten hat, einen Anspruch auf Unterlassung oder Schadensersatz besitzt, wurde bislang von den für diese Entscheidung zuständigen Zivilgerichten noch nicht entschieden. Letztlich wird der Anspruch nach dem Sinn und Zweck des Beihilfenaufsichtsrechts, nämlich unzulässige Beihilfen zur Sicherstellung eines fairen Wettbewerbs zu verhindern, zu bejahen sein. Das (kommunale) Unternehmen hat infolge einer nach Art. 88 III 3 EGV erhaltenen Beihilfe einen unzulässigen Wettbewerbsvorsprung, da der Beihilfenempfänger sich nicht anderweitig refinanzieren oder sonst Eigenkapital einsetzen muss, was dem Wettbewerber, der die Beihilfe nicht erhalten hat, nicht möglich ist. Hierdurch wird zulasten des rechtswidrig subventionierten kommunalen Unternehmens zu vermuten sein, dass es mittels der erhaltenen Beihilfen seine Preise auf dem Markt günstiger kalkulieren und ansetzen wird. Soweit der Anspruch des Wettbewerbs auf Schadensersatz gerichtet ist, ist das erforderliche Verschulden des rechtswidrig subventionierten (kommunalen) Unternehmens nach der zitierten Rechtsprechung des EuGH zu bejahen.

Hintergrundinformationen

- Zahlreiche Fragen zum Anspruch der Wettbewerber gegen das rechtswidrige (kommunale) Unternehmen selbst nach § 1 UWG wurden bislang noch nicht von den nationalen Gerichten entschieden. Soweit hierzu Klagen geführt werden, ist zu erwarten, dass der

EuGH im Rahmen von Vorabentscheidungsverfahren zu Fragen der gegebenenfalls erleichterten Beweisführung beim Nachweis der eingetretenen Schadenshöhe Stellung nehmen wird.

- Ebenso bislang nicht entschieden ist die Frage, ob die unter Verstoß gegen Art. 88 III 3 EGV Beihilfen gewährende Kommune ebenfalls gegen § 1 UWG verstößt. Dies kann jedoch angenommen werden, da die Kommune infolge der rechtswidrigen Beihilfe an den Wettbewerbsvorteilen „ihres" Unternehmens teilnimmt, sich somit der Vorwurf der Sittenwidrigkeit, wie er gegen das (kommunale) Unternehmen erhoben wird, bei der Kommune „fortsetzt". Die insofern entstehende Parallelität zwischen Verwaltungsrechtsweg bei Klagen gegen den Subventionsverwaltungsakt bzw. der Feststellung der Unwirksamkeit des Subventionsvertrags und dem Zivilrechtsweg für Ansprüche aus § 1 UWG ist nach § 17 II GVG gewollt und hinzunehmen.

- Die Europäische Kommission ist bestrebt, die Sicherstellung des Beihilfenaufsichtsrechts u. a. infolge ihrer Überlastung verstärkt auf die nationale Ebene zu verlagern. Dies geschieht beispielsweise durch den Erlass der Freistellungsverordnungen für Beihilfen an kleine und mittlere Unternehmen, den De-minimis-Beihilfen und den Ausbildungsbeihilfen. Da diese Verordnungen im nationalen Recht wie ein nationales Gesetz wirken, sind die nationalen Gerichte und Verwaltungsstellen berechtigt und verpflichtet, die Beihilfen auf ihre Vereinbarkeit mit den Verordnungen zu überprüfen; der nationale Richter wird daher sozusagen als „Europarichter" tätig. Aus diesem Grunde wird dem Ausbau effektiven Rechtsschutzes der betroffenen privaten Wettbewerber verstärkt Aufmerksamkeit zu widmen sein, um die effektive Durchsetzung des Beihilfenaufsichtsrechtes zu gewährleisten.

- Völlig ungeklärt sind die Rechtsfolgen in den Fällen, in denen beispielsweise die Kommune als „private" Gesellschafterin an einer Kapitalerhöhung einer GmbH oder AG teilnimmt und diese insofern als rechtswidrige und zu notifizierende Beihilfe nach Art. 88 III 3 EGV anzusehen ist, während ein marktwirtschaftlich handelnder Investor kein weiteres Kapital mehr zur Verfügung gestellt hätte. Die ungeklärten Fragen gehen dahin, ob die entsprechenden Gesellschafterbeschlüsse nichtig sind, ob gegebenenfalls Refinanzierungsverträge an einer solchen Nichtigkeit teilnehmen usw. Die Lösung hat hier wiederum von dem Grundsatz auszugehen, dass die Wirksamkeit des Beihilfenaufsichtsrechts nicht durch die jeweils gewählten Gestaltungsmöglichkeiten unmöglich gemacht wird.

IV Unzulässige steuerliche Besserstellung von (kommunalen) Unternehmen

1 Grundsätzliches

Auch im Bereich der Besteuerung von kommunalen Unternehmen kommt es nicht selten zu ungerechtfertigten Bevorteilungen der kommunalen Unternehmen gegenüber der Privatwirtschaft. Aus diesem Grunde muss das Steuerrecht, soweit es zu einer Bevorzugung der kommunalen Unternehmen im erwerbswirtschaftlichen Bereich führt, in diesem Leitfaden grob skizziert und angerissen werden. Da besonders auch das Europäische Gemeinschaftsrecht in verstärktem Maß das nationale Steuerrecht und die Besteuerung der kommunalen Unternehmen beeinflusst und inhaltlich ändert, prüft die Europäische Kommission die Steuerregelungen der einzelnen Mitgliedstaaten dahingehend, ob sie beispielsweise unzulässige Beihilfen enthalten oder gegen sonstiges vorgehendes Europäisches Gemeinschaftsrecht verstoßen. Angesichts der Komplexität gerade der deutschen Steuergesetze wird der mit Spannung erwartete Bericht sicherlich noch auf sich warten lassen.

2 Einzelne ausgewählte steuerliche Bereiche, in denen kommunale Unternehmen gegenüber der Privatwirtschaft in unzulässiger Weise besser gestellt sind

Die Frage, unter welchen Voraussetzungen juristische Personen des öffentlichen Rechts der Umsatzbesteuerung unterliegen, wird derzeit aktuell diskutiert, ist aber noch nicht rechtssicher von den zuständigen Finanzgerichten entschieden worden. Die Umsatzbesteuerung ist insofern von enormer wirtschaftlicher Bedeutung für die Privatwirtschaft, als das kommunale Unternehmen von der Mehrwertsteuer in zahlreichen Fälle befreit ist und daher seine Preise gegenüber Privatpersonen günstiger gestalten kann. Die gleiche Problematik tritt im Übrigen im Körperschaft- und Gewerbesteuerbereich auf, wenn hier die kommunalen Unternehmen nicht in gleicher Weise wie die Privatwirtschaft besteuert werden.

Kernessenz

➧ Ausgangspunkt der Frage nach der Umsatzsteuerpflicht der kommunalen Unternehmen ist § 2 I 1 UStG. Danach gilt zunächst als Unternehmer, wer eine gewerbliche oder berufliche Tätigkeit selbstständig ausübt. Nach § 2 I 3 UStG ist unter „gewerblich" oder „beruflich" jede nachhaltige Tätigkeit zur Erzielung von Einnahmen zu verstehen, auch wenn die Absicht, Gewinn zu erzielen, fehlen sollte; die Gewinnerzielungsabsicht ist für die Gewerbesteuer maßgebend. Für die juristischen Personen des öffentlichen Rechts regelt einschränkend hierzu § 2 III 1 UStG, dass diese nur im Rahmen ihrer Betriebe gewerblich oder beruflich tätig werden.

➧ Die Frage, ob die öffentliche Hand mit ihren Unternehmen der Umsatzsteuerpflicht unterliegt, ist vor dem Hintergrund der dem nationalen Recht vorgehenden 6. Umsatzsteuerrichtlinie der Europäischen Gemeinschaft vom 17.05.1977, ABlEG 1977 Nr. L 145, 1 ff., zu beantworten. Nach Art. 4 V Unterabsatz 1 der 6. MwSt.-Richtlinie gelten Staaten, Länder, Gemeinden und sonstige Einrichtungen des öffentlichen Rechts zunächst nicht als Steuerpflichtige, soweit sie Tätigkeiten ausüben oder Leistungen erbringen, die ihnen im Rahmen der öffentlichen Gewalt obliegen, auch wenn sie hierfür ein Entgelt erheben. Zu beachten ist aber, dass die Einrichtungen des öffentlichen Rechts im Rahmen der eigens für sie geltenden öffentlich-rechtlichen Regelungen dann nicht mehr tätig sind, wenn sie unter den gleichen rechtlichen Bedingungen wie die Privatwirtschaft ihre Leistungen anbieten. In diesem Fall ist die Mehrwertsteuerbefreiung der kommunalen Unternehmen rechtswidrig, da sie gegen die dem nationalen Umsatzsteuergesetz vorgehende 6. Mehrwertsteuerrichtlinie der EG verstößt. Genannt werden dort beispielsweise:
- Fernmeldewesen;
- Lieferung von Wasser, Gas, Elektrizität und thermischer Energie;
- Beförderung von Gütern;
- Dienstleistungen in Häfen und auf Flughäfen;

- Beförderung von Personen;
- Lieferung von zum Verkauf bestimmten neuen Fertigwaren;
- Veranstaltung von Messen und Ausstellungen mit gewerblichem Charakter;
- Lagerhaltung;
- Tätigkeiten gewerblicher Werbebüros;
- Tätigkeiten der Reisebüros.

➧ Sofern eine Befreiung des öffentlichen Kommunalunternehmens von der Mehrwertsteuerpflicht zu größeren Wettbewerbsverzerrungen führen kann – eine aktuelle Wettbewerbsverzerrung ist nicht erforderlich –, sind die ursprünglich von der Mehrwertsteuerpflicht befreiten öffentlichen Kommunalunternehmen gleichwohl nach Art. 4 V Unterabsatz 2 der 6. MwSt.-Richtlinie steuerpflichtig.

➧ Im Anhang D zur 6. MwSt.-Richtlinie werden Tätigkeiten der öffentlichen Unternehmen aufgeführt, die in jedem Falle nach Art. 4 V Unterabsatz 2 zur Mehrwertsteuerpflicht führen, es sei denn, dass die Tätigkeiten in ihrem Umfang unbedeutend sein sollten.

➧ Soweit die Mitgliedstaaten die kommunalen Unternehmen mit ihren Tätigkeiten nach Art. 13 bzw. 28 der 6. MwSt.-Richtlinie von der Umsatzsteuerpflicht befreit haben sollten, ist dies wiederum nur zulässig, wenn die in Frage stehenden Tätigkeiten nicht im Wettbewerb mit der Privatwirtschaft stehen und nicht zu größeren Wettbewerbsverzerrungen führen. Hier ist darauf zu achten, dass auch rein auf nationaler Ebene wirkende (potenzielle) Wettbewerbsverzerrungen die Rechtswidrigkeit auslösen, wie dies bereits in der 1. MwSt.-Richtlinie der Europäischen Gemeinschaft formuliert wurde. Es kommt also nicht darauf an, dass der zwischenstaatliche Handel gestört sein könnte oder grenzüberschreitende Wettbewerbsverzerrungen feststellbar oder zu befürchten sind. Abzustellen ist bei der Beurteilung der Wettbewerbsverzerrung infolge der Befreiung der kommunalen Unternehmen von der Mehrwertsteuerpflicht auf die lokale Wettbewerbslage, also auf den konkreten Tätigkeits- und Wirkungsbereich des kommunalen Unternehmens.

Hintergrundinformationen

- Betrachtet man beispielsweise die Befreiung der kommunalen Feuerbestattungseinrichtungen von der Mehrwertsteuerpflicht, so könnte diese durchaus wegen Verstoßes gegen die 6. MwSt.-Richtlinie rechtswidrig sein: Zum einen bieten heute auch private Unternehmen Feuerbestattungen an, so dass die kommunalen Feuerbestattungseinrichtungen im Wettbewerb zur Privatwirtschaft stehen. Zum anderen ist festzustellen, ob durch die Mehrwertsteuerbefreiung größere Wettbewerbsverzerrungen zu befürchten sind und die Tätigkeiten der kommunalen Feuerbestattungseinrichtungen völlig unbedeutend sind, was letztlich eine reine Tatfrage ist. Dass eine Befreiung von der Mehrwertsteuerpflicht auch den Tatbestand einer Beihilfe nach Art. 87 I EGV erfüllen kann, wurde bereits unter Ziffer V ausgeführt.
- Interessant ist auch die (Nicht-)Besteuerung von Vermietungen durch die öffentliche Hand. Soweit beispielsweise Dritten eingerichtete Räume, Festsäle, Parkplätze oder sonstige Einrichtungen miet- oder pachtweise überlassen werden, die auch von Privaten im Rahmen eines Geschäftsbetriebes betrieben oder angeboten werden (können), ist eine Mehrwertsteuerbefreiung der Kommune unzulässig.
- Werden im Rahmen eines Hoheitsbetriebes weitere Leistungen, beispielsweise bei der Hausmüllentsorgung der Verkauf von Müllsäcken, angeboten, so unterliegen diese „Hilfsgeschäfte" nach der finanzgerichtlichen Rechtsprechung nicht der Umsatzbesteuerung, wenn der Hilfszweck der Erfüllung der hoheitlichen Aufgabe, also einem öffentlichen Zweck, dient, der seinerseits mehrwertsteuerbefreit ist, so zumindest der Bundesfinanzhof in seinem Urteil vom 23. 10. 1996, DStR 1997, 19 ff. Unter Berücksichtigung der Tatsache, dass jedoch auch beim Verkauf von Hausmüllsäcken die Kommune wie ein privates Unternehmen auf dem Markt auftritt, das ebenfalls Müllsäcke verkauft und hierfür mehrwertsteuerpflichtig ist, dürfte die Rechtsprechung des Bundesfinanzhofes gegen die 6. MwSt.-Richtlinie verstoßen und angreifbar sein.

- Letztlich ist allgemein von dem Grundsatz auszugehen, dass die Unternehmen der Kommunen bei ihrer direkten wie indirekten Besteuerung in derselben Weise behandelt werden müssen wie die Privatwirtschaft, soweit die kommunalen Unternehmen sich – gleich auf welche Weise – erwerbswirtschaftlich in Konkurrenz zur Privatwirtschaft auf dem Markt bewegen. Dies ist erforderlich, um ungerechtfertigte Wettbewerbsvorteile der kommunalen Unternehmen gegenüber der Privatwirtschaft zur Sicherstellung von Wettbewerbs- und Steuerneutralität oder Steuergleichheit zu unterbinden.

3 Die Rechtsschutzmöglichkeiten der Privatwirtschaft gegen die wettbewerbswidrige Besteuerung der kommunalen Unternehmen

Liegt eine rechtswidrige steuerliche Bevorteilung der kommunalen Unternehmen vor, stellt sich die Frage, inwieweit die benachteiligte Privatwirtschaft hiergegen rechtswirksam vorgehen kann.

Kernessenz

3.1 Formelles Beschwerderecht der Privatwirtschaft

Verstößt die rechtswidrige „Nicht-Besteuerung" des kommunalen Unternehmens gegen das dem nationalen Recht vorgehende Europäische Gemeinschaftsrecht, wie beispielsweise die 6. MwSt.-Richtlinie, so kann die Europäische Kommission mittels einer Beschwerde über diesen Sachverhalt informiert werden, die dann ihrerseits Maßnahmen ergreifen kann und wird. Selbstverständlich sind auch Beschwerden bei den Finanzverwaltungen möglich, häufig aber nicht erfolgversprechend.

3.2 Die Klagemöglichkeiten der Privatwirtschaft vor den nationalen Gerichten

Der BFH hat in seinem – viel zu wenig beachteten – Urteil vom 15. 10. 1997, BFH/NV 1998, 396 ff., ausgeführt, dass die §§ 5 I Nr. 9 2

KStG, § 3 Nr. 6 2 GewStG, § 3 I Nr. 12 VStG jeweils im Sinne der §§ 64 – 68 AO drittschützende Wirkung besitzen. Dass weitere Steuervorschriften ebenfalls drittschützende Wirkungen besitzen können, ist dringend anzunehmen, so etwa die Regelungen in der 6. MwSt.-Richtlinie, wonach Mehrwertsteuerbefreiungen der kommunalen Unternehmen dann unzulässig sind, wenn Wettbewerbsverzerrungen zu befürchten sind. Denn der Wettbewerb zeichnet sich durch die Teilnahme der einzelnen Unternehmen aus, so dass die genannten Vorschriften der 6. MwSt.-Richtlinie drittschützende Funktion besitzen, wie es ebenfalls bei Art. 88 III 3 EGV zwingend angenommen wird. Inhaltlich ist die Klage gegen die für die Besteuerung des kommunalen Unternehmens zuständige Finanzbehörde vor den Finanzgerichten zu führen, und zwar mit dem Antrag, das kommunale Unternehmen „nachzubesteuern“. Weitere wichtige Klarstellungen werden sicherlich in naher Zukunft die Vorabentscheidungsurteile des EuGH zu diesem Themenkomplex bringen. Aus den gleichen Erwägungen, die dazu bereits unter vorstehender Ziffer II ausgeführt wurden, könnte eine Klage unmittelbar gegen das kommunale Unternehmen nach § 1 UWG führbar sein, wobei die Erfolgsaussichten dieser Klagen gegen die rechtswidrige Besteuerung kommunaler Unternehmen nach § 1 UWG nicht überschätzt werden sollten.

V Die Benachteiligung der Privatwirtschaft durch rechtswidrige Auftragsvergaben der Kommunen oder „ihrer“ Unternehmen

1 Grundsätzliches

Die Privatwirtschaft gerät verstärkt auch infolge öffentlicher Aufträge unter Druck, welche die Kommunen oder „ihre“ Unternehmen auf dem vom Wettbewerb beherrschten Markt vergeben. So beteiligen sich Städte und Gemeinden nicht nur über ihre erwerbswirtschaftlich tätigen Unternehmen an den öffentlichen Ausschreibungen, sondern die Kommunen oder ihre Unternehmen vergeben zunehmend ausschreibungspflichtige Aufträge freihändig an „ihre“ eigenen kommunalen Unternehmen, ohne hierbei die gesetzlich vorgeschriebenen Vergabeverfahren einzuhalten. Hinzu kommt, dass die gemeinde- oder stadteigenen Unternehmen im Wettbewerb mit Privaten ihre amtliche oder organisatorische Nähe zur Verwaltung (aus-)nutzen, um die Auftragsvergabe zu ihren Gunsten zu beeinflussen, weshalb diese nicht selten von den Verwaltungen bevorzugt werden. Häufig verhält es sich auch so, dass es den auftragsvergebenden Kommunen oder „ihren“ Unternehmen gar nicht bewusst ist, dass sie unter den Begriff des „öffentlichen Auftraggebers“ fallen und somit die im Einzelnen vorgeschriebenen Vergabeverfahren einzuhalten haben. Schließlich werden die vorgeschriebenen Vergabeverfahren bei der kommunalen Auftragsvergabe gerne in unzulässiger Weise umgangen, indem das öffentliche Unternehmen privatisiert wird und ihm dann der Auftrag erteilt wird.

Da die beispielhaft beschriebenen Fälle, in denen es zu einem Verstoß gegen die Vergabevorschriften durch die Kommunen kommt, nicht mehr die Ausnahme darstellen, darf die Darstellung des Vergaberechts im Rahmen dieses Leitfadens nicht fehlen, vor allem im Hinblick auf das wirtschaftliche Ausmaß, das die Aufträge der öffentlichen Hand angenommen haben: So ist heute davon auszugehen, dass Bund, Länder und Gemeinden insgesamt Aufträge im Wert von ca. 200 Mrd. Euro pro Jahr vergeben, von denen nahezu 50 Prozent auf die Kommunen entfallen.

Angesichts des komplexen und umfangreichen öffentlichen Vergaberechts, das im Jahr 1999 neu reformiert wurde, muss sich die Darstellung in diesem Leitfaden auf einen grundsätzlichen Problemaufriss sowie auf die Sensibilisierung für die bestehenden Konfliktherde zwischen der Privatwirtschaft und der kommunalen Auftragsvergabe beschränken. Die der Privatwirtschaft besonders durch das reformierte Gesetz gegen Wettbewerbsbeschränkungen zur Verfügung gestellten Rechtsschutzmöglichkeiten für eine praktische Rechtsdurchsetzung des Vergaberechts werden hier hinreichend behandelt.

Kernessenz

2 Aufgabe, Sinn und Zweck des Vergaberechts

Die praktische Anwendung und Reichweite der Vergabevorschriften bestimmt sich im Grundsatz bereits aus ihren Zielsetzungen sowie aus ihrer europarechtlichen und damit binnenmarktbezogenen Dimension.

- Da die öffentliche Hand über ihre enorme Nachfrage entscheidend auf den vom Wettbewerb bestimmten Markt Einfluss nehmen kann und nimmt, ist sicherzustellen, dass sie ihre Machtstellung nicht wettbewerbswidrig und diskriminierend zum Nachteil anderer Unternehmen ausnutzt. Dem Vergaberecht wohnt somit eine unmittelbar wettbewerbsrechtliche Zielsetzung zum Schutze der „nicht beauftragten“ Privatwirtschaft inne.
- Weiterhin soll die öffentliche Hand bei ihrer Auftragsvergabe, also bei der vertraglichen oder entgeltlichen Beschaffung sämtlicher von ihr benötigten Sach- und Dienstleistungen, gezwungen sein, den jeweils in Frage stehenden „Einkauf“ nach den Geboten der Sparsamkeit und Wirtschaftlichkeit möglichst preisgünstig zu tätigen, um den aus Steuermitteln finanzierten Haushalt nicht unnötig zu belasten. Das Vergaberecht verfolgt somit neben seinen wettbewerbsrechtlichen Zielsetzungen auch das im öffentlichen Interesse liegende Prinzip der Ausgabenbegrenzung.

➧ Da die öffentliche Hand bei ihrer Auftragsvergabe schließlich regelmäßig versucht (hat), die nationalen Unternehmen unter Ausschluss der europäischen Konkurrenz zu bevorzugen, wurde das heute bestehende und im Gesetz gegen Wettbewerbsbeschränkungen verortete Vergaberecht maßgeblich durch das Europäische Gemeinschaftsrecht veranlasst und inhaltlich ausgestaltet, um auf diese Weise das ordnungsgemäße Funktionieren des Binnenmarktes und die Ausübung der Grundfreiheiten sicherzustellen. Das heute geltende Veraberecht hat sich somit auch an den verbindlichen gemeinschaftsrechtlichen Zielvorgaben in der konkreten Rechtspraxis zu orientieren, die in erster Linie dafür verantwortlich sind, dass den privaten Unternehmen ein wirksames Rechtsschutzsystem zur Verfügung steht, um das heute vorgeschriebene Vergabeverfahren durchzusetzen.

3 Systematischer Überblick über die zur Anwendung kommenden Gesetze und Regelungen

3.1 Die Umsetzung der gemeinschaftsrechtlichen Vorgaben in nationales Recht durch das Vergaberechtsänderungsgesetz

Mit In-Kraft-Treten des Vergaberechtsänderungsgesetzes am 01.01. 1999 wurden nachfolgende Richtlinien der Europäischen Gemeinschaft, die den Mitgliedstaaten das Vergaberecht inhaltlich verbindlich vorgeben, vom deutschen Gesetzgeber im vierten Teil des Gesetzes gegen Wettbewerbsbeschränkungen umgesetzt:

- Richtlinie 93/36 vom 14.06.1993 über die Koordination der Verfahren zur Vergabe öffentlicher Lieferaufträge (so genannte LKR);
- Richtlinie 93/37 vom 14.06.1993 über die Koordination der Verfahren zur Vergabe öffentlicher Bauaufträge (so genannte BKR);
- Richtlinie 93/38 vom 14.06.1993 zur Koordination der Auftragsvergabe durch Auftraggeber im Bereich Wasser-, Energie- und Verkehrsversorgung und im Telekommunikationssektor (so genannte SKR);

- Richtlinie 92/59 vom 18.06.1992 über die Koordination der Verfahren zur Vergabe öffentlicher Dienstleistungsaufträge (so genannte DLR);
- Richtlinie 89/665 vom 21.12.1989 zur Koordination der Rechts- und Verwaltungsvorschriften für die Anwendung der Nachprüfungsverfahren im Rahmen der Vergabe öffentlicher Liefer- und Bauaufträge (so genannte NKR);
- Richtlinie 92/13 vom 25.02.1992 zur Koordination der Rechts- und Verwaltungsvorschriften im Bereich der Wasser-, Energie- und Verkehrsversorgung und im Telekommunikationssektor (so genannte SRMRL).

Bahnbrechend ist in diesem Zusammenhang, dass der Privatwirtschaft nunmehr effektive Rechtsschutzmittel in den §§ 97 ff. GWB i. V. m. der neuen Verordnung über die Vergabe öffentlicher Aufträge vom 09.01.2001 (VgV) in die Hand gegeben sind, um die Einhaltung der sie schützenden Vergabeverfahren effektiv durchzusetzen, während die materiellen Vergaberegelungen, wie sie in den Bestimmungen der Verdingungsordnung für Bauleistungen (so genannte VOB/A), der Verdingungsordnung für Leistungen (so genannte VOL/A) und der Verdingungsordnung für freiberufliche Leistungen (so genannte VOF) enthalten sind, im Wesentlichen von den Änderungen durch das Vergaberechtsänderungsgesetz unberührt geblieben sind.

3.2 Die Bedeutung der Verdingungsordnungen sowie der Vergabeverordnung und ihr Zusammenspiel mit dem Gesetz gegen Wettbewerbsbeschränkungen

Die mit Wirkung zum 01.01.1999 in Kraft getretenen §§ 97 ff. GWB gliedern sich in insgesamt drei Abschnitte mit nachfolgendem Regelungsinhalt:

Abschnitt 1: Vergabeverfahren (§§ 97–101 GWB)

Hier bestimmt zunächst § 97 I GWB, dass alle öffentlichen Auftraggeber Waren, Bau- und Dienstleistungen im Wettbewerb und durch transparente Vergabeverfahren zu beschaffen haben, soweit die in der Vergabeverordnung festgelegten Schwellenwerte nach den Vorgaben der EG-Richtlinien erreicht sind. Weiterhin gebietet § 97 II GWB, dass alle Teilnehmer an einem Vergabeverfahren gleich zu behandeln sind und der Zuschlag nach § 97 III GWB dem wirtschaftlichsten Angebot zu erteilen ist. Dabei sind die Aufträge an fachkundige, leistungsfähige und zuverlässige Unternehmen zu vergeben. Andere oder weitergehende Anforderungen dürfen an Auftragnehmer nur gestellt werden, wenn dies durch Bundesgesetz oder Landesgesetz vorgesehen ist.

Die für die effektive Rechtsdurchsetzung eines ordnungsgemäßen Vergabeverfahrens entscheidende Norm ist § 97 VII GWB, nach dem die Unternehmen einen gerichtlich durchsetzbaren Anspruch darauf haben, dass der öffentliche Auftraggeber die Bestimmungen über das Vergabeverfahren einhält.

§ 98 GWB benennt sodann die zur Ausschreibung verpflichteten öffentlichen Auftraggeber:

„1. Die Gebietskörperschaften sowie deren Sondervermögen;

2. die anderen juristischen Personen des öffentlichen und des privaten Rechts, die zu dem besonderen Zweck gegründet wurden, im Allgemeininteresse liegende Aufgaben nicht gewerblicher Art zu erfüllen, wenn Stellen, die unter Nummer 1 oder 3 fallen, sie einzeln oder gemeinsam durch Beteiligung oder auf sonstige Weise überwiegend finanzieren oder über ihre Leitung die Aufsicht ausüben oder mehr als die Hälfte der Mitglieder eines ihrer zur Geschäftsführung oder zur Aufsicht berufenen Organe bestimmt haben. Das Gleiche gilt, wenn die Stelle, die einzeln oder gemeinsam mit anderen die überwiegende Finanzierung gewährt oder die Mehrheit der Mitglieder eines zur Geschäftsführung oder Aufsicht berufenen Organs bestimmt hat, unter Satz 1 fällt;

3. Verbände, deren Mitglieder unter Nummer 1 oder 2 fallen;

4. natürliche oder juristische Personen des privaten Rechts, die auf dem Gebiet der Trinkwasser- oder Energieversorgung oder des Verkehrs oder der Telekommunikation tätig sind, wenn diese Tätigkeiten auf der Grundlage von besonderen oder ausschließlichen Rechten ausgeübt werden, die von einer zuständigen Behörde gewährt wurden, oder wenn Auftraggeber, die unter Nummern 1 bis 3 fallen, auf diese Personen einzeln oder gemeinsam einen beherrschenden Einfluss ausüben können;

5. die natürlichen oder juristischen Personen des privaten Rechts in den Fällen, in denen sie für Tiefbaumaßnahmen, für die Errichtung von Krankenhäusern, Sport-, Erholungs- oder Freizeiteinrichtungen, Schul- oder Verwaltungsgebäuden oder für damit in Verbindung stehende Dienstleistungen und Auslobungsverfahren von Stellen, die unter Nummern 1 bis 3 fallen, Mittel erhalten, mit denen diese Vorhaben zu mehr als fünfzig vom Hundert finanziert werden;

6. die natürlichen oder juristischen Personen des privaten Rechts, die mit Stellen, die unter Nummern 1 bis 3 fallen, einen Vertrag über die Erbringung von Bauleistungen abgeschlossen haben, bei dem die Gegenleistung für die Bauarbeiten statt in einer Vergütung in dem Recht auf Nutzung der baulichen Anlage, ggf. zuzüglich der Zahlung eines Preises besteht, hinsichtlich der Aufträge an Dritte (Baukonzession)."

Abschnitt 2: Nachprüfungsverfahren (§§ 102–124 GWB)

Dieser Abschnitt enthält zunächst die Vorgaben für die Einrichtung der Kontrollinstanzen, die die privaten Bieter anrufen können, wenn eine Verletzung der Vergabevorschriften durch die öffentlichen Auftraggeber zu befürchten steht. Erstinstanzlich wird danach die so genannte Vergabekammer und zweitinstanzlich der Vergabesenat bei den jeweils zuständigen Oberlandesgerichten eingerichtet. In Bayern werden nach § 3 der Verordnung vom 01. 01. 1999 zur Regelung von Organisation und Zuständigkeiten im Nachprüfungsverfahren für öffentliche Aufträge als Vergabekammern die Regierung von Oberbayern (Vergabekammer Südbayern) und die Regierung von Mittelfranken (Vergabekammer Nordbayern) tätig. Schließlich sind im zweiten Abschnitt die einzelnen Rechtsschutzmöglichkeiten der Bieter detailliert geregelt, wie sie unter nachstehender Ziffer 6 näher dargestellt werden.

Abschnitt 3: Sonstige Regelungen (§§ 125–131 GWB)
Die sonstigen Regelungen im dritten Abschnitt sehen unter anderem Schadensersatzansprüche bei missbräuchlicher Anrufung der Kontrollinstanzen durch die Rechtsschutz suchenden Bieter vor, wie sie ebenfalls unter Ziffer 6 näher erläutert werden.

Die am 09.01.2001 in Kraft getretene Vergabeverordnung trifft im Wesentlichen nähere Bestimmungen über das bei der Vergabe öffentlicher Aufträge einzuhaltende Verfahren sowie über die Zuständigkeit und das Verfahren bei der Durchführung von Nachprüfungsverfahren für öffentliche Aufträge, deren geschätzte Nettoauftragswerte die so genannten Schwellenwerte erreichen oder übersteigen, wie sie im Einzelnen in Übereinstimmung mit den EG-Richtlinien wie folgt in § 2 VgV festgeschrieben sind:

– Lieferungen und Dienstleistungen	200 000 €
– Bauaufträge	5 000 000 €
– Sektorenaufträge (Wasser, Energie und Verkehr)	400 000 €
– Telekommunikationsleistungen	600 000 €

Weiterhin sind bei Erreichen oder Überschreiten der jeweils genannten Schwellenwerte nach den §§ 4–6 VgV die inhaltlichen Verfahrensvorgaben der VOB/A, der VOL/A, der VOF sowie die Vorgaben der EG-Richtlinien im Sektorenbereich zu beachten, wie sie in den §§ 7–10 VgV in deutsches Recht umgesetzt worden sind.

4 Die Bedeutung der so genannten Schwellenwerte im Vergaberecht und die Zweiteilung des deutschen Auftragsvergaberechts

Durch die Festsetzung der oben genannten Schwellenwerte kommt es zu einer Zweiteilung des deutschen Auftragsvergaberechts: Da das Gesetz gegen Wettbewerbsbeschränkungen mit seinen Rechtsschutzmöglichkeiten für die Bieter nur bei Erreichen oder Überschreiten der Schwellenwerte zur Anwendung kommt, bleibt es bei Aufträgen unterhalb der Schwellenwerte bei der bislang geltenden Rechtslage, nach der den Bietern keine nennenswerten Möglichkeiten zur Verfügung stehen, um die Einhaltung der in den Verdingungsordnungen festgeschriebenen Vergabeverfahren per Klage durchzusetzen. Dies liegt darin begründet, dass das unterhalb der Schwellenwerte anzuwendende Vergaberecht, das in den Haushaltsordnungen des Bundes, der Länder, Kommunen oder deren Einrichtungen geregelt ist, nicht dem Zweck dient, den einzelnen Bieter vor Verletzungen der Verdingungsordnungen und des Vergabeverfahrens zu schützen.

Mangels erwähnenswerter und aussichtsreicher Rechtsschutzmöglichkeiten, wie beispielweise den nur in seltenen Fällen gegebenen Ansprüchen aus „culpa in contrahendo“ bei Verletzungen von Vergabevorschriften unterhalb der Schwellenwerte, beschränken sich die weiteren Ausführungen auf die Auftragsvergabe mit einem Auftragswert, der die Schwellenwerte erreicht oder übersteigt.

5 Überblick über die Konfliktherde bei der Vergabe von Aufträgen durch die Kommunen oder „ihre“ Unternehmen

Zunächst muss man sich nochmals klar vor Augen führen, dass die Vergabevorschriften des Gesetzes gegen Wettbewerbsbeschränkungen einschließlich der damit verbundenen Rechtsschutzmöglichkeiten ab Erreichen der Schwellenwerte für sämtliche Bereiche und Fälle gelten, in denen ein öffentlicher Auftraggeber auf dem Markt Leistungen einkauft. Inhalt der Aufträge bzw. Einkäufe können hierbei sämtliche nur irgendwie gearteten Leistungen oder Waren sein, wie freiberufliche Architektenleistungen, Ingenieurleistungen, gewerbliche, kaufmännische oder sonstige handwerkliche Leistungen, ebenso Reparatur- oder Wartungsaufträge, Versicherungsleistungen, Werbetätigkeiten, Abfallbeseitigungen oder Ähnliches.

5.1 Die zulässigen Vergabeverfahren

§ 101 GWB definiert in den Absätzen 1–5 abschließend die möglichen Vergabeverfahren, die der öffentliche Auftraggeber bei der Leistungs- oder Warenbeschaffung durchzuführen hat. Danach wird unterschieden zwischen den offenen, nicht offenen und den Verhandlungsverfahren. Die in Aussicht genommenen Aufträge müssen regelmäßig u. a. im Amtsblatt der EG veröffentlicht werden, damit alle potenziell interessierten Bieter von der Möglichkeit der Auftragsvergabe erfahren und an dem Ausschreibungsverfahren teilnehmen können. Die drei vorgenannten Ausschreibungsvarianten unterscheiden sich durch ihren Grad an Transparenz und Offenheit, weshalb der Auftraggeber auch die Art des gewählten Vergabeverfahrens zu benennen hat, von dem er sodann nicht mehr abweichen darf. Grundsätzlich lässt sich festhalten, dass der öffentliche Auftraggeber das offene, da transparenteste Ausschreibungsverfahren zu wählen hat. Lediglich die so genannten Sektorenauftraggeber haben nach den §§ 7 ff. VgV die Möglichkeit, zwischen der freien Vergabe und den anderen Vergabeformen zu wählen.

5.2 Der öffentliche Auftraggeber, In-House-Geschäfte, Privatisierungen und anderes

5.2.1 Grundsätzliches

Damit die Vergabevorschriften des Gesetzes gegen Wettbewerbsbeschränkungen zur Anwendung kommen, muss nach § 98 GWB ein Auftrag eines „öffentlichen Auftraggebers" im Raum stehen, dessen gesetzliche Umschreibungen bereits unter Ziffer 3.2, Abschnitt 1 wiedergegeben wurden. Trotz dieses umfangreichen gesetzlichen Definitionsversuches entzünden sich gerade an der Frage, wann und unter welchen Voraussetzungen von einem „öffentlichen Auftraggeber" gesprochen werden kann, entscheidende Konfliktherde in der juristischen wie politischen Auseinandersetzung. Denn gerade Kommunen betätigen sich zunehmend erwerbswirtschaftlich, und „ihre" in privater Rechtsform errichteten Unternehmen oder Unternehmen, an denen sie Beteiligungen halten, bewerben sich in Konkurrenz zu reinen Privatunternehmen um kommunale Aufträge. Oder die privaten kommunalen Unternehmen ohne Ausschreibungsverfahren vergeben ihrerseits Aufträge, obwohl sie selbst den Tatbestand eines öffentlichen Auftraggebers erfüllen. Dass die Kommune selbst öffentlicher Auftraggeber ist (sog. institutioneller Auftraggeber), wird in § 98 Nr. 1 als Selbstverständlichkeit geregelt.

5.2.2 Der funktionelle Auftraggeberbegriff

Neben dem vorstehend angesprochenen institutionellen wird in § 98 Nr. 2 GWB der funktionelle Auftraggeberbegriff in der Weise umschrieben, dass juristische Personen des öffentlichen wie privaten Rechts dann als öffentliche Auftraggeber erfasst sind, wenn sie

- zu dem besonderen Zweck gegründet wurden, im Allgemeininteresse liegende Aufgaben nichtgewerblicher Art zu erfüllen,
- Rechtspersönlichkeit besitzen und
- überwiegend von staatlichen Einrichtungen finanziert oder geleitet werden.

Die genannten Voraussetzungen werden nachfolgend kurz in ihren Grundzügen erläutert.

Zur besonderen Zweckbestimmung

- Die geforderte besondere Zweckbestimmung kann sich aus Gesetz, Verordnung, Satzung oder Gründungsakt ergeben und darf sich nicht am Prinzip der Gewinnmaximierung orientieren. Hieraus folgt, dass entgegen häufig geäußerter Auffassung seitens der

Kommunen auch rechtlich selbstständige kommunale Eigengesellschaften und kommunal beherrschte, so genannte gemischt-wirtschaftliche Unternehmen unter den Begriff des öffentlichen Auftraggebers fallen. Der EuGH vertritt hierbei in ständiger Rechtsprechung die so genannte Infizierungstheorie. So urteilte der EuGH in seinem Arnehem-Urteil vom 12. 11. 1998, NVwZ 1999, 397 ff., dass bei einer auch nur teilweisen Wahrnehmung von Aufgaben im Allgemeininteresse durch ein Unternehmen dieses zu einem öffentlichen Auftraggeber wird, selbst wenn sich die Unternehmenstätigkeit auf weitere, nicht durch die Allgemeininteressen beeinflusste Geschäftsfelder erstreckt.

- Mit Urteil vom 15. 01. 1998, EWS 1998, 103 ff., führte der EuGH zu den Tatbestandsmerkmalen „im Allgemeininteresse liegende Aufgaben nichtgewerblicher Art" aus: „Das Vorliegen von Wettbewerb (ist) für die Beantwortung der Frage, ob eine im Allgemeininteresse liegende Aufgabe nichtgewerblicher Art gegeben ist, nicht völlig unerheblich. Das Vorliegen eines entwickelten Wettbewerbs und insbesondere der Umstand, dass die betreffende Einrichtung auf dem Markt im Wettbewerb steht, kann darauf hinweisen, dass es sich nicht um eine im Allgemeininteresse liegende Aufgabe nichtgewerblicher Art handelt. Solche Aufgaben werden nämlich im allgemeinen auf andere Art als durch das Angebot von Waren und Dienstleistungen auf dem Markt erfüllt." Es hat somit eine Beurteilung dahin gehend zu erfolgen, ob der Wettbewerb für die Steuerung des Unternehmens maßgeblich ist oder ob dem Staat ein entscheidender, mithin allein bestimmender Einfluss auf das Unternehmen verbleibt. Wird das Verhalten des Unternehmens durch die Marktnachfrage oder die Marktgegebenheiten maßgeblich beeinflusst, weil die angebotenen Dienstleistungen und Güter mit anderen konkurrieren, bedarf es nach Auffassung des EuGH wohl eines durch die Vergabevorschriften vorgeschriebenen Wettbewerbs nicht, wobei jedoch immer der konkrete Einzelfall zu beurteilen ist und sich Verallgemeinerungen hier verbieten. So ist denn auch in dem Urteil des EuGH vom 10. 11. 1998, EWS 1998, 463 ff., zu lesen, dass im Allgemeininteresse liegende Aufgaben sehr wohl auch in dem Fall angenommen werden können, wenn Privatunternehmen zu deren Übernahme in der Lage sind, wenn also eine Wettbewerbssituation feststellbar ist. Diese Beurteilung ist wiederum durch den Sinn und Zweck der EG-Vergaberichtlinien geboten, nämlich die Bevorzugung der nationalen Bieter auszuschließen.

- Aus diesen Gründen ist der Auftraggeberbegriff wie auch die übrigen Voraussetzungen der Vergabevorschriften extensiv auszulegen und auch auf diejenigen Körperschaften zu erstrecken, die im Wettbewerb mit privaten Unternehmen auf dem Markt stehen. Hierdurch wird sichergestellt, dass Nähebeziehungen zwischen dem auftragnehmenden privaten Unternehmen zur Kommune nicht missbräuchlich ausgenutzt werden. Schließlich sind Aufgaben, die nicht von der Privatwirtschaft erfüllt werden können, heute nicht mehr vorstellbar.

Zur geforderten Beherrschung

- Vorstehende Infizierungstheorie gilt auch in Bezug auf das Beherrschungsmerkmal: Ein mitbeherrschender kommunaler Auftraggeber infiziert per se den Gesamtbetrieb eines privatrechtlichen Unternehmens, was dazu führt, dass das vorgeschriebene Vergabeverfahren nach dem Gesetz gegen Wettbewerbsbeschränkungen einzuhalten ist (siehe hierzu auch Ziffer 5.2.3).

5.2.3 Sonderproblem: Das In-House-Geschäft

Von einem nicht ausschreibungspflichtigen so genannten In-House-Geschäft wird gesprochen, wenn die Kommune an ihren rechtlich nicht selbstständigen kommunalen Eigenbetrieb Aufträge vergibt. In diesem Fall folgt die Nichtanwendbarkeit des Vergaberechts bereits aus § 99 GWB, der bestimmt: „Öffentliche Aufträge sind entgeltliche Verträge zwischen öffentlichen Auftraggebern und Unternehmen, ...". Voraussetzung für einen ausschreibungspflichtigen Auftrag ist somit, dass der Auftrag an eine rechtlich von der Kommune oder dem öffentlichen Auftraggeber verschiedene natürliche oder juristische Rechtsperson (des öffentlichen oder privaten Rechts) erfolgt, was im Übrigen auch § 98 Nr. 2–6 GWB zum Ausdruck bringt. Bei Aufträgen an rechtlich nicht selbstständige kommunale Eigenbetriebe ist somit ein Leistungsaustausch innerhalb desselben Rechtsträgers gegeben, da der Eigenbetrieb in diesem vorausgesetzten Fall keine eigene Rechtspersönlichkeit besitzt, vielmehr die „Kommune selbst ist".

Dagegen handelt es sich bei nachfolgenden Fallgruppen entgegen der Auffassung, die vor allem von den Kommunen oder ihren begünstigten Auftragnehmern gerne vertreten wird, nicht etwa um ausschreibungsfreie In-House-Geschäfte, sondern um grundsätzlich auschreibungspflichtige Geschäfte, so wenn kommunale Unternehmen in *Privatrechtsform* zur Beurteilung anstehen, die ausschließlich für die Kommune tätig sind:

- Erhält ein Unternehmen in Privatrechtsform (z. B. GmbH oder AG), an dem die Kommune zu mehr als 50 Prozent beteiligt ist, einen Auftrag von „seiner" Kommune, handelt es sich grundsätzlich um einen ausschreibungspflichtigen Auftrag, und zwar auch dann, wenn das Unternehmen ausschließlich für die Kommune tätig sein sollte. Dies fordern die von den EG-Richtlinien vorgegebenen und somit uneingeschränkt zu verwirklichenden Ziele des Vergaberechts, nämlich
  - die Sicherstellung der sparsamen Verwendung der Haushaltsmittel durch eine Beauftragung desjenigen Unternehmers im Wettbewerb in einem transparenten Vergabeverfahren, das die in Frage stehende Leistung am wirtschaftlichsten erbringt,
  - das Aufbrechen der traditionell geschlossenen nationalen und auch kommunalen Beschaffungsmärkte, die geschlossen blieben, wenn und solange es den Kommunen erlaubt wäre, kommunal beherrschte private Unternehmen zu gründen, um diesen sodann ohne Ausschreibung Aufträge außerhalb des Wettbewerbs zu vergeben.

In diesem Sinn hat der EuGH in seinem Viano-Urteil vom 18. 11. 1999, EuZW 2000, 246 ff., entschieden. Der EuGH gebietet in all den Fällen die Ausschreibung eines Auftrages, wenn dieser an eine formaljuristisch von der auftragsvergebenden Kommune unterschiedliche juristische Person des öffentlichen oder privaten Rechts vergeben werden soll, und zwar auch dann, wenn die Kommune die Geschäftsanteile zu 100 Prozent hält. Eine Ausnahme von diesem Grundsatz lässt der EuGH nur mit folgender Formulierung zu: „Etwas anderes (Befreiung von der Ausschreibungspflicht, Anmerkung des Verfassers) kann nur dann gelten, wenn die Gebietskörperschaft über die fragliche Person eine Kontrolle ausübt wie über ihre eigenen Dienststellen und wenn diese Person zugleich ihre Tätigkeit im Wesentlichen für die Gebietskörperschaften verrichtet, die ihre Anteile innehalten."

Der EuGH führt sodann klarstellend aus, dass das Vergaberecht somit immer dann zur Anwendung kommen muss, wenn ein öffentlicher Auftraggeber beabsichtigt, mit einer Einrichtung, die sich formal von ihm unterscheidet und die ihm gegenüber eigene Entscheidungsgewalt besitzt, einen schriftlichen entgeltlichen Vertrag über die Lieferung von Waren zu schließen. Hieraus folgt, dass in all den Fällen, in welchen die Kommune 100 Prozent der Anteile an „ihrer" GmbH oder „ihrer" AG hält, die an diese Privatgesellschaften zu vergebenden Aufträge auszuschreiben hat, da infolge der im GmbHG bzw. AktG vorausgesetzten organschaftlichen Eigenständigkeit und -verantwortlichkeit sowie wegen der besonderen Regelungen über die Mitbestimmung / Personalvertretung der Kommune eine Kontrolle ähnlich wie über eine Dienststelle nicht möglich ist. Gleiches muss im Sinne eines Erstrechtschlusses für diejenigen Privatunternehmen gelten, in denen die Kommunen weniger als 100 Prozent der Anteile halten, wobei im Einzelnen auf bestehende Ausnahmen zu diesem Grundsatz besonders im Sektorenbereich nach den §§ 7 ff. VgV hingewiesen wird, auf die hier jedoch nicht näher eingegangen werden kann.

- Fazit: Die Kommune muss ihre Aufträge ausschreiben, wenn sie eine Gesellschaft unter Beteiligung mit Privaten gründet und dieser Aufträge erteilen will, selbst wenn sie hieran mehrheitlich beteiligt sein sollte. Diese Vorgaben können nicht dadurch umgangen werden, dass die Kommune zunächst eine Eigengesellschaft gründet, wenn von vornherein geplant ist, deren Anteile danach an einen Privaten zu veräußern, wie die Vergabekammer Düsseldorf, VK-12/2000-L, 14 ff., bereits entschieden hat. Fallen schließlich Auftragsvergabe und Gesellschaftsgründung in einem Akt zusammen, muss die Auftragsvergabe ebenso ausgeschrieben werden, auch wenn man die Suche nach privaten Gesellschaftern für nicht ausschreibungspflichtig halten sollte.

5.2.4 Sonderproblem: Privatisierungen kommunaler Aufgaben / Unternehmen und die Neugründung privater Unternehmen unter Kommunalbeteiligung

Das OLG Düsseldorf hat in seinem Urteil vom 09. 11. 1993, NWVBl. 1994, 193 ff., also zu einem Zeitpunkt, zu dem das heute geltende Vergaberecht nicht einmal absehbar war, entschieden, dass § 20 GWB I a. F. die Kommunen dazu verpflichtet, der Privatwirtschaft bei der Privatisierung kommunaler Unternehmen oder Aufgaben zu ermöglichen, sich als (Mit-)Gesellschafter zu bewerben. Die Entscheidung lässt sich durchaus auch auf die Gründung von Unternehmen unter kommunaler und privater Beteiligung übertragen. Unter Heranziehung der vergaberechtlichen Vorgaben bedeutet dies, dass die vakante Gesellschafterstellung nach dem Gesetz gegen Wettbewerbsbeschränkungen als ausschreibungspflichtige Dienstleistung anzusehen ist, zumal sich Probleme ähnlich der Vergabe öffentlicher Aufträge stellen (Transparenz und Gleichbehandlung bei der Suche nach geeigneten Gesellschafterkandidaten unter Berücksichtigung der Schonung kommunaler Haushaltsmittel).

Wird die Gründung des Unternehmens unter kommunaler und privater Beteiligung mittelbar oder unmittelbar mit einer kommunalen Auftragserteilung an das gegründete / zu gründende gemeinsame Unternehmen verbunden, was sozusagen bei Entstehung / Wirksamwerden der Gesellschafterstellung des privaten Unternehmens mit der kommunalen Auftragserteilung gleichzusetzen ist, kommt es ebenso zur Anwendung des Vergaberechts, besonders dann, wenn die Kommune sich weiterhin für die Erfüllung der Aufgabe verantwortlich „fühlt" und letztlich mit eigenen kommunalen Mitteln hierfür einsteht.

5.2.5 Sonderproblem: Berücksichtigung unzulässiger erwerbswirtschaftlicher kommunaler Betätigung und unzulässiger Beihilfen

Nach § 97 II GWB sind im Rahmen des Ausschreibungsverfahrens alle Teilnehmer gleich zu behandeln. Der Zuschlag ist nach § 97 III GWB auf das wirtschaftlichste Angebot zu erteilen, wobei die Aufträge an fachkundige, leistungsfähige und zuverlässige Unternehmen zu vergeben sind. Soweit nun kommunale Unternehmen sich unter Verstoß gegen das Verbot einer erwerbswirtschaftlichen Betätigung nach Art. 87 BayGO oder den entsprechenden Kommunalvorschriften der anderen Bundesländer beteiligen, muss das sich an der Ausschreibung beteiligende „kommunale" Unternehmen mit Unterlassungsklagen rechnen. So hat bereits zutreffend das OLG Düsseldorf mit Urteil vom 12. 01. 2000, NVwZ 2000, 714 ff., entschieden, dass in genanntem Fall das bietende kommunale Unternehmen mangels Leistungsfähigkeit und Zuverlässigkeit gegebenenfalls nicht berücksichtigt werden könne. Nichts anderes kann gelten, wenn ein bietendes kommunales Unternehmen unter Verstoß gegen die Auszahlungssperre des Art. 88 III 3 EGV Beihilfen / Subventionen erhalten hat, da auch hier die Rückforderung der Beihilfen droht.

6 Die Rechtsschutzmöglichkeiten der Privatwirtschaft mit dem Ziel der Durchsetzung eines ordnungsgemäßen Vergabeverfahrens durch die Kommunen

6.1 Grundsätzliches

Die Bieter um Aufträge öffentlicher Auftraggeber erhalten erstmals mit dem am 01. 01. 1999 in Kraft getretenen Gesetz gegen Wettbewerbsbeschränkungen ein ausdrücklich verankertes subjektives Recht auf Einhaltung der vergaberechtlichen Bestimmungen durch den öffentlichen Auftraggeber. Zentrale rechtsschutzgewährende Vorschrift ist hierbei der bereits zitierte § 97 VII GWB, wonach die Unternehmen einen Anspruch darauf haben, dass der öffentliche Auftraggeber die Bestimmungen des Vergabeverfahrens einhält. Konkretisiert und instrumentalisiert wird dieses Recht in den Bestimmungen der §§ 102–124 GWB, um die es nachfolgend geht.

6.2 Das erstinstanzliche Klageverfahren vor den Vergabekammern

Nach § 107 II GWB ist jedes Unternehmen berechtigt, bei der jeweils zuständigen Vergabekammer – in Bayern sind dies nach § 3 der BayNpV vom 01. 01. 1999 die Regierung von Oberbayern als Vergabekammer Südbayern und die Regierung von Mittelfranken als Vergabekammer Nordbayern – die Einleitung des Nachprüfungsverfahrens einzuleiten, wenn das Unternehmen geltend machen kann,

- dass es ein Interesse am Auftrag hat und
- dass es in seinen Rechten i. S. d. § 97 VII GWB infolge der Nichtbeachtung von Vergabevorschriften verletzt ist.

Die Antragsbefugnis

Das antragstellende Unternehmen hat darzulegen, dass ihm durch die vorgetragene Verletzung der Vergabevorschriften ein Schaden entstanden ist oder zu entstehen droht. Im Gegensatz zu anderen, besonders im Vergabeverfahren bislang aufgrund nicht lösbarer Beweisschwierigkeiten grundsätzlich aussichtslosen zivilrechtlichen Schadensersatzansprüchen aus z. B. c. i. c. (culpa in contrahendo) besteht hier die Besonderheit, dass das antragstellende Unternehmen nicht mehr zu beweisen hat, dass es bei unterstellter Einhaltung der Vergabevorschriften den Auftrag mit an Sicherheit grenzender Wahrscheinlichkeit erhalten hätte. Der Inhalt des Schadensersatzanspruches ist gerichtet auf Erstattung der Kosten der Vorbereitung des Angebots oder entgangenen Gewinns infolge „vereitelter" Teilnahme an einem Vergabeverfahren. Vielmehr reicht die Darlegung aus, dass infolge der Verletzung der Vergabevorschriften dem antragstellenden Unternehmen die aussichtsreiche Chance genommen wurde, den in Frage stehenden Auftrag zu erhalten, und insoweit ein Schaden zumindest zu entstehen droht.

Die unverzügliche Rüge als besondere Zulässigkeitsvoraussetzung

Unabdingbare und dringend zu beachtende besondere Zulässigkeitsvoraussetzung des Nachprüfungsverfahrens ist, dass das antragstellende Unternehmen die von ihm erkannten Rügen bereits im Vergabeverfahren gegenüber dem Auftraggeber unverzüglich gerügt haben sollte. Denn § 107 III GWB bestimmt, dass ein Antrag auf Durchführung des Nachprüfverfahrens dann als unzulässig zurückzuweisen ist, wenn

- das antragstellende Unternehmen den im Nachprüfverfahren gerügten Verstoß gegen die Vergabevorschriften bereits im Vergabeverfahren erkannt und gegenüber dem Auftraggeber nicht unverzüglich, also ohne schuldhaftes Zögern, gerügt hat oder
- wenn im Nachprüfverfahren Verstöße gegen Vergabevorschriften gerügt werden, die aufgrund der Bekanntmachung erkennbar sind und nicht spätestens bis zum Ablauf der in der Bekanntmachung benannten Frist zur Angebotsabgabe oder zur Bewerbung gegenüber dem Auftraggeber gerügt worden sind.

Zur Wahrung der Rechtsschutzmöglichkeiten und des Ganges vor die Vergabekammern ist den Unternehmern zu empfehlen, sämtliche

Zweifel an der Rechtmäßigkeit des Vergabeverfahrens gegenüber den Auftraggebern umgehend zu rügen. Gleichwohl die Rüge formfrei, also auch mündlich zulässig ist, sollte sie grundsätzlich schriftlich (Telefax genügt) erfolgen, um den Nachweis der unverzüglichen Rüge problemfrei vor der angerufenen Vergabekammer beweisen zu können.

Die zu beachtenden Verfahrens- und Vortragsgrundsätze

Nach § 108 GWB hat der Antrag schriftlich zu erfolgen und muss nachfolgenden Inhalt haben:

- Bezeichnung des Antragsgegners (= in der Regel Auftraggeber);
- Beschreibung der vorgetragenen Verletzung des Vergabeverfahrens mit Sachverhaltsdarstellung;
- Bezeichnung der verfügbaren Beweismittel und
- Darlegung, dass Rüge des Vergabeverstoßes gegenüber dem Auftraggeber unverzüglich erfolgt ist.

Zwar muss ein bestimmtes (Klage-)Begehren nicht ausdrücklich genannt werden, ist aber empfehlenswert, zumal die angerufene Vergabekammer nach verwaltungsmäßiger Prüfung das Verfahren nach § 104 III GWB durch Verwaltungsakt abschließt und die geeigneten Maßnahmen trifft, um die festgestellte Rechtsverletzung zu beseitigen oder eine Schädigung der betroffenen Interessenten zu verhindern. Die Vergabekammer ist also befugt, unmittelbar korrigierend in das Vergabeverfahren einzugreifen. Zur Erhöhung des Rechtsschutzes gewährt § 111 GWB den antragstellenden Unternehmen im Nachprüfverfahren ein Recht auf Einsicht in die gesamte vom Auftraggeber erstellte und geführte Akte, die der Vergabekammer zur Verfügung zu stellen ist. Die Entscheidung trifft die Vergabekammer, die im Übrigen den Sachverhalt von Amts wegen zu ermitteln hat, nach mündlicher Verhandlung innerhalb einer – bei Vorliegen tatsächlicher oder rechtlicher Schwierigkeiten verlängerbaren – Frist von höchstens fünf Wochen ab Eingang des Antrags des Unternehmens auf Nachprüfung bei der Vergabekammer.

Die Effektivität des Nachprüfungsverfahrens durch ein gesetzliches Zuschlagsverbot (Suspensiveffekt)

Die Rechte des die Nachprüfung beantragenden Unternehmens werden nach § 115 GWB in der Weise gesichert, dass mit Zustellung des Nachprüfungsantrags beim Auftraggeber dieser den Zuschlag nicht vor der Entscheidung der Vergabekammer und dem Ablauf von zwei Wochen nach Zustellung der ablehnenden Entscheidung der Vergabekammer erteilen darf. Ein gleichwohl erfolgter Zuschlag ist nach § 134 BGB nichtig.

Allerdings kann die Vergabekammer auf Antrag des Auftraggebers nach § 115 II GWB gestatten, den Zuschlag gleichwohl nach Ablauf von zwei Wochen nach Bekanntgabe der Vergabeentscheidung zu erteilen, wenn – berücksichtigt man alle möglicherweise geschädigten Interessen sowie das der Allgemeinheit an einem raschen Abschluss des Vergabeverfahrens – die nachteiligen Folgen einer Verzögerung der Vergabe bis zum Abschluss der Nachprüfung die damit verbundenen Vorteile überwiegen. Sollte diesem Antrag stattgegeben werden, kann das antragstellende Unternehmen gegen diese Entscheidung sofortige Beschwerde nach § 115 II GWB bei den OLG-Vergabesenaten einlegen; ebenso steht dieses Rechtsmittel dem Auftraggeber zu, dessen Antrag auf Gestattung des Zuschlags abgelehnt wird.

Zu beachten ist schließlich die wichtige Vorschrift des § 13 VgV, wonach der Auftraggeber diejenigen Bieter, deren Angebote nicht berücksichtigt werden sollen, 14 Tage vor Zuschlag / Vertragsschluss über den Grund der Nichtberücksichtigung sowie die Namen des Bieters, dessen Angebot letztlich angenommen wird, zu informieren. Ziel dieser Informationspflicht ist es, den Bietern ihre Rechte zu sichern, wenn sie der Auffassung sind, dass sie zu Unrecht und unter Verstoß gegen die Vergabevorschriften nicht berücksichtigt werden. Erfolgt ein Zuschlag, ohne dass zuvor die anderen „leer“ ausgehenden Bieter informiert wurden, oder ergeht der Zuschlag vor Ablauf der 14-tägigen Frist, so sind der Zuschlag sowie der mit dem erfolgreichen Bieter geschlossene Vertrag nach § 13 VgV nichtig. Die Nichtigkeitsregelung findet im Übrigen auch dann Anwendung, wenn ohne jedes Vergabeverfahren ein ausschreibungspflichtiger Vertrag vereinbart werden sollte.

6.3 Das zweitinstanzliche Klageverfahren vor den OLG-Vergabesenaten

Gegen die Entscheidungen der Vergabekammern ist die sofortige Beschwerde beim Vergabesenat der Oberlandesgerichte nach § 116 GWB zulässig. Die Beschwerde ist innerhalb der (nicht verlängerbaren) Notfrist von 2 Wochen nach Zustellung der Entscheidung der Vergabekammer begründet und schriftlich von einem zugelassenen Rechtsanwalt einzulegen, und zwar unter Benennung der Tatsachen und Beweismittel, auf die sich die Beschwerde stützt. Wird die sofortige Beschwerde von juristischen Personen des öffentlichen Rechts eingelegt, muss diese sich keines Rechtsanwaltes bedienen.

Die Effektivität der Beschwerde durch ein gesetzliches Zuschlagsverbot (Suspensiveffekt)

Die Einlegung der sofortigen Beschwerde hat zur Folge, dass die Entscheidung der Vergabekammer nicht vollzogen werden darf (Suspensiveffekt). Es ist jedoch zu beachten, dass die Vollzugshemmung nach § 118 GWB zwei Wochen nach Ablauf der Beschwerdefrist endet, so dass insgesamt nach vier Wochen gerechnet ab Zustellung der Entscheidung der Vergabekammer die Vollzugshemmung entfällt. Allerdings steht der jeweils unterlegenen Partei die Möglichkeit offen, im Wege des einstweiligen Rechtsschutzes vor den Vergabesenaten die Vollzugshemmung mit Zuschlagsverbot wiederherzustellen oder zu beseitigen (vgl. §§ 118 und 121 GWB). Der unterlegene Bieter sollte somit seine sofortige Beschwerde regelmäßig mit dem Antrag auf Verlängerung des Suspensiveffektes verbinden.

Die Entscheidungen der OLG-Vergabesenate

Wie die Vergabekammer hat auch der Vergabesenat seine Entscheidung binnen spätestens fünf Wochen zu treffen und kann nach § 123

GWB korrigierend in das Vergabeverfahren eingreifen. Stellt der Vergabesenat eine Verletzung des Vergabeverfahrens fest, ist das Vergabeverfahren nach zehn Tagen ab Zustellung des Beschlusses an den Auftraggeber nach § 122 GWB beendet, soweit der Auftraggeber innerhalb dieser Frist nicht Maßnahmen zur Herstellung der Rechtmäßigkeit des Verfahrens ergriffen hat, die sich aus der Vergabesenatsentscheidung ergeben.

6.4 Die Präjudizwirkung der Entscheidungen der Vergabekammern/-senate für die Ansprüche auf Schadensersatz vor den ordentlichen Gerichten; Schadensersatzansprüche bei missbräuchlicher Anrufung der Vergabekammern/-senate

6.4.1 Die Schadensersatzansprüche des im Vergabeverfahren benachteiligten Unternehmens

§ 104 II GWB stellt klar, dass Schadensersatzansprüche des im Vergabeverfahren benachteiligten Unternehmens nicht vor den Vergabekammern oder den Vergabesenaten, sondern vor den ordentlichen Gerichten geltend zu machen sind. Hierbei kommt den Entscheidungen der Vergabekammern und Vergabesenaten präjudizielle Wirkung insoweit zu, als die angerufenen ordentlichen Gerichte an die Entscheidungen der Vergabekammern oder -senate gebunden sind, was eine erhebliche Erleichterung bei der erfolgreichen Durchsetzung von Schadensersatzansprüchen im Gegensatz zum früheren Recht bedeutet. Im Wesentlichen stehen dem im Vergabeverfahren benachteiligten Unternehmen Ansprüche aus § 126 GWB sowie aus der Verletzung eines vorvertraglichen Vertrauensverhältnisses (c. i. c.) durch den Auftraggeber in Betracht.

Der Schadensersatzanspruch nach § 126 GWB

Soweit der Auftraggeber gegen eine Vorschrift, die den Schutz des Unternehmens bezweckt, verstoßen hat und das Unternehmen bei der Wertung der Angebote eine echte Chance gehabt hätte, ohne diesen Verstoß den Zuschlag zu erhalten, kann das Unternehmen vom Auftraggeber Schadensersatz für die Kosten der Vorbereitung des Angebots oder der Teilnahme an dem Vergabeverfahren geltend machen. Einen etwaigen entgangenen Gewinn gewährt § 126 GWB hingegen nicht. Dieser ist nur unter den Voraussetzungen des nachfolgenden allgemeinen zivilrechtlichen Schadensersatzgrundsatzes, nämlich der Verletzung eines vorvertraglichen Vertrauensverhältnisses (c. i. c.), gegeben.

Der Schadensersatzanspruch wegen Verletzung eines vorvertraglichen Vertrauensverhältnisses (c. i. c.)

Der Unternehmer hat unter nachfolgenden Voraussetzungen vom Auftraggeber Anspruch auf entgangenen Gewinn, kann also fordern, so gestellt zu werden, als ob er den Zuschlag erhalten hätte:

!! Abgabe eines ordnungsgemäßen Angebots im Rahmen eines Vergabeverfahrens;

!! eine zumindest fahrlässige Verletzung des Auftraggebers von Vergabevorschriften, die das Unternehmen schützen (z. B. der Verdingungsordnungen, wobei jeweils konkret zu prüfen ist, ob die verletzte Regelung drittschützende Wirkung besitzt);

!! die Verletzung der vorgenannten Vergabevorschriften muss adäquat kausal zu dem geltend gemachten, entgangenen Gewinn als Schaden geführt haben. Diese Voraussetzung ist aber wohl nur bedingt beweisbar, da das Unternehmen nachweisen müsste, dass es den beworbenen Auftrag mit an Sicherheit grenzender Wahrscheinlichkeit erhalten hätte, wenn der Auftraggeber die vorgeworfene Pflichtverletzung nicht begangen hätte.

6.4.2 Schadensersatzansprüche bei missbräuchlicher Anrufung der Vergabekammern/-senate

Soweit die Anrufung der Vergabekammer oder die Einlegung einer sofortigen Beschwerde beim Vergabesenat von Anfang an ungerechtfertigt ist, ist der Antragsteller bzw. Beschwerdeführer nach § 125 GWB verpflichtet, dem jeweiligen Gegner sowie den Beteiligten denjenigen Schaden zu ersetzen, der ihnen durch den Missbrauch des Antrags- bzw. Beschwerderechts entstanden ist. Von einem Missbrauch geht das Gesetz gegen Wettbewerbsbeschränkungen im § 125 II besonders dann aus, wenn

- die Aussetzung oder die weitere Aussetzung des Vergabeverfahrens durch vorsätzlich oder grob fahrlässig vorgetragene falsche Angaben erwirkt wird,
- die Überprüfung mit dem Ziel beantragt wird, das Vergabeverfahren zu behindern oder Konkurrenten zu schädigen, oder
- wenn ein Antrag in der Absicht gestellt wird, ihn später gegen Geld oder andere Vorteile zurückzunehmen.

Hintergrundinformationen

- Sowohl bei dem im Gesetz gegen Wettbewerbsbeschränkungen seit dem 01.01.1999 verorteten Vergaberecht als auch bei der am 09.01.2001 in Kraft getretenen Vergabeverordnung handelt es sich um junge Gesetze. Deshalb sind zahlreiche Fragen und Problembereiche noch nicht rechtssicher von den Gerichten entschieden. Da die vorgenannten Vorschriften die Vergaberichtlinien der Europäischen Gemeinschaft umsetzen, ist das nationale deutsche Gesetz grundsätzlich in inhaltlicher Übereinstimmung mit den gemeinschaftsrechtlichen Vergaberichtlinien auszulegen und anzuwenden.
- Vor allem die Frage, unter welchen Voraussetzungen mit Rechtssicherheit ein öffentlicher Auftraggeber angenommen werden muss, ist noch nicht abschließend von den Gerichten entschieden worden. Es steht daher zu erwarten, dass es noch zu wichtigen Vorabentscheidungsverfahren vor dem EuGH kommen wird. Die in Zukunft ergehende Rechtsprechung nicht nur des EuGH, sondern ebenso der nationalen Gerichte und die weiterhin zu erwartenden nationalen und europäischen Gesetzesaktivitäten sind daher sorgfältig zu verfolgen. So erarbeitet die Europäische Kommission der-

zeit eine Mitteilung zu dem Problembereich In-House-Geschäfte, wann also die Kommunen als öffentliche Auftrageber den vergaberechtlichen Bestimmungen unterliegen, wenn sie Aufträge an ihre eigenen Unternehmen oder an Unternehmen vergeben möchten, an denen sie Beteiligungen halten (vgl. Hinweis in DStGB Aktuell vom 07. 04. 2000, Seite 1400).

C
Volkswirtschaftlicher Teil

Gründe, weshalb die öffentliche Hand sich der wirtschaftlichen Betätigung zu enthalten hat*

* Der folgende Abschnitt C „Volkswirtschaftlicher Teil: Gründe, weshalb die öffentliche Hand sich der wirtschaftlichen Betätigung zu enthalten hat“ wurde von Professor Winfried Fuest, Institut der deutschen Wirtschaft Köln, verfasst.

1 Einleitung

In einer Marktwirtschaft werden die individuellen Entscheidungen durch den Preismechanismus koordiniert. Dieser führt in der Regel als dezentraler Koordinationsmechanismus zu optimalen Ergebnissen sowohl für die Konsumenten als auch für die Produzenten. Der Staat hat dabei die Aufgabe, die äußeren Rahmenbedingungen als gesetzgebende Instanz etwa im Bereich des Wettbewerbsrechts so zu gestalten, dass der Preismechanismus so weit wie möglich störungsfrei funktionieren kann.

Zusätzlich muss der Staat in einer Marktwirtschaft dafür sorgen, dass es Eigentumsrechte gibt. In vielen Ländern, so auch in Deutschland, greift der Staat allerdings wesentlich mehr in das Marktgeschehen ein, als es in vielen Fällen für das Funktionieren des Marktmechanismus notwendig wäre. Staatliche Eingriffe sind dann in einer Marktwirtschaft besonders begründungsbedürftig. In der Wirtschaftstheorie werden in diesem Zusammenhang folgende Gründe, die staatliches Handeln rechtfertigen, häufig genannt.

Die erste generelle *Voraussetzung* für staatliches Handeln ist **Marktversagen**. Liegt dieses vor, so muss geprüft werden, ob staatliches Handeln zu besseren Ergebnissen führt als der Markt. Erst wenn dies zu bejahen ist, ist staatliches Handeln gerechtfertigt.

2 Marktversagen und Ineffizienzen

Es gibt mehrere Formen des Marktversagens (siehe Abbildung 1).

Ineffizienzen treten dann in Marktwirtschaften auf, wenn Güter und Ressourcen nicht optimal alloziiert sind. Unter der *Allokation* von Gütern und Ressourcen versteht man zunächst allgemein ihre Aufteilung auf unterschiedliche Verwendungsformen bei gegebener Anfangsverteilung (Weimann, 2001, 17). Von einer optimalen Allokation der Ressourcen in einer Marktwirtschaft spricht man dann, wenn die vorhandenen Produktionsfaktoren so eingesetzt werden, dass ein Maximum an Gütern und Dienstleistungen entsprechend den Präferenzen der Konsumenten produziert wird.

Abbildung 1: Formen des Marktversagens

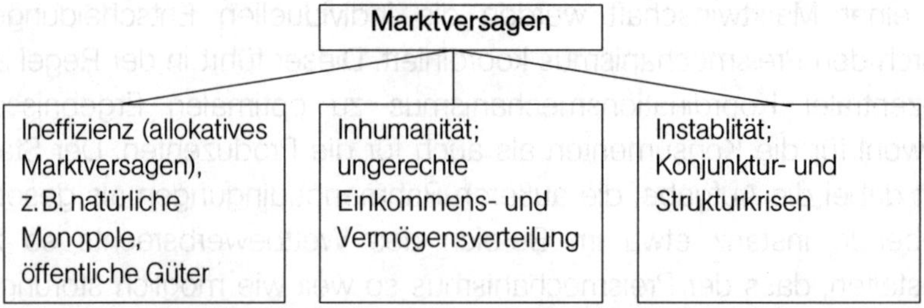

Quellen: Mussel/Pätzold, 1998, 3 f.; eigene Darstellung

Inhumanität bezieht sich vorwiegend auf die als ungerecht angesehene Verteilung von Einkommen und Vermögen. Was jedoch als „ungerecht" beurteilt wird, ist normativ und entspricht subjektiven Wertvorstellungen. Instabilität tritt infolge von Konjunktur- und Strukturkrisen auf.

In der Wirtschaftstheorie wird der Fall der Ineffizienz am intensivsten diskutiert. Dies liegt unter anderem daran, dass staatliche Eingriffe aufgrund von Ineffizienzen sehr unterschiedlich beurteilt werden. Immerhin ist der Marktmechanismus grundsätzlich effizient. Allerdings neigt der Markt, abzulesen beispielsweise am Konjunkturzyklus, systemimmanent zur Instabilität. Daraus folgt, dass staatliche Eingriffe aus Ineffizienzen schwerer zu begründen sind als aus Instabilität. Eine Sonderrolle nimmt die Inhumanität ein. Hier sind staatliche Eingriffe vorwiegend durch Werturteile begründet, so dass sie sich weitgehend der positiv-wissenschaftlichen Analyse entziehen. Im Folgenden wird daher der Schwerpunkt auf die Analyse von Marktversagen aus Ineffizienz gelegt.

3 Ineffizienzen

Zentrales Kennzeichen eines Marktes ist es, dass seine Marktergebnisse durch die individuellen Entscheidungen der Marktteilnehmer generiert werden. In *funktionierenden* Märkten werden diese Entscheidungen über den Preismechanismus so koordiniert, dass die Marktergebnisse für *alle Marktteilnehmer* effizient sind. Es gibt allerdings einige Standardfälle, bei denen individuelle Entscheidungen – auch wenn sie rational sind – systematisch zu ineffizienten Marktergebnissen führen. Es wird dann von *allokativem Marktversagen* gesprochen. Diese Fälle sind in Abbildung 2 dargestellt:

Abbildung 2: Standardfälle allokativen Marktversagens

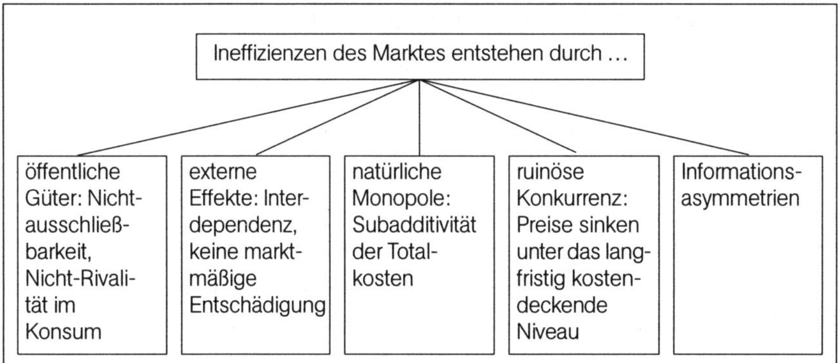

Quellen: Fritsch/Wein/Ewers, 1993; Brümmerhoff, 1996; eigene Darstellung

4 Öffentliche Güter

Öffentliche Güter sind durch zwei Merkmale definiert:

- Durch den Konsum des öffentlichen Gutes entsteht keine Rivalität. Es ist also gemeinschaftlich nutzbar, ohne dass irgendjemandem Nutzeneinbußen entstehen. Dies ist anders als bei privaten Gütern: Der Konsum eines Eises führt beispielsweise dazu, dass kein anderes Wirtschaftssubjekt das Eis mehr nutzen kann. Das Eis ist also in seinem Konsum rival und somit ein privates Gut.

- Zudem kann bei öffentlichen Gütern kein Wirtschaftssubjekt aus technischen oder ökonomischen Gründen von der Nutzung des Gutes ausgeschlossen werden. „Ökonomische Gründe" bedeuten in diesem Zusammenhang, dass der Konsumausschluss zwar technisch möglich, aber unverhältnismäßiger teuer wäre (Brümmerhoff, 1996, 77). Bei einem weitläufigen Strand, der viele Zugänge hat, wäre es beispielsweise nur unter sehr hohen Kosten möglich, Konsumenten von der Nutzung dieses Strandes auszuschließen.

Den extremen Fall der reinen öffentlichen Güter gibt es allerdings selten. Meistens ist eines der beiden Kriterien nicht vollkommen erfüllt. Ein wichtiges Beispiel für ein (fast) öffentliches Gut ist die Erdatmosphäre: Niemand kann vom Konsum (Nutzen) des Klimas, der Luft oder der Ozonschicht ausgeschlossen werden und dadurch, dass die Bewohner einer bestimmten Stadt von der Ozonschicht vor UV-Strahlen geschützt werden, reduziert sich der Schutz für andere Einwohner unseres Landes ebenso wenig wie der anderer Menschen auf dieser Erde. Solange das Klima und die Verfassung der Erdatmosphäre eine ausschließliche Angelegenheit der Natur waren, stellte der Charakter des öffentlichen Guts dieser Umweltgüter kein Problem dar. Aber inzwischen ist bekannt, dass die Menschen die klimatischen Bedingungen nachhaltig beeinflussen. Das bedeutet, dass beispielsweise die Qualität der Ozonschicht ein Gut ist, das es durch den Einsatz knapper Ressourcen zu produzieren gilt. Dies ist in dem Sinne gemeint, dass knappe Ressourcen darauf verwendet werden, die Zerstörung der Ozonschicht zu vermeiden.

Am Beispiel der Erdatmosphäre wird das Problem öffentlicher Güter deutlich: Ein einzelnes Land hat keinen Anreiz, für den Schutz der Erdatmosphäre zu zahlen. Denn wenn die anderen Länder die Erdatmosphäre schützen, hat das einzelne Land den Nutzen dieser Schutzmaßnahmen, ohne dafür zahlen zu müssen. Allerdings denken die anderen Länder genauso. Die Folge ist, dass kein Land bereit ist, für den Schutz der Erdatmosphäre zu zahlen. Dies ist die so genannte *Trittbrettfahrer-(free-rider)Problematik*: Individuelle Entscheidungen führen in derartigen Fällen zu ineffizienten Ergebnissen.

Bei öffentlichen Gütern entsteht also das Problem, dass individuelle Entscheidungen zu Ergebnissen führen, die von den einzelnen Marktteilnehmern nicht gewünscht sind: Die Ergebnisse sind ineffizient. Deswegen greift der Staat dann korrigierend ein (Weimann, 2001, 127–133).

5 Externe Effekte

In einer sehr engen Beziehung zu den öffentlichen Gütern steht ein Phänomen, das mit dem Begriff „externer Effekt“ bezeichnet wird. Bei ihm handelt es sich wohl um die bedeutsamste Ursache für Marktversagen. Externe Effekte sind durch zwei Kennzeichen definiert:

- Die Aktivität eines Wirtschaftssubjekts wirkt auf ein anderes Wirtschaftssubjekt (Interdependenz).
- Diese Interdependenz wird nicht marktmäßig ausgeglichen. Die Ursache dafür liegt in nicht vollständig definierten Eigentumsrechten bzw. in einem Versagen des Ausschlussprinzips.

Diese abstrakte Definition lässt sich anhand eines einfachen Beispiels verdeutlichen. Stellen Sie sich vor, Sie befinden sich auf dem besten Tribünenplatz eines Fußballstadions. Neben Ihnen nimmt ein Mann Platz, der alsbald eine übelriechende Zigarre zu rauchen beginnt. Nehmen wir weiterhin an, Sie sind Nichtraucher und die zu Ihnen herüberziehenden Rauchschwaden verursachen bei Ihnen Hustenanfälle und Übelkeit. Es besteht zwischen Ihnen eine Interdependenz, ohne dass diese marktmäßig ausgeglichen wird. Externe Effekte wirken gewissermaßen am Preissystem vorbei und verursachen dadurch Preisverzerrungen. Der Zigarrenraucher verursacht durch seinen Konsum Kosten, die er auf andere abwälzt. Müsste er diese Kosten selbst übernehmen, indem er Ihnen etwa das Eintrittsgeld erstattet, würde er vielleicht auf den Konsum seiner Zigarre verzichten.

Die enge Verbindung zwischen öffentlichen Gütern und externen Effekten besteht darin, dass immer, wenn öffentliche Güter zu Allokationsproblemen führen, auch externe Effekte im Spiel sind. So ist beispielsweise die Umweltqualität ein öffentliches Gut. Durch die kostenlose Inanspruchnahme reduziert sich diese Qualität, und dies ist wiederum ein externer Effekt. Zu externen Effekten kommt es allerdings nicht nur im Zusammenhang mit öffentlichen Gütern. Im oben genannten Beispiel des rauchenden Nachbarn ist kein Öffentliches-Gut-

Problem enthalten, es handelt sich vielmehr um eine so genannte „Nachbarschaftsexternalität“ (Weimann, 2001, 133–145).

6 Natürliche Monopole

Natürliche Monopole sind durch Subadditivität der Totalkosten definiert. Subadditivität liegt dann vor, wenn ein bestimmter Output von einem einzelnen Unternehmen zu geringeren Totalkosten hergestellt werden kann als von einer größeren Zahl von Unternehmen. Diese Subadditivität kann durch Economies of Scale (Degression der langfristigen Stückkosten) und/oder Economies of Scope (Verbundvorteile bei der gemeinsamen Produktion mehrerer Produkte) entstehen. Der empirisch bedeutsamste Bereich natürlicher Monopole ist durch Netze gekennzeichnet: Strom, Telefon, Eisenbahn usw. Durch den Aufbau der Netze entstehen bei der Produktion sehr hohe Fixkosten. Die laufenden Kosten der Produktion sind dazu im Vergleich eher unbedeutend, so dass für den gesamten Bereich der Nachfrage die gesamten Stückkosten bei zunehmender Ausbringungsmenge fallen. Es liegen also Economies of Scale vor. Ein in diesem Zusammenhang häufig genanntes Beispiel ist ein Erdgaslieferant, dem zunächst hohe Kosten für die Errichtung eines flächendeckenden Rohrnetzes entstehen, während die zusätzlichen Kosten für eine Ausweitung der Liefermenge vergleichsweise gering sind.

Durch ein unreguliertes natürliches Monopol entstehen in der Regel Ineffizienzen: Die gewinnmaximalen Preise sind im Monopolfall höher und die Mengen geringer als die effizienten Preise und Mengen, die beim Funktionieren des Marktmechanismus erzielt werden könnten. Ferner ist die Anpassungsflexibilität bei Ausschaltung der Konkurrenz geringer als unter Wettbewerb. Nicht zuletzt kann bereits durch eine hohe Marktkonzentration der Anreiz zu innovativem Verhalten sinken, weil die Wettbewerbsintensität bei weniger Anbietern vergleichsweise geringer ausfällt (Olten, 1998, 146 f.).

Zusammenfassend kann also gesagt werden: Greift der Staat bei Vorliegen einer subadditiven Kostenstruktur nicht in das Marktgeschehen ein, so entsteht ein natürliches Monopol. Dieses Monopol hat aber gravierende Nachteile. Aus diesem Grund kann ein staatliches Handeln gerechtfertigt sein.

Allerdings werden heute in vielen Industriestaaten Netzsektoren wie die Telekommunikation, die Eisenbahn und der Energiebereich anders als früher gehandhabt. Früher wurde aus dem natürlichen Monopol ein staatliches gemacht, um die oben beschriebenen Ineffizienzen zu verhindern. Allerdings traten dann auch im staatlichen Monopol erhebliche Ineffizienzen auf. In den neunziger Jahren kam man in Deutschland beispielsweise in der Telekommunikation auf die richtige Idee, den gesamten Sektor zu privatisieren und anderen Anbietern die *Durchleitungsrechte* für die Telefonnetze zu gewähren. Dadurch konnten sich weitere Anbieter am Markt etablieren, da sie die ausgesprochen hohen Kosten für den Aufbau von Netzen nicht mehr aufbringen mussten.

Durch die Gewährung der Durchleitungsrechte wurde die Subadditivität der Totalkosten aufgehoben. Somit lag kein natürliches Monopol und demnach auch kein Marktversagen mehr vor. In diesem Bereich wurde allerdings ein zuvor sehr weitgehender staatlicher Eingriff auch nach der Privatisierung durch einen weit weniger starken Eingriff ersetzt: die Durchleitungsrechte werden weiterhin reguliert (Kruse, 1989, 1321).

7 Ruinöse Konkurrenz

Durch einen Strukturwandel kann es zu einem langfristigen Nachfragerückgang kommen. Dies kann zu Überkapazitäten bei den Anbietern eines Gutes führen. Der Preis sinkt dauerhaft, die Produzenten können ihre totalen Kosten nicht mehr decken. Aus Sicht der Anbieter ist dieser Preis *ruinös*. Mit dem Argument, der Markt würde bei der Bewältigung der notwendigen Anpassungen unzureichend funktionieren, wird in derartigen Situationen häufig staatliches Eingreifen gefordert. Beispielsweise ist die europäische Stahlindustrie vom Strukturwandel negativ betroffen: Die Konkurrenz durch Schwellenländer nimmt stetig zu, da sie aufgrund niedrigerer Faktorpreise kostengünstiger produzieren können. Ferner geht die Stahlnachfrage insgesamt zurück, da Stahl zunehmend durch andere Produkte substituiert wird.

Ist der Marktaustritt kostenlos möglich, so treten keine Anpassungsprobleme auf: Die ineffizientesten Anbieter verlassen einfach den Markt, so dass es zu keinen Überkapazitäten kommt. Inwiefern ändert sich das Ergebnis, wenn erhebliche Marktaustrittsschranken in Form von irreversiblen Kosten („sunk costs") bestehen (irreversible Kosten gehören zu den Fixkosten. Sie sind dadurch gekennzeichnet, dass sie durch eine Unternehmensaufgabe nicht beeinflusst werden können.)? Es wird argumentiert, dass bei erheblichen irreversiblen Kosten eine ruinöse Konkurrenz entstehen kann. Tatsächlich können irreversible Kosten einen Anbieter veranlassen, länger im Markt zu bleiben, obwohl der Preis unter den durchschnittlichen totalen Kosten liegt. Denn bei einem Marktaustritt spart er lediglich die reversiblen Fixkosten, während die irreversiblen Kosten „versinken". Anders gesagt braucht der einzelne Anbieter bei der Entscheidung über den Marktaustritt die irreversiblen Kosten nicht zu berücksichtigen. Vielmehr sind nur die variablen Kosten und die reversiblen Fixkosten entscheidungsrelevant. Liegt nun der Preis unter den durchschnittlichen totalen Kosten – er ist also ruinös –, aber über den durchschnittlichen reversiblen Kosten (die durchschnittlichen reversiblen Kosten sind die totalen Kosten abzüglich der versunkenen Kosten im Verhältnis zu der Produktionsmenge), so ist es für den Anbieter vorteilhaft, noch eine gewisse Zeit im Markt zu bleiben.

Da er nämlich bei einem Marktaustritt nur die reversiblen Kosten einsparen kann, würde er sich hierdurch schlechter stellen. Erst wenn der Preis unter die durchschnittlichen reversiblen Kosten sinkt, ist ein Marktaustritt in jedem Fall sinnvoll.

Eine Situation, in der die Preise für sämtliche Anbieter ruinös sind, kann allerdings nur begrenzte Zeit bestehen bleiben, und zwar so lange, bis Ersatzinvestitionen in irreversible Ressourcen erforderlich sind. Denn eine Preiskalkulation auf Basis der reversiblen Durchschnittskosten ermöglicht es nicht, die Mittel für Investitionen in irreversible Kapitalgüter zu verdienen und Reserven für entsprechende Ersatzinvestitionen zu bilden: Es ist also ökonomisch rational, den Markt zu verlassen. Durch den Marktaustritt reduziert sich die Angebotsmenge, die Überkapazitäten werden abgebaut. In der Folge ist die ruinöse Konkurrenz beendet.

Zusammenfassend kann gesagt werden, dass eine ruinöse Konkurrenz nur kurzfristig besteht und Teil eines Anpassungsprozesses ist. Ein mögliches Mittel zur Vermeidung von (nicht völlig auszuschließenden) Ineffizienzen während des Anpassungsprozesses bestünde etwa in staatlichen Anpassungs- und Mobilitätshilfen oder der Erleichterung des Marktaustritts (z. B. Abwrackprämien in der Binnenschifffahrt oder Abschlacht- und Flächenstilllegungsprämien in der Landwirtschaft). Eine Preisregulierung in Form einer Setzung von Mindestpreisen zur Verhinderung ruinöser Konkurrenz birgt demgegenüber die Gefahr, dass der Anpassungsprozess unnötig verlängert wird (Fritsch/Wein/Ewers, 1993, 233–238).

8 Asymmetrische Information

In einer Ökonomie verfügen die verschiedenen Akteure fast immer über verschiedene Informationen: Es wird also immer Informationsdifferenzen geben. In den meisten Fällen bleiben solche Differenzen unerheblich. Kommt es allerdings zu *systematischen* Informationsasymmetrien, so kann dies zu erheblichen Problemen führen. Diese asymmetrische Information kann opportunistisch genutzt werden.

Wie kann der Informationsvorsprung genutzt werden, und welche Folgen hat dies? Bekanntestes Beispiel ist das so genannte Zitronenproblem: Auf einem Gebrauchtwagenmarkt sind die potenziellen Käufer von Autos darauf angewiesen, die Qualität der Autos zu schätzen: Sie haben weniger Information über die Autos als die Verkäufer. Zu einem bestimmten Zeitpunkt werden sie deshalb von einer mittleren Qualität der Gebrauchtwagen ausgehen und auch nur bereit sein, einen Preis zu zahlen, der dieser Qualität entspricht. Das hat zur Folge, dass die Anbieter guter Wagen keinen Anreiz mehr haben, ihre Fahrzeuge zu verkaufen, während die Anbieter schlechter Autos von der Qualitätserwartung profitieren.

Dies wird zur Folge haben, dass mehr schlechte als gute Autos angeboten werden, was zu einer Senkung der Durchschnittsqualität und nach einiger Zeit zu einer entsprechenden Erwartungsanpassung der Nachfrager führt. Im Ergebnis verdrängen die schlechten Qualitäten die guten vom Markt, und es wird nur mit Zitronen gehandelt.

Auf dem Gebrauchtwagenmarkt lassen sich solche Asymmetrien reduzieren, ohne dass der Staat eingreifen muss. Die Anbieter guter Qualität können Garantieleistungen gewähren oder sich eine Reputation aufbauen, um die Unsicherheit auf Seiten der Käufer abzubauen. Allerdings ist es nicht immer so einfach, das Glaubwürdigkeitsproblem zu lösen. Beispielsweise ist die Behauptung eines Babynahrungsherstellers, nur biologisch einwandfreie Zutaten zu verwenden, für den Käufer auch ex post nicht überprüfbar, und es dürfte auch für den Hersteller nicht einfach sein, die Glaubwürdigkeit seiner Behauptung zu stärken. In einer solchen Situation könnte es für beide Marktseiten vorteilhaft sein, wenn eine staatliche Institution – die kein Interesse an dem Verkauf einer bestimmten Babynahrung hat – die Anbaubedingungen überprüft und attestiert. Hier ließe sich also ein Staatseingriff begründen, da eine staatliche Institution Informationen glaubwürdig vermitteln kann. Natürlich kann der Staat auch eine private Institution beauftragen, die Überprüfungen vorzunehmen (Weimann, 2001, 145–149).

9 Kritik an der kommunalen Wirtschaftstätigkeit

Wie im Einzelnen oben nachgewiesen, unterliegt die wirtschaftliche Betätigung des Staates strikten ökonomischen Begrenzungen. Zudem gibt es verfassungsrechtliche und auch ordnungspolitische Gründe, die gegen eine weitere Ausdehnung der öffentlichen wirtschaftlichen Aktivitäten sprechen. Das gilt besonders für die kommunale wirtschaftliche Betätigung, die unter dem Deckmantel der staatlichen Daseinsvorsorge seit Beginn der neunziger Jahre aus rein fiskalischen Erwägungen ausgedehnt wurde. Zwar ist in den Gemeindeordnungen in gleich mehrfacher Hinsicht eine strikte Beschränkung der vielfältigen unternehmerischen Aktivitäten der kommunalen Unternehmen vorgesehen, jedoch reichen diese Vorschriften nicht aus, um tatsächlich ihren vom Gesetzgeber beabsichtigten Zweck zu erfüllen. Alle Gemeindeordnungen enthalten als Generalvorschrift die Notwendigkeit zur jeweiligen Überprüfung, ob der öffentliche Zweck nicht ebenso gut und wirtschaftlich von einem privaten Unternehmen erfüllt werden kann.

Im Umkehrschluss bedeutet dies, dass nur dann, wenn sich kein privates Unternehmen per Ausschreibung findet, das in der Lage ist, die entsprechende Aufgabe ebenso gut zu erfüllen, die Kommune dies durch ein entsprechend öffentliches Unternehmen selbst tun darf.

Es lässt sich als Generalklausel damit nachweisen, dass eigentlich alle staatlichen Aufgaben, die nicht im Bereich der Hoheitsverwaltung angesiedelt sind und sich damit im Sektor der öffentlichen Leistungsverwaltung befinden, im Regelfall von privaten Unternehmen erbracht werden sollten, weil diese systemimmanent die Aufgaben effizienter erfüllen können. Hierfür gibt es sowohl in wissenschaftlicher theoretischer als auch in praktischer empirischer Hinsicht eine Vielzahl von Belegen.

In den aktualisierten Gemeindeordnungen einiger Bundesländer wurden diese strengen Subsidiaritätsklauseln inzwischen jedoch verwässert, indem statt der strengen nur die einfache Klausel zum Einsatz kommt. Da gleichzeitig auch der so genannte Örtlichkeitsgrundsatz in vielen Gemeinden aufgehoben oder umgangen wird, überrascht es nicht, dass insgesamt eine empirisch nachgewiesene Tendenz zur Ausdehnung der wirtschaftlichen Betätigung der Kommunen in den neunziger Jahren zu beobachten ist.

Auffällig hierbei ist, dass die Kommunalvertreter sich unter dem vorgeschobenen Argument der Gemeinwohlorientierung neue Aufgabenfelder erschließen, die einen hohen „Deckungsbeitrag“ für den kommunalen Haushalt erwirtschaften und damit die häufig defizitäre Haushaltslage verbessern. Damit lässt sich durchaus die These vertreten, dass viele Kommunen sich unter dem Deckmantel der Gemeinwohlorientierung „Rosinen“ aus dem für sie attraktiven Kuchen picken und erwerbswirtschaftlich handeln. Eine derartige Strategie ist aus ökonomischer Perspektive aus verschiedenen Gründen nachteilig:

- Die Erfolge der letzten Jahre aus der Privatisierung der kommunalen Aufgaben, etwa im Bereich der Abfallentsorgung, werden konterkariert.
- Der Einfluss und das Gewicht des staatlichen Sektors steigen. Statt den Staat zu verschlanken und die Staatsquote und den gesamten Staatssektor im Zeitalter der Globalisierung zu verringern, wird durch die wirtschaftliche Betätigung der Kommunen eine ökonomisch und finanzpolitisch fragwürdige Trendumkehr bewirkt.
- Damit einhergeht eine Komprimierung der wettbewerbsorientierten privaten Wertschöpfung und des privaten Unternehmenssektors. Dieser wirtschaftet nicht nur effizienter, sondern ist auch für die Steuerzahler und Bürger die bessere Alternative, weil weniger Staat weniger Steuern und Abgaben nach sich zieht.

Auch unter dem ordnungspolitischen Blickwinkel ist die Ausdehnung der kommunalwirtschaftlichen Betätigung abzulehnen. Denn in der Sozialen Marktwirtschaft gebührt grundsätzlich der privaten Wettbewerbswirtschaft und der privaten Initiative der Primat vor staatlicher Tätigkeit. Selbst dann, wenn eine öffentliche Aufgabe aus Gründen des Marktversagens beim Staat angesiedelt wird, bedeutet dies keinesfalls zwingend, dass die Kommunen zur Erfüllung dieser Aufgabe eigene Unternehmen gründen. Der Staat sollte sich im Zeitalter der Globalisierung auf seine klassischen Kernaufgaben im Bereich der Hoheitsverwaltung beschränken. Deregulierung und Entbürokratisierung sind das Gebot der Stunde.

10 Schlussfolgerungen

Die bestehenden Wettbewerbsverzerrungen zulasten der Privatwirtschaft sind vom Gesetzgeber abzubauen, um damit zunächst erst einmal Chancengleichheit für die privaten Unternehmen herbeizuführen. Das europäische Wettbewerbsrecht setzt bereits heute häufig der kommunalen Wirtschaftstätigkeit engere Grenzen als das nationale Recht.

Die unscharfe verfassungsrechtliche Grenze zwischen zulässiger und unzulässiger kommunaler wirtschaftlicher Tätigkeit sollte mittels einer strikten Subsidiaritätsklausel enger gezogen und formaljuristisch anwendbar gemacht werden. Der Gemeinwohlbegriff sollte in Bezug auf seine Legitimation und Operationalität überprüft und gegebenenfalls aufgegeben werden.

Schließlich sind generell Zweifel an dem im Zeitalter der Globalisierung überkommenden Leitbild der öffentlichen Daseinsvorsorge angebracht. Es ist völlig unverständlich, wenn z. B. der Betrieb von Telekommunikationsleistungen als ein neuer Kernbereich der staatlichen Daseinsvorsorge definiert wird.

Generell stellt sich schließlich die Frage nach einer sinnvollen Konzeption der staatlichen Daseinsvorsorge und einer Grenzziehung zwischen dem privaten und staatlichen Sektor immer wieder neu. Der Aspekt der Wirtschaftlichkeit und Effizienz spricht für mehr Markt- und weniger Staatswirtschaft. Auf diese Zusammenhänge hat bereits Adam Smith vor genau 225 Jahren aufmerksam gemacht.

D

Lösung der Ausgangssachverhalte und Aufbauhilfen für Klage- und Beschwerdeschriften

Um den Blick des Unternehmers für die Konfliktherde zwischen Privatwirtschaft und der erwerbswirtschaftlichen Betätigung der Städte und Gemeinden mitsamt den Problembereichen möglicher unzulässiger Beihilfen nach Art. 87 ff. EGV oder nicht ordnungsgemäßer Ausschreibung nach den §§ 97 ff. GWB zu sensibilisieren, werden unter nachfolgender Ziffer I die eingangs vorangestellten, vier frei erfundenen Ausgangssachverhalte, wie sie sich täglich ereignen können, sowie die hierzu aufgeworfenen Fragen einer kurzen, stichpunktartigen Lösung zugeführt. Dabei wird auf die inhaltlichen Einzelheiten nicht gesondert eingegangen; hier wird auf die vorstehenden Ausführungen verwiesen. Im Anschluss daran werden unter Ziffer II einige Aufbauhilfen für Klage- und Beschwerdeschriften gegeben.

I Lösung der Ausgangssachverhalte

1 Antoner Unterkünfte

Frage 1: Dürfen sich die Antoner Stadtwerke überhaupt an einem Hotelbetrieb beteiligen?

1 Die Beteiligung an der Hotel Müller AG dient keinem öffentlichen Zweck

Die Zulässigkeit der Beteiligung der Antoner Stadtwerke an der Hotel Müller AG beurteilt sich nach Art. 87 BayGO. Danach ist die Beteiligung von vornherein unzulässig, wenn sie in erster Linie erfolgt, um Gewinne zu erzielen. Vorliegend ist entscheidend, ob die von den Antoner Stadtwerken angeführten Gründe für die in Aussicht genommene Beteiligung, nämlich Sicherung von Arbeitsplätzen auf dem Hotelsektor sowie Verbesserung der Hotelinfrastruktur durch günstige Übernachtungsmöglichkeiten in unmittelbarer Umgebung des Bahnhofs mit einhergehender Beruhigung der Verkehrssituation zu Messezeiten, einen öffentlichen Zweck darstellen. Die Beurteilung dieser Frage hat sich an der gegebenen Definition des öffentlichen Zwecks zu orientieren, also der Befriedigung nicht existenziell notwendiger Gemeinwohlbelange, die nach den gesetzlichen Rahmenregelungen auch von der Privatwirtschaft erbracht werden könn(t)en. Gegen das Vorliegen eines öffentlichen Zwecks spricht hier, dass die allgemeine Wirtschaftspolitik sowie die Arbeitsplatzsicherung nur in Ausnahmefällen als öffentlicher Zweck anerkannt sind, da andernfalls das Erfordernis des öffentlichen Zwecks immer erfüllt wäre und dadurch Art. 87 BayGO allzu leicht umgangen werden könnte. Zudem wird der angeführte öffentliche Zweck insofern stark von der Gewinnerzielungsabsicht überlagert, da die Antoner Stadtwerke bei „Erfolg" der Hotel Müller AG weitere Hotels außerhalb ihres Gemeindegebietes betreiben möchten. Insoweit werden die Antoner Stadtwerke wohl nicht erfolgreich das Vorliegen eines öffentlichen Zwecks darlegen können, da die unzulässige Gewinnerzielungsabsicht bei weitem überwiegen wird. Schließlich ist zu fordern, dass die Antoner Stadtwerke mittels Gutachten die erwartete tatsächliche Verbesserung der Hotelinfrastruktur usw. nachweisen. Hierbei ist zu berücksichtigen, was gegen eine Rechtfertigung der Beteiligung der Antoner Stadtwerke spricht, dass die Hotelgäste sich bei der Suche nach geeigneten Hotels nicht ausschließlich vom Preis lenken lassen werden, sondern ebenso durch in der Nähe des Messegeländes gelegene Unterkünfte.

2 Die Beteiligung wird nicht durch den öffentlichen Zweck „erfordert"

Sieht man von der unzulässigen Gewinnerzielungsabsicht und dem hier nicht gegebenen öffentlichen Zweck ab, müssten die Antoner Stadtwerke zudem darlegen, dass die angeführten Gründe die Beteiligung an dem Hotelbetrieb „erfordern", das heißt, es dürfen keine weniger einschneidenden anderen Maßnahmen in Betracht kommen als eben die geplante Beteiligung, um die angeführten Ziele der Verbesserung der Hotelinfrastruktur usw. zu erreichen. Als geeignetere und ebenso wirksame Maßnahme könnte die Stadt Anton den öffentlichen Personennahverkehr verbessern sowie anderweitige Anreize geben, um einerseits die Verkehrsbelastung zu Messezeiten zu verringern und andererseits die Arbeitsplätze im Hotelsektor zu sichern. Letztlich ist es die

Aufgabe der Stadt Anton, die Rahmenbedingungen zu verbessern, um ihre allgemeinen wirtschaftspolitischen Ziele zu verwirklichen. Solche Maßnahmen sind weniger einschneidend als eine erwerbswirtschaftliche Beteiligung, weshalb die von den Stadtwerken Anton in Aussicht genommene Beteiligung nicht von einem öffentlichen Zweck „erfordert" wird.

3 Verletzung der Privatschutzklausel

In vorliegendem Fall kann man davon ausgehen, dass private Unternehmen besser in der Lage sind, die von den Antoner Stadtwerken angegebenen Ziele zu erfüllen. Angesichts der Formulierung in Art. 87 I Nr. 4 BayGO lässt sich argumentieren und vertreten, dass das Nichtvorliegen der Tatbestandsvoraussetzungen der Privatschutzklausel von den Antoner Stadtwerken zu führen ist.

4 Das Betreiben von Hotels durch die Antoner Stadtwerke außerhalb des Gemeindegebiets oder im Ausland erfüllt keinen öffentlichen Zweck

Da der beabsichtigte Betrieb von Hotels außerhalb des Gemeindegebiets oder im Ausland ausschließlich der Gewinnerzielung dient – ein öffentlicher Zweck ist hier wohl von vornherein nicht denkbar –, ist dieses in Aussicht genommene Engagement nach Art. 87 BayGO unzulässig.

5 Ergebnis

Insgesamt lässt sich festhalten, dass die Beteiligung der Antoner Stadtwerke nach Art. 87 BayGO unzulässig ist, da kein zu rechtfertigender öffentlicher Zweck gegeben und zudem die Privatschutzklausel verletzt ist.

Frage 2: Dürfen die Antoner Stadtwerke der Hotel Müller AG Investitionskapital zur Verfügung stellen, obwohl weder Banken noch private Investoren mangels Aussicht auf Rentabilität des Vorhabens zu Investitionen oder deren Finanzierung bereit waren?

Nicht nur das von den Antoner Stadtwerken zur Verfügung gestellte Kapital im Wege des Aufgeldes, sondern die gesamte Beteiligung erfüllt nach dem so genannten Market-Economie-Test den Tatbestand der staatlichen Beihilfe im Sinne des Art. 87 I EGV, da sich private Investoren angesichts des enormen Risikos, welches mit dem Projekt der Hotel Müller AG verbunden ist, nicht fanden. Die nach Art. 87 EGV geforderte mögliche Beeinträchtigung des Wettbewerbs wird durch das Vorliegen des Beihilfentatbestandes indiziert. Das Erfordernis der potenziellen Handelsbeeinträchtigung folgt daraus, dass sich in Anton international operierende Hotelketten betätigen und diese zu der von den Antoner Stadtwerken in Aussicht genommenen Investition nicht bereit waren. Soweit die Beihilfe von der Europäischen Kommission nicht genehmigt worden ist, ist die Beihilfengewährung rechtswidrig. Es greifen weder die Voraussetzungen der De-minimis-Regelung noch die vorhandenen Freistellungsverordnungen.

Frage 3: Welche rechtlichen Möglichkeiten stehen den betroffenen privaten Konkurrenzunternehmen und ihren Verbänden zur Verfügung, die Maßnahmen der Stadtwerke Anton zu unterbinden?

1 Klage gegen die Beteiligung an sich

Klage gegen die Antoner Stadtwerke

Zulässig und begründet ist die Klage gegen die Antoner Stadtwerke auf Unterlassung ihrer in Aussicht genommenen Beteiligung nach § 1 UWG. Die nach Art. 87 BayGO infolge der Verletzung der Privatschutzklausel unzulässige Beteiligung ist nach § 1 UWG sittenwidrig. Die Klage ist vor den ordentlichen Gerichten zu erheben.

Klage gegen die Stadt Anton

Um den Druck auf die Antoner Stadtwerke zu erhöhen, bietet sich zugleich eine Klage vor den Verwaltungsgerichten gegen die Stadt Anton an, und zwar gerichtet auf die Verpflichtung der Stadt, den Stadtwerken Anton die in Aussicht genommene Beteiligung zu untersagen. Die Klage ist nach § 40 VwGO in Form der allgemeinen Leistungsklage vor den Verwaltungsgerichten zulässig. Angesichts des bereits zitierten Urteils des Verfassungsgerichtshofes Rheinland-Pfalz bestehen Aussichten, dass der Privatschutzklausel des Art. 87 I Nr. 4 BayGO drittschützende Funktion zugesprochen wird, so dass die Klage zulässig und begründet sein könnte.

Beschwerde bei Rechtsaufsichtsbehörde?

Parallel zu den Klagen vor den ordentlichen und Verwaltungsgerichten empfiehlt sich eine Rechtsaufsichtsbeschwerde bei der zuständigen Rechtsaufsichtsbehörde, wenngleich hiermit kein Anspruch des Beschwerde führenden Konkurrenzunternehmens auf Einschreiten der Rechtsaufsichtsbehörde besteht, und zwar selbst dann nicht, wenn die angegriffene Beteiligung rechtswidrig ist.

2 Klage gegen die Gewährung der Beihilfen

Klage gegen die Hotel Müller AG / Stadtwerke Anton

Die Beteiligung und das Aufgeld erfüllen den Tatbestand der staatlichen Beihilfe im Sinne von Art. 87 I EGV und wurden von der Europäischen Kommission nicht genehmigt. Aus diesem Grund stellen die Beteiligung sowie das in Aussicht gestellte Aufgeld ein sittenwidriges Marktverhalten sowohl der Hotel Müller AG als auch der Stadtwerke Anton im Sinne des § 1 UWG dar, so dass eine auf Unterlassung gerichtete Klage vor den ordentlichen Gerichten Erfolg gegen beide Unternehmen haben wird.

Klage gegen die Stadt Anton

Die Entscheidung der Stadt Anton über die Beteiligung ist hoheitlicher Natur. Hieraus folgt, dass eine Klage vor den Verwaltungsgerichten in Form einer negativen Leistungsklage statthaft und begründet ist, da die Beihilfen nicht von der Europäischen Kommission genehmigt wurden und deshalb bereits rechtswidrig sind. Die subjektive Rechtsverletzung folgt aus der Verletzung des drittschützenden Art. 88 III 3 EGV.

2 Bertaner Hausverwaltung

Frage 1: Dürfen die Bertaner Stadtwerke überhaupt solche Managementleistungen anbieten?

Die geplanten Managementleistungen der neu errichteten Bertaner Wohnungsverwaltungsgesellschaft mbH dienen nach der gegebenen Definition keinem öffentlichem Zweck. Zudem werden die Bertaner Stadtwerke nicht belegen können, dass sie über ihre neu gegründete Bertaner Wohnungsverwaltungsgesellschaft mbH die angebotenen Managementleistungen besser als die zahlreichen bereits auf dem Markt befindlichen Unternehmen erfüllen können. Letztlich verfolgen die Stadtwerke mit der Errichtung ihres neuen Unternehmens in erster Linie die Erzielung von Gewinnen, was per se unzulässig ist.

Frage 2: Welche rechtlichen Möglichkeiten stehen den betroffenen privaten Konkurrenzunternehmen oder ihren Verbänden zur Verfügung, die Maßnahmen der Stadtwerke Berta zu unterbinden?

Wie in Fall I stehen den betroffenen Konkurrenzunternehmen die bereits angeführten Klagemöglichkeiten vor den ordentlichen Zivil- und Verwaltungsgerichten zu. Die Klage gegen die Stadt Berta ist vor den Verwaltungsgerichten, die Klage gegen die Stadtwerke und gegen die Bertaner Wohnungsverwaltungsgesellschaft mbH ist vor den ordentlichen Gerichten zu führen.

3 Caesarner Druckerei

Frage 1: Darf die Stadt Caesar überhaupt ihre als Regiebetrieb geführte Druckerei in eine GmbH umwandeln und sodann sämtliche Geschäftsanteile an private Unternehmen verkaufen?

Gegen die Umwandlung des Regiebetriebes in eine GmbH bestehen keine rechtlichen Zulässigkeitsbedenken. Eine solche Umwandlung ist nach Art. 86 BayGO ohne weiteres zulässig. Bedenken bestehen gegen den Verkauf der Anteile ohne vorangegangene Ausschreibung. Soweit die Schwellenwerte der Vergabeverordnung erreicht werden, ist der Verkauf der Anteile an der neu gegründeten GmbH als Dienstleistung ausschreibungspflichtig. Soweit der Verkauf ohne Ausschreibung durchgeführt wird, können die hierzu abgeschlossenen Verträge nach § 13 VgV nichtig sein. Dies gilt besonders in dem hier gegebenen Fall, dass der Verkauf der Geschäftsanteile letztlich mit der ausschreibungspflichtigen Vergabe der Druckaufträge verbunden ist.

Frage 2: Darf die Stadt Caesar ihre Druckaufträge an die Caesarner Druck GmbH ohne vorangegangene Ausschreibung für 5 Jahre vergeben?

Auch hier gilt der Grundsatz, dass bei Erreichen der Schwellenwerte nach der Vergabeverordnung ohne Ausschreibung die Druckaufträge nicht vergeben werden dürfen. Diesbezügliche Verträge sind nach § 13 VgV nichtig.

Frage 3: Darf die Stadt Caesar die Personalkosten für die an die Caesarner Druck GmbH überlassenen Mitarbeiter befristet übernehmen?

Die kostenfreie Überlassung des Personals stellt eine staatliche Beihilfe im Sinne des Art. 87 I EGV dar, da hiermit der Caesarner Druck GmbH nicht marktgerechte Vergünstigungen gewährt werden, die ein privat nach marktwirtschaftlichen Grundsätzen handelnder Investor nicht gewähren würde (Market-Economie-Test). Soweit der Kostenvorteil bei der Caesarner Druck GmbH 100 000 Euro innerhalb von zwei Jahren übersteigen sollte, wovon hier ausgegangen werden kann, muss diese Maßnahme als Beihilfe von der Europäischen Kommission genehmigt werden. Da im vorliegenden Fall die kostenfreie Überlassung des Personals von der Europäischen Kommission nicht genehmigt wurde, ist diese Maßnahme per se infolge des Verstoßes gegen die Auszahlungssperre des Art. 88 III 3 EGV rechtswidrig und unzulässig. Die Gegenleistung, dass die Caesarner Druck GmbH die Arbeitnehmer in den nächsten fünf Jahren nicht freistellen wird, stellt keine zulässige Gegenleistung für die kostenfreie Überlassung der Mitarbeiter dar.

Frage 4: Welche rechtlichen Möglichkeiten stehen den betroffenen privaten Konkurrenzunternehmen oder ihren Verbänden zur Verfügung, die Maßnahmen der Stadt Caesar zu unterbinden?

1 Klagen wegen Verletzung des Vergabeverfahrens

Zulässig und begründet sind hier die Verfahren vor den Vergabekammern und Vergabesenaten, die die Verletzung der Vergabevorschriften rügen. Zudem können die verletzten Konkurrenzunternehmen von der Stadt Caesar Schadensersatz vor den ordentlichen Gerichten geltend machen.

2 Klagen gegen die kostenlose Arbeitnehmerüberlassung

Die kostenfreie Arbeitnehmerüberlassung erfüllt den Tatbestand der staatlichen Beihilfe im Sinne von Art. 87 I EGV und wurde von der Europäischen Kommission nicht genehmigt. Daher stellt sie ein sittenwidriges Marktverhalten sowohl der Caesarner Druck GmbH als auch der Druck und Satz GmbH, die die Geschäftsanteile an der Caesarner Druck GmbH hält, im Sinne des § 1 UWG dar, so dass eine auf Unterlassung gerichtete Klage gegen beide Unternehmen vor den ordentlichen Gerichten Erfolg haben wird.

Die Entscheidung der Stadt Caesar über die kostenfreie Arbeitnehmerüberlassung ist hoheitlicher Natur. Hieraus folgt, dass eine Klage vor den Verwaltungsgerichten in Form einer negativen Leistungsklage, das heißt Verzicht auf die „Arbeitnehmerüberlassung", statthaft und begründet ist, da die Beihilfen nicht von der Europäischen Kommission genehmigt wurden und deshalb bereits rechtswidrig sind. Die subjektive Rechtsverletzung folgt aus der Verletzung des drittschützenden Art. 88 III 3 EGV.

4 Deltaner Autowartung

Frage 1: Darf die Stadt Delta überhaupt ihre Kfz-Leistungen an Private anbieten und ihre Tätigkeit auf die Nachbarstadt Emil ausweiten?

Das Anbieten von allgemeinen Kfz-Wartungen an Private dient weder einem öffentlichen Zweck noch können allgemeine Kfz-Wartungen für

Private als eine zulässige Nutzung vorhandener Ressourcen angesehen werden. Zudem verstößt das Erbringen von Kfz-Wartungen gegen die Privatschutzklausel, da angesichts der vielfältigen Kfz-Werkstätten ein Marktversagen nicht feststellbar ist. Aufgrund der Bestimmung in Art. 87 BayGO, nach dem die erwerbswirtschaftliche Betätigung grundsätzlich auf die örtliche Gemeinschaft begrenzt ist, wird die geplante Gründung einer Niederlassung der Deltaner Autowartung GmbH in der Nachbarstadt Emil unzulässig sein, da ein rechtfertigender öffentlicher Zweck nicht vorstellbar ist und zudem die Privatschutzklausel verletzt ist.

Frage 2: Darf die Stadt Delta für ihre Leistungen großflächig auf ihren Straßenbahnwagons Werbung betreiben?

Soweit die Stadt Delta Dritten Flächen an ihren Straßenbahnwagons für Werbezwecke zur Verfügung stellt, wird allgemein von einer zulässigen Nutzung vorhandener Ressourcen ausgegangen. Anders beurteilt sich die Rechtslage jedoch, wenn die Stadt Delta für eine unzulässige erwerbswirtschaftliche Betätigung Werbung betreibt. Diese ist nach § 1 UWG unzulässig, da wettbewerbswidrig.

Frage 3: Darf die Stadt Delta für Werbemaßnahmen neue Monitore an den Straßenbahnhaltestellen anbringen?

Soweit die Stadt Delta gesondert Monitore für eigene Werbezwecke montieren lässt, beurteilt sich die Zulässigkeit dieser Werbung nach der Zulässigkeit der beworbenen Leistungen. Sind die beworbenen städtischen Leistungen unzulässig, da sie eine unzulässige erwerbswirtschaftliche Betätigung darstellen, müssen auch die Anschaffung der Monitore und die Werbeschaltungen auf den Monitoren nach § 1 UWG unzulässig sein. Soweit die Monitore Dritten als Werbemöglichkeiten zur Verfügung gestellt werden, kann diese Maßnahme (Anschaffung der kostenintensiven Monitore sowie Anstellung zusätzlichen Wartungspersonals) nur dann zulässig sein, wenn von einer noch zulässigen Nutzung vorhandener Ressourcen ausgegangen werden kann. Im vorliegenden Fall werden teure Monitore montiert, also nicht vorhandene Ressourcen genutzt, zudem weiteres Wartungspersonal eingestellt, so dass wohl eine noch zulässige Ressourcennutzung/ Annexnutzung nicht mehr angenommen werden kann.

Frage 4: Darf die Stadt Delta ihre Kfz-Leistungen auf sonnenenergiebetriebene Fahrzeuge ausweiten und hierfür besondere Wartungsanlagen erwerben?

Das Anbieten von Wartungsleistungen für besondere sonnenenergiebetriebene Fahrzeuge kann mit dem Argument der Förderung umweltpolitischer Ziele einem öffentlichen Zweck dienen. Zu beachten ist hierbei, dass sich solche erwerbswirtschaftlichen Betätigungen im Rahmen des Erforderlichen halten müssen und zudem nicht ebenso gut von privaten Unternehmen erbracht werden können (Privatschutzklausel). Soweit das Anbieten von Wartungsleistungen für sonnenenergiebetriebene Fahrzeuge auf einen bestimmten und kurzen Zeitraum begrenzt wird, kann von einer noch zulässigen erwerbswirtschaftlichen Betätigung ausgegangen werden. Wird das Anbieten von Wartungsleistungen für sonnenenergiebetriebene Fahrzeuge zeitlich nicht begrenzt, wird diese erwerbswirtschaftliche Betätigung in dem Fall rechtswidrig und unzulässig, sobald private Unternehmen die gleichen Leistungen ebenso gut auf dem Markt anbieten.

Frage 5: Darf die Stadt Delta Kfz-Zubehör sowie ein eigens für den Verkauf an Private hergestelltes örtliches Navigationssystem verkaufen oder sogar kostenlos abgeben?

Der Verkauf von Kfz-Zubehör sowie die Vertreibung eines eigenen örtlichen Navigationssystems wird nicht durch einen öffentlichen Zweck gerechtfertigt sein. Es ist der Stadt Delta nach Art. 87 BayGO grundsätzlich verwehrt, durch neuartige Produkte einen neuen Markt zu generieren. Schließlich verstößt die kostenlose Abgabe des Navigationssystems gegen § 1 UWG, da hierdurch private Anbieter – soweit vorhanden – von örtlichen Navigationssystemen nicht nur vom Markt gedrängt werden, sondern den Herstellern dieser Navigationssysteme hierdurch auch der Zugang auf diesen gegebenenfalls neuen Markt verwehrt wird.

Frage 6: Darf die Stadt Delta eine Website unterhalten, in die sich Unternehmen kostenlos aufnehmen lassen können?

Nach Auffassung der Bayerischen Staatsregierung vom 23. 10. 2000, Drucksache 14/4598, ist es den Kommunen nicht verwehrt, Websites mit Informationen zu ihren Regionen und Unternehmen zu unterhalten. Allerdings ist zu bedenken, dass das Anbieten von Providerdiensten ebenfalls eine erwerbswirtschaftliche Betätigung darstellt und durch einen öffentlichen Zweck zu rechtfertigen ist. Soweit private Unternehmen auf diesen von den Kommunen unterhaltenen Websites Werbung zu allgemein üblichen Konditionen betreiben, wird man von einer zulässigen Annexnutzung oder Nutzung vorhandener Ressourcen sprechen können, ähnlich der zulässigen Zurverfügungstellung von Werbeflächen z. B. auf Straßenbahnwagen an private Unernehmen. Soweit allerdings die Providerdienste und Werbebanner unter dem allgemein üblichen Marktpreis vergeben werden, entsteht gegenüber den anderen konkurrierenden Providerdiensten eine unzulässige erwerbswirtschaftliche Betätigung, die gegebenenfalls auch den Tatbestand einer unzulässigen Beihilfe nach Art. 87 I EGV erfüllen kann.

Frage 7: Welche rechtlichen Möglichkeiten stehen den betroffenen privaten Konkurrenzunternehmen oder ihren Verbänden zur Verfügung, die Maßnahmen der Stadt Delta zu unterbinden?

Letztlich sind hier wie bei den vorausgegangenen Fällen Klagen vor den ordentlichen Gerichten gegen die unzulässige erwerbswirtschaftliche Betätigung der kommunalen Unternehmen in Privatrechtsform nach § 1 UWG sowie Klagen gegen die Stadt Delta auf Unterlassung der unzulässigen erwerbswirtschaftlichen Betätigung vor den Verwaltungsgerichten zulässig und begründet.

II Aufbauhilfen für Klage- und Beschwerdeschriften

1 Zu Klagen gegen eine nach Art. 87 BayGO i. V. m. § 1 UWG unzulässige erwerbswirtschaftliche Betätigung einer Kommune

1.1 Fallsituation

Ein privates Konkurrenzunternehmen ist der Auffassung, dass die erwerbswirtschaftliche Betätigung einer Kommune gegen das Gemeindewirtschaftsrecht des betroffenen Bundeslandes, in Bayern gegen Art. 87 BayGO, verstößt. Den nachstehenden Aufbauhilfen liegt der Fall „Bertaner Hausverwaltung" zugrunde. Das Rechtsschutz suchende konkurrierende Unternehmen der Bertaner Wohnungsverwaltungsgesellschaft mbH wird als klageführende „Konkurrenz AG" bezeichnet.

1.2 Unterlassungsklage vor dem Zivilgericht

Das private Konkurrenzunternehmen kann gegen die als unzulässig angesehene erwerbswirtschaftliche kommunale Betätigung eine Unterlassungsklage vor dem jeweils örtlich zuständigen Landgericht gegen das betroffene Kommunalunternehmen erheben. Die Unterlassungsklage könnte wie folgt formuliert werden:

„Landgericht ORT

ANSCHRIFT

Klage

In Sachen

Konkurrenz AG,
g. v. d. d. VORSTAND,

ANSCHRIFT
– Klägerin –

Prozessbevollmächtigte:
RAe ________,

gegen

Bertaner Hausverwaltungsgesellschaft mbH,
g. v. d. d. GF NAME,
ANSCHRIFT
- Beklagte -

wegen unzulässiger erwerbswirtschaftlicher Betätigung und Unterlassung

– vorläufiger Streitwert: € ________ –

bestellen wir uns zu den Prozessbevollmächtigten der Klägerin, zahlen Gerichtskosten mit beiliegenden Gerichtskostenmarken / Verrechnungsscheck ein und bitten um Anberaumung eines nahen Termins zur mündlichen Verhandlung, in dem wir

beantragen:

I. Die Beklagte wird verurteilt, es bei Meidung eines vom Gericht für jeden Fall der Zuwiderhandlung festzusetzenden Ordnungsgeldes, bis zu je € 250 000, ersatzweise Ordnungshaft oder Ordnungshaft bis zu 6 Monaten, zu vollziehen an ihren Geschäftsführern, zu unterlassen, an private oder gewerbliche Auftraggeber technische oder kaufmännische Gebäudemanagementleistungen, insbesondere Aufzugswartungen, Inkassowesen, Nebenkostenabrechnungen, zu erbringen.

III. Die Beklagte trägt die Kosten des Rechtsstreits.

IV. Das Urteil ist – notfalls gegen Sicherheitsleistung – vorläufig vollstreckbar. Sicherheit kann auch durch selbstschuldnerische, unwiderrufliche, unbedingte und unbefristete Bürgschaft einer deutschen Großbank oder eines öffentlichen Kreditinstituts erbracht werden.

Sollte ein schriftliches Vorverfahren angeordnet werden, wird beantragt, für den Fall des § 331 Abs. 3 ZPO ein Versäumnisurteil und für den Fall des § 307 Abs. 2 ZPO ein Anerkenntnisurteil – jeweils ohne mündliche Verhandlung – zu erlassen.

Begründung:

Die Klägerin fordert von der Beklagten die Unterlassung von technischen und kaufmännischen Gebäudemanagementleistungen an private oder gewerbliche Auftraggeber.

1. Zu den Parteien:

   Die Beklagte, deren alleinige Gesellschafterin die Bertaner Stadtwerke sind, deren alleinige Gesellschafterin wiederum die Stadt Berta ist, wurde am DATUM neu in das Handelsregister Amtsgericht Berta eingetragen.

   Beweis: Handelsregisterauszug, Anlage

2. Gesellschaftszweck der Parteien und i. S. d. § 1 UWG sittenwidriger Geschäftsgegenstand der Beklagten

2.1 Einziger Gesellschaftszweck der Beklagten ist die Erbringung von folgenden technischen und kaufmännischen Gebäudemanagementleistungen an private oder gewerbliche Auftraggeber: AUSFÜHREN. Die Klägerin erbringt ebenfalls solche Gebäudemanagementleistungen und steht daher in unmittelbarer Konkurrenz zur Beklagten. Die Klägerin begehrt mit dieser Klage von der Beklagten die Unterlassung vorgenannter Gebäudemanagementleistungen an private oder gewerbliche Auftraggeber.

2.2 Die hier in Streit stehenden Gebäudemanagementleistungen an private oder gewerbliche Auftraggeber stellen ein nach § 1 UWG als sittenwidrig zu beurteilendes Marktverhalten dar. Nach ständiger zivilgerichtlicher Rechtsprechung ist eine nach Art. 87 BayGO unzulässige erwerbswirtschaftliche Betätigung eines kommunalen Unternehmens unter folgenden Voraussetzungen gleichzeitig als sittenwidrig nach § 1 UWG zu beurteilen AUSFÜHREN UNTER ZITAT DER EINSCHLÄGIGEN RECHTSPRECHUNG; SODANN DEN SACHVERHALT UNTER DIE GENANNTEN ANSPRUCHSVORAUSSETZUNGEN SUBSUMIEREN.

3. Da die Beklagte trotz Anwaltsschreiben vom ________ weiterhin die streitgegenständlichen Gebäudemanagementleistungen erbringt, ist Klage geboten.

Nach alledem ist der Klage antragsgemäß stattzugeben.

(Unterschrift Rechtsanwalt)“

1.3 Wettbewerbsrechtliche Abmahnung; Antrag auf Erlass einer einstweiligen Verfügung vor dem Zivilgericht auf Unterlassung der erwerbswirtschaftlichen Betätigung des Kommunalunternehmens

Soweit das private Konkurrenzunternehmen nicht ein langwieriges Gerichtsverfahren durchlaufen möchte, sondern eine schnelle (vorläufige) Entscheidung anstrebt, kann gegen die als unzulässig angesehene erwerbswirtschaftliche kommunale Betätigung eine einstweilige Verfügung vor dem jeweils örtlich zuständigen Landgericht beantragt werden. Das betroffene Kommunalunternehmen sollte jedoch grundsätzlich zuvor abgemahnt werden. Die Abmahnung könnte wie folgt formuliert werden:

„Bertaner Hausverwaltungsgesellschaft mbH
z. H. GF
ANSCHRIFT

Betreff: Abmahnung wegen unzulässiger kommunaler erwerbswirtschaftlicher Betätigung

Unser Zeichen: ________

Sehr geehrte Damen und Herren,

unter Vorlage beiliegender Originalvollmacht zeigen wir die anwaltliche Vertretung der Konkurrenz AG, g. v. d. d. Vorstand VOR- UND ZUNAME, ANSCHRIFT, an.

Alleinige Gesellschafterin Ihres Unternehmens ist die Bertaner Stadtwerke GmbH, deren alleinige Gesellschafterin wiederum die Stadt Berta ist. Ihre am DATUM gegründete Gesellschaft hat als alleinigen Gesellschaftszweck die Erbringung von technischen und kaufmännischen Gebäudemanagementleistungen wie insbesondere AUSFÜHREN zum Gegenstand. Sie verstoßen hiermit gegen § 1 UWG, da Ihre Leistungen nach Art. 87 BayGO als unzulässig zu bewerten sind.

Namens und im Auftrag unserer Mandantin fordern wir Sie auf, beiliegende strafbewehrte Unterlassungserklärung bis spätestens (FRIST VON NICHT MEHR ALS 8 TAGEN) an uns unterzeichnet zurückgesandt zu haben. Zur Fristwahrung ist der Eingang der strafbewehrten Unterlassungserklärung in unserer Kanzlei entscheidend, nicht deren Absendung. Sollte die geforderte strafbewehrte Unterlassungserklärung nicht fristgerecht bei uns eingegangen sein, werden wir unserer Mandantin empfehlen, ohne weitere Ankündigung unverzüglich rechtliche Schritte einzuleiten.

Weiterhin: Nach ständiger Rechtsprechung sind Sie verpflichtet, die Gebühren unserer Einschaltung zu tragen. Wir fordern Sie daher auf, beiliegende Kostennote ebenfalls bis spätestens (FRIST VON NICHT MEHR ALS 8 TAGEN) ausgeglichen zu haben, wobei es zur Fristwahrung auch hier auf den Eingang des Betrags auf unserem Konto ankommt, nicht dagegen auf die Absendung des Betrags.

(Unterschrift Rechtsanwalt)"

Anlage:
Strafbewehrte Unterlassungs- und Verpflichtungserklärung

Die Bertaner Hausverwaltungsgesellschaft mbH, g. v. d. d. GF VOR- UND ZUNAME, ANSCHRIFT, verpflichtet sich

gegenüber der

Konkurrenz AG,

g. v. d. d. Vorstand VOR- UND ZUNAME, Anschrift

1. es ab sofort zu unterlassen, insbesondere folgende Gebäudemanagementleistungen an private oder gewerbliche Auftraggeber zu erbringen: DETAILLIERT AUSFÜHREN!;
2. für jeden Fall der Zuwiderhandlung und unter Verzicht auf die Einrede des Fortsetzungszusammenhangs eine Vertragsstrafe von 5 100 € an die Konkurrenz AG zu bezahlen;
3. die Kosten, die durch die Inanspruchnahme der Rechtsanwälte entstanden sind, in Höhe einer 7,5/10-Geschäftsgebühr nach den §§ 11, 118 I 1 BRAGO zzgl. Auslagen und Mehrwertsteuer aus einem Streitwert von 25 000 Euro zu tragen.

(Unterschrift Geschäftsführer der Bertaner Hausverwaltungsgesellschaft mbH)"

Für den Fall, dass die Bertaner Hausverwaltungsgesellschaft mbH nicht fristgerecht die strafbewehrte Unterlassungserklärung abgegeben haben sollte, sind grundsätzlich die Voraussetzungen (Wiederholungsgefahr) für einen Antrag auf

Erlass einer einstweiligen Verfügung gegeben. Der Unterschied zwischen dem unter vorstehender Ziffer 1.2 behandelten Hauptsacheverfahren (Unterlassungsklage) besteht in der vorläufigen Entscheidung des Gerichts. Es gilt im Rahmen des einstweiligen Verfügungsverfahrens wie im Hauptsacheverfahren, den Sachverhalt nebst Beweisangeboten sowie den Rechtsanspruch genauestens darzulegen. Im einstweiligen Verfügungsverfahren ist die Beweisführung grundsätzlich durch Glaubhaftmachung zulässig und ausreichend.

1.4 Klage auf Unterlassung vor den Verwaltungsgerichten

Wenngleich bislang Klagen auf Unterlassung unmittelbar gegen die Gemeinde vor den Verwaltungsgerichten keinen Erfolg hatten, so ist infolge des bereits zitierten Urteils des Verfassungsgerichtshofes Rheinland-Pfalz sowie aufgrund der starken Tendenzen in der Literatur ein Wandel in der verwaltungsgerichtlichen Rechtsprechung zu erwarten. Eine Klage vor den Verwaltungsgerichten auf Unterlassung ihrer erwerbswirtschaftlichen Betätigung könnte am Beispiel der Bertaner Hausverwaltung wie folgt formuliert werden:

„Verwaltungsgericht ORT
ANSCHRIFT

Klage
In Sachen

Konkurrenz AG,
g. v. d. d. VORSTAND,
ANSCHRIFT
– Klägerin –

Prozessbevollmächtigte:

RAe ________,

gegen

Stadt Berta,
g. v. d. d. OBERBÜRGERMEISTER VOR- UND ZUNAME,
ANSCHRIFT
– Beklagte –

wegen unzulässiger erwerbswirtschaftlicher Betätigung und Unterlassung

bestellen wir uns zu den Prozessbevollmächtigten der Klägerin und bitten um Anberaumung eines nahen Termins zur mündlichen Verhandlung, in dem wir

beantragen:

I. Die Beklagte wird verurteilt, es zu unterlassen, über ihr Unternehmen Bertaner Hausverwaltungsgesellschaft mbH, ANSCHRIFT, an private oder gewerbliche Auftraggeber technische oder kaufmännische Gebäudemanagementleistungen, insbesondere Aufzugswartungen, Inkassowesen, Nebenkostenabrechnungen, zu erbringen.

II. Die Beklagte trägt die Kosten des Rechtsstreits.

Begründung:

Die Klägerin fordert von der Beklagten die Unterlassung von technischen und kaufmännischen Gebäudemanagementleistungen an private oder gewerbliche Auftraggeber.

1. Zu den Parteien:

   Die Beklagte ist alleinige Gesellschafterin der Bertaner Stadtwerke, die wiederum sämtliche Geschäftsanteile an der Bertaner Hausverwaltungsgesellschaft mbH, gegründet am DATUM, ist.

   Beweis: Handelsregisterauszug, Anlage

2. Gesellschaftszweck der Parteien

2.1 Einziger Gesellschaftszweck der Bertaner Hausverwaltungsgesellschaft mbH ist die Erbringung von folgenden technischen und kaufmännischen Gebäudemanagementleistungen an private oder gewerbliche Auftraggeber: AUSFÜHREN. Die Klägerin erbringt ebenfalls solche Gebäudemanagementleistungen und steht daher in unmittelbarer Konkurrenz zur Bertaner Hausverwaltungsgesellschaft mbH. Die Klägerin begehrt mit dieser Klage von der Beklagten die Unterlassung vorgenannter Gebäudemanagementleistungen an private oder gewerbliche Auftraggeber durch die Bertaner Hausverwaltungsgesellschaft mbH.

2.2 Die hier in Streit stehenden Gebäudemanagementleistungen an private oder gewerbliche Auftraggeber stellen ein nach § 1 UWG als sittenwidrig zu beurteilendes Marktverhalten dar. Nach ständiger zivilgerichtlicher Rechtsprechung ist eine nach Art. 87 BayGO unzulässige erwerbswirtschaftliche Betätigung eines kommunalen Unternehmens unter folgenden Voraussetzungen gleichzeitig als sittenwidrig nach § 1 UWG zu beurteilen AUSFÜHREN UNTER ZITAT DER EINSCHLÄGIGEN RECHTSPRECHUNG! SODANN DEN SACHVERHALT UNTER DIE GENANNTEN ANSPRUCHSVORAUSSETZUNGEN SUBSUMIEREN. SODANN BEGRÜNDEN, DASS VOR DEM VERWALTUNGSGERICHT EBENFALLS DIE WERTUNGEN DES § 1 UWG ZUR ANWENDUNG KOMMEN MÜSSEN.

2.2 Die Beklagte verletzt durch ihre erwerbswirtschaftliche Betätigung über die Bertaner Hausverwaltungsgesellschaft mbH gegen die drittschützende Norm des Art. 87 I Nr. 4 BayGO. AUSFÜHREN, DASS ART. 87 I Nr. 4 BayGO DRITTSCHÜTZENDEN CHARAKTER BESITZT. HIERDURCH WIRD DIE KLAGEBEFUGNIS NACH § 42 II VwGO BEGRÜNDET. WEITERHIN SACHVERHALT UNTER Art. 87 BayGO SUBSUMIEREN.

2.3 Da die Beklagte trotz Aufforderung durch die Klägerin weiterhin über die Bertaner Hausverwaltungsgesellschaft mbH die streitgegenständlichen Gebäudemanagementleistungen an private und gewerbliche Auftraggeber erbringt, ist Klage geboten. SOLLTE DIE BEKLAGTE DAS AUFFORDERUNGSSCHREIBEN MITTELS ANFECHTBAREN VERWALTUNGSAKTES ZURÜCKGEWIESEN HABEN, IST AUCH DIESER VERWALTUNGSAKT ANZUGREIFEN SOWIE GEGEBENENFALLS EIN WIDERSPRUCHSVERFAHREN DURCHZUFÜHREN.

Nach alledem ist der Klage antragsgemäß stattzugeben.

(Unterschrift Rechtsanwalt)“

2 Zu Klagen / Beschwerden gegen nach Art. 87 und 88 EGV unzulässige Beihilfe an ein Kommunalunternehmen

2.1 Fallsituation

Ein privates Unternehmen ist der Auffassung, dass ein kommunales Unternehmen eine Beihilfe erhalten hat und diese Beihilfe nicht von der Europäischen Kommission nach Art. 87 I EGV i. V. m. Art. 88 III 3 EGV genehmigt worden ist. Den nachstehenden Aufbauhilfen liegt der Fall „Antoner Unterkünfte“ zugrunde. Das Rechtsschutz suchende konkurrierende Unternehmen der Hotel Müller AG wird als klage- und beschwerdeführende „Konkurrenz AG“ bezeichnet.

2.2 Beschwerde bei der Europäischen Kommission

Das private Unternehmen kann sich mit nachfolgender Beschwerde an die Europäische Kommission wenden, die sodann verpflichtet ist, der Beschwerde nachzugehen:

„Europäische Kommission
Generaldirektion Wettbewerb (GD IV)
Direktion für Staatliche Beihilfen
Rue de la Loi / Wetstraat 200
B-1049 Brüssel

Betreff: Unzulässige Beihilfen an die X-GmbH

Unser Zeichen: ________

Sehr geehrte Damen und Herren,

unter Vorlage beiliegender Originalvollmacht zeigen wir die anwaltliche Vertretung der Konkurrenz AG, ANSCHRIFT + GESETZLICHE VERTRETUNG, an. Die in Anton ansässige Konkurrenz AG betreibt in Anton wie auch bundes- und europaweit Hotels.

Die Konkurrenz AG steht in direktem Wettbewerb mit der Hotel Müller AG in Anton, ANSCHRIFT + GESETZLICHE VERTRETUNG. Unsere Mandantin hat über Presseberichte, wie wir sie in Kopie diesem Schreiben beilegen, erfahren, dass sich die Antoner Stadtwerke GmbH, ANSCHRIFT + GESETZLICHE VERTRETUNG, deren Geschäftsanteile ausschließlich von der Stadt Anton gehalten werden, an dem von Herrn Müller betriebenen Hotel wie folgt beteiligen wird: BESCHREIBUNG DER ART DER BETEILIGUNG, SOWEIT BEKANNT.

Unsere Mandantin ist der Auffassung, dass es sich bei der Beteiligung der Anton Stadtwerke um eine nach Art. 87 I EGV grundsätzlich unzulässige Beihilfe handelt: Zum einen sind private konkurrierende Hotelunternehmen nicht bereit, sich angesichts der schwierigen finanziellen Lage des Hotels Müller hieran zu beteiligen; entsprechende Verhandlungen sind gescheitert: MÖGLICHST GENAU AUSFÜHREN. Zum anderen ist das Hotel Müller nicht in der Lage, sich das erforderliche Kapital auf dem privaten Markt zu beschaffen. Nach unseren Informationen wurde die Beteiligung bei der Europäischen Kommission weder notifiziert noch von der Europäischen Kommission genehmigt, obwohl die Beteiligung zu Wettbewerbsverzerrungen zum Nachteil unserer Mandantin führt. Es sind keine Gründe erkennbar, weshalb die Beteiligung mit dem Gemeinsamen Markt nach

Art. 87 EGV genehmigt werden könnte. Wir bitten höflich, unserer Beschwerde nachzugehen, hierbei die Identität unserer Mandantin vertraulich zu behandeln und uns über die Ergebnisse Ihrer Untersuchung und ergriffenen Maßnahmen zu berichten.

(Unterschrift Rechtsanwalt)“

2.3 Beteiligung des Konkurrenten am Hauptprüfverfahren der Europäischen Kommission

Sollte die Europäische Kommission z. B. aufgrund

- obiger Beschwerde,
- „eigener Initiative“ oder aufgrund
- Notifikation des Mitgliedstaates

das Hauptprüfverfahren einleiten, wird die Abgabe einer Stellungnahme der Konkurrenz AG empfohlen. Hier könnte eine Stellungnahme wie folgt formuliert werden:

„Europäische Kommission
Generaldirektion Wettbewerb (GD IV)
Direktion Staatliche Beihilfen
Rue de la Loi / Wetstraat 200
B-1049 Brüssel

Betreff: Eröffnung des Hauptprüfverfahrens durch Entscheidung der Europäischen Kommission vom DATUM gegen die Bundesrepublik Deutschland wegen Beihilfen KURZBEZEICHNUNG MIT EMPFÄNGERANGABE (im Fall: Beteiligung der Antoner Stadtwerke GmbH am Hotel Müller)

Aktenzeichen der Europäischen Kommission: C ________ ________
(ex N ________)

Sehr geehrte Damen und Herren,

unter Vorlage beiliegender Originalvollmacht zeigen wir die anwaltliche Vertretung der Konkurrenz AG, ANSCHRIFT + GESETZLICHE VERTRETUNG, an. Die in Anton ansässige Konkurrenz AG betreibt in Anton wie auch bundes- und europaweit Hotels.

Die Europäische Kommission hat im Amtsblatt der Europäischen Gemeinschaften Reihe C ________ vom DATUM ihre Entscheidung über die Eröffnung des Hauptprüfverfahrens nach Art. 88 II EG-Vertrag in Bezug auf die Beteiligung der Antoner Stadtwerke GmbH an dem Hotel Müller veröffentlicht.

Namens und im Auftrag unserer Mandantin geben wir im Rahmen dieses Hauptprüfverfahrens nachfolgende Stellungnahme ab:

SACHVERHALT, WETTBEWERBSSITUATION AUSFÜHREN! SOLLTE DIE BETEILIGUNG WIE IM FALL BEREITS GEWÄHRT WORDEN SEIN, IST HIERAUF HINZUWEISEN MIT DER FOLGE, DASS DIE GEWÄHRUNG DER BEIHILFE BEREITS AUS DIESEM GRUNDE RECHTSWIDRIG IST (SO GENANNTE FORMELLE RECHTSWIDRIGKEIT). SODANN IST ANHAND DES SACHVERHALTES DIE MATERIELLE UNVEREINBARKEIT DER BETEILIGUNG ANHAND DER ART. 87 ff. EGV, DEN MITTEILUNGEN DER EUROPÄISCHEN KOMMISSION, IHREN GEMEINSCHAFTSRAHMEN/LEITLINIEN SOWIE ANHAND DER ERGANGENEN RECHTSPRECHUNG DER LUXEMBURGISCHEN GERICHTE ZU BEGRÜNDEN.

Es wird daher beantragt, das Hauptprüfverfahren mit folgenden Entscheidungen zu beenden:

1. Die Beteiligung der Antoner Stadtwerke GmbH ist mit dem Gemeinsamen Markt unvereinbar.

2. FÜR DEN FALL, DASS DIE BEIHILFE BEREITS GEWÄHRT WORDEN IST: Die Bundesrepublik Deutschland wird aufgefordert, die erforderlichen Maßnahmen zur Rückforderung der Beihilfe zu ergreifen.

(Unterschrift Rechtsanwalt)“

2.4 Klage des Konkurrenten gegen die die Beihilfe genehmigende Entscheidung der Europäischen Kommission

Sollte die Europäische Kommission trotz der Ausführungen der Konkurrenz AG im Hauptprüfverfahren die Beihilfe genehmigen, kann die Konkurrenz AG die Entscheidung der Europäischen Kommission mit der so genannten Nichtigkeitsklage nach Art. 230 EGV vor dem Europäischen Gericht erster Instanz (EuG) anfechten. Die Klage der Konkurrenz AG gegen die Genehmigungsentscheidung der Europäischen Kommission könnte wie folgt formuliert werden:

„Gericht erster Instanz
der Europäischen Gemeinschaften
– Kanzlei –
L-2925 Luxemburg

Klage

In Sachen

Konkurrenz AG, g. v. d. d. VORSTAND ________,
Anschrift
– Klägerin –

Prozessbevollmächtigter:

NAME RECHTSANWALT MIT ORT DER ZULASSUNG UND KANZLEIANSCHRIFT

Zustellanschrift: RECHTSANWALTSKANZLEI ANSCHRIFT IN LUXEMBURG

gegen

Kommission der Europäischen Gemeinschaften,
Rue de la Loi 200, B-1049 Brüssel,
– Beklagte –

bestellen wir uns unter Vorlage beiliegender Originalvollmacht zu den Prozessbevollmächtigten der Klägerin und erheben in deren Namen und Auftrag Klage gegen die Kommission der Europäischen Gemeinschaften mit folgenden Anträgen:

I. Die Entscheidung der Europäischen Kommission vom DATUM MIT AKTENZEICHEN über eine Beihilfe der Bundesrepublik Deutschland an die Hotel Müller AG wird für nichtig erklärt.

II. Die Europäische Kommission trägt die Kosten dieses Verfahrens.

Begründung:

Mit Entscheidung vom DATUM hat die Europäische Kommission nach Durchführung des Hauptprüfverfahrens die Beteiligung an der Hotel Müller AG durch die Antoner Stadtwerke, deren alleinige Gesellschafterin die Stadt Anton ist, als mit dem Gemeinsamen Vertrag für vereinbar erklärt. Vorliegende Klage richtet sich gegen diese Entscheidung der Europäischen Kommission.

1. Die Klage ist zulässig:

1.1 Die Klage ist fristgerecht eingereicht, da die Klägerin von der Entscheidung der Europäischen Kommission mit Veröffentlichung im Amtsblatt der Europäischen Gemeinschaften vom DATUM erfahren und Kenntnis erlangt hatte.

1.2 Die Klägerin ist aus folgenden Gründen Konkurrentin der Beihilfenempfängerin: AUSFÜHREN. Im Übrigen hat die Klägerin mit beiliegendem Schreiben im Rahmen des von der Europäischen Kommission eröffneten Hauptprüfverfahrens eine Stellungnahme abgegeben. Aus diesen Gründen ist die Klägerin von der an die Bundesrepublik Deutschland gerichteten Genehmigungsentscheidung individuell und unmittelbar betroffen und daher klagebefugt.

2. Die Klage ist begründet:

Die hier in Frage stehende Beteiligung der Antoner Stadtwerke an der Hotel Müller AG ist entgegen der Auffassung der Europäischen Kommission nicht mit dem Gemeinsamen Markt vereinbar und daher rechtswidrig. AUSFÜHRLICH BEGRÜNDEN!

(Unterschrift Rechtsanwalt)"

2.5 Klage gegen die die Beihilfe gewährende Kommune auf Unterlassung / Rückforderung der rechtswidrigen Beihilfe vor den Verwaltungsgerichten

Soweit in vorliegendem Beispielfall der „Antoner Unterkünfte" die in Frage stehende Beihilfe nicht von der Europäischen Kommission genehmigt worden ist, kann die Konkurrenz AG gegen die Stadt Anton Klage vor dem örtlich zuständigen Verwaltungsgericht auf Unterlassung einer unmittelbar bevorstehenden Beihilfe oder auf Rückforderung der bereits gewährten Beihilfe erheben. Die Klage auf Rückforderung einer bereits gewährten Beihilfe könnte wie folgt formuliert werden, wobei unterstellt wird, dass die Beihilfe durch einen Verwaltungsakt gewährt worden ist (sollte die Beihilfe in anderen Formen, also beispielsweise durch einfaches Leistungshandeln ohne Verwaltungsakt, gewährt worden sein, ist die allgemeine Leistungsklage die statthafte Klageart. Zu beachten ist schließlich regelmäßig, ob vor Klageerhebung ein Widerspruchsverfahren durchzuführen ist):

„Verwaltungsgericht ORT
ANSCHRIFT

Klage

In Sachen

Konkurrenz AG,
g. v. d. d. VORSTAND,
ANSCHRIFT
– Klägerin –

Prozessbevollmächtigte:

RAe ________,

gegen

Stadt Banberg,
g. v. d. d. OBERBÜRGERMEISTER VOR- UND ZUNAME,
ANSCHRIFT
– Beklagte –

wegen nach Art. 88 III 3 EGV rechtswidriger Beihilfengewährung

bestellen wir uns zu den Prozessbevollmächtigten der Klägerin und bitten um Anberaumung eines nahen Termins zur mündlichen Verhandlung, in dem wir

beantragen:

I. Die Beklagte wird verurteilt, den Verwaltungsakt vom DATUM, aufgrund dessen die Beklagte über die Antoner Stadtwerke an die Hotel Müller AG Beihilfen (AUSFÜHREN) gewährt hatte, aufzuheben und von der Hotel Müller AG zurückzufordern.

II. Die Beklagte trägt die Kosten des Rechtsstreits.

Begründung:

Die Klägerin fordert von der Beklagten die Rückforderung von rechtswidrig an die Hotel Müller AG gewährten Beihilfen / Subventionen.

1. Die Beklagte hat an die Hotel Müller AG mit Verwaltungsakt vom DATUM nachfolgende Leistungen gewährt: AUSFÜHREN UNTER BEWEISANGEBOTEN! AUCH ZU DEN BETEILIGUNGSVERHÄLTNISSEN DES FALLES SIND AUSFÜHRUNGEN ERFORDERLICH.

2. Bei den beschriebenen Leistungen, die die Beklagte an die Hotel Müller AG gewährt hat, handelt es sich um Beihilfen im Sinne des Art. 87 I EGV. VORAUSSETZUNGEN DES ART. 87 EGV AUSFÜHREN UND SACHVERHALT HIERUNTER SUBSUMIEREN!

3. Die streitgegenständlichen Beihilfen wurden von der Europäischen Kommission nicht nach Art. 88 EGV genehmigt. AUSFÜHREN! Die Beihilfen sind daher zumindest formell rechtswidrig, weshalb der zugrunde liegende Verwaltungsakt aufzuheben ist und die Beklagte verpflichtet ist, die Beihilfen von der Hotel Müller AG zurückzufordern.

4. AUSFÜHRUNGEN ZUR KLAGEBEFUGNIS NACH § 42 II VwGO SOLLTEN VORGETRAGEN WERDEN. DIE KLAGEBEFUGNIS FOLGT AUS DER VERLETZUNG DER DRITTSCHÜTZENDEN NORM DES ART. 88 III 3 EGV.

Nach alledem ist die Beklagte antragsgemäß zu verurteilen.

(Unterschrift Rechtsanwalt)"

Soweit durch die Beihilfengewährung ein erheblicher Nachteil der Konkurrenz AG droht und die Hauptsache nicht vorweggenommen wird, kann die bevorstehende Beihilfengewährung durch die Stadt Anton auch durch eine einstweilige Anordnung untersagt werden.

2.6 Klage gegen das durch die rechtswidrige Beihilfe begünstigte Unternehmen vor den Zivilgerichten

Nach der hier vertretenen Auffassung stellt die Verwendung rechtswidrig erhaltener Beihilfen durch das begünstigte Unternehmen ein sittenwidriges Verhalten nach § 1 UWG dar. Die Klage der Konkurrenz AG gegen die Hotel Müller AG könnte daher wie folgt an das örtlich zuständige Zivilgericht formuliert werden:

„Landgericht ORT
ANSCHRIFT

Klage

In Sachen
Konkurrenz AG,
g. v. d. d. VORSTAND,

ANSCHRIFT
– Klägerin –

Prozessbevollmächtigte:

RAe ________,

gegen

Hotel Müller AG,
g. v. d. d. Vorstand VOR- UND ZUNAME,
ANSCHRIFT
– Beklagte –

wegen wettbewerbswidrigen Verhaltens

– vorläufiger Streitwert: € ________ –

bestellen wir uns zu den Prozessbevollmächtigten der Klägerin, zahlen Gerichtskosten mit beiliegenden Gerichtskostenmarken / Verrechnungsscheck ein und bitten um Anberaumung eines nahen Termins zur mündlichen Verhandlung, in dem wir

beantragen:

I. Die Beklagte wird verurteilt, nachfolgende von der Stadt Anton erhaltenen Leistungen an die Stadt Anton zurückzuzahlen: AUSFÜHREN.

II. Die Beklagte trägt die Kosten des Rechtsstreits.

III. Das Urteil ist – notfalls gegen Sicherheitsleistung – vorläufig vollstreckbar. Sicherheit kann auch durch selbstschuldnerische, unwiderrufliche, unbedingte und unbefristete Bürgschaft einer deutschen Großbank oder eines öffentlichen Kreditinstituts erbracht werden.

Sollte ein schriftliches Vorverfahren angeordnet werden, wird beantragt, für den Fall des § 331 Abs. 3 ZPO ein Versäumnisurteil und für den Fall des § 307 Abs. 2 ZPO ein Anerkenntnisurteil – jeweils ohne mündliche Verhandlung – zu erlassen.

Begründung:

Die Klägerin fordert von der Beklagten die Rückzahlung der von der Stadt Anton erhaltenen Leistungen, da diese eine Beihilfe i. S. d. Art. 87 I EGV darstellen und nicht von der Europäischen Kommission nach Art. 88 III 3 EGV genehmigt worden sind.

1. SACHVERHALT GENAU DARLEGEN UNTER BENENNUNG VON BEWEISANGEBOTEN.

2. AUSFÜHREN, DASS DER BEIHILFENTATBESTAND ERFÜLLT IST. WICHTIG IST AUCH DIE DARSTELLUNG DER WETTBEWERBSSITUATION ZWISCHEN DEN PARTEIEN.

3. AUSFÜHREN, DASS DER EMPFANG VON NICHT GENEHMIGTEN BEIHILFEN SITTENWIRDIG I. S. D. § 1 UWG IST.

Nach alledem ist der Klage antragsgemäß stattzugeben.

(Unterschrift Rechtsanwalt)“

Anhang

I Glossar

Amsterdamer Vertrag

Der Amsterdamer Vertrag wurde auf der Tagung des Europäischen Rates von Amsterdam (16.–17. Juni 1997) angenommen und am 2. Oktober 1997 von den Außenministern der fünfzehn Mitgliedstaaten der Europäischen Union unterzeichnet. Der Vertrag trat am 1. Mai 1999 in Kraft, nachdem alle Mitgliedstaaten ihn gemäß ihren verfassungsrechtlichen Vorschriften ratifiziert hatten.

Der Amsterdamer Vertrag ändert und ergänzt die Bestimmungen des Vertrags über die Europäische Union (EU-Vertrag), die Verträge zur Gründung der Europäischen Gemeinschaften und einige mit diesen Verträgen zusammenhängende Rechtsakte.

Ausschuss der Regionen

Der Ausschuss der Regionen (AdR) besteht aus 222 Vertretern der regionalen und lokalen Gebietskörperschaften, die vom Rat auf Vorschlag der jeweiligen Mitgliedstaaten durch einstimmigen Beschluss auf vier Jahre ernannt werden. Der AdR wird vom Rat oder der Kommission zu regional relevanten Fragen – z. B. in den Bereichen Bildung, Jugend, Kultur, Gesundheitswesen, wirtschaftlicher und sozialer Zusammenhalt usw. – gehört und kann überdies auch aus eigener Initiative Stellungnahmen abgeben sowie vom Europäischen Parlament gehört werden.

Seit In-Kraft-Treten des Amsterdamer Vertrags muss der Ausschuss der Regionen auch noch in folgenden Bereichen konsultiert werden: Umwelt, Sozialfonds, Berufsbildung, grenzüberschreitende Zusammenarbeit und Verkehr.

Dienstleistungen von allgemeinem wirtschaftlichem Interesse

Dienstleistungen von allgemeinem wirtschaftlichem Interesse sind marktbezogene Leistungen, die im Interesse der Allgemeinheit erbracht und daher von den Mitgliedstaaten mit besonderen Gemeinwohlverpflichtungen verbunden werden (Artikel 86 [ehemaliger Artikel 90] des EG-Vertrags). Darunter fallen besonders Leistungen der Verkehrs-, Energieversorgungs- und Kommunikationsnetze.

Mit dem Amsterdamer Vertrag wurde ein neuer Artikel 16 in den Vertrag zur Gründung der Europäischen Gemeinschaft aufgenommen. Darin werden der Stellenwert, den Dienste von allgemeinem wirtschaftlichem Interesse innerhalb der gemeinsamen Werte der Union einnehmen, sowie deren Bedeutung für die Förderung des sozialen und territorialen Zusammenhalts anerkannt. Die Grundsätze und Bedingungen für das Funktionieren dieser Dienste sind so zu gestalten, dass Letztere ihre Aufgaben auch wirklich erfüllen.

Europäische Kommission

Die Europäische Kommission ist ein Kollegium aus 20 unabhängigen Mitgliedern (je zwei Mitglieder für Deutschland, Frankreich, Italien, Spanien und das Vereinigte Königreich und je ein Mitglied für jeden der übrigen Mitgliedstaaten), darunter ein Präsident und zwei Vizepräsidenten. Sie besitzt Initiativ-, Durchführungs-, Management- und Kontrollbefugnisse und verkörpert das Gemeinschaftsinteresse. Sie wird von den Mitgliedstaaten einvernehmlich für 5 Jahre ernannt und muss vom Europäischen Parlament, dem sie verantwortlich ist, bestätigt werden. Das Kollegium der Kommissionsmitglieder wird von einer Verwaltung aus Generaldirektionen und spezialisierten Dienststellen in Brüssel und Luxemburg unterstützt.

Die amtierende Kommission, deren fünfjährige Amtszeit am 22. Januar 2005 endet, hat eine umfangreiche Verwaltungsreform eingeleitet. Ziel dieser Reform ist es, die Arbeitsweise und die Verfahren der Kommission zu modernisieren und eine wirklich kollegiale Beschlussfassung zu gewährleisten. Gleichzeitig will die Kommission verstärkt von ihren Ermächtigungen in bestimmten Bereichen (zum Beispiel in der Regionalpolitik) Gebrauch machen.

Europäischer Rat

Im Europäischen Rat treffen die Staats- oder Regierungschefs der Mitgliedstaaten der Europäischen Union in regelmäßigen Abständen zusammen. Die Tagungen finden mindestens zweimal jährlich statt, der Präsident der Europäischen Kommission nimmt als vollberechtigtes Mitglied teil. Der Europäische Rat ist Impulsgeber für die Weiterentwicklung der Europäischen Union und legt die allgemeinen politischen Leitlinien fest.

Europäisches Parlament

In dem seit 1979 in allgemeiner und direkter Wahl gewählten Europäischen Parlament haben die Vertreter für die 370 Millionen EU-Bürger Sitz und Stimme. Die derzeit 626 Abgeordneten werden – je nach Land – über nationale oder regionale Listen gewählt. Derzeit wird die Möglichkeit erörtert, einen Teil von ihnen über europäische Listen wählen zu lassen.

Das Europäische Parlament hat folgende Hauptfunktionen:

- Es prüft die Vorschläge der Kommission und wirkt am Rechtssetzungsverfahren der EU mit.
- Es überwacht die Tätigkeit der EU mittels des Zustimmungsvotums zur Ernennung der Europäischen Kommission (es kann ihr sein Misstrauen aussprechen) sowie schriftlicher und mündlicher Anfragen an Rat und Kommission.
- Es übt gemeinsam mit dem Rat die Haushaltsbefugnisse aus, indem es den jährlichen Haushaltsplan verabschiedet sowie seine Ausführung genehmigt und überwacht.

Das Europäische Parlament benennt einen Bürgerbeauftragten, der die Beschwerden der EU-Bürger über Missstände bei der Tätigkeit der Organe oder Einrichtungen der Gemeinschaft entgegennimmt. Außerdem kann es Untersuchungsausschüsse einsetzen, die befugt sind, nicht nur die Tätigkeit der EU-Organe, sondern auch das Vorgehen der Mitgliedstaaten bei der Durchführung der gemeinschaftlichen Politiken zu prüfen.

Gemeinschaftliche Rechtsinstrumente

Zur Erfüllung ihrer Aufgaben verfügen die EU-Organe über folgende gemeinschaftliche Rechtsinstrumente:

- die Verordnung: Sie ist in ihren sämtlichen Teilen verbindlich und gilt unmittelbar in jedem Mitgliedstaat;
- die Richtlinie: Sie ist für jeden Mitgliedstaat hinsichtlich des zu erreichenden Zieles verbindlich und muss in die innerstaatliche Rechtsordnung umgesetzt werden. Hinsichtlich der Wahl der Form und der Mittel verfügen die Mitgliedstaaten jedoch über Gestaltungsmöglichkeiten;
- die Entscheidung: Sie ist in all ihren Teilen für diejenigen verbindlich, an die sie gerichtet ist;
- die Empfehlungen und Stellungnahmen, die nicht verbindlich sind und rechtsfeststellenden Charakter haben.

Gemeinschaftsrecht

Das Gemeinschaftsrecht im engeren Sinn setzt sich zusammen aus den Gründungsverträgen (primäres Recht) und den auf deren Grundlage erlassenen Rechtsakten (abgeleitetes Recht).

Im weiteren Sinne bezeichnet dieser Begriff alle Rechtsnormen, die innerhalb der Rechtsordnung der Europäischen Gemeinschaften Anwendung finden, das heißt die allgemeinen Rechtsgrundsätze, die Rechtsprechung des Europäischen Gerichtshofs, die Rechtsakte im Rahmen der Außenbeziehungen der Gemeinschaften sowie die Übereinkommen, die zwischen den Mitgliedstaaten in Anwendung der Verträge geschlossen werden.

Öffentlicher Dienst

Dieser Begriff steht entweder für die Einrichtung, welche die Leistung erbringt, oder für den Gemeinwohlauftrag dieser Einrichtung. Im Sinne dieses Gemeinwohlauftrags können dem Leistungserbringer vom

Staat bestimmte Gemeinwohlverpflichtungen auferlegt werden, z. B. beim Land-, Luft- und Eisenbahnverkehr sowie bei der Energieversorgung. Diese Verpflichtungen können auf nationaler oder regionaler Ebene wahrgenommen werden.

Subsidiarität

Nach dem Subsidiaritätsprinzip sollen alle Entscheidungen auf einer möglichst bürgernahen Ebene getroffen werden. Dabei muss stets festgestellt werden, ob ein gemeinschaftliches Vorgehen angesichts der nationalen, regionalen oder lokalen Handlungsmöglichkeiten gerechtfertigt ist. In den Bereichen, die nicht in ihre ausschließliche Zuständigkeit fallen, handelt die Union also nur dann, wenn ihre Maßnahme wirksamer ist als eine nationale, regionale oder lokale Maßnahme. An die Subsidiarität gekoppelt sind die Grundsätze der Verhältnismäßigkeit und der Notwendigkeit (d. h., die Maßnahmen der Union dürfen nicht über das zur Verwirklichung der Vertragsziele notwendige Maß hinausgehen).

Das in einer Erklärung aus dem Jahr 1992 vereinbarte Gesamtkonzept für die Anwendung des Subsidiaritätsprinzips wurde in den Amsterdamer Vertrag integriert und sieht unter anderem vor, dass die Auswirkungen von Legislativvorschlägen unter dem Aspekt des Subsidiaritätsprinzips systematisch analysiert und – soweit möglich – weniger verbindliche Gemeinschaftsmaßnahmen verabschiedet werden. Der Ausschuss der Regionen hat mittlerweile gefordert, das Subsidiaritätsprinzip solle dahin gehend geändert werden, dass die Rolle der regionalen und lokalen Gebietskörperschaften offiziell anerkannt wird.

Universaldienst

Dieser Begriff umfasst eine Reihe gemeinwohlorientierter Voraussetzungen, welche für bestimmte Dienste gemeinschaftsweit erfüllt sein sollten, z. B. durch die Telekommunikations- und Postunternehmen. Mit den sich daraus ergebenden Verpflichtungen soll der Zugang aller Bürger zu qualitativ hochwertigen Grundversorgungsleistungen gegen ein vertretbares Entgelt gesichert werden.

Wettbewerb

Das Wettbewerbsrecht soll das reibungslose Funktionieren des europäischen Wirtschaftsraums nach den Gesetzen der Marktwirtschaft gewährleisten. Die Wettbewerbspolitik der Europäischen Gemeinschaft (Artikel 85 bis 94 des EG-Vertrags – in der neuen Nummerierung Artikel 81 bis 89) hat fünf Schwerpunkte:

- Verbot aufeinander abgestimmter Verhaltensweisen zwischen Unternehmen sowie aller Vereinbarungen und Beschlüsse von Unternehmensvereinigungen, die geeignet sind, den Handel zwischen Mitgliedstaaten zu beeinträchtigen, indem sie den Wettbewerb im Gemeinsamen Markt verhindern, einschränken oder verfälschen;
- Verbot der missbräuchlichen Ausnutzung einer beherrschenden Stellung auf dem Gemeinsamen Markt, soweit dies dazu führen kann, den Handel zwischen Mitgliedstaaten zu beeinträchtigen;
- Kontrolle staatlicher oder aus staatlichen Mitteln gewährter Beihilfen gleich welcher Art, die durch die Begünstigung bestimmter Unternehmen oder Produktionszweige den Wettbewerb zu verfälschen drohen;
- vorbeugende Kontrolle der Unternehmenszusammenschlüsse von europäischer Dimension durch Genehmigung oder Verbot der geplanten Zusammenschlüsse;
- Liberalisierung bestimmter Sektoren (z. B. Telekommunikation, Verkehr oder Energie), in denen staatliche oder private Unternehmen bislang eine Monopolstellung hatten.

Ausnahmen sind möglich, z. B. wenn Vereinbarungen zwischen Unternehmen zur Verbesserung der Warenerzeugung oder -verteilung oder zur Förderung des technischen Fortschritts beitragen. Auch staatliche

Beihilfen können in bestimmten Fällen von der Anwendung der Wettbewerbsregeln ausgenommen werden.

Bei der Wettbewerbspolitik muss die Gemeinschaft immer wieder zwischen zum Teil gegensätzlichen Interessen abwägen, das heißt, die Bemühungen um einen idealen Wettbewerb im Binnenmarkt dürfen nicht dazu führen, dass die europäischen Unternehmen auf dem Weltmarkt geschwächt sind; die Liberalisierung darf nicht bewirken, dass gemeinwohlorientierte Dienstleistungen, die grundlegende Bedürfnisse befriedigen, nicht mehr erbracht werden.

II Die wichtigsten Gesetzesvorschriften nebst Hinweisen auf bedeutende Ausführungsvorschriften

1 Kommunalgesetzliche Regelungen der Bundesländer über die Zulässigkeit der erwerbswirtschaftlichen Betätigung von Kommunen

1.1 Bayerische Gemeindeordnung (Stand: 22. August 1998)

Art. 86 Rechtsformen

Die Gemeinde kann Unternehmen außerhalb ihrer allgemeinen Verwaltung in folgenden Rechtsformen betreiben:

1. als Eigenbetrieb,
2. als selbständiges Kommunalunternehmen des öffentlichen Rechts,
3. in den Rechtsformen des Privatrechts.

Art. 87 Allgemeine Zulässigkeit von Unternehmen und Beteiligungen

(1) Die Gemeinde darf ein Unternehmen im Sinne von Art. 86 nur errichten, übernehmen oder wesentlich erweitern, wenn

1. ein öffentlicher Zweck das Unternehmen erfordert, insbesondere wenn die Gemeinde mit ihm gesetzliche Verpflichtungen oder ihre Aufgaben gemäß Art. 83 Abs. 1 der Verfassung und Art. 57 dieses Gesetzes erfüllen will,
2. das Unternehmen nach Art und Umfang in einem angemessenen Verhältnis zur Leistungsfähigkeit der Gemeinde und zum voraussichtlichen Bedarf steht,
3. die dem Unternehmen zu übertragenden Aufgaben für die Wahrnehmung außerhalb der allgemeinen Verwaltung geeignet sind,
4. bei einem Tätigwerden außerhalb der kommunalen Daseinsvorsorge der Zweck nicht ebenso gut und wirtschaftlich durch einen anderen erfüllt wird oder erfüllt werden kann.

Alle Tätigkeiten oder Tätigkeitsbereiche, mit denen die Gemeinde oder ihre Unternehmen an dem vom Wettbewerb beherrschten Wirtschaftsleben teilnehmen, um Gewinn zu erzielen, entsprechen keinem öffentlichen Zweck. Soweit Unternehmen entgegen Satz 2 vor dem 1. September 1998 errichtet oder übernommen wurden, dürfen sie weitergeführt, jedoch nicht erweitert werden.

(2) Die Gemeinde darf mit ihren Unternehmen außerhalb des Gemeindegebietes nur tätig werden, wenn dafür die Voraussetzungen des Absatzes 1 vorliegen und die berechtigten Interessen der betroffenen kommunalen Gebietskörperschaften gewahrt sind. Bei der Versorgung mit Strom und Gas gelten nur die Interessen als berechtigt, die nach den Vorschriften des Energiewirtschaftsgesetzes eine Einschränkung des Wettbewerbs zulassen.

(3) Für die Beteiligung der Gemeinde an einem Unternehmen gilt Absatz 1 entsprechend. Absatz 2 gilt entsprechend, wenn sich die Gemeinde an einem auch außerhalb ihres Gebietes tätigen Unternehmen in einem Ausmaß beteiligt, das den auf das Gemeindegebiet entfallenden Anteil an den Leistungen des Unternehmens erheblich übersteigt.

(4) Bankunternehmen darf die Gemeinde weder errichten noch sich an ihnen beteiligen. Für das öffentliche Sparkassenwesen verbleibt es bei den besonderen Vorschriften. Die Gemeinde kann einen einzelnen Geschäftsanteil an einer eingetragenen Kreditgenossenschaft erwerben, wenn eine Nachschusspflicht ausgeschlossen oder die Haftsumme auf einen bestimmten Betrag beschränkt ist.

1.2 Gemeindeordnung Baden-Württemberg vom 3. Oktober 1983, zuletzt geändert durch Gesetz vom 19. Juli 1999

§ 102 Zulässigkeit wirtschaftlicher Unternehmen

(1) Die Gemeinde darf ungeachtet der Rechtsform wirtschaftliche Unternehmen nur errichten, übernehmen oder wesentlich erweitern oder sich daran beteiligen, wenn
1. der öffentliche Zweck das Unternehmen rechtfertigt,
2. das Unternehmen nach Art und Umfang in einem angemessenen Verhältnis zur Leistungsfähigkeit der Gemeinde und zum voraussichtlichen Bedarf steht und
3. bei einem Tätigwerden außerhalb der kommunalen Daseinsvorsorge der Zweck nicht besser und wirtschaftlicher durch einen anderen erfüllt wird oder erfüllt werden kann.

(2) Wirtschaftliche Unternehmen der Gemeinde sind so zu führen, dass der öffentliche Zweck erfüllt wird; sie sollen einen Ertrag für den Haushalt der Gemeinde abwerfen.

(3) Wirtschaftliche Unternehmen im Sinne der Absätze 1 und 2 sind nicht
1. Unternehmen, zu deren Betrieb die Gemeinde gesetzlich verpflichtet ist,
2. Einrichtungen des Unterrichts-, Erziehungs- und Bildungswesens, der Kunstpflege, der körperlichen Ertüchtigung, der Gesundheits- und Wohlfahrtspflege sowie öffentliche Einrichtungen ähnlicher Art und
3. Hilfsbetriebe, die ausschließlich zur Deckung des Eigenbedarfs der Gemeinde dienen. Auch diese Unternehmen, Einrichtungen und Hilfsbetriebe sind nach wirtschaftlichen Gesichtspunkten zu führen.

(4) Bankunternehmen darf die Gemeinde nicht betreiben, soweit gesetzlich nichts anderes bestimmt ist. Für das öffentliche Sparkassenwesen verbleibt es bei den besonderen Vorschriften.

(5) Bei Unternehmen, für die kein Wettbewerb gleichartiger Privatunternehmen besteht, dürfen der Anschluss und die Belieferung nicht davon abhängig gemacht werden, dass auch andere Leistungen oder Lieferungen abgenommen werden.

1.3 Kommunalverfassung des Landes Brandenburg vom 15. Oktober 1993, zuletzt geändert durch Gesetz vom 7. April 1999

§ 100 Wirtschaftliche Betätigung

(1) Wirtschaftliche Betätigung im Sinne dieses Gesetzes ist das Herstellen, Anbieten oder Verteilen von Gütern, Dienstleistungen oder vergleichbaren Leistungen, die ihrer Art nach auch mit der Absicht der Gewinnerzielung erbracht werden könnten.

(2) Die Gemeinde darf sich zur Erledigung von Aufgaben der örtlichen Gemeinschaft wirtschaftlich betätigen, wenn

1. der öffentliche Zweck dies rechtfertigt und
2. die Betätigung nach Art und Umfang in einem angemessenen Verhältnis zur Leistungsfähigkeit der Gemeinde und zum voraussichtlichen Bedarf steht.

(3) Die Gemeinde hat im Interesse einer sparsamen Haushaltsführung dafür zu sorgen, dass Leistungen, die von privaten Anbietern in mindestens gleicher Qualität und Zuverlässigkeit bei gleichen oder geringeren Kosten erbracht werden können, diesen Anbietern übertragen werden, sofern dies mit dem öffentlichen Interesse vereinbar ist. Dazu sind Angebote einzuholen und Vergleichsberechnungen vorzunehmen, die der Gemeindevertretung oder in den Fällen des § 57 Abs. 2 dem Hauptausschuss vorzulegen sind.

§ 101 Unternehmen

Die Gemeinde kann unter den Voraussetzungen des § 100 zur wirtschaftlichen Betätigung Unternehmen aufgrund eines Beschlusses der Gemeindevertretung gründen, erwerben oder sich an Unternehmen beteiligen.

(2) Die Gemeinde darf auch Unternehmen gründen, erwerben oder sich an ihnen beteiligen,

1. wenn sie zur Erfüllung der Aufgabe gesetzlich verpflichtet ist,
2. zum Betreiben von Einrichtungen des Bildungs-, Gesundheits- und Sozialwesens, der Kultur, der Erholung sowie von Einrichtungen ähnlicher Art.

(3) Unternehmen der Gemeinde können sein:

1. Unternehmen ohne eigene Rechtspersönlichkeit (Eigenbetriebe),
2. Unternehmen mit eigener Rechtspersönlichkeit, deren sämtliche Anteile der Gemeinde gehören (Eigengesellschaften),
3. Beteiligungen an Gesellschaften.

(4) Vor der Gründung eines Unternehmens hat die Gemeinde dieses Vorhaben öffentlich bekannt zu machen. Vor der Beschlussfassung sind der Gemeindevertretung die Angebote privater Unternehmen vorzulegen. Bei der Gründung oder dem Erwerb eines Unternehmens sowie bei dem Erwerb einer Mehrheitsbeteiligung an einem Unternehmen sind sinngemäß die Grundsätze des § 100 Abs. 3 anzuwenden.

(5) Bankunternehmen darf die Gemeinde nicht errichten, übernehmen oder betreiben. Für das öffentliche Sparkassenwesen gelten die dafür erlassenen besonderen Vorschriften.

1.4 Hessische Gemeindeordnung (Stand: 1. April 1993)

§ 121 Wirtschaftliche Unternehmen

(1) Die Gemeinde darf wirtschaftliche Unternehmen errichten, übernehmen oder wesentlich erweitern, wenn
1. der öffentliche Zweck das Unternehmen rechtfertigt und dieser Zweck durch das Unternehmen wirtschaftlich erfüllt werden kann und
2. das Unternehmen nach Art und Umfang in einem angemessenen Verhältnis zu der Leistungsfähigkeit der Gemeinde und zum voraussichtlichen Bedarf steht.

(2) Als wirtschaftliche Unternehmen im Sinne dieses Abschnitts gelten nicht
1. Unternehmen, zu denen die Gemeinde gesetzlich verpflichtet ist,
2. Einrichtungen des Bildungs-, Gesundheits- und Sozialwesens, der Kultur, des Sports, der Erholung, der Abfall- und Abwasserbeseitigung sowie Einrichtungen ähnlicher Art,
3. Einrichtungen, die als Hilfsbetriebe ausschließlich der Deckung des Eigenbedarfs der Gemeinde dienen.
Auch diese Unternehmen und Einrichtungen sind, soweit es mit ihrem gemeinnützigen Zweck vereinbar ist, nach wirtschaftlichen Gesichtspunkten zu verwalten und können entsprechend den Vorschriften über die Eigenbetriebe geführt werden.

(3) Der Minister des Innern kann durch Rechtsverordnung bestimmen, dass Unternehmen und Einrichtungen nach Abs. 2, die nach Art und Umfang eine selbständige Verwaltung und Wirtschaftsführung erfordern, ganz oder teilweise nach den für die Eigenbetriebe geltenden Vorschriften zu führen sind; hierbei können auch Regelungen getroffen werden, die von einzelnen für die Eigenbetriebe geltenden Vorschriften abweichen.

(4) Bankunternehmen darf die Gemeinde nicht errichten, übernehmen oder betreiben. Für das öffentliche Sparkassenwesen verbleibt es bei den besonderen Vorschriften.

1.5 Kommunalverfassung für das Land Mecklenburg-Vorpommern (Stand: 10. Juli 1998)

§ 68 Zulässigkeit wirtschaftlicher Unternehmen

(1) Wirtschaftliche Unternehmen der Gemeinde sind nur zulässig, wenn
1. der öffentliche Zweck das Unternehmen rechtfertigt,
2. das Unternehmen nach Art und Umfang in einem angemessenen Verhältnis zur Leistungsfähigkeit der Gemeinde und zum voraussichtlichen Bedarf steht und
3. die Gemeinde die Aufgabe ebenso gut und wirtschaftlich wie Dritte erfüllen kann.

(2) Wirtschaftliche Unternehmen im Sinne dieses Abschnitts sind nicht
1. Unternehmen, zu deren Betrieb die Gemeinde gesetzlich verpflichtet ist,
2. Einrichtungen des Unterrichts-, Erziehungs- und Bildungswesens, der Kunstpflege, der körperlichen Ertüchtigung, der Gesundheits- und Wohlfahrtspflege sowie öffentliche Einrichtungen ähnlicher Art und
3. Hilfsbetriebe, die ausschließlich zur Deckung des Eigenbedarfs der Gemeinde dienen.

Auch diese Unternehmen und Einrichtungen sind nach wirtschaftlichen Gesichtspunkten zu führen.

(3) Bankunternehmen darf die Gemeinde nicht betreiben. Für das öffentliche Sparkassenwesen verbleibt es bei den besonderen Vorschriften.

(4) Bei Unternehmen, für die kein Wettbewerb gleichartiger Privatunternehmen besteht, dürfen der Anschluss und die Belieferung nicht davon abhängig gemacht werden, dass auch andere Leistungen oder Lieferungen abgenommen werden.

1.6 Niedersächsische Gemeindeordnung vom 22. August 1996, zuletzt geändert durch Gesetz vom 12. März 1999

§ 108 Wirtschaftliche Betätigung

(1) Die Gemeinden dürfen sich zur Erledigung von Angelegenheiten der örtlichen Gemeinschaft wirtschaftlich betätigen. Sie dürfen Unternehmen nur errichten, übernehmen oder wesentlich erweitern, wenn und soweit
1. der öffentliche Zweck das Unternehmen rechtfertigt,
2. die Unternehmen nach Art und Umfang in einem angemessenen Verhältnis zu der Leistungsfähigkeit der Gemeinden und zum voraussichtlichen Bedarf stehen,
3. der Zweck nicht besser und wirtschaftlicher durch einen anderen erfüllt wird oder erfüllt werden kann.

(2) Unternehmen der Gemeinden können geführt werden
1. als Unternehmen ohne eigene Rechtspersönlichkeit (Eigenbetriebe),
2. als Unternehmen mit eigener Rechtspersönlichkeit, deren sämtliche Anteile den Gemeinden gehören (Eigengesellschaften).

(3) Unternehmen im Sinne dieses Abschnitts sind insbesondere nicht
1. Einrichtungen, zu denen die Gemeinden gesetzlich verpflichtet sind,
2. Einrichtungen des Unterrichts-, Erziehungs- und Bildungswesens, des Sports und der Erholung, des Gesundheits- und Sozialwesens, des Umweltschutzes sowie solche ähnlicher Art,
3. Einrichtungen, die als Hilfsbetriebe ausschließlich der Deckung des Eigenbedarfs der Gemeinde dienen.

(4) Krankenhäuser, Einrichtungen der Abwasserbeseitigung, der Straßenreinigung, der Informations- und Kommunikationstechnik sowie solche, die Abfälle einsammeln und

befördern oder die Aufgaben der Abfallbehandlung, -verwertung oder -ablagerung wahrnehmen, können abweichend von Absatz 3 als Eigenbetriebe oder in einer Rechtsform des privaten Rechts geführt werden, wenn Gemeinden über die Mehrheit der Anteile verfügen. Absatz 1 und § 109 Abs. 1 Nrn. 2 bis 7 und Abs. 2 gelten entsprechend. Andere Einrichtungen nach Absatz 3 können als Eigenbetriebe geführt werden, wenn ein wichtiges Interesse an der Gründung nachgewiesen oder dargelegt wird, dass die Aufgabe im Vergleich zu den sonst zulässigen Organisationsformen wirtschaftlicher durchgeführt werden kann.

Soweit bei Einrichtungen der Abfallentsorgung, die in einer Rechtsform des privaten Rechts geführt werden, Gemeinden verantwortliche Person im Sinne des § 31 Abs. 6 des Niedersächsischen Abfallgesetzes sein können, haben diese sich vertraglich zur Übernahme der Altlastenverantwortlichkeit zu verpflichten; § 109 Abs. 1 Nrn. 2 bis 4 gilt insoweit nicht.

(5) Bankunternehmen dürfen die Gemeinden nicht errichten. Für das öffentliche Sparkassenwesen bleibt es bei den besonderen Vorschriften.

1.7 Gemeindeordnung für das Land Nordrhein-Westfalen in der Fassung der Bekanntmachung vom 14. Juli 1994, zuletzt geändert durch Gesetz vom 15. Juni 1999

§ 107 Zulässigkeit wirtschaftlicher Betätigung

(1) Die Gemeinde darf sich zur Erfüllung ihrer Aufgaben wirtschaftlich betätigen, wenn

1. ein öffentlicher Zweck die Betätigung erfordert,
2. die Betätigung nach Art und Umfang in einem angemessenen Verhältnis zur der Leistungsfähigkeit der Gemeinde steht und
3. bei einem Tätigwerden außerhalb der Energieversorgung, der Wasserversorgung, des öffentlichen Verkehrs sowie des Betriebes von Telekommunikationsleitungsnetzen einschließlich der Telefondienstleistungen der öffentliche Zweck durch andere Unternehmen nicht besser und wirtschaftlicher erfüllt werden kann.

Das Betreiben eines Telekommunikationsnetzes umfasst nicht den Vertrieb und/oder die Installation von Endgeräten von Telekommunikationsanlagen. Als wirtschaftliche Betätigung ist der Betrieb von Unternehmen zu verstehen, die als Hersteller, Anbieter oder Verteiler von Gütern oder Dienstleistungen am Markt tätig werden, sofern die Leistung ihrer Art nach auch von einem Privaten mit der Absicht der Gewinnerzielung erbracht werden könnte.

(2) Als wirtschaftliche Betätigung im Sinne dieses Abschnitts gilt nicht der Betrieb von

1. Einrichtungen, zu denen die Gemeinde gesetzlich verpflichtet ist,
2. öffentliche Einrichtungen, die für die soziale und kulturelle Betreuung der Einwohner erforderlich sind, insbesondere Einrichtungen auf den Gebieten

– Erziehung, Bildung oder Kultur (Schulen, Volkshochschulen, Tageseinrichtungen für Kinder und sonstige Einrichtungen der Jugendhilfe, Bibliotheken, Museen, Ausstellungen, Opern, Theater, Kinos, Bühnen, Orchester, Stadthallen, Begegnungsstätten),

– Sport oder Erholung (Sportanlagen, zoologische und botanische Gärten, Wald-, Park- und Gartenanlagen, Herbergen, Erholungsheime, Bäder, Einrichtungen zur Veranstaltung von Volksfesten),

– Gesundheits- oder Sozialwesen, Krankenhäuser, Bestattungseinrichtungen, Sanatorien, Kurparks, Senioren- und Behindertenheime, Frauenhäuser, soziale und medizinische Beratungsstellen.

3. Einrichtungen, die der Straßenreinigung, der Wirtschaftsförderung, der Fremdenverkehrsförderung oder der Wohnraumversorgung dienen,

4. Einrichtungen des Umweltschutzes, insbesondere der Abfallentsorgung oder Abwasserbeseitigung, sowie des Messe- und Ausstellungswesens,

5. Einrichtungen, die als Hilfsbetriebe ausschließlich der Deckung des Eigenbedarfs von Gemeinden und Gemeindeverbänden dienen.

Auch diese Einrichtungen sind, soweit es mit ihrem öffentlichen Zweck vereinbar ist, nach wirtschaftlichen Gesichtspunkten zu verwalten und können entsprechend den Vorschriften über die Eigenbetriebe geführt werden. Das Innenministerium kann durch Rechtsverordnung bestimmen, dass Einrichtungen, die nach Art und Umfang eine selbständige Betriebsführung erfordern, ganz oder teilweise nach den für die Eigenbetriebe geltenden Vorschriften zu führen sind: hierbei können auch Regelungen getroffen werden, die von einzelnen der für die Eigenbetriebe geltenden Vorschriften abweichen.

(3) Die wirtschaftliche Betätigung außerhalb des Gemeindegebiets ist nur zulässig, wenn die Voraussetzungen des Absatzes 1 vorliegen und die berechtigten Interessen der betroffenen kommunalen Gebietskörperschaften gewahrt sind. Bei der Versorgung mit Strom und Gas gelten nur die Interessen als berechtigt, die nach den Vorschriften des Energiewirtschaftsgesetzes eine Einschränkung des Wettbewerbs zulassen.

(4) Die Aufnahme einer wirtschaftlichen Betätigung oder einer nicht wirtschaftlichen Betätigung nach Absatz 2 Nr. 4 auf ausländischen Märkten bedarf der Genehmigung.

(5) Vor der Entscheidung über die Gründung von bzw. die unmittelbare oder mittelbare Beteiligung an Unternehmen im Sinne des Absatzes 1 ist der Rat auf der Grundlage einer Marktanalyse über die Chancen und Risiken des beabsichtigten wirtschaftlichen Engagements und über die Auswirkungen auf das Handwerk und die mittelständische Wirtschaft zu unterrichten. Den örtlichen Selbstverwaltungsorganisationen von Handwerk, Industrie und Handel und der für die Beschäftigten der jeweiligen Branche handelnden Gewerkschaft ist Gelegenheit zur Stellungnahme zu den Marktanalysen zu geben.

(6) Bankunternehmen darf die Gemeinde nicht errichten, übernehmen oder betreiben.

(7) Für das öffentliche Sparkassenwesen gelten die dafür erlassenen, besonderen Vorschriften.

1.8 Gemeindeordnung Rheinland-Pfalz (Stand: 2. April 1998)

§ 85 Grundsätze

(1) Die Gemeinde darf wirtschaftliche Unternehmen nur errichten, übernehmen oder wesentlich erweitern, wenn
1. der öffentliche Zweck das Unternehmen rechtfertigt,
2. das Unternehmen nach Art und Umfang in einem angemessenen Verhältnis zu der Leistungsfähigkeit der Gemeinde und dem voraussichtlichen Bedarf steht und
3. der öffentliche Zweck nicht ebenso gut und wirtschaftlich durch einen privaten Dritten erfüllt wird oder erfüllt werden kann.

(2) Wirtschaftliche Unternehmen der Gemeinde sind so zu führen, dass der öffentliche Zweck erfüllt wird; sie sollen einen Überschuss für den Haushalt der Gemeinde abwerfen, soweit dies mit der Erfüllung des öffentlichen Zwecks in Einklang zu bringen ist. Die Erträge jedes Unternehmens sollen mindestens so hoch sein, dass
1. alle Aufwendungen und kalkulatorischen Kosten gedeckt werden,
2. die Zuführungen zum Eigenkapital (Rücklagen) ermöglicht werden, die zur Erhaltung des Vermögens des Unternehmens sowie zu seiner technischen und wirtschaftlichen Fortentwicklung notwendig sind, und
3. eine marktübliche Verzinsung des Eigenkapitals erzielt wird.

Zu den Aufwendungen im Sinne des Satzes 2 Nr. 1 gehören auch die Steuern, die Konzessionsabgaben und die Zinsen für Fremdkapital. Lieferungen und Leistungen von anderen Unternehmen und Verwaltungszweigen der Gemeinde an das Unternehmen sowie Lieferungen und Leistungen des Unternehmens an andere Unternehmen und Verwaltungszweige der Gemeinde sind angemessen zu vergüten.

(3) Wirtschaftliche Unternehmen im Sinne der Absätze 1 und 2 sind nicht Einrichtungen, die überwiegend folgenden Zwecken zu dienen bestimmt sind:
1. Erziehung, Bildung und Kultur,
2. Sport und Erholung,
3. Sozial- und Jugendhilfe,
4. Gesundheitswesen,
5. Umweltschutz,
6. Wohnungs- und Siedlungswesen sowie
7. Deckung des Eigenbedarfs der Gemeinde.

Auch diese Einrichtungen sind, soweit es mit ihrem öffentlichen Zweck vereinbar ist, nach wirtschaftlichen Gesichtspunkten zu verwalten.

(4) Bankunternehmen darf die Gemeinde nicht errichten. Für öffentliche Sparkassen gilt das Sparkassengesetz.

(5) Die Gemeinde kann durch Satzung, die der Genehmigung der Aufsichtsbehörde bedarf, juristischen Personen des Privatrechts, an denen ausschließlich sie und andere kommunale Körperschaften beteiligt sind, das Recht verleihen, bei der Erfüllung von

einzelnen Selbstverwaltungsaufgaben an ihrer Stelle tätig zu werden, wenn Gründe des Gemeinwohls nicht entgegenstehen. Der Beliehene ist insoweit anstelle der Gemeinde Behörde im Sinne des § 2 des Landesverwaltungsverfahrensgesetzes. Er hat das Recht, auf Grund von Satzungen der Gemeinde Verwaltungsakte zu erlassen, insbesondere auch den Anschluss und Benutzungszwang durchzusetzen, sowie öffentlich-rechtliche Entgelte zu erheben. Bei Erlass von Verwaltungsakten ist auf die Rechtsverleihung besonders hinzuweisen. Der Hinweis darauf im ersten Bescheid genügt.

Über den Widerspruch gegen einen Verwaltungsakt des Beliehenen entscheidet der Kreisrechtsausschuss, sofern die beleihende Gemeinde eine kreisfreie oder große kreisangehörige Stadt ist, der Stadtrechtsausschuss. Auf den Beliehenen finden die Bestimmungen des 6. Kapitels über die Staatsaufsicht entsprechende Anwendung.

(6) Bei wirtschaftlichen Unternehmen und Einrichtungen, für die kein Wettbewerb gleichartiger Privatunternehmen besteht, dürfen der Anschluss und die Belieferung nicht davon abhängig gemacht werden, dass auch andere Leistungen oder Lieferungen abgenommen werden.

1.9 Kommunalselbstverwaltungsgesetz des Saarlandes (Stand: 27. Juni 1997)

§ 108 Zulässigkeit wirtschaftlicher Betätigung

(1) Die Gemeinde darf wirtschaftliche Unternehmen ungeachtet ihrer Rechtsform nur errichten, übernehmen oder erweitern, wenn

1. der öffentliche Zweck das Unternehmen rechtfertigt,
2. das Unternehmen nach Art und Umfang in einem angemessenen Verhältnis zu der Leistungsfähigkeit der Gemeinde und zum voraussichtlichen Bedarf steht,
3. der Zweck nicht besser und wirtschaftlicher durch einen anderen erfüllt wird oder erfüllt werden kann.

(2) Als nichtwirtschaftliche Unternehmen im Sinne dieses Abschnitts gelten

1. Einrichtungen des Bildungs-, Gesundheits- und Sozialwesens, der Kultur, des Sports, der Erholung, der Freizeitgestaltung, der Abfall- und Abwasserbeseitigung sowie Einrichtungen ähnlicher Art,
2. Einrichtungen, die als Hilfsbetriebe ausschließlich der Deckung des Eigenbedarfs kommunaler Körperschaften dienen.

(3) Bankunternehmen darf die Gemeinde nicht errichten, übernehmen oder betreiben. Für das öffentliche Sparkassenwesen gelten die besonderen Vorschriften.

1.10 Sächsische Gemeindeordnung vom 21. April 1993, zuletzt geändert durch Gesetz vom 3. Mai 1999

§ 97 Wirtschaftliche Unternehmen

(1) Die Gemeinde darf zur Erfüllung ihrer Aufgaben wirtschaftliche Unternehmen ungeachtet ihrer Rechtsform errichten, übernehmen, unterhalten, wesentlich erweitern oder sich daran beteiligen, sofern

1. der öffentliche Zweck dies rechtfertigt,
2. das Unternehmen nach Art und Umfang in einem angemessenen Verhältnis zur Leistungsfähigkeit der Gemeinde und zum voraussichtlichen Bedarf steht und
3. der Zweck nicht besser und wirtschaftlicher durch einen anderen erfüllt wird oder erfüllt werden kann.

Im Bereich der Wohnungswirtschaft hat die Gemeinde darüber hinaus darauf hinzuwirken, dass die zur angemessenen Bewirtschaftung des Wohnungsbestandes erforderliche Kredit- und Investitionsfähigkeit gesichert ist und der von ihr unmittelbar oder mittelbar gehaltene Wohnungsbestand keine marktbeherrschende Stellung einnimmt.

(2) Wirtschaftliche Unternehmen im Sinne dieses Gesetzes sind nicht

1. Unternehmen, zu deren Betrieb die Gemeinde gesetzlich verpflichtet ist,
2. Hilfsbetriebe, die ausschließlich zur Deckung des Eigenbedarfs der Gemeinde dienen.

(3) Wirtschaftliche Unternehmen der Gemeinde sind so zu führen, dass der öffentliche Zweck erfüllt wird; sie sollen einen Ertrag für den Haushalt der Gemeinde abwerfen, soweit dadurch die Erfüllung des öffentlichen Zwecks nicht beeinträchtigt wird.

(4) Bankunternehmen darf die Gemeinde nicht betreiben. Für das öffentliche Sparkassenwesen und eine Beteiligung am Sachsen-Finanzverband gelten besondere Vorschriften.

1.11 Gemeindeordnung für das Land Sachsen-Anhalt vom 1. Juli 1994, zuletzt geändert durch Gesetz vom 26. April 1999

§ 116 Zulässigkeit wirtschaftlicher Unternehmen

(1) Die Gemeinde darf ungeachtet ihrer Rechtsform wirtschaftliche Unternehmen nur unterhalten, errichten, übernehmen, wesentlich erweitern oder sich daran beteiligen, wenn

1. der öffentliche Zweck das Unternehmen rechtfertigt,
2. das Unternehmen nach Art und Umfang in einem angemessenen Verhältnis zur Leistungsfähigkeit der Gemeinde und zum voraussichtlichen Bedarf steht und
3. der Zweck nicht besser und wirtschaftlicher durch einen anderen erfüllt wird oder erfüllt werden kann.

(2) Wirtschaftliche Unternehmen der Gemeinde sind so zu führen, dass der öffentliche Zweck erfüllt wird; sie sollen einen Ertrag für den Haushalt der Gemeinde abwerfen.

(3) Wirtschaftliche Unternehmen im Sinne dieses Abschnitts sind nicht
1. Unternehmen und Einrichtungen, zu deren Betrieb die Gemeinde gesetzlich verpflichtet ist,
2. Einrichtungen des Unterrichts-, Erziehungs- und Bildungswesens, der Kultur, des Sports, der Erholung, der Gesundheits-, Kranken- und Wohlfahrtspflege sowie solche ähnlicher Art und
3. Hilfsbetriebe, die ausschließlich zur Deckung des Eigenbedarfs der Gemeinde dienen.

Auch diese Unternehmen und Einrichtungen sind nach wirtschaftlichen Gesichtspunkten zu führen.

(4) Bankunternehmen darf die Gemeinde nicht betreiben. Für das öffentliche Sparkassenwesen verbleibt es bei den besonderen Vorschriften.

1.12 Gemeindeordnung für Schleswig-Holstein (Stand: 23. Juli 1996)

§ 101 Wirtschaftliche Unternehmen

(1) Die Gemeinde darf wirtschaftliche Unternehmen errichten, übernehmen oder wesentlich erweitern, wenn
1. der öffentliche Zweck das Unternehmen rechtfertigt,
2. das Unternehmen nach Art und Umfang in einem angemessenen Verhältnis zu der Leistungsfähigkeit der Gemeinde und zum voraussichtlichen Bedarf steht und
3. der Zweck nicht besser und wirtschaftlicher auf andere Weise erfüllt werden kann.

(2) Als wirtschaftliche Unternehmen im Sinne dieses Abschnitts gelten nicht
1. Unternehmen, zu denen die Gemeinde gesetzlich verpflichtet ist,
2. Einrichtungen des Bildungs-, Gesundheits- und Sozialwesens, der Kultur, des Sports, der Erholung, der Abfallentsorgung und Abwasserbeseitigung sowie Einrichtungen ähnlicher Art und
3. Einrichtungen, die als Hilfsbetriebe ausschließlich der Deckung des Eigenbedarfs der Gemeinde dienen.

Auch diese Unternehmen und Einrichtungen sind nach den Grundsätzen der Wirtschaftlichkeit und Sparsamkeit zu verwalten. Die Gemeinden können diese Unternehmen und Einrichtungen ganz oder teilweise nach den Vorschriften der Eigenbetriebsverordnung vom 29. Dezember 1986 (GVOBl. Schl.-H. 1987 S. 11), geändert durch Verordnung vorn 7. Mai 1996 (GVOBl. Schl.-H. S. 460), führen.

(3) Die Gemeinde hat das Recht, sich zur Erfüllung ihrer Aufgaben Dritter zu bedienen.

(4) Bankunternehmen darf die Gemeinde nicht errichten. Für das öffentliche Sparkassenwesen verbleibt es bei den besonderen Vorschriften.

1.13 Thüringer Kommunalordnung vom 16. August 1993, zuletzt geändert durch Gesetz vom 16. Juni 1995

§ 71 Gründung, Übernahme und Erweiterung wirtschaftlicher Unternehmen

(1) Ungeachtet des mit ihnen verfolgten öffentlichen Zwecks darf die Gemeinde wirtschaftliche Unternehmen nur gründen, übernehmen oder erweitern, wenn
1. der öffentliche Zweck das Unternehmen erfordert,
2. das Unternehmen nach Art und Umfang in einem angemessenen Verhältnis zu der Leistungsfähigkeit der Gemeinde und zum voraussichtlichen Bedarf steht,
3. der Zweck nicht ebenso gut und wirtschaftlich durch einen anderen erfüllt wird oder erfüllt werden kann. Gegebenenfalls ist ein Markterkundungsverfahren unter Einbindung der betroffenen örtlichen Betriebe in Landwirtschaft, Handel, Gewerbe und Industrie durchzuführen.

(2) Wirtschaftliche Unternehmen der Gemeinde dürfen keine wesentliche Schädigung und keine Aufsaugung selbständiger Betriebe in Landwirtschaft, Handel, Gewerbe und Industrie bewirken.

(3) Bankunternehmen darf die Gemeinde nicht gründen. Für das öffentliche Sparkassenwesen verbleibt es bei den besonderen Vorschriften. Gemeinden, in denen die Versorgung der Bevölkerung mit ausreichendem Wohnraum zu angemessenen Bedingungen besonders gefährdet ist, können mit Genehmigung des Landesverwaltungsamts Wohnungen vermitteln.

(4) Wirtschaftliche Unternehmen einer Gemeinde, die nicht auf das Gemeindegebiet beschränkt bleiben, bedürfen der Genehmigung.

2 Gesetz gegen den unlauteren Wettbewerb

§ 1 Generalklausel

Wer im geschäftlichen Verkehre zu Zwecken des Wettbewerbs Handlungen vornimmt, die gegen die guten Sitten verstoßen, kann auf Unterlassung und Schadensersatz in Anspruch genommen werden.

3 Gesetz gegen Wettbewerbsbeschränkungen (Auftragsvergaberecht)

§ 97 Allgemeine Grundsätze

(1) Öffentliche Auftraggeber beschaffen Waren, Bau- und Dienstleistungen nach Maßgabe der folgenden Vorschriften im Wettbewerb und im Wege transparenter Vergabeverfahren.

(2) Die Teilnehmer an einem Vergabeverfahren sind gleich zu behandeln, es sei denn, eine Benachteiligung ist auf Grund dieses Gesetzes ausdrücklich geboten oder gestattet.

(3) Mittelständische Interessen sind vornehmlich durch Teilung der Aufträge in Fach- und Teillose angemessen zu berücksichtigen.

(4) Aufträge werden an fachkundige, leistungsfähige und zuverlässige Unternehmen vergeben; andere oder weitergehende Anforderungen dürfen an Auftragnehmer nur gestellt werden, wenn dies durch Bundes- oder Landesgesetz vorgesehen ist.

(5) Der Zuschlag wird auf das wirtschaftlichste Angebot erteilt.

(6) Die Bundesregierung wird ermächtigt, durch Rechtsverordnung mit Zustimmung des Bundesrates nähere Bestimmungen über das bei der Vergabe einzuhaltende Verfahren zu treffen, insbesondere über die Bekanntmachung, den Ablauf und die Arten der Vergabe, über die Auswahl und Prüfung der Unternehmen und Angebote, über den Abschluß des Vertrages und sonstige Fragen des Vergabeverfahrens.

(7) Die Unternehmen haben Anspruch darauf, daß der Auftraggeber die Bestimmungen über das Vergabeverfahren einhält.

§ 98 Auftraggeber

Öffentliche Auftraggeber im Sinne dieses Teils sind:

1. Gebietskörperschaften sowie deren Sondervermögen,
2. andere juristische Personen des öffentlichen und des privaten Rechts, die zu dem besonderen Zweck gegründet wurden, im Allgemeininteresse liegende Aufgaben nichtgewerblicher Art zu erfüllen, wenn Stellen, die unter Nummer 1 oder 3 fallen, sie einzeln oder gemeinsam durch Beteiligung oder auf sonstige Weise überwiegend finanzieren oder über ihre Leitung die Aufsicht ausüben oder mehr als die Hälfte der Mitglieder eines ihrer zur Geschäftsführung oder zur Aufsicht berufenen Organe bestimmt haben. Das gleiche gilt dann, wenn die Stelle, die einzeln oder gemeinsam mit anderen die überwiegende Finanzierung gewährt oder die Mehrheit der Mitglieder eines zur Geschäftsführung oder Aufsicht berufenen Organs bestimmt hat, unter Satz 1 fällt,
3. Verbände, deren Mitglieder unter Nummer 1 oder 2 fallen,
4. natürliche oder juristische Personen des privaten Rechts, die auf dem Gebiet der Trinkwasser- oder Energieversorgung oder des Verkehrs oder der Telekommunikation tätig sind, wenn diese Tätigkeiten auf der Grundlage von besonderen oder ausschließlichen Rechten ausgeübt werden, die von einer zuständigen Behörde gewährt wurden, oder wenn Auftraggeber, die unter Nummern 1 bis 3 fallen, auf diese Personen einzeln oder gemeinsam einen beherrschenden Einfluß ausüben können,
5. natürliche oder juristische Personen des privaten Rechts in den Fällen, in denen sie für Tiefbaumaßnahmen, für die Errichtung von Krankenhäusern, Sport-, Erholungs- oder Freizeiteinrichtungen, Schul-, Hochschul- oder Verwaltungsgebäuden oder für

damit in Verbindung stehende Dienstleistungen und Auslobungsverfahren von Stellen, die unter Nummern 1 bis 3 fallen, Mittel erhalten, mit denen diese Vorhaben zu mehr als 50 vom Hundert finanziert werden,
6. natürliche oder juristische Personen des privaten Rechts, die mit Stellen, die unter Nummern 1 bis 3 fallen, einen Vertrag über die Erbringung von Bauleistungen abgeschlossen haben, bei dem die Gegenleistung für die Bauarbeiten statt in einer Vergütung in dem Recht auf Nutzung der baulichen Anlage, ggf. zuzüglich der Zahlung eines Preises, besteht, hinsichtlich der Aufträge an Dritte (Baukonzession).

§ 99 Öffentliche Aufträge

(1) Öffentliche Aufträge sind entgeltliche Verträge zwischen öffentlichen Auftraggebern und Unternehmen, die Liefer-, Bau- oder Dienstleistungen zum Gegenstand haben, und Auslobungsverfahren, die zu Dienstleistungsaufträgen führen sollen.

(2) Lieferaufträge sind Verträge zur Beschaffung von Waren, die insbesondere Kauf oder Ratenkauf oder Leasing, Miet- oder Pachtverhältnisse mit oder ohne Kaufoption betreffen. Die Verträge können auch Nebenleistungen umfassen.

(3) Bauaufträge sind Verträge entweder über die Ausführung oder die gleichzeitige Planung und Ausführung eines Bauvorhabens oder eines Bauwerks, das Ergebnis von Tief- oder Hochbauarbeiten ist und eine wirtschaftliche oder technische Funktion erfüllen soll, oder einer Bauleistung durch Dritte gemäß den vom Auftraggeber genannten Erfordernissen.

(4) Als Dienstleistungsaufträge gelten die Verträge über Leistungen, die nicht unter Absatz 2 oder 3 fallen und keine Auslobungsverfahren sind.

(5) Auslobungsverfahren im Sinne dieses Teils sind nur solche Auslobungsverfahren, die dem Auftraggeber auf Grund vergleichender Beurteilung durch ein Preisgericht mit oder ohne Verteilung von Preisen zu einem Plan verhelfen sollen.

§ 100 Anwendungsbereich

(1) Dieser Teil gilt nur für Aufträge, welche die Auftragswerte erreichen oder überschreiten, die durch Rechtsverordnung nach § 127 festgelegt sind (Schwellenwerte).

(2) Dieser Teil gilt nicht für Arbeitsverträge und für Aufträge,
a) die auf Grund eines internationalen Abkommens im Zusammenhang mit der Stationierung von Truppen vergeben werden und für die besondere Verfahrensregeln gelten;
b) die auf Grund eines internationalen Abkommens zwischen der Bundesrepublik Deutschland und einem oder mehreren Staaten, die nicht Vertragsparteien des Übereinkommens über den Europäischen Wirtschaftsraum sind, für ein von den Unterzeichnerstaaten gemeinsam zu verwirklichendes und zu tragendes Projekt, für das andere Verfahrensregeln gelten, vergeben werden;

c) die auf Grund des besonderen Verfahrens einer internationalen Organisation vergeben werden;
d) die in Übereinstimmung mit den Rechts- und Verwaltungsvorschriften in der Bundesrepublik Deutschland für geheim erklärt werden oder deren Ausführung nach diesen Vorschriften besondere Sicherheitsmaßnahmen erfordert oder wenn der Schutz wesentlicher Interessen der Sicherheit des Staates es gebietet;
e) die dem Anwendungsbereich des Artikels 223 Abs. 1 Buchstabe b des Vertrages zur Gründung der Europäischen Gemeinschaft unterliegen;
f) die von Auftraggebern, die auf dem Gebiet der Trinkwasser- oder Energieversorgung oder des Verkehrs oder der Telekommunikation tätig sind, nach Maßgabe näherer Bestimmung durch Rechtsverordnung nach § 127 auf dem Gebiet vergeben werden, auf dem sie selbst tätig sind;
g) die an eine Person vergeben werden, die ihrerseits Auftraggeber nach § 98 Nr. 1, 2 oder 3 ist und ein auf Gesetz oder Verordnung beruhendes ausschließliches Recht zur Erbringung der Leistung hat;
h) über Erwerb oder Mietverhältnisse über oder Rechte an Grundstücken oder vorhandenen Gebäuden oder anderem unbeweglichen Vermögen ungeachtet ihrer Finanzierung;
i) über Dienstleistungen von verbundenen Unternehmen, die durch Rechtsverordnung nach § 127 näher bestimmt werden, für Auftraggeber, die auf dem Gebiet der Trinkwasser- oder Energieversorgung oder des Verkehrs oder der Telekommunikation tätig sind;
j) über die Ausstrahlung von Sendungen;
k) über Fernsprechdienstleistungen, Telexdienst, den beweglichen Telefondienst, Funkrufdienst und die Satellitenkommunikation;
l) über Schiedsgerichts- und Schlichtungsleistungen;
m) über finanzielle Dienstleistungen im Zusammenhang mit Ausgabe, Verkauf, Ankauf oder Übertragung von Wertpapieren oder anderen Finanzinstrumenten sowie Dienstleistungen der Zentralbanken;
n) über Forschungs- und Entwicklungsdienstleistungen, es sei denn, ihre Ergebnisse werden ausschließlich Eigentum des Auftraggebers für seinen Gebrauch bei der Ausübung seiner eigenen Tätigkeit und die Dienstleistung wird vollständig durch den Auftraggeber vergütet.

§ 101 Arten der Vergabe

(1) Die Vergabe von öffentlichen Liefer-, Bau- und Dienstleistungsaufträgen erfolgt im Wege von offenen Verfahren, nicht offenen Verfahren oder Verhandlungsverfahren.

(2) Offene Verfahren sind Verfahren, in denen eine unbeschränkte Anzahl von Unternehmen öffentlich zur Abgabe von Angeboten aufgefordert wird.

(3) Bei nicht offenen Verfahren wird öffentlich zur Teilnahme, aus dem Bewerberkreis sodann eine beschränkte Anzahl von Unternehmen zur Angebotsabgabe aufgefordert.

(4) Verhandlungsverfahren sind Verfahren, bei denen sich der Auftraggeber mit oder ohne vorherige öffentliche Aufforderung zur Teilnahme an ausgewählte Unternehmen wendet, um mit einem oder mehreren über die Auftragsbedingungen zu verhandeln.

(5) Öffentliche Auftraggeber haben das offene Verfahren anzuwenden, es sei denn, auf Grund dieses Gesetzes ist etwas anderes gestattet. Auftraggebern, die nur unter § 98 Nr. 4 fallen, stehen die drei Verfahren nach ihrer freien Wahl zur Verfügung.

Zweiter Abschnitt
Nachprüfungsverfahren

I. Nachprüfungsbehörden

§ 102 Grundsatz

Unbeschadet der Prüfungsmöglichkeiten von Aufsichtsbehörden und Vergabeprüfstellen unterliegt die Vergabe öffentlicher Aufträge der Nachprüfung durch die Vergabekammern.

§ 103 Vergabeprüfstellen

(1) Der Bund und die Länder können Vergabeprüfstellen einrichten, denen die Überprüfung der Einhaltung der von Auftraggebern im Sinne des § 98 Nr. 1 bis 3 anzuwendenden Vergabebestimmungen obliegt. Sie können auch bei den Fach- und Rechtsaufsichtsbehörden angesiedelt werden.

(2) Die Vergabeprüfstelle prüft auf Antrag oder von Amts wegen die Einhaltung der von den Auftraggebern im Sinne des § 98 Nr. 1 bis 3 anzuwendenden Vergabevorschriften. Sie kann die das Vergabeverfahren durchführende Stelle verpflichten, rechtswidrige Maßnahmen aufzuheben und rechtmäßige Maßnahmen zu treffen, diese Stellen und Unternehmen bei der Anwendung der Vergabevorschriften beraten und streitschlichtend tätig werden.

(3) Gegen eine Entscheidung der Vergabeprüfstelle kann zur Wahrung von Rechten aus § 97 Abs. 7 nur die Vergabekammer angerufen werden. Die Prüfung durch die Vergabeprüfstelle ist nicht Voraussetzung für die Anrufung der Vergabekammer.

§ 104 Vergabekammern

(1) Die Nachprüfung der Vergabe öffentlicher Aufträge nehmen die Vergabekammern des Bundes für die dem Bund zuzurechnenden Aufträge, die Vergabekammern der Länder für die diesen zuzurechnenden Aufträge wahr.

(2) Rechte aus § 97 Abs. 7 sowie sonstige Ansprüche gegen öffentliche Auftraggeber, die auf die Vornahme oder das Unterlassen einer Handlung in einem Vergabeverfahren gerichtet sind, können außer vor den Vergabeprüfstellen nur vor den Vergabekammern und dem Beschwerdegericht geltend gemacht werden. Die Zuständigkeit der ordentlichen Gerichte für die Geltendmachung von Schadensersatzansprüchen und die Befugnisse der Kartellbehörden bleiben unberührt.

§ 105 Besetzung, Unabhängigkeit

(1) Die Vergabekammern üben ihre Tätigkeit im Rahmen der Gesetze unabhängig und in eigener Verantwortung aus.

(2) Die Vergabekammern entscheiden in der Besetzung mit einem Vorsitzenden und zwei Beisitzern, von denen einer ein ehrenamtlicher Beisitzer ist. Der Vorsitzende und der hauptamtliche Beisitzer müssen Beamte auf Lebenszeit mit der Befähigung zum höheren Verwaltungsdienst oder vergleichbar fachkundige Angestellte sein. Der Vorsitzende oder der hauptamtliche Beisitzer müssen die Befähigung zum Richteramt haben; in der Regel soll dies der Vorsitzende sein. Die Beisitzer sollen über gründliche Kenntnisse des Vergabewesens, die ehrenamtlichen Beisitzer auch über mehrjährige praktische Erfahrungen auf dem Gebiet des Vergabewesens verfügen.

(3) Die Kammer kann das Verfahren dem Vorsitzenden oder dem hauptamtlichen Beisitzer ohne mündliche Verhandlung durch unanfechtbaren Beschluß zur alleinigen Entscheidung übertragen. Diese Übertragung ist nur möglich, sofern die Sache keine wesentlichen Schwierigkeiten in tatsächlicher oder rechtlicher Hinsicht aufweist und die Entscheidung nicht von grundsätzlicher Bedeutung sein wird.

(4) Die Mitglieder der Kammer werden für eine Amtszeit von fünf Jahren bestellt. Sie entscheiden unabhängig und sind nur dem Gesetz unterworfen.

§ 106 Einrichtung, Organisation

(1) Der Bund richtet die erforderliche Anzahl von Vergabekammern beim Bundeskartellamt ein. Einrichtung und Besetzung der Vergabekammern sowie die Geschäftsverteilung bestimmt der Präsident des Bundeskartellamts. Ehrenamtliche Beisitzer und deren Stellvertreter ernennt er auf Vorschlag der Spitzenorganisationen der öffentlich-rechtlichen Kammern. Der Präsident des Bundeskartellamts erläßt nach Genehmigung durch das Bundesministerium für Wirtschaft eine Geschäftsordnung und veröffentlicht diese im Bundesanzeiger.

(2) Die Einrichtung, Organisation und Besetzung der in diesem Abschnitt genannten Stellen (Nachprüfungsbehörden) der Länder bestimmen die nach Landesrecht zuständigen Stellen, mangels einer solchen Bestimmung die Landesregierung, die die Ermächtigung weiter übertragen kann. Bei der Besetzung der Vergabekammern muß gewährleistet sein, daß mindestens ein Mitglied die Befähigung zum Richteramt besitzt und nach Möglichkeit gründliche Kenntnisse des Vergabewesens vorhanden sind. Die Länder können gemeinsame Nachprüfungsbehörden einrichten.

II. Verfahren vor der Vergabekammer

§ 107 Einleitung, Antrag

(1) Die Vergabekammer leitet ein Nachprüfungsverfahren nur auf Antrag ein.

(2) Antragsbefugt ist jedes Unternehmen, das ein Interesse am Auftrag hat und eine Verletzung in seinen Rechten nach § 97 Abs. 7 durch Nichtbeachtung von Vergabevor-

schriften geltend macht. Dabei ist darzulegen, daß dem Unternehmen durch die behauptete Verletzung der Vergabevorschriften ein Schaden entstanden ist oder zu entstehen droht.

(3) Der Antrag ist unzulässig, soweit der Antragsteller den gerügten Verstoß gegen Vergabevorschriften bereits im Vergabeverfahren erkannt und gegenüber dem Auftraggeber nicht unverzüglich gerügt hat. Der Antrag ist außerdem unzulässig, soweit Verstöße gegen Vergabevorschriften, die auf Grund der Bekanntmachung erkennbar sind, nicht spätestens bis zum Ablauf der in der Bekanntmachung benannten Frist zur Angebotsabgabe oder zur Bewerbung gegenüber dem Auftraggeber gerügt werden.

§ 108 Form

(1) Der Antrag ist schriftlich bei der Vergabekammer einzureichen und unverzüglich zu begründen. Er soll ein bestimmtes Begehren enthalten. Ein Antragsteller ohne Wohnsitz oder gewöhnlichen Aufenthalt, Sitz oder Geschäftsleitung im Geltungsbereich dieses Gesetzes hat einen Empfangsbevollmächtigten im Geltungsbereich dieses Gesetzes zu benennen.

(2) Die Begründung muß die Bezeichnung des Antragsgegners, eine Beschreibung der behaupteten Rechtsverletzung mit Sachverhaltsdarstellung und die Bezeichnung der verfügbaren Beweismittel enthalten sowie darlegen, daß die Rüge gegenüber dem Auftraggeber erfolgt ist; sie soll, soweit bekannt, die sonstigen Beteiligten benennen.

§ 109 Verfahrensbeteiligte, Beiladung

Verfahrensbeteiligte sind der Antragsteller, der Auftraggeber und die Unternehmen, deren Interessen durch die Entscheidung schwerwiegend berührt werden und die deswegen von der Vergabekammer beigeladen worden sind. Die Entscheidung über die Beiladung ist unanfechtbar.

§ 110 Untersuchungsgrundsatz

(1) Die Vergabekammer erforscht den Sachverhalt von Amts wegen. Sie achtet bei ihrer gesamten Tätigkeit darauf, den Ablauf des Vergabeverfahrens nicht unangemessen zu beeinträchtigen.

(2) Sofern er nicht offensichtlich unzulässig oder unbegründet ist, stellt die Vergabekammer den Antrag nach Eingang dem Auftraggeber zu und fordert bei ihm die Akten an, die das Vergabeverfahren dokumentieren (Vergabeakten). Sofern eine Vergabeprüfstelle eingerichtet ist, übermittelt die Vergabekammer der Vergabeprüfstelle eine Kopie des Antrags. Der Auftraggeber stellt die Vergabeakten der Kammer sofort zur Verfügung. Die §§ 57 bis 59 Abs. 1 bis 5 gelten entsprechend.

§ 111 Akteneinsicht

(1) Die Beteiligten können die Akten bei der Vergabekammer einsehen und sich durch die Geschäftsstelle auf ihre Kosten Ausfertigungen, Auszüge oder Abschriften erteilen lassen.

(2) Die Vergabekammer hat die Einsicht in die Unterlagen zu versagen, soweit dies aus wichtigen Gründen, insbesondere des Geheimschutzes oder zur Wahrung von Fabrikations-, Betriebs- oder Geschäftsgeheimnissen, geboten ist.

(3) Jeder Beteiligte hat mit Übersendung seiner Akten oder Stellungnahmen auf die in Absatz 2 genannten Geheimnisse hinzuweisen und diese in den Unterlagen entsprechend kenntlich zu machen. Erfolgt dies nicht, kann die Vergabekammer von seiner Zustimmung auf Einsicht ausgehen.

(4) Die Versagung der Akteneinsicht kann nur im Zusammenhang mit der sofortigen Beschwerde in der Hauptsache angegriffen werden.

§ 112 Mündliche Verhandlung

(1) Die Vergabekammer entscheidet auf Grund einer mündlichen Verhandlung, die sich auf einen Termin beschränken soll. Alle Beteiligten haben Gelegenheit zur Stellungnahme. Mit Zustimmung der Beteiligten oder bei Unzulässigkeit oder bei offensichtlicher Unbegründetheit des Antrags kann nach Lage der Akten entschieden werden.

(2) Auch wenn die Beteiligten in dem Verhandlungstermin nicht erschienen oder nicht ordnungsgemäß vertreten sind, kann in der Sache verhandelt und entschieden werden.

§ 113 Beschleunigung

(1) Die Vergabekammer trifft und begründet ihre Entscheidung schriftlich innerhalb einer Frist von fünf Wochen ab Eingang des Antrags. Bei besonderen tatsächlichen oder rechtlichen Schwierigkeiten kann der Vorsitzende im Ausnahmefall die Frist durch Mitteilung an die Beteiligten um den erforderlichen Zeitraum verlängern. Er begründet diese Verfügung schriftlich.

(2) Die Beteiligten haben an der Aufklärung des Sachverhalts mitzuwirken, wie es einem auf Förderung und raschen Abschluß des Verfahrens bedachten Vorgehen entspricht. Den Beteiligten können Fristen gesetzt werden, nach deren Ablauf weiterer Vortrag unbeachtet bleiben kann.

§ 114 Entscheidung der Vergabekammer

(1) Die Vergabekammer entscheidet, ob der Antragsteller in seinen Rechten verletzt ist, und trifft die geeigneten Maßnahmen, um eine Rechtsverletzung zu beseitigen und eine Schädigung der betroffenen Interessen zu verhindern. Sie ist an die Anträge nicht

gebunden und kann auch unabhängig davon auf die Rechtmäßigkeit des Vergabeverfahrens einwirken.

(2) Ein bereits erteilter Zuschlag kann nicht aufgehoben werden. Hat sich das Nachprüfungsverfahren durch Erteilung des Zuschlags, durch Aufhebung oder durch Einstellung des Vergabeverfahrens oder in sonstiger Weise erledigt, stellt die Vergabekammer auf Antrag eines Beteiligten fest, ob eine Rechtsverletzung vorgelegen hat. § 113 Abs. 1 gilt in diesem Fall nicht.

(3) Die Entscheidung der Vergabekammer ergeht durch Verwaltungsakt. Die Vollstreckung richtet sich, auch gegen einen Hoheitsträger, nach den Verwaltungsvollstreckungsgesetzen des Bundes und der Länder. § 61 gilt entsprechend.

§ 115 Aussetzung des Vergabeverfahrens

(1) Nach Zustellung eines Antrags auf Nachprüfung an den Auftraggeber darf dieser vor einer Entscheidung der Vergabekammer und dem Ablauf der Beschwerdefrist nach § 117 Abs. 1 den Zuschlag nicht erteilen.

(2) Die Vergabekammer kann dem Auftraggeber auf seinen Antrag gestatten, den Zuschlag nach Ablauf von zwei Wochen seit Bekanntgabe dieser Entscheidung zu erteilen, wenn unter Berücksichtigung aller möglicherweise geschädigten Interessen sowie des Interesses der Allgemeinheit an einem raschen Abschluß des Vergabeverfahrens die nachteiligen Folgen einer Verzögerung der Vergabe bis zum Abschluß der Nachprüfung die damit verbundenen Vorteile überwiegen. Das Beschwerdegericht kann auf Antrag das Verbot des Zuschlags nach Absatz 1 wiederherstellen; § 114 Abs. 2 Satz 1 bleibt unberührt. Wenn die Vergabekammer den Zuschlag nicht gestattet, kann das Beschwerdegericht auf Antrag des Auftraggebers unter den Voraussetzungen des Satzes 1 den sofortigen Zuschlag gestatten. Für das Verfahren vor dem Beschwerdegericht gilt § 121 Abs. 2 Satz 1 und 2 entsprechend. Eine sofortige Beschwerde nach § 116 Abs. 1 ist gegen Entscheidungen der Vergabekammer nach diesem Absatz nicht zulässig.

(3) Sind Rechte des Antragstellers aus § 97 Abs. 7 im Vergabeverfahren auf andere Weise als durch den drohenden Zuschlag gefährdet, kann die Kammer auf besonderen Antrag mit weiteren vorläufigen Maßnahmen in das Vergabeverfahren eingreifen. Sie legt dabei den Beurteilungsmaßstab des Absatzes 2 Satz 1 zugrunde. Diese Entscheidung ist nicht selbständig anfechtbar.

III. Sofortige Beschwerde

§ 116 Zulässigkeit, Zuständigkeit

(1) Gegen Entscheidungen der Vergabekammer ist die sofortige Beschwerde zulässig. Sie steht den am Verfahren vor der Vergabekammer Beteiligten zu.

(2) Die sofortige Beschwerde ist auch zulässig, wenn die Vergabekammer über einen Antrag auf Nachprüfung nicht innerhalb der Frist des § 113 Abs. 1 entschieden hat; in diesem Fall gilt der Antrag als abgelehnt.

(3) Über die sofortige Beschwerde entscheidet ausschließlich das für den Sitz der Vergabekammer zuständige Oberlandesgericht. Bei den Oberlandesgerichten wird ein Vergabesenat gebildet.

(4) Rechtssachen nach den Absätzen 1 und 2 können von den Landesregierungen durch Rechtsverordnung anderen Oberlandesgerichten oder dem Obersten Landesgericht zugewiesen werden. Die Landesregierungen können die Ermächtigung auf die Landesjustizverwaltungen übertragen.

§ 117 Frist, Form

(1) Die sofortige Beschwerde ist binnen einer Notfrist von zwei Wochen, die mit der Zustellung der Entscheidung, im Fall des § 116 Abs. 2 mit dem Ablauf der Frist, beginnt, schriftlich bei dem Beschwerdegericht einzulegen.

(2) Die sofortige Beschwerde ist zugleich mit ihrer Einlegung zu begründen. Die Beschwerdebegründung muß enthalten:
1. die Erklärung, inwieweit die Entscheidung der Vergabekammer angefochten und eine abweichende Entscheidung beantragt wird,
2. die Angabe der Tatsachen und Beweismittel, auf die sich die Beschwerde stützt.

(3) Die Beschwerdeschrift muß durch einen bei einem deutschen Gericht zugelassenen Rechtsanwalt unterzeichnet sein. Dies gilt nicht für Beschwerden von juristischen Personen des öffentlichen Rechts.

(4) Mit der Einlegung der Beschwerde sind die anderen Beteiligten des Verfahrens vor der Vergabekammer vom Beschwerdeführer durch Übermittlung einer Ausfertigung der Beschwerdeschrift zu unterrichten.

§ 118 Wirkung

(1) Die sofortige Beschwerde hat aufschiebende Wirkung gegenüber der Entscheidung der Vergabekammer. Die aufschiebende Wirkung entfällt zwei Wochen nach Ablauf der Beschwerdefrist. Hat die Vergabekammer den Antrag auf Nachprüfung abgelehnt, so kann das Beschwerdegericht auf Antrag des Beschwerdeführers die aufschiebende Wirkung bis zur Entscheidung über die Beschwerde verlängern.

(2) Bei seiner Entscheidung über den Antrag nach Absatz 1 Satz 3 berücksichtigt das Gericht die Erfolgsaussichten der Beschwerde. Es lehnt den Antrag ab, wenn unter Berücksichtigung aller möglicherweise geschädigten Interessen sowie des Interesses der Allgemeinheit an einem raschen Abschluß des Vergabeverfahrens die nachteiligen Folgen einer Verzögerung der Vergabe bis zur Entscheidung über die Beschwerde die damit verbundenen Vorteile überwiegen.

(3) Hat die Vergabekammer dem Antrag auf Nachprüfung durch Untersagung des Zuschlags stattgegeben, so unterbleibt dieser, solange nicht das Beschwerdegericht die Entscheidung der Vergabekammer nach § 121 oder § 123 aufhebt.

§ 119 Beteiligte am Beschwerdeverfahren

An dem Verfahren vor dem Beschwerdegericht beteiligt sind die an dem Verfahren vor der Vergabekammer Beteiligten.

§ 120 Verfahrensvorschriften

(1) Vor dem Beschwerdegericht müssen sich die Beteiligten durch einen bei einem deutschen Gericht zugelassenen Rechtsanwalt als Bevollmächtigten vertreten lassen. Juristische Personen des öffentlichen Rechts können sich durch Beamte oder Angestellte mit Befähigung zum Richteramt vertreten lassen.

(2) Die §§ 69, 70 Abs. 1 bis 3, § 71 Abs. 1 und 6, §§ 72, 73 mit Ausnahme der Verweisung auf § 227 Abs. 3 der Zivilprozeßordnung, die §§ 111 und 113 Abs. 2 Satz 1 finden entsprechende Anwendung.

§ 121 Vorabentscheidung über den Zuschlag

(1) Auf Antrag des Auftraggebers kann das Gericht unter Berücksichtigung der Erfolgsaussichten der sofortigen Beschwerde den weiteren Fortgang des Vergabeverfahrens und den Zuschlag gestatten. Das Gericht kann den Zuschlag auch gestatten, wenn unter Berücksichtigung aller möglicherweise geschädigten Interessen sowie des Interesses der Allgemeinheit an einem raschen Abschluß des Vergabeverfahrens die nachteiligen Folgen einer Verzögerung der Vergabe bis zur Entscheidung über die Beschwerde die damit verbundenen Vorteile überwiegen.

(2) Der Antrag ist schriftlich zu stellen und gleichzeitig zu begründen. Die zur Begründung des Antrags vorzutragenden Tatsachen sowie der Grund für die Eilbedürftigkeit sind glaubhaft zu machen. Bis zur Entscheidung über den Antrag kann das Verfahren über die Beschwerde ausgesetzt werden.

(3) Die Entscheidung ist unverzüglich längstens innerhalb von fünf Wochen nach Eingang des Antrags zu treffen und zu begründen; bei besonderen tatsächlichen oder rechtlichen Schwierigkeiten kann der Vorsitzende im Ausnahmefall die Frist durch begründete Mitteilung an die Beteiligten um den erforderlichen Zeitraum verlängern. Die Entscheidung kann ohne mündliche Verhandlung ergehen. Ihre Begründung erläutert Rechtmäßigkeit oder Rechtswidrigkeit des Vergabeverfahrens. § 120 findet Anwendung.

(4) Gegen eine Entscheidung nach dieser Vorschrift ist ein Rechtsmittel nicht zulässig.

§ 122 Ende des Vergabeverfahrens nach Entscheidung des Beschwerdegerichts

Ist der Auftraggeber mit einem Antrag nach § 121 vor dem Beschwerdegericht unterlegen, gilt das Vergabeverfahren nach Ablauf von 10 Tagen nach Zustellung der Entscheidung als beendet, wenn der Auftraggeber nicht die Maßnahmen zur Herstellung der Rechtmäßigkeit des Verfahrens ergreift, die sich aus der Entscheidung ergeben; das Verfahren darf nicht fortgeführt werden.

§ 123 Beschwerdeentscheidung

Hält das Gericht die Beschwerde für begründet, so hebt es die Entscheidung der Vergabekammer auf. In diesem Fall entscheidet das Gericht in der Sache selbst oder spricht die Verpflichtung der Vergabekammer aus, unter Berücksichtigung der Rechtsauffassung des Gerichts über die Sache erneut zu entscheiden. Auf Antrag stellt es fest, ob das Unternehmen, das die Nachprüfung beantragt hat, durch den Auftraggeber in seinen Rechten verletzt ist. § 114 Abs. 2 gilt entsprechend.

§ 124 Bindungswirkung und Vorlagepflicht

(1) Wird wegen eines Verstoßes gegen Vergabevorschriften Schadensersatz begehrt und hat ein Verfahren vor der Vergabekammer stattgefunden, ist das ordentliche Gericht an die bestandskräftige Entscheidung der Vergabekammer und die Entscheidung des Oberlandesgerichts sowie gegebenenfalls des nach Absatz 2 angerufenen Bundesgerichtshofs über die Beschwerde gebunden.

(2) Will ein Oberlandesgericht von einer Entscheidung eines anderen Oberlandesgerichts oder des Bundesgerichtshofes abweichen, so legt es die Sache dem Bundesgerichtshof vor. Der Bundesgerichtshof entscheidet anstelle des Oberlandesgerichts. Die Vorlagepflicht gilt nicht im Verfahren nach § 118 Abs. 1 Satz 3 und nach § 121.

Dritter Abschnitt
Sonstige Regelungen

§ 125 Schadensersatz bei Rechtsmißbrauch

(1) Erweist sich der Antrag nach § 107 oder die sofortige Beschwerde nach § 116 als von Anfang an ungerechtfertigt, ist der Antragsteller oder der Beschwerdeführer verpflichtet, dem Gegner und den Beteiligten den Schaden zu ersetzen, der ihnen durch den Mißbrauch des Antrags- oder Beschwerderechts entstanden ist.

(2) Ein Mißbrauch ist es insbesondere,

1. die Aussetzung oder die weitere Aussetzung des Vergabeverfahrens durch vorsätzlich oder grob fahrlässig vorgetragene falsche Angaben zu erwirken;
2. die Überprüfung mit dem Ziel zu beantragen, das Vergabeverfahren zu behindern oder Konkurrenten zu schädigen;
3. einen Antrag in der Absicht zu stellen, ihn später gegen Geld oder andere Vorteile zurückzunehmen.

(3) Erweisen sich die von der Vergabekammer entsprechend einem besonderen Antrag nach § 115 Abs. 3 getroffenen vorläufigen Maßnahmen als von Anfang an

ungerechtfertigt, hat der Antragsteller dem Auftraggeber den aus der Vollziehung der angeordneten Maßnahme entstandenen Schaden zu ersetzen.

§ 126 Anspruch auf Ersatz des Vertrauensschadens

Hat der Auftraggeber gegen eine den Schutz von Unternehmen bezweckende Vorschrift verstoßen und hätte das Unternehmen ohne diesen Verstoß bei der Wertung der Angebote eine echte Chance gehabt, den Zuschlag zu erhalten, die aber durch den Rechtsverstoß beeinträchtigt wurde, so kann das Unternehmen Schadensersatz für die Kosten der Vorbereitung des Angebots oder der Teilnahme an einem Vergabeverfahren verlangen. Weiterreichende Ansprüche auf Schadensersatz bleiben unberührt.

§ 127 Ermächtigungen

Die Bundesregierung kann durch Rechtsverordnung mit Zustimmung des Bundesrates Regelungen erlassen

1. zur Umsetzung der Schwellenwerte der Richtlinien der Europäischen Gemeinschaften über die Koordinierung der Verfahren zur Vergabe öffentlicher Aufträge in das deutsche Recht;
2. zur näheren Bestimmung der Tätigkeiten auf dem Gebiete der Trinkwasser- und der Energieversorgung, des Verkehrs und der Telekommunikation, soweit dies zur Erfüllung von Verpflichtungen aus Richtlinien der Europäischen Gemeinschaften erforderlich ist;
3. zur näheren Bestimmung der verbundenen Unternehmen, auf deren Dienstleistungen gegenüber Auftraggebern, die auf dem Gebiete der Trinkwasser- oder der Energieversorgung, des Verkehrs oder der Telekommunikation tätig sind, nach den Richtlinien der Europäischen Gemeinschaften dieser Teil nicht anzuwenden ist;
4. zur näheren Bestimmung der Aufträge von Unternehmen der Trinkwasser- oder der Energieversorgung, des Verkehrs oder der Telekommunikation, auf die nach den Richtlinien der Europäischen Gemeinschaften dieser Teil nicht anzuwenden ist;
5. über die genaue Abgrenzung der Zuständigkeiten der Vergabekammern von Bund und Ländern sowie der Vergabekammern der Länder voneinander;
6. über ein Verfahren, nach dem öffentliche Auftraggeber durch unabhängige Prüfer eine Bescheinigung erhalten können, daß ihr Vergabeverhalten mit den Regeln dieses Gesetzes und den auf Grund dieses Gesetzes erlassenen Vorschriften übereinstimmt;
7. über den Korrekturmechanismus gemäß Kapitel 3 und ein freiwilliges Streitschlichtungsverfahren der Europäischen Kommission gemäß Kapitel 4 der Richtlinie 92/13/EWG des Rates der Europäischen Gemeinschaften vom 25. Februar 1992 (*ABl. EG Nr. L 76 S. 14*);
8. über die Informationen, die von den Auftraggebern, den Vergabekammern und den Beschwerdegerichten dem Bundesministerium für Wirtschaft zu übermitteln sind, um Verpflichtungen aus Richtlinien des Rates der Europäischen Gemeinschaften zu erfüllen.

§ 128 Kosten des Verfahrens vor der Vergabekammer

(1) Für Amtshandlungen der Vergabekammern werden Kosten (Gebühren und Auslagen) zur Deckung des Verwaltungsaufwandes erhoben. Das Verwaltungskostengesetz findet Anwendung.

(2) Die Höhe der Gebühren bestimmt sich nach dem personellen und sachlichen Aufwand der Vergabekammer unter Berücksichtigung der wirtschaftlichen Bedeutung des Gegenstands des Nachprüfungsverfahrens. Die Gebühr beträgt mindestens 5 000 Deutsche Mark; dieser Betrag kann aus Gründen der Billigkeit bis auf ein Zehntel ermäßigt werden. Die Gebühr soll den Betrag von 50 000 Deutsche Mark nicht überschreiten, kann aber im Einzelfall, wenn der Aufwand oder die wirtschaftliche Bedeutung außergewöhnlich hoch sind, bis zu einem Betrag von 100 000 Deutsche Mark erhöht werden.

(3) Soweit ein Beteiligter im Verfahren unterliegt, hat er die Kosten zu tragen. Mehrere Kostenschuldner haften als Gesamtschuldner. Hat sich der Antrag vor Entscheidung der Vergabekammer durch Rücknahme oder anderweitig erledigt, ist die Hälfte der Gebühr zu entrichten. Aus Gründen der Billigkeit kann von der Erhebung von Gebühren ganz oder teilweise abgesehen werden.

(4) Soweit die Anrufung der Vergabekammer erfolgreich ist oder dem Antrag durch die Vergabeprüfstelle abgeholfen wird, findet eine Erstattung der zur zweckentsprechenden Rechtsverfolgung notwendigen Aufwendungen statt. Soweit ein Beteiligter im Verfahren unterliegt, hat er die zur zweckentsprechenden Rechtsverfolgung oder Rechtsverteidigung notwendigen Auslagen des Antragsgegners zu tragen. § 80 des Verwaltungsverfahrensgesetzes und die entsprechenden Vorschriften der Verwaltungsverfahrensgesetze der Länder gelten entsprechend.

§ 129 Kosten der Vergabeprüfstelle

Für Amtshandlungen der Vergabeprüfstellen des Bundes, die über die im § 103 Abs. 2 Satz 1 genannte Prüftätigkeit und die damit verbundenen Maßnahmen der Vergabeprüfstellen hinausgehen, werden Kosten zur Deckung des Verwaltungsaufwandes erhoben. § 128 gilt entsprechend. Die Gebühr beträgt 20 vom Hundert der Mindestgebühr nach § 128 Abs. 2; ist der Aufwand oder die wirtschaftliche Bedeutung im Einzelfall außergewöhnlich hoch, kann die Gebühr bis zur Höhe der vollen Mindestgebühr angehoben werden.

4 Verordnung über die Vergabe öffentlicher Aufträge

§ 1 Zweck der Verordnung

Die Verordnung trifft nähere Bestimmungen über das bei der Vergabe öffentlicher Aufträge einzuhaltende Verfahren sowie über die Zuständigkeit und das Verfahren bei der Durchführung von Nachprüfungsverfahren für öffentliche Aufträge, deren geschätzte Auftragswerte die in § 2 geregelten Beträge ohne Umsatzsteuer erreichen oder übersteigen (Schwellenwerte).

§ 2 Schwellenwerte

Der Schwellenwert beträgt:

1. für Liefer- und Dienstleistungsaufträge im Bereich der Trinkwasser- oder Energieversorgung oder im Verkehrsbereich: 400 000 Euro,
2. für Liefer- und Dienstleistungsaufträge der obersten oder oberen Bundesbehörden sowie vergleichbarer Bundeseinrichtungen außer Forschungs- und Entwicklungs-Dienstleistungen und Dienstleistungen des Anhangs IB der Richtlinie 92/50/EWG des Rates über die Koordinierung der Verfahren zur Vergabe öffentlicher Dienstleistungsaufträge vom 18. Juni 1992 (ABl. EG Nr. L 209 S. 1), geändert durch die Richtlinie 97/52/EG vom 13. Oktober 1997 (ABl. EG Nr. L 328 S. 1): 130 000 Euro; im Verteidigungsbereich gilt dies bei Lieferaufträgen nur für Waren, die im Anhang II der Richtlinie 93/36/EWG des Rates über die Koordinierung der Verfahren zur Vergabe öffentlicher Lieferaufträge vom 14. Juni 1993 (ABl. EG Nr. L 199 S. 1), geändert durch die Richtlinie 97/52/EG vom 13. Oktober 1997 (ABl. EG Nr. L 328 S. 1), aufgeführt sind,
3. für alle anderen Liefer- und Dienstleistungsaufträge: 200 000 Euro,
4. für Bauaufträge: 5 Millionen Euro,
5. für Auslobungsverfahren, die zu einem Dienstleistungsauftrag führen sollen, dessen Schwellenwert,
6. für die übrigen Auslobungsverfahren der Wert, der bei Dienstleistungsaufträgen gilt,
7. für Lose von Bauaufträgen nach Nummer 4: 1 Million Euro oder bei Losen unterhalb von 1 Million Euro deren addierter Wert ab 20 vom Hundert des Gesamtwertes aller Lose und
8. für Lose von Dienstleistungsaufträgen nach Nummer 2 oder 3: 80 000 Euro oder bei Losen unterhalb von 80 000 Euro deren addierter Wert ab 20 vom Hundert des Gesamtwertes aller Lose; dies gilt nicht im Sektorenbereich.

§ 3 Schätzung der Auftragswerte

(1) Bei der Schätzung des Auftragswertes ist von der geschätzten Gesamtvergütung für die vorgesehene Leistung auszugehen.

(2) Der Wert eines beabsichtigten Auftrages darf nicht in der Absicht geschätzt oder aufgeteilt werden, ihn der Anwendung dieser Bestimmungen zu entziehen.

(3) Bei zeitlich begrenzten Lieferaufträgen mit einer Laufzeit bis zu zwölf Monaten sowie bei Dienstleistungsaufträgen bis zu 48 Monaten Laufzeit, für die kein Gesamtpreis angegeben wird, ist bei der Schätzung des Auftragswertes der Gesamtwert für die Laufzeit des Vertrages zugrunde zu legen. Bei Lieferaufträgen mit einer Laufzeit von mehr als zwölf Monaten ist der Gesamtwert einschließlich des geschätzten Restwertes zugrunde zu legen. Bei unbefristeten Verträgen oder bei nicht absehbarer Vertragsdauer folgt der Vertragswert aus der monatlichen Zahlung multipliziert mit 48.

(4) Bei regelmäßigen Aufträgen oder Daueraufträgen über Lieferungen oder Dienstleistungen ist bei der Schätzung des Auftragswertes entweder der tatsächliche

Gesamtauftragswert entsprechender Aufträge für ähnliche Arten von Lieferungen oder Dienstleistungen aus den vorangegangenen zwölf Monaten oder dem vorangegangenen Haushaltsjahr, unter Anpassung an voraussichtliche Änderungen bei Mengen oder Kosten während der auf die erste Lieferung oder Dienstleistung folgenden zwölf Monate oder der geschätzte Gesamtwert während der auf die erste Lieferung oder Dienstleistung folgenden zwölf Monate oder während der Laufzeit des Vertrages, soweit diese länger als zwölf Monate ist, zugrunde zu legen.

(5) Bestehen die zu vergebenden Aufträge aus mehreren Losen, für die jeweils ein gesonderter Auftrag vergeben wird, müssen bei der Schätzung alle Lose berücksichtigt werden. Bei Lieferaufträgen gilt dies nur für Lose über gleichartige Lieferungen.

(6) Sieht der beabsichtigte Auftrag über Lieferungen oder Dienstleistungen Optionsrechte vor, so ist der voraussichtliche Vertragswert auf Grund des größtmöglichen Auftragswertes unter Einbeziehung der Optionsrechte zu schätzen.

(7) Bei der Schätzung des Auftragswertes von Bauleistungen ist außer dem Auftragswert der Bauaufträge der geschätzte Wert der Lieferungen zu berücksichtigen, die für die Ausführung der Bauleistungen erforderlich sind und vom Auftraggeber zur Verfügung gestellt werden.

(8) Der Wert einer Rahmenvereinbarung wird auf der Grundlage des geschätzten Höchstwertes aller für diesen Zeitraum geplanten Aufträge berechnet. Eine Rahmenvereinbarung ist eine Vereinbarung mit einem oder mehreren Unternehmen, in der die Bedingungen für Einzelaufträge festgelegt werden, die im Laufe eines bestimmten Zeitraums vergeben werden sollen, insbesondere über den in Aussicht genommenen Preis und gegebenenfalls die in Aussicht genommene Menge.

(9) Bei Auslobungsverfahren, die zu einem Dienstleistungsauftrag führen sollen, ist dessen Wert zu schätzen, bei allen übrigen Auslobungsverfahren die Summe der Preisgelder und Zahlungen an Teilnehmer.

(10) Maßgeblicher Zeitpunkt für die Schätzung des Auftragswertes ist der Tag der Absendung der Bekanntmachung der beabsichtigten Auftragsvergabe oder die sonstige Einleitung des Vergabeverfahrens.

§ 4 Vergabe von Liefer- und Dienstleistungsaufträgen

(1) Auftraggeber nach § 98 Nr. 1 bis 3 des Gesetzes gegen Wettbewerbsbeschränkungen (nachfolgend GWB) haben bei der Vergabe von Liefer- und Dienstleistungsaufträgen sowie bei der Durchführung von Auslobungsverfahren, die zu Dienstleistungen führen sollen, die Bestimmungen des 2. Abschnittes des Teiles A der Verdingungsordnung für Leistungen (VOL/A) in der Fassung der Bekanntmachung vom 17. August 2000 (BAnz. Nr. 200a vom 24. Oktober 2000) anzuwenden, wenn in den §§ 5 und 6 nichts anderes bestimmt ist. Satz 1 findet auf Aufträge im Sektorenbereich keine Anwendung.

(2) Für Auftraggeber nach § 98 Nr. 5 GWB gilt Absatz 1 hinsichtlich der Vergabe von Dienstleistungsaufträgen und für Auslobungsverfahren, die zu Dienstleistungen führen sollen.

§ 5 Vergabe freiberuflicher Dienstleistungen

Auftraggeber nach § 98 Nr. 1 bis 3 und 5 GWB haben bei der Vergabe von Dienstleistungen, die im Rahmen einer freiberuflichen Tätigkeit erbracht oder im Wettbewerb mit freiberuflichen Tätigen angeboten werden, sowie bei Auslobungsverfahren, die zu solchen Dienstleistungen führen sollen, die Verdingungsordnung für freiberufliche Leistungen (VOF) in der Fassung der Bekanntmachung vom 25. Juli 2000 (BAnz. Nr. 173a vom 13. September 2000) anzuwenden. Dies gilt nicht für Dienstleistungen, deren Gegenstand eine Aufgabe ist, deren Lösung vorab eindeutig und erschöpfend beschrieben werden kann. Satz 1 findet auf Aufträge im Sektorenbereich keine Anwendung.

§ 6 Vergabe von Bauleistungen

Auftraggeber nach § 98 Nr. 1 bis 3, 5 und 6 GWB haben bei der Vergabe von Bauaufträgen und Baukonzessionen die Bestimmungen des 2. Abschnittes des Teiles A der Verdingungsordnung für Bauleistungen (VOB/A) in der Fassung der Bekanntmachung vom 30. Mai 2000 (BAnz. Nr. 120a vom 30. Juni 2000, BAnz. S. 19125) anzuwenden; für die in § 98 Nr. 6 GWB genannten Auftraggeber gilt dies nur hinsichtlich der Bestimmungen, die auf diese Auftraggeber Bezug nehmen. Baukonzessionen sind Bauaufträge, bei denen die Gegenleistung für die Bauarbeiten statt in einer Vergütung in dem Recht auf Nutzung der baulichen Anlage, gegebenenfalls zuzüglich der Zahlung eines Preises, besteht. Satz 1 findet auf Aufträge im Sektorenbereich keine Anwendung.

§ 7 Aufträge im Sektorenbereich

(1) Die in § 98 Nr. 1 bis 3 GWB genannten Auftraggeber, die eine Tätigkeit nach § 8 Nr. 1 oder Nr. 4 Buchstabe b oder Nr. 4 Buchstabe c ausüben, haben bei der Vergabe von Aufträgen die folgenden Bestimmungen anzuwenden:

1. im Fall von Liefer- und Dienstleistungsaufträgen sowie Auslobungsverfahren, die zu Dienstleistungen führen sollen, die Bestimmungen des 3. Abschnittes des Teiles A der Verdingungsordnung für Leistungen (VOL/A). Dies gilt nicht für Aufträge im Sinne des § 5;
2. im Fall von Bauaufträgen die Bestimmungen des 3. Abschnittes des Teiles A der Verdingungsordnung für Bauleistungen (VOB/A).

(2) Die in § 98 Nr. 1 bis 3 GWB genannten Auftraggeber, die eine Tätigkeit nach § 8 Nr. 2 oder Nr. 3 oder Nr. 4 Buchstabe a ausüben, und die in § 98 Nr. 4 GWB genannten Auftraggeber haben bei der Vergabe von Aufträgen die folgenden Bestimmungen anzuwenden:

1. im Fall von Liefer- und Dienstleistungsaufträgen sowie Auslobungsverfahren, die zu Dienstleistungen führen sollen, die Bestimmungen des 4. Abschnittes des Teiles A

der Verdingungsordnung für Leistungen (VOL/A). Dies gilt nicht für Aufträge im Sinne des § 5;
2. im Fall von Bauaufträgen die Bestimmungen des 4. Abschnittes des Teiles A der Verdingungsordnung für Bauleistungen (VOB/A).

§ 8 Tätigkeit im Sektorenbereich

Tätigkeiten auf dem Gebiet der Trinkwasser- oder Energieversorgung oder im Verkehrsbereich (Sektorenbereich) sind die im Folgenden genannten Tätigkeiten:
1. **Trinkwasserversorgung:** die Bereitstellung und das Betreiben fester Netze zur Versorgung der Öffentlichkeit im Zusammenhang mit der Gewinnung, dem Transport oder der Verteilung von Trinkwasser sowie die Versorgung dieser Netze mit Trinkwasser; dies gilt auch, wenn diese Tätigkeit mit der Ableitung und Klärung von Abwässern oder mit Wasserbauvorhaben sowie Vorhaben auf dem Gebiet der Bewässerung und der Entwässerung im Zusammenhang steht, sofern die zur Trinkwasserversorgung bestimmte Wassermenge mehr als 20 vom Hundert der mit dem Vorhaben oder Bewässerungs- oder Entwässerungsanlagen zur Verfügung gestellten Gesamtwassermenge ausmacht;
2. **Elektrizitäts- und Gasversorgung:** die Bereitstellung und das Betreiben fester Netze zur Versorgung der Öffentlichkeit im Zusammenhang mit der Erzeugung, dem Transport oder der Verteilung von Strom oder der Gewinnung von Gas sowie die Versorgung dieser Netze mit Strom oder Gas durch Unternehmen im Sinne des § 2 Abs. 3 des Energiewirtschaftsgesetzes;
3. **Wärmeversorgung:** die Bereitstellung und das Betreiben fester Netze zur Versorgung der Öffentlichkeit im Zusammenhang mit der Erzeugung, dem Transport oder der Verteilung von Wärme sowie die Versorgung dieser Netze mit Wärme;
4. **Verkehrsbereich:**

a) die Nutzung eines geographisch abgegrenzten Gebietes zum Zwecke der Versorgung von Beförderungsunternehmen im Luftverkehr mit Flughäfen durch Flughafenunternehmer, die eine Genehmigung nach § 38 Abs. 2 Nr. 1 der Luftverkehrs-Zulassungsordnung in der Fassung der Bekanntmachung vom 27. März 1999 (BGBl. I S. 610) erhalten haben oder einer solchen bedürfen;

b) die Nutzung eines geographisch abgegrenzten Gebietes zum Zwecke der Versorgung von Beförderungsunternehmen im See- oder Binnenschiffverkehr mit Häfen oder anderen Verkehrsendeinrichtungen;

c) das Betreiben von Netzen zur Versorgung der Öffentlichkeit im Eisenbahn-, Straßenbahn- oder sonstigen Schienenverkehr, im öffentlichen Personenverkehr auch mit Kraftomnibussen und Oberleitungsbussen, mit Seilbahnen sowie mit automatischen Systemen. Im Verkehrsbereich ist ein Netz auch vorhanden, wenn die Verkehrsleistungen auf Grund einer behördlichen Auflage erbracht werden; dazu gehören die Festlegung der Strecken, Transportkapazitäten oder Fahrpläne.

§ 9 Ausnahmen im Sektorenbereich

(1) Die Tätigkeit des Auftraggebers nach § 98 Nr. 4 GWB gilt nicht als eine Tätigkeit

1. im Sinne des § 8 Nr. 1, sofern die Gewinnung von Trinkwasser für die Ausübung einer anderen Tätigkeit als der Trinkwasserversorgung der Öffentlichkeit erforderlich ist, die Lieferung an das öffentliche Netz nur von seinem Eigenverbrauch abhängt und unter Zugrundelegung des Mittels der letzten drei Jahre einschließlich des laufenden Jahres nicht mehr als 30 vom Hundert seiner gesamten Trinkwassergewinnung ausmacht;
2. im Sinne des § 8 Nr. 2, sofern die Erzeugung von Strom für die Ausübung einer anderen Tätigkeit als der Versorgung der Öffentlichkeit erforderlich ist, die Lieferung von Strom an das öffentliche Netz nur von seinem Eigenverbrauch abhängt und unter Zugrundelegung des Mittels der letzten drei Jahre einschließlich des laufenden Jahres nicht mehr als 30 vom Hundert seiner gesamten Energieerzeugung ausmacht;
3. im Sinne des § 8 Nr. 2, sofern die Erzeugung von Gas sich zwangsläufig aus der Ausübung einer anderen Tätigkeit ergibt, die Lieferung an das öffentliche Netz nur darauf abzielt, diese Erzeugung wirtschaftlich zu nutzen und unter Zugrundelegung des Mittels der letzten drei Jahre einschließlich des laufenden Jahres nicht mehr als 20 vom Hundert des Umsatzes des betreffenden Auftraggebers ausgemacht hat;
4. im Sinne des § 8 Nr. 3, sofern die Erzeugung von Wärme sich zwangsläufig aus der Ausübung einer anderen Tätigkeit ergibt, die Lieferung an das öffentliche Netz nur darauf abzielt, diese Erzeugung wirtschaftlich zu nutzen und unter Zugrundelegung des Mittels der letzten drei Jahre einschließlich des laufenden Jahres nicht mehr als 20 vom Hundert des Umsatzes des Auftraggebers ausgemacht hat.

(2) § 7 gilt nicht für Aufträge, die anderen Zwecken als der Durchführung der in § 8 genannten Tätigkeiten dienen.

(3) § 7 gilt nicht für Aufträge, die zur Durchführung der in § 8 genannten Tätigkeiten außerhalb des Gebietes, in dem der Vertrag zur Gründung der Europäischen Gemeinschaft gilt, vergeben werden, wenn sie nicht mit der tatsächlichen Nutzung eines Netzes oder einer Anlage innerhalb dieses Gebietes verbunden sind. Die betreffenden Auftraggeber teilen der Kommission der Europäischen Gemeinschaften auf deren Anfrage alle Tätigkeiten mit, die nach ihrer Auffassung unter Satz 1 fallen. Eine Kopie des Schreibens an die Kommission übersenden sie unaufgefordert dem Bundesministerium für Wirtschaft und Technologie.

(4) § 7 gilt nicht für Aufträge, die zum Zwecke der Weiterveräußerung oder Weitervermietung an Dritte vergeben werden, vorausgesetzt, dass der Auftraggeber kein besonderes oder ausschließliches Recht zum Verkauf oder zur Vermietung des Auftragsgegenstandes besitzt und dass andere Unternehmen die Möglichkeit haben, diese Waren unter gleichen Bedingungen wie der betreffende Auftraggeber zu verkaufen oder zu vermieten. Die betreffenden Auftraggeber teilen der Kommission der Europäischen Gemeinschaften auf deren Anfrage alle Arten von Erzeugnissen mit, die nach ihrer Auffassung unter Satz 1 fallen. Eine Kopie des Schreibens an die Kommission übersenden sie unaufgefordert dem Bundesministerium für Wirtschaft und Technologie.

(5) § 7 gilt nicht für Aufträge, die
1. bei Tätigkeiten nach § 8 Nr. 1 die Beschaffung von Wasser oder
2. bei Tätigkeiten nach § 8 Nr. 2 und 3 die Beschaffung von Energie oder von Brennstoffen zum Zwecke der Energieerzeugung
zum Gegenstand haben.

§ 10 Freistellung verbundener Unternehmen

(1) § 7 gilt nicht für Dienstleistungsaufträge,
1. die ein Auftraggeber an ein mit ihm verbundenes Unternehmen vergibt,
2. die ein gemeinsames Unternehmen, das mehrere Auftraggeber zur Durchführung von Tätigkeiten im Sinne des § 8 gebildet haben, an einen dieser Auftraggeber oder an ein Unternehmen vergibt, das mit einem dieser Auftraggeber verbunden ist,
sofern mindestens 80 vom Hundert des von diesem Unternehmen während der letzten drei Jahre in der Europäischen Gemeinschaft erzielten durchschnittlichen Umsatzes im Dienstleistungssektor aus der Erbringung dieser Dienstleistungen für die mit ihm verbundenen Unternehmen stammen. Satz 1 gilt auch, sofern das Unternehmen noch keine drei Jahre besteht, wenn zu erwarten ist, dass in den ersten drei Jahren seines Bestehens mindestens 80 vom Hundert erreicht werden. Werden die gleichen oder gleichartigen Dienstleistungen von mehr als einem mit dem Auftraggeber verbundenen Unternehmen erbracht, ist der Gesamtumsatz in der Europäischen Gemeinschaft zu berücksichtigen, der sich für diese Unternehmen aus der Erbringung von Dienstleistungen ergibt. Die Auftraggeber teilen der Kommission der Europäischen Gemeinschaften auf deren Verlangen den Namen der Unternehmen, die Art und den Wert des jeweiligen Dienstleistungsauftrages und alle Angaben mit, welche die Kommission der Europäischen Gemeinschaften zur Prüfung für erforderlich hält.

(2) Ein verbundenes Unternehmen im Sinne des Absatzes 1 ist ein Unternehmen, das als Mutter- oder Tochterunternehmen im Sinne des § 290 Abs. 1 des Handelsgesetzbuches gilt, ohne dass es auf die Rechtsform und den Sitz ankommt. Im Fall von Auftraggebern, auf die § 290 Abs. 1 des Handelsgesetzbuches nicht zutrifft, sind verbundene Unternehmen diejenigen, auf die der Auftraggeber unmittelbar oder mittelbar einen beherrschenden Einfluss ausüben kann, insbesondere auf Grund der Eigentumsverhältnisse, der finanziellen Beteiligung oder der für das Unternehmen geltenden Vorschriften. Es wird vermutet, dass ein beherrschender Einfluss ausgeübt wird, wenn der Auftraggeber
1. die Mehrheit des gezeichneten Kapitals des Unternehmens besitzt oder
2. über die Mehrheit der mit den Anteilen des Unternehmens verbundenen Stimmrechte verfügt oder
3. mehr als die Hälfte der Mitglieder des Verwaltungs-, Leitungs- oder Aufsichtsorgans des Unternehmens bestellen kann.

Verbundene Unternehmen sind auch diejenigen, die einen beherrschenden Einfluss im Sinne des Satzes 3 auf den Auftraggeber ausüben können oder die ebenso wie der Auftraggeber einem beherrschenden Einfluss eines anderen Unternehmens unterliegen.

§ 11 Auftraggeber nach dem Bundesberggesetz

(1) Die in § 98 Nr. 1 bis 4 GWB genannten Auftraggeber, die nach dem Bundesberggesetz eine Berechtigung zur Aufsuchung oder Gewinnung von Erdöl, Gas, Kohle oder anderen Festbrennstoffen erhalten haben, haben bei der Vergabe von Aufträgen zum Zwecke der Durchführung der zuvor bezeichneten Tätigkeiten den Grundsatz der Nichtdiskriminierung und der wettbewerbsorientierten Auftragsvergabe zu beachten. Insbesondere haben sie Unternehmen, die ein Interesse an einem solchen Auftrag haben können, ausreichende Informationen zur Verfügung zu stellen und bei der Auftragsvergabe objektive Kriterien zugrunde zu legen. Auf Aufträge, die die Beschaffung von Energie oder Brennstoffen zur Energieerzeugung zum Gegenstand haben, sind die Sätze 1 und 2 nicht anzuwenden.

(2) Die in Absatz 1 genannten Auftraggeber erteilen der Kommission der Europäischen Gemeinschaften unter den von dieser festgelegten Bedingungen Auskunft über die Vergabe der unter diese Vorschrift fallenden Aufträge.

§ 12 Drittlandsklausel

Auftraggeber, die eine der in § 8 genannten Tätigkeiten ausüben, können bei Lieferaufträgen Angebote zurückweisen, bei denen der Warenanteil zu mehr als 50 vom Hundert des Gesamtwertes aus Ländern stammt, die nicht Vertragsparteien des Abkommens über den Europäischen Wirtschaftsraum sind und mit denen auch keine sonstigen Vereinbarungen über gegenseitigen Marktzugang bestehen. Das Bundesministerium für Wirtschaft und Technologie gibt im Bundesanzeiger bekannt, mit welchen Ländern und auf welchen Sektoren solche Vereinbarungen bestehen. Sind zwei oder mehrere Warenangebote nach den Zuschlagskriterien des § 25b Nr. 1 Abs. 1 oder § 11 SKR Nr. 1 Abs. 1 VOL/A gleichwertig, so ist das Angebot zu bevorzugen, das nicht nach Satz 1 zurückgewiesen werden kann. Die Preise sind als gleichwertig anzusehen, wenn sie um nicht mehr als 3 vom Hundert voneinander abweichen. Die Bevorzugung unterbleibt, sofern sie den Auftraggeber zum Erwerb von Ausrüstungen zwingen würde, die andere technische Merkmale als bereits genutzte Ausrüstungen haben und dadurch zu Inkompatibilität oder technischen Schwierigkeiten bei Betrieb und Wartung oder zu unverhältnismäßigen Kosten führen würden. Software, die in der Ausstattung für Telekommunikationsnetze verwendet wird, gilt als Ware im Sinne dieses Absatzes.

§ 13 Informationspflicht

Der Auftraggeber informiert die Bieter, deren Angebote nicht berücksichtigt werden sollen, über den Namen des Bieters, dessen Angebot angenommen werden soll, und über den Grund der vorgesehenen Nichtberücksichtigung ihres Angebotes. Er gibt die Information schriftlich spätestens 14 Kalendertage vor dem Vertragsabschluss ab. Ein Vertrag darf vor Ablauf der Frist oder ohne dass die Information erteilt worden und die Frist abgelaufen ist, nicht geschlossen werden. Ein dennoch abgeschlossener Vertrag ist nichtig.

§ 14 Bekanntmachungen

Bei Bekanntmachungen im Amtsblatt der Europäischen Gemeinschaften nach diesen Bestimmungen sollen die Auftraggeber die Bezeichnungen des Gemeinsamen Vokabulars für das öffentliche Auftragswesen (Common Procurement Vocabulary – CPV) zur Beschreibung des Auftragsgegenstandes verwenden. Das Bundesministerium für Wirtschaft und Technologie gibt das CPV im Bundesanzeiger bekannt.

§ 15 Elektronische Angebotsabgabe

Soweit die Bestimmungen, auf die die §§ 4 bis 7 verweisen, keine Regelungen über die elektronische Angebotsabgabe enthalten, können die Auftraggeber zulassen, dass die Abgabe der Angebote in anderer Form als schriftlich per Post oder direkt erfolgen kann, sofern sie sicherstellen, dass die Vertraulichkeit der Angebote gewahrt ist. Digitale Angebote sind mit einer qualifizierten elektronischen Signatur nach dem Signaturgesetz zu versehen und zu verschlüsseln; die Verschlüsselung ist bis zum Ablauf der für die Einreichung der Angebote festgelegten Frist aufrechtzuerhalten.

§ 16 Ausgeschlossene Personen

(1) Als Organmitglied oder Mitarbeiter eines Auftraggebers oder als Beauftragter oder als Mitarbeiter eines Beauftragten eines Auftraggebers dürfen bei Entscheidungen in einem Vergabeverfahren für einen Auftraggeber als voreingenommen geltende natürliche Personen nicht mitwirken, soweit sie in diesem Verfahren:

1. Bieter oder Bewerber sind,
2. einen Bieter oder Bewerber beraten oder sonst unterstützen oder als gesetzlicher Vertreter oder nur in dem Vergabeverfahren vertreten,
3. a) bei einem Bieter oder Bewerber gegen Entgelt beschäftigt oder bei ihm als Mitglied des Vorstandes, Aufsichtsrates oder gleichartigen Organs tätig sind oder
b) für ein in das Vergabeverfahren eingeschaltetes Unternehmen tätig sind, wenn dieses Unternehmen zugleich geschäftliche Beziehungen zum Auftraggeber und zum Bieter oder Bewerber hat, es sei denn, dass dadurch für die Personen kein Interessenkonflikt besteht oder sich die Tätigkeiten nicht auf die Entscheidungen in dem Vergabeverfahren auswirken.

(2) Als voreingenommen gelten auch die Personen, deren Angehörige die Voraussetzungen nach Absatz 1 Nr. 1 bis 3 erfüllen. Angehörige sind der Verlobte, der Ehegatte, Lebenspartner, Verwandte und Verschwägerte gerader Linie, Geschwister, Kinder der Geschwister, Ehegatten und Lebenspartner der Geschwister und Geschwister der Ehegatten und Lebenspartner, Geschwister der Eltern sowie Pflegeeltern und Pflegekinder.

§ 17 Angabe der Vergabekammer

Die Auftraggeber geben in der Vergabebekanntmachung und den Vergabeunterlagen die Anschrift der Vergabekammer an, der die Nachprüfung obliegt. Soweit eine Vergabeprüfstelle gemäß § 103 GWB besteht, kann diese zusätzlich genannt werden.

§ 18 Zuständigkeit der Vergabekammern

(1) Die Vergabekammer des Bundes ist zuständig für die Nachprüfung der Vergabeverfahren des Bundes und von Auftraggebern im Sinne des § 98 Nr. 2 GWB, sofern der Bund die Beteiligung verwaltet oder die sonstige Finanzierung überwiegend gewährt hat oder der Bund über die Leitung überwiegend die Aufsicht ausübt oder die Mitglieder des zur Geschäftsführung oder zur Aufsicht berufenen Organs überwiegend bestimmt hat. Erfolgt die Beteiligung, sonstige Finanzierung oder Aufsicht über die Leitung oder Bestimmung der Mitglieder der Geschäftsführung oder des zur Aufsicht berufenen Organs durch mehrere Stellen und davon überwiegend durch den Bund, so ist die Vergabekammer des Bundes die zuständige Vergabekammer, es sei denn, die Beteiligten haben sich auf die Zuständigkeit einer anderen Vergabekammer geeinigt.

(2) Übt der Bund auf Auftraggeber im Sinne des § 98 Nr. 4 GWB einzeln einen beherrschenden Einfluss aus, ist die Vergabekammer des Bundes zuständig. Wird der beherrschende Einfluss gemeinsam mit einem anderen Auftraggeber nach § 98 Nr. 1 bis 3 GWB ausgeübt, ist die Vergabekammer des Bundes zuständig, sofern der Anteil des Bundes überwiegt. Ein beherrschender Einfluss wird angenommen, wenn die Stelle unmittelbar oder mittelbar die Mehrheit des gezeichneten Kapitals des Auftraggebers besitzt oder über die Mehrheit der mit den Anteilen des Auftraggebers verbundenen Stimmrechte verfügt oder mehr als die Hälfte der Mitglieder des Verwaltungs-, Leitungs- oder Aufsichtsorgans des Auftraggebers bestellen kann.

(3) Die Vergabekammer des Bundes ist zuständig für die Nachprüfung von Vergabeverfahren von Auftraggebern im Sinne des § 98 Nr. 5 GWB, sofern der Bund die Mittel allein oder überwiegend bewilligt hat.

(4) Ist bei Auftraggebern nach § 98 Nr. 6 GWB die Stelle, die unter § 98 Nr. 1 bis 3 GWB fällt, nach den Absätzen 1 bis 3 dem Bund zuzuordnen, ist die Vergabekammer des Bundes zuständig.

(5) Werden die Vergabeverfahren im Rahmen einer Organleihe für den Bund durchgeführt, ist die Vergabekammer des Bundes zuständig.

(6) Werden die Vergabeverfahren im Rahmen einer Auftragsverwaltung für den Bund durchgeführt, ist die Vergabekammer des jeweiligen Landes zuständig.

(7) Ist in entsprechender Anwendung der Absätze 1 bis 5 ein Auftraggeber einem Land zuzuordnen, ist die Vergabekammer des jeweiligen Landes zuständig.

(8) In allen anderen Fällen wird die Zuständigkeit der Vergabekammern nach dem Sitz des Auftraggebers bestimmt.

§ 19 Bescheinigungsverfahren

(1) Auftraggeber im Sinne von § 98 GWB, die im Sektorenbereich tätig sind, können ihre Vergabeverfahren und Vergabepraktiken regelmäßig von einem Prüfer untersuchen lassen, um eine Bescheinigung darüber zu erhalten, dass diese Verfahren und

Praktiken mit §§ 97 bis 101 GWB und den nach §§ 7 bis 16 anzuwendenden Vergabebestimmungen übereinstimmen.

(2) Für das Bescheinigungsverfahren gilt die Europäische Norm EN 45503.

(3) Akkreditierungsstelle für die Prüfer ist das Bundesamt für Wirtschaft.

(4) Die Prüfer sind unabhängig und müssen die Voraussetzungen der Europäischen Norm EN 45503 erfüllen.

(5) Die Prüfer berichten den Auftraggebern schriftlich über die Ergebnisse ihrer nach der Europäischen Norm durchgeführten Prüfung.

(6) Auftraggeber, die eine Bescheinigung erhalten haben, können im Rahmen ihrer zu veröffentlichenden Bekanntmachung im Amtsblatt der Europäischen Gemeinschaften folgende Erklärung abgeben: „Der Auftraggeber hat gemäß der Richtlinie 92/13/EWG des Rates vom 25. Februar 1992 zur Koordinierung der Rechts- und Verwaltungsvorschriften für die Anwendung der Gemeinschaftsvorschriften über die Auftragsvergabe durch Auftraggeber im Bereich der Wasser-, Energie- und Verkehrsversorgung sowie im Telekommunikationssektor (ABl. EG Nr. L 76 S. 14) eine Bescheinigung darüber erhalten, dass seine Vergabeverfahren und -praktiken am … mit dem Gemeinschaftsrecht über die Auftragsvergabe und den einzelstaatlichen Vorschriften zur Umsetzung des Gemeinschaftsrechts übereinstimmen."

(7) Auftraggeber können auch das von einem anderen Staat eingerichtete Bescheinigungssystem, das der Europäischen Norm EN 45503 entspricht, nutzen.

§ 20 Schlichtungsverfahren

(1) Jeder Beteiligte an einem Vergabeverfahren von Auftraggebern im Sinne von § 98 GWB, die im Sektorenbereich tätig sind, oder jeder, dem im Zusammenhang mit einem solchen Vergabeverfahren durch einen Rechtsverstoß ein Schaden entstanden ist oder zu entstehen droht, kann ein nach den Absätzen 2 bis 7 geregeltes Schlichtungsverfahren in Anspruch nehmen.

(2) Der Antrag auf ein Schlichtungsverfahren ist an das Bundesministerium für Wirtschaft und Technologie zu richten, das den Antrag unverzüglich an die Kommission der Europäischen Gemeinschaften weiterleitet.

(3) Betrifft nach Auffassung der Kommission die Streitigkeit die korrekte Anwendung des Gemeinschaftsrechtes, informiert sie den Auftraggeber und bittet ihn, an dem Schlichtungsverfahren teilzunehmen. Das Schlichtungsverfahren wird nicht durchgeführt, falls der Auftraggeber dem Schlichtungsverfahren nicht beitritt. Der Antragsteller wird darüber informiert.

(4) Tritt der Auftraggeber dem Schlichtungsverfahren bei, schlägt die Kommission einen unabhängigen Schlichter vor. Jede Partei des Schlichtungsverfahrens erklärt, ob sie den Schlichter akzeptiert, und benennt einen weiteren Schlichter. Die Schlichter können bis zu zwei Personen als Sachverständige zu ihrer Beratung hinzuziehen. Die

am Schlichtungsverfahren Beteiligten können die vorgesehenen Sachverständigen ablehnen.

(5) Jeder am Schlichtungsverfahren Beteiligte erhält die Möglichkeit, sich mündlich oder schriftlich zu äußern. Die Schlichter bemühen sich, möglichst rasch eine Einigung zwischen den Beteiligten herbeizuführen.

(6) Der Antragsteller und der Auftraggeber können jederzeit das Schlichtungsverfahren beenden. Beide kommen für ihre eigenen Kosten auf; die Kosten des Verfahrens sind hälftig zu tragen.

(7) Wird ein Antrag auf Nachprüfung nach § 107 GWB gestellt und hat bereits ein Beteiligter am Vergabeverfahren ein Schlichtungsverfahren eingeleitet, so hat der Auftraggeber die am Schlichtungsverfahren beteiligten Schlichter unverzüglich darüber zu informieren. Die Schlichter bieten dem Betroffenen an, dem Schlichtungsverfahren beizutreten. Die Schlichter können, falls sie es für angemessen erachten, entscheiden, das Schlichtungsverfahren zu beenden.

§ 21 Korrekturmechanismus der Kommission

(1) Erhält die Bundesregierung im Laufe eines Vergabeverfahrens vor Abschluss des Vertrages eine Mitteilung der Kommission der Europäischen Gemeinschaften, dass sie der Auffassung ist, dass ein klarer und eindeutiger Verstoß gegen das Gemeinschaftsrecht im Bereich der öffentlichen Aufträge vorliegt, der zu beseitigen ist, teilt das Bundesministerium für Wirtschaft und Technologie dies dem Auftraggeber mit.

(2) Der Auftraggeber ist verpflichtet, innerhalb von 14 Kalendertagen nach Eingang dieser Mitteilung dem Bundesministerium für Wirtschaft und Technologie zur Weitergabe an die Kommission eine Stellungnahme zu übermitteln, die insbesondere folgende Angaben enthält:

1. die Bestätigung, dass der Verstoß beseitigt wurde, oder
2. eine Begründung, warum der Verstoß nicht beseitigt wurde, gegebenenfalls dass das Vergabeverfahren bereits Gegenstand von Nachprüfungsverfahren nach dem Vierten Teil des GWB ist, oder
3. Angabe, dass das Vergabeverfahren ausgesetzt wurde.

(3) Ist das Vergabeverfahren Gegenstand eines Nachprüfungsverfahrens nach dem Vierten Teil des GWB oder wurde es ausgesetzt, so ist der Auftraggeber verpflichtet, das Bundesministerium für Wirtschaft und Technologie zur Weiterleitung an die Kommission unverzüglich über den Ausgang des Verfahrens zu informieren.

§ 22 Statistik

Die Vergabekammern und die Oberlandesgerichte informieren das Bundesministerium für Wirtschaft und Technologie unaufgefordert bis zum 31. Januar eines jeden Jahres, erstmals bis 31. Januar 2001, über die Anzahl der Nachprüfungsverfahren des Vorjahres und deren Ergebnisse.

§ 23 Übergangsbestimmungen

Bereits begonnene Vergabeverfahren werden nach dem Recht, das zum Zeitpunkt des Beginns des Verfahrens galt, beendet.

§ 24 In-Kraft-Treten, Außer-Kraft-Treten

Diese Verordnung tritt am ersten Tage des auf die Verkündung folgenden Kalendermonats in Kraft. Gleichzeitig tritt die Vergabeverordnung vom 22. Februar 1994 (BGBl. I S. 321), geändert durch die Verordnung vom 29. September 1997 (BGBl. I S. 2384), außer Kraft.

5 Europäisches Gemeinschaftsrecht

5.1 Vorschriften des EG-Vertrags

Artikel 81: Verbot wettbewerbsbeschränkender Vereinbarungen und Verhaltensweisen

(1) Mit dem Gemeinsamen Markt unvereinbar und verboten sind alle Vereinbarungen zwischen Unternehmen, Beschlüsse von Unternehmensvereinigungen und aufeinander abgestimmte Verhaltensweisen, welche den Handel von Mitgliedstaaten zu beeinträchtigen geeignet sind und eine Verhinderung, Einschränkung oder Verfälschung des Wettbewerbs innerhalb des Gemeinsamen Marktes bezwecken oder bewirken, insbesondere

a) die unmittelbare oder mittelbare Festsetzung der An- oder Verkaufspreise oder sonstiger Geschäftsbedingungen;

b) die Einschränkung oder Kontrolle der Erzeugung, des Absatzes, der technischen Entwicklung oder der Investitionen;

c) die Aufteilung der Märkte oder Versorgungsquellen

d) die Anwendung unterschiedlicher Bedingungen bei gleichwertigen Leistungen gegenüber Handelspartnern, wodurch diese im Wettbewerb benachteiligt werden;

e) die an den Abschluss von Verträgen geknüpfte Bedingung, dass die Vertragspartner zusätzliche Leistungen annehmen, die weder sachlich noch nach Handelsbrauch in Beziehung zum Vertragsgegenstand stehen.

(2) Die nach diesem Artikel verbotenen Vereinbarungen oder Beschlüsse sind nichtig.

(3) Die Bestimmungen des Absatzes 1 können für nicht anwendbar erklärt werden auf

- Vereinbarungen oder Gruppen von Vereinbarungen zwischen Unternehmen,
- Beschlüsse oder Gruppen von Beschlüssen von Unternehmensvereinigungen,
- aufeinander abgestimmte Verhaltensweisen oder Gruppen von solchen,

die unter angemessener Beteiligung der Verbraucher an dem entstehenden Gewinn zur Verbesserung der Warenerzeugung oder -verteilung oder zur Förderung des technischen oder wirtschaftlichen Fortschritts beitragen, ohne dass den beteiligten Unternehmen

a) Beschränkungen auferlegt werden, die für die Verwirklichung dieser Ziele nicht unerlässlich sind, oder
b) Möglichkeiten eröffnet werden, für einen wesentlichen Teil der betreffenden Waren den Wettbewerb auszuschalten.

Artikel 82: Missbrauch einer marktbeherrschenden Stellung

Mit dem Gemeinsamen Markt unvereinbar und verboten ist die missbräuchliche Ausnutzung einer beherrschenden Stellung auf dem Gemeinsamen Markt oder auf einem wesentlichen Teil desselben durch ein oder mehrere Unternehmen, soweit dies dazu führen kann, den Handel zwischen Mitgliedstaaten zu beeinträchtigen.
Dieser Missbrauch kann insbesondere in Folgendem bestehen:
a) der unmittelbaren oder mittelbaren Erzwingung von unangemessenen Einkaufs- oder Verkaufspreisen oder sonstigen Geschäftsbedingungen;
b) der Einschränkung der Erzeugung, des Absatzes oder der technischen Entwicklung zum Schaden der Verbraucher;
c) der Anwendung unterschiedlicher Bedingungen bei gleichwertigen Leistungen gegenüber Handelspartnern, wodurch diese im Wettbewerb benachteiligt werden;
d) der an den Abschluss von Verträgen geknüpften Bedingung, dass die Vertragspartner zusätzliche Leistungen annehmen, die weder sachlich noch nach Handelsbrauch in Beziehung zum Vertragsgegenstand stehen.

Artikel 86: Öffentliche und monopolartige Unternehmen

(1) Die Mitgliedstaaten werden in Bezug auf öffentliche Unternehmen und auf Unternehmen, denen sie besondere oder ausschließliche Rechte gewähren, keine diesem Vertrag und insbesondere dessen Artikeln 12 und 81 bis 89 widersprechende Maßnahmen treffen oder beibehalten.

(2) Für Unternehmen, die mit Dienstleistungen von allgemeinem wirtschaftlichen Interesse betraut sind oder den Charakter eines Finanzmonopols haben, gelten die Vorschriften dieses Vertrages, insbesondere die Wettbewerbsregeln, soweit die Anwendung dieser Vorschriften nicht die Erfüllung der ihnen übertragenen besonderen Aufgabe rechtlich oder tatsächlich verhindert. Die Entwicklung des Handelsverkehrs darf nicht in einem Ausmaß beeinträchtigt werden, das dem Interesse der Gemeinschaft zuwiderläuft.

(3) Die Kommission achtet auf die Anwendung dieses Artikels und richtet erforderlichenfalls geeignete Richtlinien oder Entscheidungen an die Mitgliedstaaten.

Artikel 87: Unzulässigkeit von Beihilfen; Ausnahmen

(1) Soweit in diesem Vertrag nicht etwas anderes bestimmt ist, sind staatliche oder aus staatlichen Mitteln gewährte Beihilfen gleich welcher Art, die durch die Begünstigung bestimmter Unternehmen oder Produktionszweige den Wettbewerb verfälschen

oder zu verfälschen drohen, mit dem Gemeinsamen Markt unvereinbar, soweit sie den Handel zwischen Mitgliedstaaten beeinträchtigen.

(2) Mit dem Gemeinsamen Markt vereinbar sind:

a) Beihilfen sozialer Art an einzelne Verbraucher, wenn sie ohne Diskriminierung nach der Herkunft der Waren gewährt werden;

b) Beihilfen zur Beseitigung von Schäden, die durch Naturkatastrophen oder sonstige außergewöhnliche Ereignisse entstanden sind;

c) Beihilfen für die Wirtschaft bestimmter, durch die Teilung Deutschlands betroffener Gebiete der Bundesrepublik Deutschland, soweit sie zum Ausgleich der durch die Teilung verursachten wirtschaftlichen Nachteile erforderlich sind.

(3) Als mit dem Gemeinsamen Markt vereinbar können angesehen werden:

a) Beihilfen zur Förderung der wirtschaftlichen Entwicklung von Gebieten, in denen die Lebenshaltung außergewöhnlich niedrig ist oder eine erhebliche Unterbeschäftigung herrscht;

b) Beihilfen zur Förderung wichtiger Vorhaben von gemeinsamem europäischem Interesse oder zur Behebung einer beträchtlichen Störung im Wirtschaftsleben des Mitgliedstaats;

c) Beihilfen zur Förderung der Entwicklung gewisser Wirtschaftszweige oder Wirtschaftsgebiete, soweit sie die Handelsbedingungen nicht in einer Weise verändern, die dem gemeinsamen Interesse zuwiderläuft;

d) Beihilfen zur Förderung der Kultur und der Erhaltung des kulturellen Erbes, soweit sie die Handelsbeziehungen nicht in einem Maß beeinträchtigen, das dem gemeinsamen Interesse zuwiderläuft:

e) sonstige Arten von Beihilfen, die der Rat durch eine Entscheidung mit qualifizierter Mehrheit auf Vorschlag der Kommission bestimmt.

Artikel 88: Maßnahmen gegen unstatthafte Beihilfen

(1) Die Kommission überprüft fortlaufend in Zusammenarbeit mit den Mitgliedstaaten die in diesen bestehenden Beihilferegelungen. Sie schlägt ihnen die zweckdienlichen Maßnahmen vor, welche die fortschreitende Entwicklung und das Funktionieren des Gemeinsamen Marktes erfordern.

(2) Stellt die Kommission fest, nachdem sie den Beteiligten eine Frist zur Äußerung gesetzt hat, dass eine von einem Staat oder aus staatlichen Mitteln gewährte Beihilfe mit dem Gemeinsamen Markt nach Artikel 87 unvereinbar ist oder dass sie missbräuchlich angewandt wird, so entscheidet sie, dass der betreffende Staat sie binnen einer von ihr bestimmten Frist aufzuheben oder umzugestalten hat.

Kommt der betreffende Staat dieser Entscheidung innerhalb der festgesetzten Frist nicht nach, so kann die Kommission oder jeder betroffene Staat in Abweichung von den Artikeln 226 und 227 den Gerichtshof unmittelbar anrufen.

Der Rat kann einstimmig auf Antrag eines Mitgliedstaats entscheiden, dass eine von diesem Staat gewährte oder geplante Beihilfe in Abweichung von Artikel 87 oder 89 erlassenen Verordnungen als mit dem Gemeinsamen Markt vereinbar gilt, wenn außergewöhnliche Umstände eine solche Entscheidung rechtfertigen. Hat die Kommission bezüglich dieser Beihilfe das in Unterabsatz 1 dieses Absatzes vorgesehene Verfahren bereits eingeleitet, so bewirkt der Antrag des betreffenden Staates an den Rat die Aussetzung dieses Verfahrens, bis der Rat sich geäußert hat.

Äußert sich der Rat nicht binnen drei Monaten nach Antragstellung, so entscheidet die Kommission.

(3) Die Kommission wird von jeder beabsichtigten Einführung oder Umgestaltung von Beihilfen so rechtzeitig unterrichtet, dass sie sich dazu äußern kann. Ist sie der Auffassung, dass ein derartiges Vorhaben nach Artikel 87 mit dem Gemeinsamen Markt unvereinbar ist, so leitet sie unverzüglich das in Absatz 2 vorgesehene Verfahren ein. Der betreffende Mitgliedstaat darf die beabsichtigte Maßnahme nicht durchführen, bevor die Kommission eine abschließende Entscheidung erlassen hat.

5.2 Besondere Verordnungen der Europäischen Gemeinschaft zum Europäischen Beihilfenaufsichtsrecht

5.2.1 Verordnung (EG) Nr. 659/1999 des Rates über besondere Vorschriften für die Anwendung von Artikel 93 des EG-Vertrags vom 22. März 1999, ABl. Nr. L 83/1

VERORDNUNG (EG) Nr. 659/1999 DES RATES vom 22. März 1999 über besondere Vorschriften für die Anwendung von Artikel 93 des EG-Vertrags

DER RAT DER EUROPÄISCHEN UNION –
gestützt auf den Vertrag zur Gründung der Europäischen Gemeinschaft, insbesondere auf Artikel 94,
auf Vorschlag der Kommission (1),
nach Stellungnahme des Europäischen Parlaments (2),
nach Stellungnahme des Wirtschafts- und Sozialausschusses (3),
in Erwägung nachstehender Gründe:

(1) Unbeschadet der besonderen Verfahrensregeln in Verordnungen für bestimmte Sektoren, sollte diese Verordnung für Beihilfen in allen Sektoren gelten. Im Hinblick auf die Anwendung der Artikel 77 und 92 des Vertrags ist die Kommission nach Artikel 93

(1) ABl. C 116 vom 16. 4. 1998, S. 13.
(2) Stellungnahme vom 14. Januar 1999 (noch nicht im Amtsblatt veröffentlicht).
(3) ABl. C 284 vom 14. 9. 1998, S. 10.

des Vertrags insbesondere für Entscheidungen über die Vereinbarkeit staatlicher Beihilfen mit dem Gemeinsamen Markt zuständig; dies gilt für die Überprüfung bestehender Beihilferegelungen, die Einführung oder Umgestaltung von Beihilfen und die Nichtbefolgung ihrer Entscheidungen oder der Anmeldungspflicht.

(2) Die Kommission hat in Übereinstimmung mit der Rechtsprechung des Gerichtshofs der Europäischen Gemeinschaften bei der Anwendung von Artikel 93 des Vertrags eine kohärente Praxis entwickelt und festgelegt und in einer Reihe von Mitteilungen bestimmte Verfahrensvorschriften und -grundsätze niedergelegt. Diese Praxis sollte mittels einer Verordnung kodifiziert und verstärkt werden, um wirksame und effiziente Verfahren nach Artikel 93 des Vertrags zu gewährleisten.

(3) Eine Verfahrensverordnung über die Anwendung von Artikel 93 des Vertrags wird die Transparenz und Rechtssicherheit erhöhen.

(4) Zur Gewährleistung von Rechtssicherheit sollte festgelegt werden, unter welchen Umständen staatliche Beihilfen als bestehende Beihilfen zu betrachten sind. Die Vollendung und Vertiefung des Binnenmarkts ist ein schrittweiser Prozeß, der sich in der ständigen Entwicklung der Politik im Bereich der staatlichen Beihilfen widerspiegelt. In der Folge dieser Entwicklungen können bestimmte Maßnahmen, die zum Zeitpunkt ihrer Einführung keine staatlichen Beihilfen darstellten, zu Beihilfen geworden sein.

(5) Nach Artikel 93 Absatz 3 des Vertrags müssen alle Vorhaben zur Gewährung neuer Beihilfen bei der Kommission angemeldet werden und dürfen nicht durchgeführt werden, bevor die Kommission eine abschließende Entscheidung erlassen hat.

(6) Nach Artikel 5 des Vertrags sind die Mitgliedstaaten verpflichtet, mit der Kommission zusammenzuarbeiten und ihr alle zur Erfüllung ihrer Verpflichtungen aus dieser Verordnung erforderlichen Informationen bereitzustellen.

(7) Die Frist, innerhalb derer die Kommission die vorläufige Prüfung angemeldeter Beihilfen beendet haben muß, sollte festgesetzt werden auf zwei Monate nach Erhalt einer vollständigen Anmeldung oder nach Erhalt einer gebührend begründeten Erklärung des betreffenden Mitgliedstaats, wonach dieser die Anmeldung als vollständig erachtet, da die von der Kommission erbetenen zusätzlichen Auskünfte nicht verfügbar sind oder bereits erteilt wurden. Diese Prüfung sollte aus Gründen der Rechtssicherheit durch eine Entscheidung abgeschlossen werden.

(8) In allen Fällen, in denen die Kommission nach der vorläufigen Prüfung nicht auf die Vereinbarkeit der Beihilfe mit dem Gemeinsamen Markt schließen kann, sollte das förmliche Prüfverfahren eröffnet werden, damit die Kommission alle zur Beurteilung der Vereinbarkeit der Beihilfe zweckdienlichen Auskünfte einholen kann und die Beteiligten ihre Stellungnahmen abgeben können. Die Rechte der Beteiligten können im Rahmen des förmlichen Prüfverfahrens nach Artikel 93 Absatz 2 des Vertrags am besten gewährleistet werden.

(9) Nachdem die Kommission die Stellungnahmen der Beteiligten gewürdigt hat, sollte sie ihre Prüfung durch eine abschließende Entscheidung beenden, sobald alle Bedenken ausgeräumt sind. Sollte diese Prüfung nach einem Zeitraum von 18 Monaten nach Eröffnung des Verfahrens nicht beendet sein, so empfiehlt es sich, daß der betreffende Mitgliedstaat die Möglichkeit hat, eine Entscheidung zu beantragen, die die Kommission innerhalb von zwei Monaten treffen muß.

(10) Um eine korrekte und wirksame Anwendung der Vorschriften über staatliche Beihilfen zu gewährleisten, sollte die Kommission die Möglichkeit haben, eine Entscheidung, die auf unrichtigen Auskünften beruht, zu widerrufen.

(11) Um die Einhaltung von Artikel 93 des Vertrags, insbesondere der Anmeldepflicht und des Durchführungsverbots in dessen Absatz 3, zu gewährleisten, sollte die Kommission alle rechtswidrigen Beihilfen überprüfen. Im Interesse der Transparenz und Rechtssicherheit sollten die in diesen Fällen zu befolgenden Verfahren festgelegt werden. Ist ein Mitgliedstaat der Anmeldepflicht oder dem Durchführungsverbot nicht nachgekommen, so sollte die Kommission an keine Fristen gebunden sein.

(12) Bei rechtswidrigen Beihilfen sollte die Kommission das Recht haben, alle für ihre Entscheidung sachdienlichen Auskünfte einzuholen und gegebenenfalls sofort den unverfälschten Wettbewerb wiederherzustellen. Daher ist es angezeigt, daß sie gegenüber dem betreffenden Mitgliedstaat einstweilige Maßnahmen erlassen kann. Bei diesen einstweiligen Maßnahmen kann es sich um Anordnungen zur Auskunftserteilung sowie zur Aussetzung oder Rückforderung einer Beihilfe handeln. Die Kommission sollte bei Nichtbefolgung einer Anordnung zur Auskunftserteilung ihre Entscheidung auf die ihr vorliegenden Informationen stützen und bei Nichtbefolgung einer Aussetzungs- oder Rückforderungsanordnung den Gerichtshof der Europäischen Gemeinschaften nach Artikel 93 Absatz 2 Unterabsatz 2 des Vertrags unmittelbar anrufen können.

(13) Bei rechtswidrigen Beihilfen, die mit dem Gemeinsamen Markt nicht vereinbar sind, muß wirksamer Wettbewerb wiederhergestellt werden. Dazu ist es notwendig, die betreffende Beihilfe einschließlich Zinsen unverzüglich zurückzufordern. Die Rückforderung hat nach den Verfahrensvorschriften des nationalen Rechts zu erfolgen. Die Anwendung dieser Verfahren sollte jedoch die Wiederherstellung eines wirksamen Wettbewerbs durch Verhinderung der sofortigen und tatsächlichen Vollstreckung der Kommissionsentscheidung nicht erschweren. Um zu diesem Ergebnis zu gelangen, sollten die Mitgliedstaaten alle erforderlichen Maßnahmen zur Gewährleistung der Wirksamkeit der Kommissionsentscheidung treffen.

(14) Aus Gründen der Rechtssicherheit sollte in Bezug auf rechtswidrige Beihilfen eine Frist von zehn Jahren festgesetzt werden, nach deren Ablauf keine Rückforderung mehr angeordnet werden kann.

(15) Die mißbräuchliche Anwendung von Beihilfen kann sich auf die Funktionsweise des Binnenmarkts in ähnlicher Weise wie eine rechtswidrige Beihilfe auswirken und

sollte demnach in ähnlicher Weise behandelt werden. Im Gegensatz zu rechtswidrigen Beihilfen handelt es sich bei Beihilfen, die gegebenenfalls in mißbräuchlicher Weise angewandt worden sind, um Beihilfen, die die Kommission zu einem früheren Zeitpunkt genehmigt hat. Deswegen sollte die Kommission bei der mißbräuchlichen Anwendung von Beihilfen keine Rückforderungsanordnung erlassen können.

(16) Es sind alle Möglichkeiten festzulegen, über die Dritte verfügen, um ihre Interessen bei Verfahren für staatliche Beihilfen zu vertreten.

(18) Die Kommission sollte zur Gewährleistung der Vereinbarkeit der bestehenden Beihilferegelungen mit dem Gemeinsamen Markt nach Artikel 93 Absatz 1 des Vertrags zweckdienliche Maßnahmen vorschlagen, wenn eine solche Regelung nicht oder nicht mehr mit dem Gemeinsamen Markt vereinbar ist, und das Verfahren nach Artikel 93 Absatz 2 des Vertrags eröffnen, wenn der betreffende Mitgliedstaat die vorgeschlagenen Maßnahmen nicht durchführen will.

(19) Damit die Kommission die Befolgung ihrer Entscheidungen wirksam überwachen kann und ihre Zusammenarbeit mit den Mitgliedstaaten bei der fortlaufenden Überprüfung aller bestehenden Beihilferegelungen nach Artikel 93 Absatz 1 des Vertrags erleichtert wird, muß für alle bestehenden Beihilferegelungen eine allgemeine Berichterstattungspflicht eingeführt werden.

(20) Hat die Kommission ernsthafte Bedenken, ob ihre Entscheidungen befolgt werden, sollte sie über zusätzliche Instrumente verfügen, um die Informationen einholen zu können, die für die Nachprüfung der tatsächlichen Befolgung ihrer Entscheidungen erforderlich sind. In dieser Hinsicht stellen Nachprüfungen vor Ort ein geeignetes und nützliches Instrument dar, und zwar insbesondere in Fällen, in denen Beihilfen mißbräuchlich angewandt worden sein könnten. Deshalb muß die Kommission dazu ermächtigt werden, Nachprüfungen vor Ort durchzuführen, und die zuständigen Behörden der Mitgliedstaaten müssen mit ihr zusammenarbeiten, wenn ein Unternehmen sich einer solchen Nachprüfung vor Ort widersetzt.

(21) Im Interesse der Transparenz und Rechtssicherheit sollten die Entscheidungen der Kommission der Öffentlichkeit zugänglich gemacht werden; gleichzeitig gilt weiterhin der Grundsatz, daß Entscheidungen über staatliche Beihilfen an den betreffenden Mitgliedstaat gerichtet werden. Deswegen ist es zweckmäßig, alle Entscheidungen, die die Interessen der Beteiligten beeinträchtigen könnten, in vollständiger oder zusammengefaßter Form zu veröffentlichen oder für die Beteiligten Kopien derjenigen Entscheidungen bereitzuhalten, die nicht veröffentlicht oder nicht in vollständiger Form veröffentlicht wurden. Die Kommission sollte bei der Veröffentlichung ihrer Entscheidungen die Vorschriften über das Berufsgeheimnis nach Artikel 214 des Vertrags befolgen.

(22) Die Kommission sollte in enger Zusammenarbeit mit den Mitgliedstaaten Durchführungsvorschriften zu den in dieser Verordnung genannten Verfahren erlassen können. Für die Zusammenarbeit zwischen der Kommission und den zuständigen Behör-

den der Mitgliedstaaten sollte ein Beratender Ausschuß für staatliche Beihilfen eingesetzt werden, der konsultiert wird, bevor die Kommission Durchführungsvorschriften erläßt –

HAT FOLGENDE VERORDNUNG ERLASSEN:

KAPITEL I
ALLGEMEINES

Artikel 1
Definitionen

Im Sinne dieser Verordnung bezeichnet der Ausdruck

a) „Beihilfen" alle Maßnahmen, die die Voraussetzungen des Artikels 92 Absatz 1 des Vertrags erfüllen;

b) „bestehende Beihilfen"

i) unbeschadet der Artikel 144 und 172 der Akte über den Beitritt Österreichs, Finnlands und Schwedens alle Beihilfen, die vor Inkrafttreten des Vertrags in dem entsprechenden Mitgliedstaat bestanden, also Beihilferegelungen und Einzelbeihilfen, die vor Inkrafttreten des Vertrags eingeführt worden sind und auch nach dessen Inkrafttreten noch anwendbar sind;

ii) genehmigte Beihilfen, also Beihilferegelungen und Einzelbeihilfen, die von der Kommission oder vom Rat genehmigt wurden;

iii) Beihilfen, die gemäß Artikel 4 Absatz 6 dieser Verordnung oder vor Erlaß dieser Verordnung, aber gemäß diesem Verfahren als genehmigt gelten;

iv) Beihilfen, die gemäß Artikel 15 als bereits bestehende Beihilfen gelten;

v) Beihilfen, die als bestehende Beihilfen gelten, weil nachgewiesen werden kann, daß sie zu dem Zeitpunkt, zu dem sie eingeführt wurden, keine Beihilfe waren und später aufgrund der Entwicklung des Gemeinsamen Marktes zu Beihilfen wurden, ohne daß sie eine Änderung durch den betreffenden Mitgliedstaat erfahren haben. Werden bestimmte Maßnahmen im Anschluß an die Liberalisierung einer Tätigkeit durch gemeinschaftliche Rechtsvorschriften zu Beihilfen, so gelten derartige Maßnahmen nach dem für die Liberalisierung festgelegten Termin nicht als bestehende Beihilfen;

c) „neue Beihilfen" alle Beihilfen, also Beihilferegelungen und Einzelbeihilfen, die keine bestehenden Beihilfen sind, einschließlich Änderungen bestehender Beihilfen;

d) „Beihilferegelung" eine Regelung, wonach Unternehmen, die in der Regelung in einer allgemeinen und abstrakten Weise definiert werden, ohne nähere Durchführungsmaßnahmen Einzelbeihilfen gewährt werden können, beziehungsweise eine Regelung, wonach einem oder mehreren Unternehmen nicht an ein bestimmtes Vorhaben gebundene Beihilfen für unbestimmte Zeit und/oder in unbestimmter Höhe gewährt werden können;

e) „Einzelbeihilfen" Beihilfen, die nicht aufgrund einer Beihilferegelung gewährt werden, und einzelne anmeldungspflichtige Zuwendungen aufgrund einer Beihilferegelung;

f) „rechtswidrige Beihilfen“ neue Beihilfen, die unter Verstoß gegen Artikel 93 Absatz 3 des Vertrags eingeführt werden;

g) „mißbräuchliche Anwendung von Beihilfen“ Beihilfen, die der Empfänger unter Verstoß gegen eine Entscheidung nach Artikel 4 Absatz 3 oder Artikel 7 Absätze 3 oder 4 dieser Verordnung verwendet;

h) „Beteiligte“ Mitgliedstaaten, Personen, Unternehmen oder Unternehmensvereinigungen, deren Interessen aufgrund der Gewährung einer Beihilfe beeinträchtigt sein können, insbesondere der Beihilfeempfänger, Wettbewerber und Berufsverbände.

KAPITEL II
VERFAHREN BEI ANGEMELDETEN BEIHILFEN

Artikel 2
Anmeldung neuer Beihilfen

(1) Soweit die Verordnungen nach Artikel 94 des Vertrags oder nach anderen einschlägigen Vertragsvorschriften nichts anderes vorsehen, teilen die Mitgliedstaaten der Kommission ihre Vorhaben zur Gewährung neuer Beihilfen rechtzeitig mit. Die Kommission unterrichtet den betreffenden Mitgliedstaat unverzüglich vom Eingang einer Anmeldung.

(2) Der betreffende Mitgliedstaat übermittelt der Kommission in seiner Anmeldung alle sachdienlichen Auskünfte, damit diese eine Entscheidung nach den Artikeln 4 und 7 erlassen kann (nachstehend „vollständige Anmeldung“ genannt).

Artikel 3
Durchführungsverbot

Anmeldungspflichtige Beihilfen nach Artikel 2 Absatz 1 dürfen nicht eingeführt werden, bevor die Kommission eine diesbezügliche Genehmigungsentscheidung erlassen hat oder die Beihilfe als genehmigt gilt.

Artikel 4
Vorläufige Prüfung der Anmeldung und Entscheidungen der Kommission

(1) Die Kommission prüft die Anmeldung unmittelbar nach deren Eingang. Unbeschadet des Artikels 8 erläßt die Kommission eine Entscheidung nach den Absätzen 2, 3 oder 4.

(2) Gelangt die Kommission nach einer vorläufigen Prüfung zu dem Schluß, daß die angemeldete Maßnahme keine Beihilfe darstellt, so stellt sie dies durch Entscheidung fest.

(3) Stellt die Kommission nach einer vorläufigen Prüfung fest, daß die angemeldete Maßnahme, insoweit sie in den Anwendungsbereich des Artikels 92 Absatz 1 des Vertrags fällt, keinen Anlaß zu Bedenken hinsichtlich ihrer Vereinbarkeit mit dem Gemeinsamen Markt gibt, so entscheidet sie, daß die Maßnahme mit dem Gemeinsamen Markt vereinbar ist (nachstehend „Entscheidung, keine Einwände zu erheben“

genannt). In der Entscheidung wird angeführt, welche Ausnahmevorschrift des Vertrags zur Anwendung gelangt ist.

(4) Stellt die Kommission nach einer vorläufigen Prüfung fest, daß die angemeldete Maßnahme Anlaß zu Bedenken hinsichtlich ihrer Vereinbarkeit mit dem Gemeinsamen Markt gibt, so entscheidet sie, das Verfahren nach Artikel 93 Absatz 2 des Vertrags zu eröffnen (nachstehend „Entscheidung über die Eröffnung des förmlichen Prüfverfahrens" genannt).

(5) Die Entscheidungen nach den Absätzen 2, 3 und 4 werden innerhalb von zwei Monaten erlassen. Diese Frist beginnt am Tag nach dem Eingang der vollständigen Anmeldung. Die Anmeldung gilt als vollständig, wenn die Kommission innerhalb von zwei Monaten nach Eingang der Anmeldung oder nach Eingang der von ihr – gegebenenfalls – angeforderten zusätzlichen Informationen keine weiteren Informationen anfordert. Die Frist kann mit Zustimmung der Kommission und des betreffenden Mitgliedstaats verlängert werden. Die Kommission kann bei Bedarf kürzere Fristen setzen.

(6) Hat die Kommission innerhalb der in Absatz 5 genannten Frist keine Entscheidung nach den Absätzen 2, 3 oder 4 erlassen, so gilt die Beihilfe als von der Kommission genehmigt. Der betreffende Mitgliedstaat kann daraufhin die betreffenden Maßnahmen durchführen, nachdem er die Kommission hiervon in Kenntnis gesetzt hat, es sei denn, daß diese innerhalb einer Frist von 15 Arbeitstagen nach Erhalt der Benachrichtigung eine Entscheidung nach diesem Artikel erläßt.

Artikel 5
Auskunftsersuchen

(1) Vertritt die Kommission die Auffassung, daß die von dem betreffenden Mitgliedstaat vorgelegten Informationen über eine Maßnahme, die nach Artikel 2 angemeldet wurde, unvollständig sind, so fordert sie alle sachdienlichen ergänzenden Auskünfte an. Hat ein Mitgliedstaat auf ein derartiges Ersuchen geantwortet, so unterrichtet die Kommission den Mitgliedstaat vom Eingang der Antwort.

(2) Wird eine von dem betreffenden Mitgliedstaat verlangte Auskunft innerhalb der von der Kommission festgesetzten Frist nicht oder nicht vollständig erteilt, so übermittelt die Kommission ein Erinnerungsschreiben, in dem sie eine zusätzliche Frist für die Auskunftserteilung festsetzt.

(3) Die Anmeldung gilt als zurückgezogen, wenn die angeforderten Auskünfte nicht innerhalb der festgesetzten Frist vorgelegt werden, es sei denn, daß entweder diese Frist mit Zustimmung der Kommission und des betreffenden Mitgliedstaats vor ihrem Ablauf verlängert worden ist oder daß der betreffende Mitgliedstaat der Kommission vor Ablauf der festgesetzten Frist in einer ordnungsgemäß begründeten Erklärung mitteilt, daß er die Anmeldung als vollständig betrachtet, weil die angeforderten ergänzenden Informationen nicht verfügbar oder bereits übermittelt worden sind. In diesem Fall beginnt die in Artikel 4 Absatz 5 genannte Frist am Tag nach dem Eingang der Erklä-

rung. Gilt die Anmeldung als zurückgezogen, so teilt die Kommission dies dem Mitgliedstaat mit.

Artikel 6
Förmliches Prüfverfahren

(1) Die Entscheidung über die Eröffnung des förmlichen Prüfverfahrens enthält eine Zusammenfassung der wesentlichen Sach- und Rechtsfragen, eine vorläufige Würdigung des Beihilfecharakters der geplanten Maßnahme durch die Kommission und Ausführungen über ihre Bedenken hinsichtlich der Vereinbarkeit mit dem Gemeinsamen Markt. Der betreffende Mitgliedstaat und die anderen Beteiligten werden in dieser Entscheidung zu einer Stellungnahme innerhalb einer Frist von normalerweise höchstens einem Monat aufgefordert. In ordnungsgemäß begründeten Fällen kann die Kommission diese Frist verlängern.

(2) Die von der Kommission erhaltenen Stellungnahmen werden dem betreffenden Mitgliedstaat mitgeteilt. Ersucht ein Beteiligter um Nichtbekanntgabe seiner Identität mit der Begründung, daß ihm daraus ein Schaden entstehen könnte, so wird die Identität des Beteiligten dem betreffenden Mitgliedstaat nicht bekanntgegeben. Der betreffende Mitgliedstaat kann sich innerhalb einer Frist von normalerweise höchstens einem Monat zu den Stellungnahmen äußern. In ordnungsgemäß begründeten Fällen kann die Kommission diese Frist verlängern.

Artikel 7
Entscheidungen der Kommission über den Abschluß des förmlichen Prüfverfahrens

(1) Das förmliche Prüfverfahren wird unbeschadet des Artikels 8 durch eine Entscheidung nach den Absätzen 2 bis 5 dieses Artikels abgeschlossen.

(2) Gelangt die Kommission zu dem Schluß, daß die angemeldete Maßnahme, gegebenenfalls nach entsprechenden Änderungen durch den betreffenden Mitgliedstaat, keine Beihilfe darstellt, so stellt sie dies durch Entscheidung fest.

(3) Stellt die Kommission fest, daß, gegebenenfalls nach Änderung durch den betreffenden Mitgliedstaat, die Bedenken hinsichtlich der Vereinbarkeit der angemeldeten Maßnahme mit dem Gemeinsamen Markt ausgeräumt sind, so entscheidet sie, daß die Beihilfe mit dem Gemeinsamen Markt vereinbar ist (nachstehend „Positiventscheidung“ genannt). In der Entscheidung wird angeführt, welche Ausnahmevorschrift des Vertrags zur Anwendung gelangt ist.

(4) Die Kommission kann eine Positiventscheidung mit Bedingungen und Auflagen verbinden, die ihr ermöglichen, die Beihilfe für mit dem Gemeinsamen Markt vereinbar zu erklären bzw. die Befolgung ihrer Entscheidung zu überwachen (nachstehend „mit Bedingungen und Auflagen verbundene Entscheidung“ genannt).

(5) Gelangt die Kommission zu dem Schluß, daß die angemeldete Beihilfe mit dem Gemeinsamen Markt unvereinbar ist, so entscheidet sie, daß diese Beihilfe nicht eingeführt werden darf (nachstehend „Negativentscheidung" genannt).

(6) Entscheidungen nach den Absätzen 2, 3, 4 und 5 werden erlassen, sobald die in Artikel 4 Absatz 4 genannten Bedenken ausgeräumt sind. Die Kommission bemüht sich darum, eine Entscheidung möglichst innerhalb von 18 Monaten nach Eröffnung des Prüfverfahrens zu erlassen. Diese Frist kann von der Kommission und dem betreffenden Mitgliedstaat einvernehmlich verlängert werden.

(7) Ist die Frist nach Absatz 6 abgelaufen, so erläßt die Kommission auf Wunsch des betreffenden Mitgliedstaats innerhalb von zwei Monaten auf der Grundlage der ihr zur Verfügung stehenden Informationen eine Entscheidung. Reichen die ihr vorgelegten Informationen nicht aus, um die Vereinbarkeit festzustellen, so erläßt die Kommission gegebenenfalls eine Negativentscheidung.

Artikel 8
Rücknahme der Anmeldung

(1) Der betreffende Mitgliedstaat kann die Anmeldung im Sinne des Artikels 2 innerhalb einer angemessenen Frist, bevor die Kommission eine Entscheidung nach Artikel 4 oder nach Artikel 7 erlassen hat, zurücknehmen.

(2) In Fällen, in denen die Kommission das förmliche Prüfverfahren eingeleitet hat, wird dieses eingestellt.

Artikel 9
Widerruf einer Entscheidung

Die Kommission kann, nachdem sie dem betreffenden Mitgliedstaat Gelegenheit zur Stellungnahme gegeben hat, eine nach Artikel 4 Absätze 2 oder 3 oder nach Artikel 7 Absätze 2, 3 oder 4 erlassene Entscheidung widerrufen, wenn diese auf während des Verfahrens übermittelten unrichtigen Informationen beruht, die ein für die Entscheidung ausschlaggebender Faktor waren. Vor dem Widerruf einer Entscheidung und dem Erlaß einer neuen Entscheidung eröffnet die Kommission das förmliche Prüfverfahren nach Artikel 4 Absatz 4. Die Artikel 6, 7 und 10, Artikel 11 Absatz 1 sowie die Artikel 13, 14 und 15 gelten entsprechend.

KAPITEL III
VERFAHREN BEI RECHTSWIDRIGEN BEIHILFEN

Artikel 10
Prüfung, Auskunftsersuchen und Anordnung zur Auskunftserteilung

(1) Befindet sich die Kommission im Besitz von Informationen gleich welcher Herkunft über angebliche rechtswidrige Beihilfen, so prüft sie diese Informationen unverzüglich.

(2) Gegebenenfalls verlangt die Kommission von dem betreffenden Mitgliedstaat Auskünfte. In diesem Fall gelten Artikel 2 Absatz 2 und Artikel 5 Absätze 1 und 2 entsprechend.

(3) Werden von dem betreffenden Mitgliedstaat trotz eines Erinnerungsschreibens nach Artikel 5 Absatz 2 die verlangten Auskünfte innerhalb der von der Kommission festgesetzten Frist nicht oder nicht vollständig erteilt, so fordert die Kommission die Auskünfte durch Entscheidung an (nachstehend „Anordnung zur Auskunftserteilung" genannt). Die Entscheidung bezeichnet die angeforderten Auskünfte und legt eine angemessene Frist zur Erteilung dieser Auskünfte fest.

Artikel 11

Anordnung zur Aussetzung oder einstweiligen Rückforderung der Beihilfe

(1) Die Kommission kann, nachdem sie dem betreffenden Mitgliedstaat Gelegenheit zur Äußerung gegeben hat, eine Entscheidung erlassen, mit der dem Mitgliedstaat aufgegeben wird, alle rechtswidrigen Beihilfen so lange auszusetzen, bis die Kommission eine Entscheidung über die Vereinbarkeit der Beihilfe mit dem Gemeinsamen Markt erlassen hat (nachstehend „Aussetzungsanordnung" genannt).

(2) Die Kommission kann, nachdem sie dem betreffenden Mitgliedstaat Gelegenheit zur Äußerung gegeben hat, eine Entscheidung erlassen, mit der dem Mitgliedstaat aufgegeben wird, alle rechtswidrigen Beihilfen einstweilig zurückzufordern, bis die Kommission eine Entscheidung über die Vereinbarkeit der Beihilfe mit dem Gemeinsamen Markt erlassen hat (nachstehend „Rückforderungsanordnung" genannt), sofern folgende Kriterien erfüllt sind:

- Nach geltender Praxis bestehen hinsichtlich des Beihilfecharakters der betreffenden Maßnahme keinerlei Zweifel, und
- ein Tätigwerden ist dringend geboten, und
- ein erheblicher und nicht wiedergutzumachender Schaden für einen Konkurrenten ist ernsthaft zu befürchten.

Die Rückforderung erfolgt nach dem Verfahren des Artikels 14 Absätze 2 und 3. Nachdem die Beihilfe wieder eingezogen worden ist, erläßt die Kommission eine Entscheidung innerhalb der für angemeldete Beihilfen geltenden Fristen.
Die Kommission kann den Mitgliedstaat ermächtigen, die Rückerstattung der Beihilfe mit der Zahlung einer Rettungsbeihilfe an das betreffende Unternehmen zu verbinden.

Dieser Absatz gilt nur für die nach dem Inkrafttreten dieser Verordnung gewährten rechtswidrigen Beihilfen.

Artikel 12

Nichtbefolgung einer Anordnung

Kommt der betreffende Mitgliedstaat einer Aussetzungs- oder Rückforderungsanordnung nicht nach, so kann die Kommission die Prüfung aufgrund der ihr vorliegenden

Informationen fortsetzen sowie den Gerichtshof der Europäischen Gemeinschaften unmittelbar mit der Angelegenheit befassen und um die Feststellung ersuchen, daß die Nichtbefolgung der Anordnung einen Verstoß gegen den Vertrag darstellt.

Artikel 13
Entscheidungen der Kommission

(1) Nach Prüfung einer etwaigen rechtswidrigen Beihilfe ergeht eine Entscheidung nach Artikel 4 Absätze 2, 3 oder 4. Bei Entscheidungen zur Eröffnung eines förmlichen Prüfverfahrens wird das Verfahren durch eine Entscheidung nach Artikel 7 abgeschlossen. Bei Nichtbefolgung der Anordnung zur Auskunftserteilung wird die Entscheidung auf der Grundlage der verfügbaren Informationen erlassen.

(2) Bei etwaigen rechtswidrigen Beihilfen ist die Kommission – unbeschadet des Artikels 11 Absatz 2 – nicht an die in Artikel 4 Absatz 5 und Artikel 7 Absätze 6 und 7 genannte Frist gebunden.

(3) Artikel 9 gilt entsprechend.

Artikel 14
Rückforderung von Beihilfen

(1) In Negativentscheidungen hinsichtlich rechtswidriger Beihilfen entscheidet die Kommission, daß der betreffende Mitgliedstaat alle notwendigen Maßnahmen ergreift, um die Beihilfe vom Empfänger zurückzufordern (nachstehend „Rückforderungsentscheidung" genannt). Die Kommission verlangt nicht die Rückforderung der Beihilfe, wenn dies gegen einen allgemeinen Grundsatz des Gemeinschaftsrechts verstoßen würde.

(2) Die aufgrund einer Rückforderungsentscheidung zurückzufordernde Beihilfe umfaßt Zinsen, die nach einem von der Kommission festgelegten angemessenen Satz berechnet werden. Die Zinsen sind von dem Zeitpunkt, ab dem die rechtswidrige Beihilfe dem Empfänger zur Verfügung stand, bis zu ihrer tatsächlichen Rückzahlung zahlbar.

(3) Unbeschadet einer Entscheidung des Gerichtshofes der Europäischen Gemeinschaften nach Artikel 185 des Vertrags erfolgt die Rückforderung unverzüglich und nach den Verfahren des betreffenden Mitgliedstaats, sofern hierdurch die sofortige und tatsächliche Vollstreckung der Kommissionsentscheidung ermöglicht wird. Zu diesem Zweck unternehmen die betreffenden Mitgliedstaaten im Fall eines Verfahrens vor nationalen Gerichten unbeschadet des Gemeinschaftsrechts alle in ihren jeweiligen Rechtsordnungen verfügbaren erforderlichen Schritte einschließlich vorläufiger Maßnahmen.

Artikel 15
Frist

(1) Die Befugnisse der Kommission zur Rückforderung von Beihilfen gelten für eine Frist von zehn Jahren.

(2) Diese Frist beginnt mit dem Tag, an dem die rechtswidrige Beihilfe dem Empfänger entweder als Einzelbeihilfe oder im Rahmen einer Beihilferegelung gewährt wird. Jede Maßnahme, die die Kommission oder ein Mitgliedstaat auf Antrag der Kommission bezüglich der rechtswidrigen Beihilfe ergreift, stellt eine Unterbrechung der Frist dar. Nach jeder Unterbrechung läuft die Frist von neuem an. Die Frist wird ausgesetzt, solange die Entscheidung der Kommission Gegenstand von Verhandlungen vor dem Gerichtshof der Europäischen Gemeinschaften ist.

(3) Jede Beihilfe, für die diese Frist ausgelaufen ist, gilt als bestehende Beihilfe.

KAPITEL IV
VERFAHREN BEI MISSBRÄUCHLICHER ANWENDUNG VON BEIHILFEN

Artikel 16
Mißbräuchliche Anwendung von Beihilfen

Unbeschadet des Artikels 23 kann die Kommission bei mißbräuchlicher Anwendung von Beihilfen das förmliche Prüfverfahren nach Artikel 4 Absatz 4 eröffnen, wobei die Artikel 6, 7, 9 und 10 sowie Artikel 11 Absatz 1 und die Artikel 12, 13, 14 und 15 entsprechend gelten.

KAPITEL V
VERFAHREN BEI BESTEHENDEN BEIHILFEREGELUNGEN

Artikel 17
Zusammenarbeit nach Artikel 93 Absatz 1 des Vertrags

(1) Für die Überprüfung bestehender Beihilferegelungen in Zusammenarbeit mit dem betreffenden Mitgliedstaat holt die Kommission nach Artikel 93 Absatz 1 des Vertrags bei diesem alle erforderlichen Auskünfte ein.

(2) Gelangt die Kommission zur vorläufigen Auffassung, daß eine bestehende Beihilferegelung nicht oder nicht mehr mit dem Gemeinsamen Markt vereinbar ist, so setzt sie den betreffenden Mitgliedstaat hiervon in Kenntnis und gibt ihm Gelegenheit zur Stellungnahme innerhalb einer Frist von einem Monat. In ordnungsgemäß begründeten Fällen kann die Kommission diese Frist verlängern.

Artikel 18
Vorschlag zweckdienlicher Maßnahmen

Gelangt die Kommission aufgrund der von dem betreffenden Mitgliedstaat nach Artikel 17 übermittelten Auskünfte zu dem Schluß, daß die bestehende Beihilferegelung mit dem Gemeinsamen Markt nicht oder nicht mehr vereinbar ist, so schlägt sie dem betreffenden Mitgliedstaat zweckdienliche Maßnahmen vor. Der Vorschlag kann insbesondere in folgendem bestehen:

a) inhaltliche Änderung der Beihilferegelung oder

b) Einführung von Verfahrensvorschriften oder

c) Abschaffung der Beihilferegelung.

Artikel 19
Rechtsfolgen eines Vorschlags zweckdienlicher Maßnahmen

(1) Wenn der betreffende Mitgliedstaat den vorgeschlagenen Maßnahmen zustimmt und die Kommission hiervon in Kenntnis setzt, hält die Kommission dies fest und unterrichtet den Mitgliedstaat hiervon. Der Mitgliedstaat ist aufgrund seiner Zustimmung verpflichtet, die zweckdienlichen Maßnahmen durchzuführen.

(2) Wenn der betreffende Mitgliedstaat den vorgeschlagenen Maßnahmen nicht zustimmt und die Kommission trotz der von dem Mitgliedstaat vorgebrachten Argumente weiterhin die Auffassung vertritt, daß diese Maßnahmen notwendig sind, so leitet sie das Verfahren nach Artikel 4 Absatz 4 ein. Die Artikel 6, 7 und 9 gelten entsprechend.

KAPITEL VI
BETEILIGTE

Artikel 20
Rechte der Beteiligten

(1) Jeder Beteiligte kann nach der Entscheidung der Kommission zur Eröffnung des förmlichen Prüfverfahrens eine Stellungnahme nach Artikel 6 abgeben. Jeder Beteiligte, der eine solche Stellungnahme abgegeben hat, und jeder Empfänger einer Einzelbeihilfe erhält eine Kopie der von der Kommission gemäß Artikel 7 getroffenen Entscheidung.

(2) Jeder Beteiligte kann der Kommission Mitteilung über mutmaßlich rechtswidrige Beihilfen und über eine mutmaßlich mißbräuchliche Anwendung von Beihilfen machen. Bestehen für die Kommission in Anbetracht der ihr vorliegenden Informationen keine ausreichenden Gründe, zu dem Fall eine Auffassung zu vertreten, so unterrichtet sie den betreffenden Beteiligten hiervon. Trifft die Kommission in einem Fall, zu dem ihr eine solche Mitteilung zugegangen ist, eine Entscheidung, so übermittelt sie dem betreffenden Beteiligten eine Kopie der Entscheidung.

(3) Jeder Beteiligte erhält auf Antrag eine Kopie jeder nach den Artikeln 4 und 7, nach Artikel 10 Absatz 3 und Artikel 11 getroffenen Entscheidung.

KAPITEL VII
ÜBERWACHUNG

Artikel 21
Jahresberichte

(1) Die Mitgliedstaaten unterbreiten der Kommission Jahresberichte über alle bestehenden Beihilferegelungen, für die keine besonderen Berichterstattungspflichten

aufgrund einer mit Bedingungen und Auflagen verbundenen Entscheidung nach Artikel 7 Absatz 4 auferlegt wurden.

(2) Versäumt es der betreffende Mitgliedstaat trotz eines Erinnerungsschreibens, einen Jahresbericht zu übermitteln, so kann die Kommission hinsichtlich der betreffenden Beihilferegelung nach Artikel 18 verfahren.

Artikel 22
Nachprüfung vor Ort

(1) Hat die Kommission ernsthafte Zweifel hinsichtlich der Einhaltung einer Entscheidung, keine Einwände zu erheben, einer Positiventscheidung oder einer mit Bedingungen und Auflagen verbundenen Entscheidung in bezug auf Einzelbeihilfen, so gestattet der betreffende Mitgliedstaat, nachdem er Gelegenheit zur Stellungnahme erhalten hat, der Kommission eine Nachprüfung vor Ort.

(2) Die von der Kommission beauftragten Bediensteten verfügen über folgende Befugnisse, um die Einhaltung der betreffenden Entscheidung zu überprüfen:

a) Sie dürfen alle Räumlichkeiten und Grundstücke des betreffenden Unternehmens betreten;

b) sie dürfen mündliche Erklärungen an Ort und Stelle anfordern;

c) sie dürfen die Bücher und sonstigen Geschäftsunterlagen prüfen sowie Kopien anfertigen oder verlangen.

Die Kommission wird gegebenenfalls von unabhängigen Sachverständigen unterstützt.

(3) Die Kommission unterrichtet den betreffenden Mitgliedstaat rechtzeitig schriftlich von der Nachprüfung vor Ort und nennt die von ihr beauftragten Bediensteten und Sachverständigen. Erhebt der betreffende Mitgliedstaat ordnungsgemäß begründete Einwände gegen die Wahl der Sachverständigen durch die Kommission, so werden die Sachverständigen im Einvernehmen mit dem Mitgliedstaat ernannt. Die mit der Nachprüfung vor Ort beauftragten Bediensteten und Sachverständigen legen einen schriftlichen Prüfungsauftrag vor, in dem Gegenstand und Zweck der Nachprüfung bezeichnet werden.

(4) Bedienstete des Mitgliedstaats, in dessen Hoheitsgebiet die Nachprüfung vorgenommen werden soll, können der Nachprüfung beiwohnen.

(5) Die Kommission übermittelt dem Mitgliedstaat eine Kopie aller Berichte, die aufgrund der Nachprüfung erstellt wurden.

(6) Widersetzt sich ein Unternehmen einer durch eine Kommissionsentscheidung nach diesem Artikel angeordneten Nachprüfung, so gewährt der betreffende Mitgliedstaat den Bediensteten und Sachverständigen der Kommission die erforderliche Unterstützung, damit diese ihre Nachprüfung durchführen können. Zu diesem Zweck ergreifen die Mitgliedstaaten nach Anhörung der Kommission innerhalb von 18 Monaten nach Inkrafttreten dieser Verordnung alle erforderlichen Maßnahmen.

Artikel 23
Nichtbefolgung von Entscheidungen und Urteilen

(1) Kommt der betreffende Mitgliedstaat mit Bedingungen und Auflagen verbundenen Entscheidungen oder Negativentscheidungen, insbesondere in den in Artikel 14 genannten Fällen, nicht nach, so kann die Kommission nach Artikel 93 Absatz 2 des Vertrags den Gerichtshof der Europäischen Gemeinschaften unmittelbar anrufen.

(2) Vertritt die Kommission die Auffassung, daß der betreffende Mitgliedstaat einem Urteil des Gerichtshofs der Europäischen Gemeinschaften nicht nachgekommen ist, so kann sie in der Angelegenheit nach Artikel 171 des Vertrags weiter verfahren.

KAPITEL VIII
GEMEINSAME VORSCHRIFTEN

Artikel 24
Berufsgeheimnis

Die Kommission und die Mitgliedstaaten, ihre Beamten und anderen Bediensteten, einschließlich der von der Kommission ernannten unabhängigen Sachverständigen, geben unter das Berufsgeheimnis fallende Informationen, die sie in Anwendung dieser Verordnung erhalten haben, nicht preis.

Artikel 25
Entscheidungsempfänger

Entscheidungen nach den Kapiteln II, III, IV, V und VII sind an den betreffenden Mitgliedstaat gerichtet. Die Kommission teilt dem betreffenden Mitgliedstaat diese Entscheidungen unverzüglich mit und gibt ihm Gelegenheit, der Kommission mitzuteilen, welche Informationen seiner Ansicht nach unter das Geschäfts- und Betriebsgeheimnis fallen.

Artikel 26
Veröffentlichung der Entscheidungen

(1) Die Kommission veröffentlicht im Amtsblatt der Europäischen Gemeinschaften eine Zusammenfassung ihrer Entscheidungen nach Artikel 4 Absätze 2 und 3 und Artikel 18 in Verbindung mit Artikel 19 Absatz 1. In dieser Zusammenfassung wird darauf hingewiesen, daß eine Kopie der Entscheidung in ihrer/ihren verbindlichen Sprachfassung/en erhältlich ist.

(2) Die Kommission veröffentlicht im Amtsblatt der Europäischen Gemeinschaften ihre Entscheidungen nach Artikel 4 Absatz 4 in der jeweiligen verbindlichen Sprachfassung. In den Amtsblättern, die in einer anderen Sprache als derjenigen der verbindlichen Sprachfassung erscheinen, wird die verbindliche Sprachfassung zusammen mit einer aussagekräftigen Zusammenfassung in der Sprache des jeweiligen Amtsblatts veröffentlicht.

(3) Die Kommission veröffentlicht im Amtsblatt der Europäischen Gemeinschaften ihre Entscheidungen nach Artikel 7.

(4) In Fällen, in denen Artikel 4 Absatz 6 oder Artikel 8 Absatz 2 anwendbar sind, wird eine kurze Mitteilung im Amtsblatt der Europäischen Gemeinschaften veröffentlicht.

(5) Der Rat kann einstimmig beschließen, Entscheidungen nach Artikel 93 Absatz 2 Unterabsatz 3 des Vertrags im Amtsblatt der Europäischen Gemeinschaften zu veröffentlichen.

Artikel 27
Durchführungsvorschriften

Die Kommission kann nach dem Verfahren des Artikels 29 Durchführungsvorschriften zu Form, Inhalt und anderen Einzelheiten der Anmeldungen und Jahresberichte, zu den Einzelheiten und zur Berechnung der Fristen sowie zu den Zinsen nach Artikel 14 Absatz 2 erlassen.

Artikel 28
Beratender Ausschuß für staatliche Beihilfen

Es wird ein Beratender Ausschuß für staatliche Beihilfen, nachstehend „Ausschuß" genannt, eingesetzt, der sich aus Vertretern der Mitgliedstaaten zusammensetzt und in dem der Vertreter der Kommission den Vorsitz führt.

Artikel 29
Konsultierung des Ausschusses

(1) Die Kommission konsultiert den Ausschuß vor dem Erlaß von Durchführungsvorschriften nach Artikel 27.

(2) Die Konsultierung des Ausschusses erfolgt im Rahmen einer Tagung, die von der Kommission einberufen wird. Der Einberufung sind die zu prüfenden Entwürfe und Dokumente beigefügt. Die Tagung findet frühestens zwei Monate nach Übermittlung der Einberufung statt. Diese Frist kann in dringenden Fällen verkürzt werden.

(3) Der Vertreter der Kommission unterbreitet dem Ausschuß einen Entwurf der zur treffenden Maßnahmen. Der Ausschuß gibt – gegebenenfalls nach Abstimmung – seine Stellungnahme zu diesem Entwurf innerhalb einer Frist ab, die der Vorsitzende unter Berücksichtigung der Dringlichkeit der betreffenden Frage festsetzen kann.

(4) Die Stellungnahme wird in das Protokoll aufgenommen; darüber hinaus hat jeder Mitgliedstaat das Recht zu verlangen, daß sein Standpunkt im Protokoll festgehalten wird. Der Ausschuß kann empfehlen, daß diese Stellungnahme im Amtsblatt der Europäischen Gemeinschaften veröffentlicht wird.

(5) Die Kommission berücksichtigt so weit wie möglich die Stellungnahme des Ausschusses. Sie unterrichtet den Ausschuß darüber, inwieweit sie seine Stellungnahme berücksichtigt hat.

Artikel 30
Inkrafttreten

Diese Verordnung tritt am 20. Tag nach ihrer Veröffentlichung im Amtsblatt der Europäischen Gemeinschaften in Kraft.

Diese Verordnung ist in allen ihren Teilen verbindlich und gilt unmittelbar in jedem Mitgliedstaat.

Geschehen zu Brüssel am 22. März 1999.

Im Namen des Rates
Der Präsident
G. VERHEUGEN

5.2.2 Verordnung (EG) Nr. 994/98 des Rates über die Anwendung der Artikel 92 und 93 des Vertrags zur Gründung der Europäischen Gemeinschaft auf bestimmte Gruppen horizontaler Beihilfen vom 07. Mai 1998, ABl. Nr. L 142/1

VERORDNUNG (EG) Nr. 994/98 DES RATES vom 7. Mai 1998 über die Anwendung der Artikel 92 und 93 des Vertrags zur Gründung der Europäischen Gemeinschaft auf bestimmte Gruppen horizontaler Beihilfen

DER RAT DER EUROPÄISCHEN UNION –
gestützt auf den Vertrag zur Gründung der Europäischen Gemeinschaft, insbesondere auf Artikel 94,
auf Vorschlag der Kommission (1),
nach Anhörung des Europäischen Parlaments (2),
nach Stellungnahme des Wirtschafts- und Sozialausschusses (3),
in Erwägung nachstehender Gründe:

(1) Gemäß Artikel 94 des Vertrags kann der Rat alle zweckdienlichen Durchführungsverordnungen zu den Artikeln 92 und 93 erlassen und insbesondere die Bedingungen für die Anwendung des Artikels 93 Absatz 3 sowie diejenigen Arten von Beihilfen festlegen, die von diesem Verfahren ausgenommen sind.

(2) Nach dem Vertrag ist die Beurteilung dessen, ob die Beihilfen mit dem Gemeinsamen Markt vereinbar sind, im wesentlichen Aufgabe der Kommission.

---

(1) ABl. C 262 vom 28. 8. 1997, S. 6.
(2) ABl. C 138 vom 4. 5. 1998.
(3) ABl. C 129 vom 27. 4. 1998, S. 70.

(3) Für das reibungslose Funktionieren des Binnenmarkts ist eine rigorose und effiziente Anwendung der Wettbewerbsvorschriften im Bereich der staatlichen Beihilfen erforderlich.

(4) Die Kommission hat die Artikel 92 und 93 des Vertrags mittels zahlreicher Entscheidungen durchgeführt und ihre Vorgehensweise in einer Anzahl von Bekanntmachungen dargelegt. In Anbetracht der erheblichen Erfahrungen der Kommission bei der Anwendung der Artikel 92 und 93 des Vertrags und der von ihr auf der Grundlage dieser Bestimmungen angenommenen allgemeinen Texte ist es im Hinblick auf eine wirksame Überwachung und aus Gründen der Verwaltungsvereinfachung – ohne die Kontrolle der Kommission dadurch zu schwächen – angezeigt, die Kommission zu ermächtigen, in den Gebieten, auf denen sie über ausreichende Erfahrung verfügt, um allgemeine Vereinbarkeitskriterien festzulegen, mittels Verordnungen zu erklären, daß bestimmte Gruppen von Beihilfen mit dem Gemeinsamen Markt gemäß einer oder mehrerer der Bestimmungen des Artikels 92 Absätze 2 und 3 des Vertrags zu vereinbaren und von dem Verfahren nach Artikel 93 Absatz 3 freigestellt werden.

(5) Gruppenfreistellungsverordnungen erhöhen die Transparenz und Rechtssicherheit, und sie können von den nationalen Gerichten unbeschadet der Artikel 5 und 177 des Vertrags direkt angewandt werden.

(6) Die Kommission sollte bei dem Erlaß von Verordnungen zur Freistellung bestimmter Gruppen von Beihilfen von der Anmeldungspflicht nach Artikel 93 Absatz 3 des Vertrags den Zweck der Beihilfe, die Gruppen von Begünstigten, die Schwellenwerte, mit denen die freigestellten Beihilfen auf bestimmte Höchstintensitäten bezogen auf eine Reihe förderbarer Kosten oder Höchstbeträge begrenzt werden, die Bedingungen für die Kumulierung der Beihilfen und die Bedingungen der Überwachung festlegen, um die Vereinbarkeit der von dieser Verordnung erfaßten Beihilfen mit dem Gemeinsamen Markt zu gewährleisten.

(7) Die Kommission sollte ermächtigt werden, beim Erlaß von Verordnungen zur Freistellung bestimmter Gruppen von Beihilfen von der Anmeldungspflicht nach Artikel 93 Absatz 3 zusätzliche Bedingungen aufzuerlegen, um die Vereinbarkeit der von dieser Verordnung erfaßten Beihilfen mit dem Gemeinsamen Markt zu gewährleisten.

(8) Es kann zweckdienlich sein, Schwellenwerte oder sonstige geeignete Bedingungen für die Anmeldung einzelner Beihilfen festzusetzen, damit die Kommission die Auswirkungen bestimmter Beihilfen auf den Wettbewerb und den Handel zwischen Mitgliedstaaten sowie deren Vereinbarkeit mit dem Gemeinsamen Markt einzeln prüfen kann.

(9) In Anbetracht der Entwicklung und Funktionsweise des Gemeinsamen Marktes sollte die Kommission ermächtigt werden, mittels einer Verordnung festzulegen, daß bestimmte Beihilfen nicht allen Bedingungen des Artikels 92 Absatz 1 des Vertrags entsprechen und deshalb von dem Anmeldungsverfahren gemäß Artikel 93 Absatz 3 des Vertrags freigestellt sind, sofern die einem Unternehmen über einen bestimmten Zeitraum gewährten Beihilfen einen festgesetzten Betrag nicht überschreiten.

(10) Nach Artikel 93 Absatz 1 des Vertrags ist die Kommission verpflichtet, in Zusammenarbeit mit den Mitgliedstaaten alle bestehenden Beihilferegelungen fortlaufend zu überprüfen. Zur Erfüllung dieser Verpflichtung und um ein höchstmögliches Maß an Transparenz und eine angemessene Überwachung zu gewährleisten, ist es angezeigt, daß die Kommission für die Errichtung eines zuverlässigen Systems der Aufzeichnung und Speicherung von Angaben über die Anwendung von Kommissionsverordnungen sorgt, zu dem alle Mitgliedstaaten Zugang haben, und daß sie von den Mitgliedstaaten die erforderlichen Angaben über die Durchführung der von der Anmeldungspflicht freigestellten Beihilfen zur gemeinsamen Erörterung und Auswertung mit den Mitgliedstaaten im Beratenden Ausschuß erhält. Es ist ferner angezeigt, daß die Kommission die Vorlage derartiger Angaben erforderlichenfalls anfordern kann, um die Wirksamkeit ihrer Überprüfung gewährleisten zu können.

(11) Die Überwachung der Gewährung von Beihilfen bedingt eine Vielzahl äußerst komplexer sachlicher, rechtlicher und wirtschaftlicher Erwägungen in einem sich ständig verändernden Umfeld. Die Kommission sollte deshalb regelmäßig die Gruppen von Beihilfen überprüfen, die von der Anmeldungspflicht freizustellen sind. Sie sollte in der Lage sein, ihre gemäß dieser Verordnung erlassenen Verordnungen aufzuheben oder zu ändern, wenn sich die Umstände hinsichtlich eines zu ihrem Erlaß grundlegenden Sachverhalts geändert haben oder wenn die Fortentwicklung oder Funktionsweise des Gemeinsamen Marktes dies erfordert.

(12) Die Kommission sollte in enger und ständiger Verbindung mit den Mitgliedstaaten in der Lage sein, den Umfang der Freistellungsverordnungen und der darin enthaltenen Bedingungen genau festzulegen. Um die Zusammenarbeit zwischen der Kommission und den zuständigen Behörden der Mitgliedstaaten zu gewährleisten, ist ein Beratender Ausschuß für staatliche Beihilfen einzusetzen, der konsultiert wird, bevor die Kommission Verordnungen gemäß dieser Verordnung erläßt –

HAT FOLGENDE VERORDNUNG ERLASSEN:

Artikel 1
Gruppenfreistellungen

(1) Die Kommission kann mittels Verordnungen, die nach dem Verfahren des Artikels 8 dieser Verordnung und nach Artikel 92 des Vertrags erlassen wurden, erklären, daß folgende Gruppen von Beihilfen mit dem Gemeinsamen Markt zu vereinbaren sind und nicht der Anmeldungsverpflichtung nach Artikel 93 Absatz 3 des Vertrags unterliegen:

a) Beihilfen zugunsten von:

i) kleinen und mittleren Unternehmen,

ii) Forschung und Entwicklung,

iii) Umweltschutzmaßnahmen,

iv) Beschäftigung und Ausbildung,

b) Beihilfen im Einklang mit den von der Kommission für jeden Mitgliedstaat zur Gewährung von Regionalbeihilfen genehmigten Fördergebieten.

(2) In den Verordnungen nach Absatz 1 ist für jede Gruppe von Beihilfen folgendes festzulegen:
a) der Zweck der Beihilfe,
b) die Gruppen von Begünstigten,
c) die entweder als Beihilfeintensitäten in bezug auf eine Reihe bestimmter förderbarer Kosten oder als Beihilfehöchstbeträge ausgedrückten Schwellenwerte,
d) die Bedingungen für die Kumulierung der Beihilfen,
e) die Bedingungen der Überwachung nach Artikel 3.

(3) Außerdem können in den Verordnungen nach Absatz 1 insbesondere
a) Schwellenwerte oder sonstige Bedingungen für die Anmeldung von Einzelbeihilfen festgesetzt werden,
b) bestimmte Wirtschaftszweige vom Anwendungsbereich der Verordnungen ausgenommen werden,
c) zusätzliche Bedingungen für die Vereinbarkeit der nach solchen Verordnungen freigestellten Beihilfen vorgesehen werden.

Artikel 2
De minimis

(1) Die Kommission kann mittels nach dem Verfahren des Artikels 8 dieser Verordnung erlassenen Verordnungen feststellen, daß in Anbetracht der Entwicklung und Funktionsweise des Gemeinsamen Marktes bestimmte Beihilfen nicht alle Tatbestandsmerkmale des Artikels 92 Absatz 1 erfüllen und deshalb von der Anmeldungsverpflichtung nach Artikel 93 Absatz 3 freigestellt sind, sofern die einem Unternehmen über einen bestimmten Zeitraum gewährten Beihilfen nicht einen festgesetzten Betrag überschreiten.

(2) Die Mitgliedstaaten erteilen auf Ersuchen der Kommission jederzeit zusätzliche Angaben zu den nach Absatz 1 freigestellten Beihilfen.

Artikel 3
Transparenz und Überwachung

(1) Beim Erlaß von Verordnungen nach Artikel 1 erlegt die Kommission den Mitgliedstaaten genaue Regeln zur Gewährleistung der Transparenz und der Überwachung der gemäß diesen Verordnungen von der Anmeldungspflicht freigestellten Beihilfen auf. Diese Regeln haben insbesondere die in den Absätzen 2, 3 und 4 festgelegten Anforderungen zum Gegenstand.

(2) Sobald Beihilferegelungen oder außerhalb einer Regelung gewährte Einzelbeihilfen, die gemäß den genannten Verordnungen freigestellt sind, angewandt werden, übermitteln die Mitgliedstaaten der Kommission im Hinblick auf die Veröffentlichung

im Amtsblatt der Europäischen Gemeinschaften eine Zusammenfassung der Angaben zu diesen freigestellten Beihilferegelungen oder Einzelbeihilfen.

(3) Die Mitgliedstaaten zeichnen alle Angaben zur Durchführung der Gruppenfreistellungen auf und speichern sie. Liegen der Kommission Angaben vor, die Zweifel an der ordnungsgemäßen Durchführung einer Freistellungsverordnung aufkommen lassen, teilen die Mitgliedstaaten ihr alle Angaben mit, die sie für die Beurteilung der Vereinbarkeit einer Beihilfe mit der genannten Verordnung für notwendig erachtet.

(4) Die Mitgliedstaaten übermitteln der Kommission mindestens einmal jährlich gemäß den besonderen Anforderungen der Kommission – vorzugsweise in automatisierter Form – einen Bericht über die Durchführung der Gruppenfreistellungen. Die Kommission gewährt allen Mitgliedstaaten Zugang zu diesen Berichten. Einmal jährlich werden diese Berichte von dem in Artikel 7 genannten Beratenden Ausschuß erörtert und ausgewertet.

Artikel 4
Geltungsdauer und Änderung der Verordnungen

(1) Die gemäß den Artikeln 1 und 2 erlassenen Verordnungen gelten für einen festgesetzten Zeitraum. Die Beihilferegelungen, die aufgrund einer gemäß den Artikeln 1 und 2 erlassenen Verordnung freigestellt sind, sind für die Geltungsdauer der genannten Verordnung sowie für die Dauer der in den Absätzen 2 und 3 vorgesehenen Anpassungsfrist freigestellt.

(2) Die gemäß den Artikeln 1 und 2 erlassenen Verordnungen können aufgehoben oder geändert werden, wenn sich die Umstände in bezug auf einen für ihren Erlaß grundlegenden Sachverhalt geändert haben oder wenn die fortschreitende Entwicklung oder das Funktionieren des Gemeinsamen Marktes dies erfordern. In diesem Fall wird in der neuen Verordnung eine Anpassungsfrist von sechs Monaten für die Änderung der unter die ursprüngliche Verordnung fallenden Beihilferegelungen festgesetzt.

(3) Die gemäß den Artikeln 1 und 2 erlassenen Verordnungen sehen eine Frist gemäß Absatz 2 für den Fall vor, daß ihre Anwendung bei Ablauf ihrer Geltungsdauer nicht verlängert wird.

Artikel 5
Auswertungsbericht

Alle fünf Jahre legt die Kommission dem Europäischen Parlament und dem Rat einen Bericht über die Anwendung dieser Verordnung vor. Dem in Artikel 7 genannten Beratenden Ausschuß wird ein Berichtsentwurf zur Prüfung unterbreitet.

Artikel 6
Anhörung von Interessierten

Beabsichtigt die Kommission den Erlaß einer Verordnung, so veröffentlicht sie den Verordnungsentwurf, um sämtlichen interessierten Personen und Einrichtungen Gelegenheit zu geben, sich innerhalb einer von der Kommission festzusetzenden angemessenen Frist zu äußern, die auf keinen Fall kürzer als ein Monat ist.

Artikel 7
Beratender Ausschuß

Es wird ein Ausschuß mit beratender Funktion, nachstehend „Beratender Ausschuß für staatliche Beihilfen" genannt, eingesetzt, der sich aus Vertretern der Mitgliedstaaten zusammensetzt und in dem der Vertreter der Kommission den Vorsitz führt.

Artikel 8
Konsultierung des Beratenden Ausschusses

(1) Die Kommission konsultiert den Beratenden Ausschuß für staatliche Beihilfen

a) vor der Veröffentlichung eines Verordnungsentwurfs,

b) vor dem Erlaß einer Verordnung.

(2) Die Konsultierung des Ausschusses erfolgt im Rahmen einer Tagung, die von der Kommission einberufen wird. Der Einberufung sind die zu prüfenden Entwürfe und Dokumente beigefügt. Die Tagung findet frühestens zwei Monate nach Übermittlung der Einberufung statt.

Diese Frist kann im Falle von Konsultierungen nach Absatz 1 Buchstabe b) sowie in dringenden Fällen oder im Falle einer einfachen Verlängerung der Geltungsdauer einer Verordnung verkürzt werden.

(3) Der Vertreter der Kommission unterbreitet dem Ausschuß einen Entwurf der zu treffenden Maßnahmen. Der Ausschuß gibt – gegebenenfalls nach Abstimmung – seine Stellungnahme zu diesem Entwurf innerhalb einer Frist ab, die der Vorsitzende unter Berücksichtigung der Dringlichkeit der betreffenden Frage festsetzen kann.

(4) Die Stellungnahme wird in das Protokoll des Ausschusses aufgenommen; darüber hinaus hat jeder Mitgliedstaat das Recht zu verlangen, daß sein Standpunkt im Protokoll festgehalten wird. Der Beratende Ausschuß kann empfehlen, daß diese Stellungnahme im Amtsblatt der Europäischen Gemeinschaften veröffentlicht wird.

(5) Die Kommission berücksichtigt so weit wie möglich die Stellungnahme des Ausschusses. Sie unterrichtet den Ausschuß darüber, inwieweit sie seine Stellungnahme berücksichtigt hat.

Artikel 9
Schlußbestimmungen

Diese Verordnung tritt am Tag nach ihrer Veröffentlichung im Amtsblatt der Europäischen Gemeinschaften in Kraft.

Diese Verordnung ist in allen ihren Teilen verbindlich und gilt unmittelbar in jedem Mitgliedstaat.
Geschehen zu Brüssel am 7. Mai 1998.

Im Namen des Rates
Der Präsident
M. BECKETT

5.2.3 Verordnung (EG) Nr. 69/2001 der Kommission über die Anwendung der Artikel 87 und 88 EG-Vertrag auf „De-minimis"-Beihilfen vom 12. Januar 2001

Verordnung (EG) Nr. 69/2001 der Kommission
vom 12. Januar 2001
über die Anwendung der Artikel 87 und 88 EG-Vertrag auf „De-minimis"-Beihilfen

DIE KOMMISSION DER EUROPÄISCHEN GEMEINSCHAFTEN –
gestützt auf den Vertrag zur Gründung der Europäischen Gemeinschaft,
gestützt auf die Verordnung (EG) Nr. 994/98 des Rates vom 7. Mai 1998 über die Anwendung der Artikel 92 und 93 des Vertrags zur Gründung der Europäischen Gemeinschaft auf bestimmte Gruppen horizontaler Beihilfen (1), insbesondere auf Artikel 2,
nach Veröffentlichung des Entwurfs für diese Verordnung (2),
nach Anhörung des Beratenden Ausschusses für staatliche Beihilfen,
in Erwägung nachstehender Gründe:

(1) Durch die Verordnung (EG) Nr. 994/98 wird die Kommission ermächtigt, mittels Verordnung einen Höchstbetrag festzusetzen, bis zu dem Beihilfen als Maßnahmen angesehen werden, die nicht alle Tatbestandsmerkmale des Artikels 87 Absatz 1 EG-Vertrag erfüllen und daher auch nicht dem Notifizierungsverfahren gemäß Artikel 88 Absatz 3 EG-Vertrag unterliegen.

(2) Die Kommission hat in zahlreichen Entscheidungen die Artikel 87 und 88 EG-Vertrag angewandt und dabei insbesondere den Begriff der Beihilfe im Sinne des Artikels 87 Absatz 1 EG-Vertrag näher ausgeführt. Sie hat ferner, zuletzt in der Mitteilung über De-minimis-Beihilfen (3), ihre Politik im Hinblick auf den Höchstbetrag, bis zu dem Artikel 87 Absatz 1 als nicht anwendbar angesehen werden kann, erläutert. Angesichts dieser Erfahrungen und aus Gründen einer größeren Transparenz und Rechtssicherheit erscheint es sinnvoll, die De-minimis-Regelung in einer Verordnung zu verankern.

---

(1) ABl. L 142 vom 14. 5. 1998, S. 1.
(2) ABl. C 89 vom 28. 3. 2000, S. 6.
(3) ABl. C 68 vom 6. 3. 1996, S. 9.

(3) Da für die Bereiche Landwirtschaft, Fischerei und Aquakultur sowie Verkehr Sondervorschriften gelten und die Gefahr besteht, dass dort selbst kleine Beihilfebeträge die Tatbestandsmerkmale des Artikels 87 Absatz 1 EG-Vertrag erfüllen, sollten die fraglichen Sektoren vom Anwendungsbereich dieser Verordnung ausgenommen werden.

(4) In Übereinstimmung mit dem WTO-Übereinkommen über Subventionen und Ausgleichsmaßnahmen (4) sollten Ausfuhrbeihilfen oder Beihilfen, die heimische Erzeugnisse gegenüber Importwaren begünstigen, nicht unter diese Verordnung fallen. Beihilfen, die die Teilnahme an Messen, die Durchführung von Studien oder die Inanspruchnahme von Beratungsdiensten zwecks Lancierung eines neuen oder eines bestehenden Produkts auf einem neuen Markt ermöglichen sollen, stellen in der Regel keine Ausfuhrbeihilfen dar.

(5) Die Erfahrungen der Kommission haben gezeigt, dass Beihilfen, die einen Gesamtbetrag von 100 000 EUR innerhalb von drei Jahren nicht übersteigen, den Handel zwischen Mitgliedstaaten nicht beeinträchtigen und/oder den Wettbewerb nicht verfälschen oder zu verfälschen drohen. Sie fallen daher nicht unter Artikel 87 Absatz 1 EG-Vertrag. Der Dreijahreszeitraum ist fließend, d. h., bei jeder Neubewilligung einer De-minimis-Beihilfe ist die Gesamtsumme der in den vorangegangenen drei Jahren gewährten De-minimis-Beihilfen maßgeblich. Als Bewilligungszeitpunkt sollte der Zeitpunkt gelten, zu dem das Unternehmen einen Rechtsanspruch auf die Beihilfe erwirbt. Die Möglichkeit der Unternehmen, für dasselbe Vorhaben sonstige von der Kommission genehmigte oder unter eine Gruppenfreistellungsverordnung fallende Beihilfen zu erhalten, bleibt hiervon unberührt.

(6) Aus Gründen der Transparenz, Gleichbehandlung und korrekten Anwendung der De-minimis-Höchstbeträge sollten die Mitgliedstaaten identische Berechnungsmethoden anwenden. Um diese Berechnung zu vereinfachen, sollten in Übereinstimmung mit der bisherigen Praxis bei Anwendung der De-minimis-Regelung Beihilfen, die nicht in Form einer Barzuwendung gewährt werden, in ihr Bruttosubventionsäquivalent umgerechnet werden. Die Berechnung des Subventionsäquivalents einer in mehreren Tranchen oder in Form eines zinsgünstigen Darlehens gewährten Beihilfe hat auf der Grundlage der zum Gewährungszeitpunkt geltenden marktüblichen Zinssätze zu erfolgen. Im Interesse einer einheitlichen, transparenten und unkomplizierten Anwendung der Vorschriften über staatliche Beihilfen sollten für die Zwecke dieser Verordnung die marktüblichen Zinssätze als Referenzzinssätze herangezogen werden (bei zinsgünstigen Darlehen muss das Darlehen durch übliche Sicherheiten abgesichert und darf nicht mit ungewöhnlich hohen Risiken behaftet sein). Als Referenzzinssätze sollten die von der Kommission in regelmäßigen Abständen anhand objektiver Kriterien ermittelten und im Amtsblatt der Europäischen Gemeinschaften sowie im Internet veröffentlichten Zinssätze gelten.

(4) ABl. L 336 vom 23. 12. 1994, S. 156.

(7) Die Kommission hat dafür zu sorgen, dass die Vorschriften über staatliche Beihilfen und insbesondere auch die Bedingungen, unter denen eine De-minimis-Beihilfe gewährt wird, eingehalten werden. Gemäß dem in Artikel 10 EG-Vertrag verankerten Grundsatz der Zusammenarbeit sind die Mitgliedstaaten gehalten, der Kommission die Erfüllung dieser Aufgabe zu erleichtern, indem sie durch geeignete Mechanismen sicherstellen, dass der ein und demselben Unternehmen im Rahmen der De-minimis-Regelung gewährte Gesamtbeihilfebetrag den Schwellenwert von 100 000 EUR innerhalb eines Zeitraumes von drei Jahren nicht überschreitet. Deshalb sollten die Mitgliedstaaten bei Gewährung einer De-minimis-Beihilfe das betreffende Unternehmen darauf hinweisen, dass es sich bei der betreffenden Maßnahme um eine De-minimis-Beihilfe handelt, von diesem vollständig über die in den vorangegangenen drei Jahren erhaltenen De-minimis-Beihilfen informiert werden und sodann sorgfältig nachprüfen, dass der De-minimis-Höchstbetrag durch die neue Beihilfe nicht überschritten wird. Stattdessen kann zu diesem Zweck auch ein Zentralregister eingerichtet werden.

(8) Aufgrund der bisherigen Erfahrungen der Kommission und der Tatsache, dass die Politik im Bereich der staatlichen Beihilfen im Allgemeinen in regelmäßigen Abständen neu überdacht werden muss, sollte die Geltungsdauer dieser Verordnung beschränkt werden. Für den Fall, dass diese Verordnung nach Ablauf dieses Zeitraumes nicht verlängert wird, ist für alle unter diese Verordnung fallenden De-minimis-Beihilferegelungen eine sechsmonatige Anpassungsfrist vorzusehen –

HAT FOLGENDE VERORDNUNG ERLASSEN:

Artikel 1
Anwendungsbereich

Diese Verordnung gilt für Beihilfen an Unternehmen in allen Wirtschaftsbereichen mit folgenden Ausnahmen:

a) Beihilfen im Verkehrssektor und für Tätigkeiten, die sich auf die Herstellung, Verarbeitung oder Vermarktung von in Anhang I des EG-Vertrags aufgeführten Waren beziehen;

b) Beihilfen für exportbezogene Tätigkeiten, d. h. Beihilfen, die unmittelbar mit den ausgeführten Mengen, der Errichtung und dem Betrieb eines Vertriebsnetzes oder den laufenden Ausgaben einer Exporttätigkeit in Zusammenhang stehen;

c) Beihilfen, die von der Verwendung heimischer Erzeugnisse zu Lasten von Importwaren abhängig gemacht werden.

Artikel 2
De-minimis-Beihilfen

(1) Beihilfen, die die Voraussetzungen der Absätze 2 und 3 des vorliegenden Artikels erfüllen, gelten als Maßnahmen, die nicht alle Tatbestandsmerkmale des Artikels 87

Absatz 1 EG-Vertrag erfüllen, und unterliegen damit nicht der Anmeldungspflicht gemäß Artikel 88 Absatz 3 EG-Vertrag.

(2) Die Gesamtsumme der einem Unternehmen gewährten De-minimis-Beihilfen darf 100 000 EUR bezogen auf einen Zeitraum von drei Jahren nicht übersteigen. Dieser Schwellenwert gilt für Beihilfen gleich welcher Art und Zielsetzung.

(3) Der Schwellenwert des Absatzes 2 bezieht sich auf den Fall einer Barzuwendung. Bei den eingesetzten Beträgen sind die Bruttobeträge, d. h. die Beträge vor Abzug der direkten Steuern, zugrunde zu legen. Wird die Beihilfe nicht als Zuschuss, sondern in anderer Form gewährt, bestimmt sich die Höhe der Beihilfe nach ihrem Bruttosubventionsäquivalent.

In mehreren Tranchen gezahlte Beihilfen werden zum Zeitpunkt ihrer Gewährung abgezinst. Der Zinssatz, der für die Abzinsung und die Berechnung der Beihilfeintensität bei einem zinsgünstigen Darlehen anzusetzen ist, ist der zum Zeitpunkt der Gewährung geltende Referenzsatz.

Artikel 3
Kumulierung und Überwachung

(1) Gewährt ein Mitgliedstaat einem Unternehmen eine De-minimis-Beihilfe, stellt er diesem gegenüber klar, dass es sich um eine De-minimis-Beihilfe handelt, und erhält im Gegenzug von dem betreffenden Unternehmen eine vollständige Übersicht über sonstige in den letzten drei Jahren erhaltene De-minimis-Beihilfen.

Der betreffende Mitgliedstaat darf eine neue De-minimis-Beihilfe erst gewähren, nachdem er überprüft hat, dass der Gesamtbetrag der in dem relevanten Dreijahreszeitraum erhaltenen De-minimis-Beihilfen den in Artikel 2 Absatz 2 genannten Höchstbetrag nicht überschreitet.

(2) Verfügt ein Mitgliedstaat über ein Zentralregister mit vollständigen Informationen über sämtliche von staatlicher Seite gewährten De-minimis-Beihilfen, entfällt Absatz 1 Unterabsatz 1 von dem Zeitpunkt an, zu dem das Register einen Zeitraum von drei Jahren erfasst.

(3) Die Mitgliedstaaten registrieren und sammeln sämtliche mit der Anwendung dieser Verordnung zusammenhängenden Informationen. Das gesammelte Material muss Aufschluss darüber geben, ob die Bedingungen für die Anwendung der Verordnung erfüllt sind. Die Aufzeichnungen über einzelne De-minimis-Beihilfen sind während zehn Jahren vom Zeitpunkt ihrer Gewährung an gerechnet zur Verfügung zu halten; bei Beihilferegelungen beträgt diese Frist zehn Jahre ab dem Zeitpunkt, zu dem zum letzten Mal eine Einzelbeihilfe nach der betreffenden Regelung gewährt wurde. Der betreffende Mitgliedstaat übermittelt der Kommission auf deren schriftliches Ersuchen hin innerhalb von zwanzig Arbeitstagen oder einer von ihr in dem Auskunftsverlangen festgesetzten längeren Frist alle Informationen, die diese benötigt, um zu beurteilen, ob die Bedingungen dieser Verordnung eingehalten wurden. Zu diesen Informationen

gehört insbesondere der Gesamtbeihilfebetrag, den ein Unternehmen im Rahmen der De-minimis-Regelung erhalten hat.

Artikel 4
Inkrafttreten und Geltungsdauer

(1) Die Verordnung tritt am zwanzigsten Tag nach ihrer Veröffentlichung im Amtsblatt der Europäischen Gemeinschaften in Kraft.
Sie gilt bis zum 31. Dezember 2006.

(2) Nach Ablauf der Geltungsdauer dieser Verordnung gilt für die darunter fallenden De-minimis-Beihilferegelungen eine Anpassungsfrist von sechs Monaten.

Während dieser Frist finden die Bestimmungen dieser Verordnung auf die betreffenden Regelungen weiterhin Anwendung.

Diese Verordnung ist in allen ihren Teilen verbindlich und gilt unmittelbar in jedem Mitgliedstaat.
Brüssel, den 12. Januar 2001

Für die Kommission
Mario Monti
Mitglied der Kommission

5.2.4 Verordnung (EG) Nr. 70/2001 der Kommission über die Anwendung der Artikel 87 und 88 EG-Vertrag auf staatliche Beihilfen an kleine und mittlere Unternehmen vom 12. Januar 2001

Verordnung (EG) Nr. 70/2001 der Kommission
vom 12. Januar 2001
über die Anwendung der Artikel 87 und 88 EG-Vertrag auf staatliche Beihilfen an kleine und mittlere Unternehmen

DIE KOMMISSION DER EUROPÄISCHEN GEMEINSCHAFTEN –
gestützt auf den Vertrag zur Gründung der Europäischen Gemeinschaft,
gestützt auf die Verordnung (EG) Nr. 994/98 des Rates vom 7. Mai 1998 über die Anwendung der Artikel 92 und 93 des Vertrags zur Gründung der Europäischen Gemeinschaft auf bestimmte Gruppen horizontaler Beihilfen (1), insbesondere auf Artikel 1 Absatz 1 Buchstabe a) Ziffer i) sowie Buchstabe b),
nach Veröffentlichung des Entwurfs dieser Verordnung (2),
nach Anhörung des Beratenden Ausschusses für staatliche Beihilfen,
in Erwägung nachstehender Gründe:

---

(1) ABl. L 142 vom 14. 5. 1998, S. 1.
(2) ABl. C 89 vom 28. 3. 2000, S. 15.

(1) Durch die Verordnung (EG) Nr. 994/98 wird die Kommission ermächtigt, gemäß Artikel 87 EG-Vertrag zu erklären, dass staatliche Beihilfen an kleine und mittlere Unternehmen unter bestimmten Voraussetzungen mit dem Gemeinsamen Markt vereinbar sind und nicht der Anmeldepflicht nach Artikel 88 Absatz 3 EG-Vertrag unterliegen.

(2) Die Verordnung (EG) Nr. 994/98 ermächtigt die Kommission ebenfalls dazu, gemäß Artikel 87 des Vertrages zu erklären, dass staatliche Beihilfen, die in Übereinstimmung mit der von der Kommission genehmigten nationalen Fördergebietskarte gewährt werden, mit dem Gemeinsamen Markt vereinbar und von der Anmeldungspflicht nach Artikel 88 Absatz 3 EG-Vertrag ausgenommen sind.

(3) Die Kommission hat in zahlreichen Entscheidungen die Artikel 87 und 88 EG-Vertrag auf Beihilfen an sowohl in als auch außerhalb von Fördergebieten angesiedelte kleine und mittlere Unternehmen angewandt und auch ihre diesbezügliche Politik erläutert, zuletzt in dem Gemeinschaftsrahmen für staatliche Beihilfen an kleine und mittlere Unternehmen (3) und den Leitlinien für staatliche Beihilfen mit regionaler Zielsetzung (4). Angesichts der umfangreichen Erfahrungen der Kommission mit der Anwendung dieser Artikel auf kleine und mittlere Unternehmen und der von der Kommission auf der Grundlage dieser Bestimmungen herausgegebenen allgemeinen Regelungen für KMU und Regionalbeihilfen ist es im Hinblick auf eine wirksame Überwachung und eine Verwaltungsvereinfachung angezeigt, dass die Kommission von den ihr durch die Verordnung (EG) Nr. 994/98 verliehenen Befugnissen Gebrauch macht, ohne dabei ihre eigenen Kontrollmöglichkeiten zu schwächen.

(4) Die Möglichkeit der Mitgliedstaaten, Beihilfen an kleine und mittlere Unternehmen anzumelden, bleibt hiervon unberührt. Die angemeldeten Regelungen werden von der Kommission in erster Linie anhand der nachstehenden Kriterien geprüft. Der Gemeinschaftsrahmen für staatliche Beihilfen an kleine und mittlere Unternehmen sollte mit dem Datum des Inkrafttretens dieser Verordnung abgeschafft werden, da sein Inhalt in diese Verordnung übernommen wurde.

(5) KMU spielen eine entscheidende Rolle bei der Schaffung von Arbeitsplätzen und sind eine der Säulen für soziale Stabilität und wirtschaftliche Dynamik. Durch die Defizite des Marktes werden sie jedoch in ihrer Entwicklung aufgehalten; so haben sie wegen der geringen Risikobereitschaft bestimmter Finanzmärkte und ihrer begrenzten Möglichkeiten, Garantien zu bieten, Schwierigkeiten bei der Beschaffung von Kapital oder Krediten. Mangels Ressourcen fehlt es ihnen zum Teil auch an Informationen auf so wichtigen Gebieten wie neue Technologien oder Erschließung neuer Märkte. Durch die im Wege dieser Verordnung freigestellten Beihilfen an kleine und mittlere Unternehmen soll deshalb deren wirtschaftliche Tätigkeit gefördert werden, sofern die Handelsbedingungen dadurch nicht in einem Maß beeinträchtigt werden, das dem gemeinsamen Interesse zuwiderläuft.

(3) ABl. C 213 vom 23. 7. 1996, S. 4.
(4) ABl. C 74 vom 10. 3. 1998, S. 9.

(6) Im Rahmen dieser Verordnung freigestellt werden sollten Beihilfen, die alle einschlägigen Freistellungskriterien dieser Verordnung erfüllen, sowie alle Beihilferegelungen, bei denen gewährleistet ist, dass etwaige auf der Grundlage einer solchen Regelung gewährte Beihilfen ebenfalls alle einschlägigen Freistellungskriterien dieser Verordnung erfüllen. Aus Gründen einer wirksamen Überwachung und einer nicht zu Lasten der Kontrollmöglichkeiten der Kommission gehenden Verwaltungsvereinfachung sollten daher Beihilferegelungen und Einzelbeihilfen, die unabhängig von einer Beihilferegelung gewährt werden, einen ausdrücklichen Verweis auf diese Verordnung enthalten.

(7) Die Verordnung sollte unbeschadet der in Verordnungen und Richtlinien enthaltenen besonderen Vorschriften über staatliche Beihilfen in bestimmten Wirtschaftssektoren (z. B. Schiffbau) gelten. Von ihrem Anwendungsbereich sollten landwirtschaftliche sowie die Fischerei und Aquakultur betreffende Tätigkeiten ausgenommen werden.

(8) Um Abweichungen in der Auslegung, die zu Wettbewerbsverfälschungen führen könnten, zu vermeiden, die Abstimmung der Maßnahmen der Gemeinschaft und der Mitgliedstaaten im Bereich kleiner und mittlerer Unternehmen zu erleichtern und die Transparenz in Verfahrensfragen sowie die Rechtssicherheit zu erhöhen, sollte für die Definition kleiner und mittlerer Unternehmen im Sinne dieser Verordnung die Empfehlung 96/280/EG der Kommission vom 3. April 1996 betreffend die Definition der kleinen und mittleren Unternehmen (5) maßgeblich sein. Diese Definition wurde auch für den Gemeinschaftsrahmen für staatliche Beihilfen an kleine und mittlere Unternehmen herangezogen (6).

(9) Um sicherzustellen, dass die Beihilfen angemessen und auf das notwendige Maß beschränkt sind, sollten die Schwellenwerte gemäß der bisherigen Praxis der Kommission in Form von Beihilfeintensitäten bezogen auf die verschiedenen beihilfefähigen Kosten und nicht in Form absoluter Höchstbeträge ausgedrückt werden.

(10) Ob eine Beihilfe nach dieser Verordnung mit dem Gemeinsamen Markt vereinbar ist, ist unter anderem von der Beihilfeintensität bzw. dem in Subventionsäquivalent ausgedrückten Beihilfebetrag abhängig. Die Berechnung des Subventionsäquivalents einer in mehreren Tranchen oder in Form eines zinsgünstigen Darlehens gewährten Beihilfe erfolgt auf der Grundlage der zum Gewährungszeitpunkt geltenden marktüblichen Zinssätze. Im Interesse einer einheitlichen, transparenten und unkomplizierten Anwendung der Vorschriften über staatliche Beihilfen werden für die Zwecke dieser Verordnung die marktüblichen Zinssätze als Referenzzinssätze herangezogen (bei zinsgünstigen Darlehen muss das Darlehen durch übliche Sicherheiten gedeckt und darf nicht mit ungewöhnlich hohen Risiken behaftet sein). Als Referenzzinssätze gelten die von der Kommission in regelmäßigen Abständen anhand objektiver Kriterien ermit-

(5) ABl. L 107 vom 30. 4. 1996, S. 4.
(6) Siehe Fußnote 3.

telten und im Amtsblatt der Europäischen Gemeinschaften sowie im Internet veröffentlichten Zinssätze.

(11) Da kleine und mittlere Unternehmen nicht miteinander gleichzusetzen sind, sollten für kleine Unternehmen andere Beihilfehöchstintensitäten als für mittlere Unternehmen gelten.

(12) Nach den bisherigen Erfahrungen der Kommission sollten sich die Höchstintensitäten auf einem Niveau bewegen, bei dem die beiden Ziele einer minimalen Wettbewerbsverfälschung in dem betreffenden Sektor auf der einen und der Förderung der wirtschaftlichen Tätigkeiten kleiner und mittlerer Unternehmen auf der anderen Seite in einem angemessenen Verhältnis zueinander stehen.

(13) Die Freistellung von Beihilferegelungen oder Einzelbeihilfen nach Maßgabe dieser Verordnung sollte zudem von einer Reihe weiterer Bedingungen abhängig gemacht werden. Gemäß Artikel 87 Absatz 3 Buchstabe c) des Vertrages dürfen die Beihilfen keinesfalls ausschließlich eine fortlaufende oder regelmäßige Senkung der von dem begünstigten Unternehmen üblicherweise zu tragenden Betriebskosten bewirken und müssen in einem angemessenen Verhältnis zu den Nachteilen stehen, die mit ihnen ausgeglichen werden sollen, um den von der Gemeinschaft angestrebten sozioökonomischen Nutzen zu sichern. Es ist daher angezeigt, den Anwendungsbereich dieser Verordnung auf Beihilfen zu beschränken, die sich auf bestimmte materielle und immaterielle Investitionsvorhaben, bestimmte Dienstleistungen für die begünstigten Unternehmen und bestimmte sonstige Tätigkeiten beziehen. Wegen der in der Gemeinschaft bestehenden Überkapazitäten im Verkehrssektor außer bei Schienenfahrzeugen zählen bei Unternehmen, die schwerpunktmäßig in diesem Bereich tätig sind, Verkehrs- und Transportmittel nicht zu den förderfähigen Investitionskosten.

(14) Beihilfen an kleine und mittlere Unternehmen sollten unabhängig vom Standort freigestellt werden. Da Investitionen und die Schaffung von Arbeitsplätzen zur wirtschaftlichen Entwicklung von benachteiligten Regionen in der Gemeinschaft beitragen können, dort angesiedelte kleine und mittlere Unternehmen jedoch sowohl mit größenbedingten als auch Standortnachteilen zu kämpfen haben, sollten die Höchstintensitäten für kleine und mittlere Unternehmen in Fördergebieten heraufgesetzt werden.

(15) Um Anlageinvestitionen gegenüber Investitionen zugunsten des Faktors Arbeit nicht zu begünstigen, sollten Investitionsbeihilfen sowohl auf der Grundlage der Investitionskosten als auch der Kosten für die Schaffung neuer Arbeitsplätze im Rahmen des Investitionsvorhabens berechnet werden können.

(16) In Übereinstimmung mit dem WTO-Übereinkommen über Subventionen und Ausgleichsmaßnahmen (7) sollten Ausfuhrbeihilfen oder Beihilfen, die heimische Erzeugnisse gegenüber Importwaren begünstigen, nicht unter diese Verordnung fallen.

(7) ABl. L 336 vom 23. 12. 1994, S. 156.

Beihilfen, die die Teilnahme an Messen, die Durchführung von Studien oder die Inanspruchnahme von Beratungsdiensten zwecks Lancierung eines neuen Produkts oder eines bestehenden Produkts auf einem neuen Markt ermöglichen sollen, stellen in der Regel keine Ausfuhrbeihilfen dar.

(17) Angesichts der Notwendigkeit, ein angemessenes Gleichgewicht zwischen dem Ziel einer möglichst geringen Wettbewerbsverfälschung in dem von der Beihilfemaßnahme betroffenen Sektor und den Zielen dieser Verordnung herzustellen, sollten im Rahmen dieser Verordnung keine Beihilfen freigestellt werden, die einen bestimmten Höchstbetrag überschreiten, selbst wenn sie aufgrund einer nach dieser Verordnung freigestellten Beihilferegelung gewährt werden.

(18) Um sicherzustellen, dass die Beihilfe notwendig ist und der Anreizcharakter der Beihilfe gewahrt bleibt, sollten Beihilfen für Aktivitäten, die das begünstigte Unternehmen auch ohne Beihilfe unter Marktbedingungen durchführen würde, vom Anwendungsbereich dieser Verordnung ausgenommen werden.

(19) Mit anderen staatlichen Beihilfen (gleich, ob vom Staat, der Region oder der Gemeinde gewährt) oder mit Gemeinschaftsmitteln kumulierte Beihilfen dürfen in Bezug auf dieselben förderfähigen Kosten nur bis zu den in dieser Verordnung angegebenen Höchstgrenzen freigestellt werden.

(20) Zum Zwecke der Transparenz und einer wirksamen Überwachung im Sinne von Artikel 3 der Verordnung (EG) Nr. 994/98 soll ein Standardvordruck für die der Kommission von den Mitgliedstaaten in Kurzform zu übermittelnden Informationen bei Einführung einer Beihilferegelung oder Gewährung einer Einzelbeihilfe außerhalb einer Beihilferegelung, die aufgrund dieser Verordnung freigestellt ist, konzipiert werden. Die betreffenden Angaben werden anschließend im Amtsblatt der Europäischen Gemeinschaften veröffentlicht. Aus denselben Gründen sollten den Mitgliedstaaten auch Vorgaben in Bezug auf die von ihnen zu speichernden Angaben betreffend die nach dieser Verordnung freigestellten Beihilfen gemacht werden. Die Mitgliedstaaten sind ferner verpflichtet, der Kommission einmal jährlich einen Bericht vorzulegen; hier gilt es, Kriterien festzulegen, nach denen der Bericht zu erstellen ist, darunter die Vorlage in EDV-gestützter Form, da die entsprechende Technologie inzwischen nahezu überall vorhanden ist.

(21) Aufgrund der bisherigen Erfahrungen der Kommission und der Tatsache, dass die Politik im Bereich der staatlichen Beihilfen im Allgemeinen in regelmäßigen Abständen neu überdacht werden muss, beschränkt sich die Geltungsdauer dieser Verordnung. Für den Fall, dass die Verordnung nach Ablauf dieses Zeitraums nicht verlängert wird, bleiben nach dieser Verordnung bereits freigestellte Beihilferegelungen für weitere sechs Monate freigestellt –

HAT FOLGENDE VERORDNUNG ERLASSEN:

Artikel 1
Anwendungsbereich

(1) Die Verordnung gilt für Beihilfen an kleine und mittlere Unternehmen in allen Wirtschaftsbereichen unbeschadet der besonderen Verordnungen oder Richtlinien der Gemeinschaft über die Gewährung staatlicher Beihilfen in bestimmten Wirtschaftssektoren, gleich, ob diese restriktiver oder weniger restriktiv sind.

(2) Diese Verordnung gilt nicht für

a) Tätigkeiten, die die Herstellung, Verarbeitung und Vermarktung von in Anhang I des Vertrages aufgeführten Waren zum Gegenstand haben,

b) Beihilfen für exportbezogene Tätigkeiten, d. h. Beihilfen, die unmittelbar mit den ausgeführten Mengen, der Errichtung und dem Betrieb eines Vertriebsnetzes oder den laufenden Ausgaben einer Exporttätigkeit in Zusammenhang stehen,

c) Beihilfen, die von der Verwendung heimischer Erzeugnisse zu Lasten von Importwaren abhängig gemacht werden.

Artikel 2
Begriffsbestimmungen

Im Sinne dieser Verordnung bezeichnet der Ausdruck

a) „Beihilfe“: alle Maßnahmen, die die Voraussetzungen des Artikels 87 Absatz 1 EG-Vertrag erfüllen;

b) „kleine und mittlere Unternehmen“: Unternehmen im Sinne von Anhang I;

c) „Investitionen in Sachanlagen“: Anlageinvestitionen im Zusammenhang mit der Gründung eines neuen oder der Erweiterung eines bestehenden Betriebes oder im Zusammenhang mit einem Produktwechsel oder der Änderung des Produktionsverfahrens in einem bestehenden Betrieb (u. a. Rationalisierung, Diversifizierung, Modernisierung). Als Investition in Sachanlagen gilt auch eine Anlageinvestition in Form der Übernahme eines Betriebes, der geschlossen wurde oder ohne Übernahme geschlossen worden wäre;

d) „Investitionen in immaterielle Anlagewerte“: Investitionen in Technologietransfer durch Erwerb von Patentrechten, Lizenzen oder Know-how oder nicht patentiertem technischem Wissen;

e) „Bruttobeihilfeintensität“: in Prozent der beihilfefähigen Kosten des Vorhabens ausgedrückte Höhe der Beihilfe. Alle eingesetzten Beträge sind Beträge vor Abzug der direkten Steuern. Wird die Beihilfe nicht als Zuschuss, sondern in anderer Form gewährt, bestimmt sich die Höhe der Beihilfe nach ihrem Subventionsäquivalent. In mehreren Tranchen gezahlte Beihilfen werden zum Zeitpunkt ihrer Gewährung abgezinst. Der Zinssatz, der für die Anzinsung und die Berechnung der Beihilfeintensität bei einem zinsgünstigen Darlehen anzusetzen ist, ist der zum Zeitpunkt der Gewährung geltende Referenzsatz;

f) „Nettobeihilfeintensität“: in Prozent der beihilfefähigen Kosten des Projektes ausgedrückter Beihilfebetrag nach Steuern;

g) „Beschäftigtenzahl": Zahl der jährlichen Arbeitseinheiten (JAE), d. h. Zahl der während eines Jahres vollzeitlich Beschäftigten, wobei Teilzeitarbeit oder Saisonarbeit nach JAE-Bruchteilen bemessen werden.

Artikel 3
Freistellungsvoraussetzungen

(1) Außerhalb von Beihilferegelungen gewährte Einzelbeihilfen, die alle Voraussetzungen dieser Verordnung erfüllen, sind im Sinne von Artikel 87 Absatz 3 EG-Vertrag mit dem Gemeinsamen Markt vereinbar und unterliegen nicht der Anmeldungspflicht nach Artikel 88 Absatz 3 EG-Vertrag, wenn darin ausdrücklich auf diese Verordnung verwiesen und der Titel der Verordnung sowie die Fundstelle im Amtsblatt der Europäischen Gemeinschaften angegeben wird.

(2) Beihilferegelungen, die alle Voraussetzungen dieser Verordnung erfüllen, sind im Sinne von Artikel 87 Absatz 3 EG-Vertrag mit dem Gemeinsamen Markt vereinbar und unterliegen nicht der Anmeldungspflicht nach Artikel 88 Absatz 3 EG-Vertrag, wenn sie folgenden Anforderungen entsprechen:
a) Die Beihilfen, die nach der fraglichen Regelung gewährt werden können, erfüllen sämtliche Freistellungsvoraussetzungen dieser Verordnung.
b) In der Regelung wird ausdrücklich auf diese Verordnung verwiesen und der Titel der Verordnung sowie die Fundstelle im Amtsblatt der Europäischen Gemeinschaften angegeben.

(3) Auf der Grundlage der in Absatz 2 genannten Regelungen gewährte Beihilfen sind im Sinne von Artikel 87 Absatz 3 EG-Vertrag mit dem Gemeinsamen Markt vereinbar und unterliegen nicht der Anmeldungspflicht nach Artikel 88 Absatz 3 EG-Vertrag, wenn sie alle Voraussetzungen dieser Verordnung unmittelbar erfüllen.

Artikel 4
Investitionsbeihilfen

(1) Beihilfen für Investitionen in Sachanlagen und Investitionen in immaterielle Anlagewerte innerhalb oder außerhalb der Gemeinschaft sind im Sinne von Artikel 87 Absatz 3 EG-Vertrag mit dem Gemeinsamen Markt vereinbar und von der Anmeldungspflicht des Artikels 88 Absatz 3 EG-Vertrag freigestellt, wenn sie die in den Absätzen 2 bis 6 genannten Voraussetzungen erfüllen.

(2) Die maximal zulässige Bruttobeihilfeintensität beträgt:
a) 15 Prozent bei kleinen Unternehmen,
b) 7,5 Prozent bei mittleren Unternehmen.

(3) Für Investitionsvorhaben in Gebieten, die Anspruch auf Regionalbeihilfe haben, ist ein Aufschlag auf den geltenden Förderhöchstsatz für regionale Investitionsbeihilfen, der sich nach den jeweiligen von der Kommission genehmigten nationalen Fördergebietskarten bestimmt, in folgender Höhe zulässig:

a) 10 Prozentpunkte brutto in Fördergebieten im Sinne von Artikel 87 Absatz 3 Buchstabe c), wobei jedoch die Nettobeihilfeintensität insgesamt 30 Prozent der beihilfefähigen Kosten nicht übersteigen darf, bzw.

b) 15 Prozentpunkte brutto in Fördergebieten im Sinne von Artikel 87 Absatz 3 Buchstabe a), wobei jedoch die Nettobeihilfeintensität insgesamt 75 Prozent der beihilfefähigen Kosten nicht übersteigen darf.

Die Aufschläge sind nur zulässig, wenn bei Gewährung der Beihilfe zur Auflage gemacht wird, dass die Investitionen für mindestens fünf Jahre in der Empfängerregion verbleiben und eine Eigenbeteiligung des begünstigten Unternehmens von mindestens 25 Prozent erfolgt.

(4) Bemessungsgrundlage für die in den Absätzen 2 und 3 genannten Schwellenwerte sind entweder die beihilfefähigen Investitionskosten oder die Lohnkosten für investitionsgebundene neu geschaffene Arbeitsplätze (Beihilfe zur Schaffung von Arbeitsplätzen) oder eine Mischung aus beidem, wobei die Beihilfe jedoch den günstigsten Beihilfebetrag, der sich aus der Anwendung der einen oder anderen Bemessungsgrundlage ergibt, nicht überschreiten darf.

(5) Bilden die Investitionskosten die Bemessungsgrundlage, sind im Falle materieller Investitionen die Kosten für Investitionen in Grundstücke, Gebäude, Maschinen und Ausrüstung und im Falle immaterieller Investitionen die Kosten für den Erwerb von Technologie beihilfefähig. Bei Beihilfen im Bereich Verkehr gehören Verkehrs- und Transportmittel mit Ausnahme von für den Eisenbahnverkehr bestimmten Schienenfahrzeugen nicht zu den beihilfefähigen Kosten.

(6) Bilden neu geschaffene Arbeitsplätze die Bemessungsgrundlage, versteht sich der Beihilfebetrag als Prozentsatz der über einen Zeitraum von zwei Jahren kalkulierten Lohnkosten für die neu geschaffenen Arbeitsplätze, sofern folgende Voraussetzungen erfüllt sind:

a) Die Schaffung von Arbeitsplätzen muss im Rahmen eines materiellen oder immateriellen Investitionsvorhabens erfolgen. Die Arbeitsplätze müssen innerhalb von drei Jahren nach Tätigung der Investition entstehen.

b) In dem betreffenden Unternehmen muss durch das Investitionsvorhaben ein Nettozuwachs an Beschäftigten im Verhältnis zur durchschnittlichen Beschäftigungszahl in den vergangenen zwölf Monaten zu verzeichnen sein.

c) Die neu geschaffenen Arbeitsplätze müssen über einen Zeitraum von mindestens fünf Jahren erhalten bleiben.

Artikel 5
Beratung und sonstige Unternehmensdienstleistungen und -tätigkeiten

Beihilfen an kleine und mittlere Unternehmen, die die nachstehenden Voraussetzungen erfüllen, sind nach Artikel 87 Absatz 3 EG-Vertrag mit dem Gemeinsamen Markt vereinbar und von der Anmeldungspflicht des Artikels 88 Absatz 3 EG-Vertrag ausgenommen:

a) Bei Inanspruchnahme von Dienstleistungen durch externe Berater darf die Bruttobeihilfe 50 Prozent der Kosten nicht überschreiten. Dabei darf es sich nicht um Dienst-

leistungen handeln, die fortlaufend oder in regelmäßigen Abständen in Anspruch genommen werden oder die zu den gewöhnlichen Betriebsausgaben des Unternehmens gehören, wie routinemäßige Steuer- oder Rechtsberatung oder Werbung.
b) Beihilfen, die die Teilnahme an Messen und Ausstellungen ermöglichen sollen, dürfen 50 Prozent brutto der anfallenden Mehrkosten für Miete, Aufbau und Betrieb des Standes nicht überschreiten. Die Freistellung gilt nur bei erstmaliger Teilnahme eines Unternehmens an einer bestimmten Messe oder Ausstellung.

Artikel 6
Einzelbeihilfen für größere Vorhaben

Die aufgrund dieser Verordnung gewährte Freistellung gilt nicht für Einzelbeihilfen, die einen der nachstehenden Schwellenwerte übersteigen:
a) Die förderfähigen Gesamtkosten des Vorhabens belaufen sich auf mindestens 25 Mio. EUR und
i) die Bruttobeihilfeintensität beträgt mindestens 50 Prozent der in Artikel 4 Absatz 2 festgelegten Höchstsätze, wenn die Beihilfe einem Unternehmen in einem nichtförderfähigen Gebiet gewährt wird, oder
ii) die Nettobeihilfeintensität beträgt mindestens 50 Prozent der in der Fördergebietskarte ausgewiesenen Nettobeihilfeobergenze, wenn die Beihilfe einem Unternehmen in einem Fördergebiet gewährt wird.
b) Das Gesamtvolumen der Beihilfe beläuft sich auf mindestens 15 Mio. EUR brutto.

Artikel 7
Notwendigkeit der Beihilfe

Die Freistellung aufgrund dieser Verordnung gilt nur dann, wenn vor Beginn des Förderprojektes
- entweder von dem begünstigten Unternehmen bei den zuständigen Behörden des Mitgliedstaates ein Beihilfeantrag gestellt wurde oder
- in dem betreffenden Mitgliedstaat bereits objektiven Kriterien genügende gesetzliche Vorschriften existierten, die einen Rechtsanspruch auf Beihilfe begründen, ohne dass es einer zusätzlichen Ermessensentscheidung der Behörden bedarf.

Artikel 8
Kumulierung

(1) Die in Artikel 4, 5 und 6 genannten Beihilfeobergrenzen gelten unabhängig davon, ob das Vorhaben ganz aus staatlichen Mitteln oder teilweise aus Gemeinschaftsmitteln finanziert wird.

(2) In Bezug auf dieselben förderfähigen Kosten dürfen nach dieser Verordnung freigestellte Beihilfen nicht mit sonstigen Beihilfen im Sinne des Artikels 87 Absatz 1 EG-Vertrag oder anderen Gemeinschaftsmitteln kumuliert werden, wenn die nach dieser Verordnung zulässige maximale Beihilfeintensität in Bezug auf dieselben förderfähigen Kosten dadurch überschritten wird.

Artikel 9
Transparenz und Überwachung

(1) Die Mitgliedstaaten übermitteln der Kommission binnen 20 Arbeitstagen nach Erlass einer Beihilferegelung oder Gewährung einer nicht unter eine Beihilferegelung fallenden Einzelbeihilfe im Sinne dieser Freistellungsverordnung eine Kurzbeschreibung der Maßnahme nach dem in Anhang II beschriebenen Muster, die im Amtsblatt der Europäischen Gemeinschaften veröffentlicht wird.

(2) Die Mitgliedstaaten halten ausführliche Aufzeichnungen über die nach dieser Verordnung freigestellten Beihilferegelungen und darunter fallende Einzelbeihilfen sowie über die nach dieser Verordnung freigestellten Einzelbeihilfen, die außerhalb einer bestehenden Beihilferegelung gewährt werden, zur Verfügung. Die Aufzeichnungen müssen belegen, dass die in dieser Verordnung genannten Freistellungsvoraussetzungen erfüllt sind und dass es sich bei dem Unternehmen um ein KMU handelt. Aufzeichnungen über Einzelbeihilfen sind während zehn Jahren vom Zeitpunkt ihrer Gewährung an gerechnet zur Verfügung zu halten; bei Beihilferegelungen beträgt diese Frist zehn Jahre ab dem Zeitpunkt, zu dem zum letzten Mal eine Einzelbeihilfe nach der fraglichen Regelung gewährt wurde. Die Kommission kann von dem betreffenden Mitgliedstaat schriftlich alle Informationen anfordern, die ihrer Ansicht nach nötig sind, um zu beurteilen, ob die Voraussetzungen für eine Freistellung erfüllt sind. Die Informationen sind ihr binnen zwanzig Arbeitstagen zu übermitteln, sofern diese Frist in dem Auskunftsverlangen nicht verlängert wurde.

(3) Die Mitgliedstaaten erstellen in der in Anhang III vorgegebenen Form einen Jahresbericht über die Anwendung dieser Verordnung unabhängig davon, ob sich die Anwendung über ein ganzes Kalenderjahr oder nur Teile hiervon erstreckt. Der Bericht sollte auch in EDV-gestützter Form vorgelegt werden. Der Bericht ist der Kommission spätestens drei Monate nach Ablauf des Berichtszeitraums zu übermitteln.

Artikel 10
Inkrafttreten und Geltungsdauer

(1) Die Verordnung tritt am zwanzigsten Tag nach ihrer Veröffentlichung im Amtsblatt der Europäischen Gemeinschaften in Kraft.

Sie gilt bis zum 31. Dezember 2006.

(2) Nach Ablauf der Geltungsdauer dieser Verordnung bleiben die danach freigestellten Beihilferegelungen noch während einer Anpassungsfrist von sechs Monaten freigestellt.

Diese Verordnung ist in allen ihren Teilen verbindlich und gilt unmittelbar in jedem Mitgliedstaat.

Brüssel, den 12. Januar 2001

Für die Kommission

Mario Monti

Mitglied der Kommission

ANHANG I

Definition kleiner und mittlerer Unternehmen

(Auszug aus der Empfehlung 96/280/EG der Kommission vom 3. April 1996 betreffend die Definition der kleinen und mittleren Unternehmen [ABl. L 107 vom 30. 4. 1996, S. 4])

„Artikel 1

(1) Die kleinen und mittleren Unternehmen, nachstehend ‚KMU' genannt, werden definiert als Unternehmen, die
- weniger als 250 Personen beschäftigen und
- einen Jahresumsatz
- von höchstens 40 Mio. EUR oder eine Jahresbilanzsumme
- von höchstens 27 Mio. EUR haben und
- die das in Absatz 3 definierte Unabhängigkeitskriterium erfüllen.

(2) Für den Fall, dass eine Unterscheidung zwischen kleinen und mittleren Unternehmen erforderlich ist, werden die ‚kleinen Unternehmen' definiert als Unternehmen, die
- weniger als 50 Personen beschäftigen und
- einen Jahresumsatz
- von höchstens 7 Mio. EUR oder eine Jahresbilanzsumme
- von höchstens 5 Mio. EUR haben und
- die das in Absatz 3 definierte Unabhängigkeitskriterium erfüllen.

(3) Als unabhängig gelten Unternehmen, die nicht zu 25 Prozent oder mehr des Kapitals oder der Stimmenanteile im Besitz von einem oder von mehreren Unternehmen gemeinsam stehen, welche die Definition der KMU bzw. der kleinen Unternehmen nicht erfüllen. Dieser Schwellenwert kann in zwei Fällen überschritten werden:
- wenn das Unternehmen im Besitz von öffentlichen Beteiligungsgesellschaften, Risikokapitalgesellschaften oder institutionellen Anlegern steht und diese weder einzeln noch gemeinsam Kontrolle über das Unternehmen ausüben;
- wenn aufgrund der Kapitalstreuung nicht ermittelt werden kann, wer die Anteile hält, und das Unternehmen erklärt, dass es nach bestem Wissen davon ausgehen kann, dass es nicht zu 25 Prozent oder mehr seines Kapitals im Besitz von einem oder von mehreren Unternehmen gemeinsam steht, die die Definition der KMU bzw. der kleinen Unternehmen nicht erfüllen.

(4) Zur Berechnung der in den Absätzen 1 und 2 aufgeführten Schwellenwerte müssen die Zahlen des jeweiligen Unternehmens sowie alle Unternehmen, von denen es direkt oder indirekt 25 Prozent oder mehr des Kapitals oder der Stimmenanteile hält, addiert werden.

(5) Soweit es erforderlich ist, zwischen Kleinstunternehmen und anderen mittelständischen Unternehmen zu unterscheiden, werden diese als Unternehmen mit weniger als zehn Beschäftigten definiert.

(6) Über- oder unterschreitet ein Unternehmen an einem Bilanzstichtag die genannten Schwellenwerte für die Beschäftigtenzahl, den Umsatz oder die Bilanzsumme, so verliert oder erwirbt es dadurch den Status eines KMU, eines mittleren Unternehmens, eines kleinen Unternehmens oder eines Kleinstunternehmens erst dann, wenn sich die Über- oder Unterschreitung in zwei aufeinander folgenden Geschäftsjahren wiederholt.

(7) Die Beschäftigtenzahl entspricht der Zahl der Jahresarbeitseinheiten (JAE), d. h. der Anzahl der während eines Jahres beschäftigten Vollzeitarbeitnehmer. Teilzeitbeschäftigte und Saisonarbeitnehmer werden nur entsprechend ihres Anteils an den JAE berücksichtigt. Grundlage für die Berechnung ist der letzte durchgeführte Jahresabschluss.

(8) Die Schwellenwerte für den Umsatz und die Bilanzsumme beziehen sich ebenfalls auf den letzten durchgeführten Jahresabschluss. Bei einem neu gegründeten Unternehmen, das noch keinen Abschluss für einen vollständigen Rechnungszeitraum vorlegen kann, werden die entsprechenden Werte im laufenden Geschäftsjahr nach Treu und Glauben geschätzt."

ANHANG II

Zu verwendendes Formblatt für die Kurzbeschreibung einer nach dieser Verordnung freigestellten Beihilferegelung oder Einzelbeihilfe, die unabhängig von einer Beihilferegelung gewährt wurde

Kurzbeschreibung der in Übereinstimmung mit der Verordnung (EG) Nr. 70/2001 der Kommission gewährten staatlichen Beihilfe

Erforderliche Angaben	Erläuterungen
Mitgliedstaat:	
Region:	Angabe der Region, wenn eine dezentrale Stelle die Beihilfe gewährt
Bezeichnung der Beihilferegelung bzw. bei Einzelbeihilfen Name des begünstigten Unternehmens:	Angabe der Bezeichnung der Beihilferegelung oder bei Einzelbeihilfen des Begünstigten. Bei Einzelbeihilfen ist kein Jahresbericht erforderlich!

Erforderliche Angaben	Erläuterungen
Rechtsgrundlage:	Vollständiger Titel der einzelstaatlichen Rechtsgrundlage, aufgrund deren die Beihilferegelung oder die Einzelbeihilfe bewilligt wurde.
Voraussichtliche jährliche Kosten der Regelung bzw. Gesamtbetrag der einem Unternehmen gewährten Einzelbeihilfe:	Die Beträge sind in Euro oder gegebenenfalls in der Landeswährung anzugeben. Bei Beihilferegelungen: Angabe der jährlich veranschlagten Gesamthaushaltsmittel oder des voraussichtlichen jährlichen Steuerausfalls für sämtliche in der Regelung enthaltenen Beihilfeelemente. Bei Einzelbeihilfen: Angabe des Gesamtbeihilfebetrags/-steuerausfalls. Bei der Auszahlung der Beihilfe in Raten ist anzugeben, über wie viele Jahre sich die Zahlungen erstrecken. Das Gleiche gilt für Steuerausfälle, die sich über mehrere Jahre verteilen. Bei der Leistung von Bürgschaften ist in beiden Fällen die (maximale) Höhe der Besicherung anzugeben.
Beihilfehöchstintensität:	Angabe der Beihilfehöchstintensität bzw. des maximalen Beihilfebetrags für jedes einzelne Beihilfeelement.
Bewilligungszeitpunkt:	Angabe des Zeitpunkts, von dem an Beihilfen nach der betreffenden Regelung gewährt werden dürfen bzw. zu dem das begünstigte Unternehmen einen Anspruch auf Einzelbeihilfe erhält.
Laufzeit der Regelung bzw. Auszahlung der Einzelbeihilfe:	Angabe des genauen Datums (Jahr und Monat), bis zu dem Beihilfen nach der betreffenden Regelung gewährt werden dürfen, bzw. bei Einzelbeihilfen ggf. Angabe des voraussichtlichen Zeitpunkts (Jahr und Monat) der letzten Ratenzahlung.

Erforderliche Angaben	Erläuterungen
Zweck der Beihilfe:	Hauptziel ist selbstverständlich die Unterstützung von KMU. In dieser Spalte können zudem spezifische Ziele angegeben werden (z. B. ausschließlich Förderung von kleinen Unternehmen oder KMU; Investitionsbeihilfe/Beratungsdienstleistungen).
Betroffene Wirtschaftssektoren ☐ Alle Wirtschaftsbereiche oder ☐ Bergbau ☐ Gesamte verarbeitende Industrie oder ☐ Stahlindustrie ☐ Schiffbau ☐ Kunstfaserindustrie ☐ Kfz-Industrie ☐ Andere Bereiche der verarbeitenden Industrie ☐ Sämtliche Dienstleistungen oder ☐ Verkehr ☐ Finanzdienstleistungen ☐ Sonstige Dienstleistungen	Gegebenenfalls zutreffende Rubrik ankreuzen.
Bemerkungen:	
Name und Anschrift der Bewilligungsbehörde:	
Sonstige Auskünfte:	

ANHANG III

Form des der Kommission zu übermittelnden periodischen Berichts

Standardangaben für den Jahresbericht über Beihilferegelungen, die unter die gemäß Artikel 1 der Verordnung (EG) Nr. 994/98 des Rates erlassenen Gruppenfreistellungsverordnungen fallen

Die Berichte, die die Mitgliedstaaten der Kommission gemäß der aufgrund der Verordnung (EG) Nr. 994/98 des Rates erlassenen Gruppenfreistellungsverordnungen zu übermitteln haben, sind unter Verwendung nachstehender Standardangaben zu erstellen.

Nach Möglichkeit sind die Berichte zudem auf einem Datenträger zu übermitteln.

Erforderliche Angaben für alle Beihilfereglungen, die unter die aufgrund von Artikel 1 der Verordnung (EG) Nr. 994/98 des Rates erlassenen Freistellungsverordnungen fallen

1. Bezeichnung der Beihilferegelung
2. Anwendbare Freistellungsverordnung der Kommission
3. Ausgaben.

Die Ausgaben sind für alle in der Regelung angewandten Beihilfeelemente (z. B. Zuschuss, zinsgünstiges Darlehen, Bürgschaft) getrennt auszuweisen und in Euro bzw. gegebenenfalls in der jeweiligen Landeswährung anzugeben. Bei Steuervergünstigungen sind die jährlichen Einnahmeausfälle anzugeben. In Ermangelung genauer Zahlen kann es sich im letzteren Fall auch um Schätzwerte handeln.

Die Zahlen betreffend die Ausgaben sollten auf folgender Grundlage geliefert werden: Für das jeweilige Berichtsjahr aufgeschlüsselt nach den in der Regelung angewandten Beihilfeelementen (z. B. Zuschuss, zinsgünstiges Darlehen, Bürgschaft).

3.1 Mittelbindungen, (geschätzter) Steuerausfall oder sonstige Einnahmeausfälle, Bürgschaftsleistungen etc. für alle neuen Förderprojekte. Bei Bürgschaftsregelungen ist die Gesamtsumme der neu ausgereichten Bürgschaften anzugeben.

3.2 Tatsächliche Zahlungen, (geschätzter) Steuerausfall oder sonstige Einnahmeausfälle, Bürgschaftsleistungen usw. für alle neuen und laufenden Förderprojekte. Bei Bürgschaftsregelungen ist Folgendes anzugeben: Gesamtgarantiesumme, Einnahmen aus Gebühren, Einnahmen aufgrund des Erlöschens der Bürgschaft, fällige Zahlungen infolge des Eintritts des Garantiefalls, laufendes Betriebsergebnis.

3.3 Zahl der neu geförderten Projekte.

3.4 Geschätzte Anzahl der durch die Projekte neu geschaffenen oder erhaltenen Arbeitsplätze (sofern zutreffend).

3.5 Geschätzter Gesamtumfang neu geförderter Investitionsvorhaben.

3.6 Regionale Aufschlüsselung der unter 3.1. aufgeführten Ausgaben entweder nach Regionen der NUTS-Ebene 2 (1) oder darunter oder nach Fördergebieten gemäß Artikel 87 Absatz 3 Buchstabe a), Buchstabe c) und Nicht-Fördergebieten.

3.7 Sektorale Aufschlüsselung der unter 3.1 aufgeführten Ausgaben nach Wirtschaftszweigen (ist mehr als nur ein Wirtschaftszweig betroffen, sind die Ausgaben anteilig auszuweisen):

- Kohlenbergbau
- Verarbeitende Industrie:
  Stahl
  Schiffbau
  Kunstfaserindustrie
  Kfz-Industrie
  Sonstige (bitte angeben)

(1) NUTS-Systematik der Gebietseinheiten für die Statistik in der EG.

– Dienstleistungen:
  Verkehr
  Finanzdienstleistungen
  Sonstige (bitte angeben)
– Sonstige Wirtschaftssektoren (bitte angeben)

4. Sonstige zweckdienliche Auskünfte und Bemerkungen.

5.2.5 Verordnung (EG) Nr. 68/2001 der Kommission über die Anwendung der Artikel 87 und 88 EG-Vertrag auf Ausbildungsbeihilfen vom 12. Januar 2001

Verordnung (EG) Nr. 68/2001 der Kommission
vom 12. Januar 2001
über die Anwendung der Artikel 87 und 88 EG-Vertrag auf Ausbildungsbeihilfen

DIE KOMMISSION DER EUROPÄISCHEN GEMEINSCHAFTEN –
gestützt auf den Vertrag zur Gründung der Europäischen Gemeinschaft,
gestützt auf die Verordnung (EG) Nr. 994/98 des Rates vom 7. Mai 1998 über die Anwendung der Artikel 92 und 93 des Vertrags zur Gründung der Europäischen Gemeinschaft auf bestimmte Gruppen horizontaler Beihilfen (1), insbesondere auf Artikel 1 Absatz 1 Buchstabe a) Ziffer iv),
nach Veröffentlichung des Entwurfs dieser Verordnung (2),
nach Anhörung des Beratenden Ausschusses für staatliche Beihilfen,
in Erwägung nachstehender Gründe:

(1) Durch die Verordnung (EG) Nr. 994/98 wird die Kommission ermächtigt, gemäß Artikel 87 EG-Vertrag zu erklären, dass Ausbildungsbeihilfen unter bestimmten Bedingungen mit dem Gemeinsamen Markt vereinbar sind und nicht der Anmeldungspflicht nach Artikel 88 Absatz 3 EG-Vertrag unterliegen.

(2) Die Kommission hat in zahlreichen Entscheidungen die Artikel 87 und 88 EG-Vertrag auf Ausbildungsbeihilfen angewandt und dabei ihre diesbezügliche Politik erläutert, zuletzt in dem Gemeinschaftsrahmen für Ausbildungsbeihilfen (3). Angesichts ihrer umfangreichen Erfahrungen mit der Anwendung dieser Artikel des EG-Vertrags auf Ausbildungsbeihilfen sollte sie im Hinblick auf eine wirksame Überwachung und der Verwaltungsvereinfachung von den ihr durch die Verordnung (EG) Nr. 994/98 verliehenen Befugnissen Gebrauch machen, ohne dabei ihre eigenen Kontrollmöglichkeiten zu schwächen.

---

(1) ABl. L 142 vom 14. 5. 1998, S. 1.
(2) ABl. C 89 vom 28. 3. 2000, S. 8.
(3) ABl. C 343 vom 11. 11. 1998, S. 10.

(3) Im Interesse einer transparenten und kohärenten Politik in allen Wirtschaftssektoren sollte der Anwendungsbereich der Verordnung möglichst weit gefasst sein und auch den Agrarsektor sowie die Fischerei und die Aquakultur mit einschließen.

(4) Die Möglichkeit der Mitgliedstaaten, Ausbildungsbeihilfen anzumelden, wird durch diese Verordnung nicht berührt. Die angemeldeten Regelungen werden von der Kommission in erster Linie anhand der nachstehenden Kriterien geprüft bzw. in Übereinstimmung mit den einschlägigen Bestimmungen der für bestimmte Wirtschaftssektoren eingeführten Gemeinschaftsrahmen und -leitlinien. Derartige Regelungen gibt es derzeit für Tätigkeiten im Zusammenhang mit der Herstellung, Verarbeitung und Vermarktung der in Anhang I des Vertrages aufgeführten Waren sowie für den Seeverkehr. Der Gemeinschaftsrahmen für Ausbildungsbeihilfen sollte mit dem Datum des Inkrafttretens dieser Verordnung abgeschafft werden, da sein Inhalt in die Verordnung übernommen wurde.

(5) Der Klarheit halber sei darauf hingewiesen, dass gemäß Artikel 51 Absatz 1 Unterabsatz 2 der Verordnung (EG) Nr. 1257/1999 des Rates vom 17. Mai 1999 über die Förderung der Entwicklung des ländlichen Raums durch den Europäischen Ausrichtungs- und Garantiefonds für die Landwirtschaft (EAGFL) und zur Änderung bzw. Aufhebung bestimmter Verordnungen (4) die Artikel 87, 88 und 89 EG-Vertrag nicht für finanzielle Beiträge der Mitgliedstaaten zu Maßnahmen gelten, zu denen die Gemeinschaft Beihilfen gemäß Artikel 9 der Verordnung (EG) Nr. 1257/1999 gewährt.

(6) Der Klarheit halber sei darauf hingewiesen, dass die vorliegende Verordnung nur für Ausbildungsmaßnahmen gelten sollte, die eine staatliche Beihilfe im Sinne von Artikel 87 Absatz 1 EG-Vertrag darstellen. Eine große Zahl von Maßnahmen wird gar nicht von Artikel 87 erfasst, da es sich um allgemeine Maßnahmen handelt, die unterschiedslos allen Unternehmen gleich welcher Branche offen stehen und bei denen die zuständigen Behörden kein Ermessen besitzen (z. B. Steuervergünstigungen, etwa in Form von automatisch gewährten Steuergutschriften, für alle Unternehmen, die in die Ausbildung ihrer Beschäftigten investieren). Auch Maßnahmen, die Personen direkt unabhängig von ihrem Standort zugute kommen und nicht bestimmte Unternehmen oder Wirtschaftszweige begünstigen, fallen nicht in den Anwendungsbereich von Artikel 87 Absatz 1 EG-Vertrag. Beispiele hierfür sind: Schulbildung und Erstausbildungsmaßnahmen (z. B. Lehre und berufsbegleitender Unterricht), Ausbildungs- oder Umschulungsmaßnahmen für Arbeitslose (einschließlich Praktika in Unternehmen), direkt für Arbeitnehmer oder auch spezifische Gruppen von Arbeitnehmern bestimmte Maßnahmen, die diesen unabhängig von dem Unternehmen oder Wirtschaftszweig, in dem sie tätig sind (z. B. im Rahmen eines „Lernkontos“) Gelegenheit zur Weiterbildung gibt. Demgegenüber werden Beiträge zu branchenspezifischen Ausbildungsfonds,

(4) ABl. L 160 vom 26. 6. 1999, S. 80.

sofern sie vom Staat vorgeschrieben werden, nicht als private Mittel, sondern als staatliche Mittel im Sinne von Artikel 87 Absatz 1 EG-Vertrag angesehen.

(7) Freigestellt werden sollten Beihilfen, die alle einschlägigen Freistellungskriterien dieser Verordnung erfüllen, sowie alle Beihilferegelungen, bei denen gewährleistet ist, dass etwaige auf der Grundlage einer solchen Regelung gewährte Beihilfen ebenfalls alle einschlägigen Freistellungskriterien dieser Verordnung erfüllen. Aus Gründen einer wirksamen Überwachung und einer nicht zu Lasten der Kontrollmöglichkeiten der Kommission gehenden Verwaltungsvereinfachung sollten Beihilferegelungen und Einzelbeihilfen, die unabhängig von einer Beihilferegelung gewährt werden, einen ausdrücklichen Verweis auf diese Verordnung enthalten.

(8) Um Abweichungen in der Auslegung, die zu Wettbewerbsverfälschungen führen könnten, zu vermeiden, die Abstimmung der Maßnahmen der Gemeinschaft und der Mitgliedstaaten im Bereich kleiner und mittlerer Unternehmen zu erleichtern und die Transparenz in Verfahrensfragen sowie die Rechtssicherheit zu erhöhen, sollte für die Definition kleiner und mittlerer Unternehmen im Sinne dieser Verordnung die Empfehlung 96/280/EG der Kommission vom 3. April 1996 betreffend die Definition der kleinen und mittleren Unternehmen (5) maßgeblich sein.

(9) Ob eine Beihilfe nach dieser Verordnung mit dem Gemeinsamen Markt vereinbar ist, ist unter anderem von der Beihilfeintensität bzw. dem in Subventionsäquivalent ausgedrückten Beihilfebetrag abhängig. Die Berechnung des Subventionsäquivalents einer in mehreren Tranchen oder in Form eines zinsgünstigen Darlehens gewährten Beihilfe erfolgt auf der Grundlage der zum Gewährungszeitpunkt geltenden marktüblichen Zinssätze. Im Interesse einer einheitlichen, transparenten und unkomplizierten Anwendung der Vorschriften über staatliche Beihilfen sollten für die Zwecke dieser Verordnung die marktüblichen Zinssätze als Referenzzinssätze herangezogen werden (bei zinsgünstigen Darlehen muss das Darlehen durch übliche Sicherheiten abgesichert und darf nicht mit ungewöhnlich hohen Risiken behaftet sein). Als Referenzzinssätze sollten die von der Kommission in regelmäßigen Abständen anhand objektiver Kriterien ermittelten und im Amtsblatt der Europäischen Gemeinschaften sowie im Internet veröffentlichten Zinssätze gelten.

(10) Ausbildungsmaßnahmen wirken sich im Allgemeinen zum Vorteil der gesamten Gesellschaft aus, da sie das Reservoir an qualifizierten Arbeitnehmern vergrößern, aus dem wiederum andere Unternehmen schöpfen können, und dadurch die Wettbewerbsfähigkeit der Industrie der Gemeinschaft stärken. Sie sind deshalb auch ein wichtiges Element der Beschäftigungsstrategie. Da die Unternehmen in der Gemeinschaft im Allgemeinen zu wenig in die Ausbildung ihrer Beschäftigten investieren, können staatliche Beihilfen dazu beitragen, diese Marktschwäche auszugleichen. Unter bestimmten Bedingungen können staatliche Beihilfen daher als mit dem Gemeinsa-

---

(5) ABl. L 107 vom 30. 4. 1996, S. 4.

men Markt vereinbar betrachtet und von der Pflicht zur vorherigen Anmeldung freigestellt werden.

(11) Um sicherzustellen, dass die Beihilfen auf das Maß beschränkt bleiben, das zur Erreichung des mit Marktkräften allein nicht zu verwirklichenden Gemeinschaftsziels notwendig ist, sollten bei der Festlegung der zulässigen Beihilfeintensitäten die Art des Ausbildungsvorhabens, die Größe und der Standort des Unternehmens berücksichtigt werden.

(12) Durch allgemeine Ausbildungsmaßnahmen werden übertragbare Qualifikationen erworben, die die Vermittelbarkeit des betreffenden Arbeitnehmers deutlich erhöhen. Da Beihilfen zu dieser Art von Ausbildung den Wettbewerb weniger stark verfälschen, können hier höhere Intensitäten als mit dem Gemeinsamen Markt vereinbar angesehen und von der Pflicht zur vorherigen Anmeldung freigestellt werden. Spezifische Ausbildungsmaßnahmen hingegen kommen in erster Linie dem ausbildenden Unternehmen zugute, wodurch sich die Gefahr einer Wettbewerbsverfälschung erhöht; hier muss die zulässige und von der Anmeldungspflicht befreite Beihilfeintensität daher geringer ausfallen.

(13) Für die generell benachteiligten KMU, die, wollen sie in die Ausbildung ihrer Beschäftigten investieren, relativ gesehen höhere Kosten zu tragen haben, sollte die nach dieser Verordnung freigestellte Höchstintensität der Ausbildungsbeihilfe heraufgesetzt werden.

(14) In Fördergebieten im Sinne von Artikel 87 Absatz 3 Buchstaben a) und c) EG-Vertrag haben Ausbildungsmaßnahmen wegen des dort herrschenden beträchtlichen Ausbildungsdefizits und der höheren Arbeitslosenquote größere externe Effekte. Deshalb sollte für diese Gebiete die nach dieser Verordnung freigestellte Höchstintensität der Ausbildungsbeihilfe heraufgesetzt werden.

(15) Die Besonderheiten der Ausbildung im Bereich des Seeverkehrs rechtfertigen eine gesonderte Behandlung dieses Bereiches.

(16) Ausbildungsbeihilfen in größerer Höhe sollten von der Kommission vor ihrer Durchführung einzeln geprüft werden. Auf Beihilfen, die einen bestimmten Betrag (1 Mio. EUR) übersteigen, ist die vorliegende Gruppenfreistellungsverordnung daher nicht anwendbar, sondern es gilt das Verfahren nach Artikel 88 Absatz 3.

(17) Mit anderen Beihilfen (gleich, ob vom Staat, der Region oder der Gemeinde gewährt) oder mit Gemeinschaftsmitteln kumulierte Ausbildungsbeihilfen sollten in Bezug auf dieselben förderfähigen Kosten nur bis zu den in dieser Verordnung angegebenen Höchstgrenzen freigestellt werden.

(18) Zum Zwecke der Transparenz und einer wirksamen Überwachung im Sinne von Artikel 3 der Verordnung (EG) Nr. 994/98 sollte ein Standardvordruck für die der Kommission von den Mitgliedstaaten in Kurzform zu übermittelnden Informationen bei Einführung einer Beihilferegelung oder Gewährung einer Einzelbeihilfe unabhängig von

einer Beihilferegelung, die aufgrund dieser Verordnung freigestellt ist, entworfen werden. Die betreffenden Angaben sollten anschließend im Amtsblatt der Europäischen Gemeinschaften veröffentlicht werden. Aus denselben Gründen sollten den Mitgliedstaaten auch Vorgaben in Bezug auf die von ihnen zu speichernden Angaben betreffend die nach dieser Verordnung freigestellten Ausbildungsbeihilfen gemacht werden. Für den von den Mitgliedstaaten jährlich vorzulegenden Bericht sollte die Kommission Kriterien festlegen, nach denen der Bericht zu erstellen ist, darunter die Vorlage in EDV-gestützter Form, da die entsprechende Technologie inzwischen nahezu überall vorhanden ist.

(19) Aufgrund der bisherigen Erfahrungen der Kommission und der Tatsache, dass die Politik im Bereich der staatlichen Beihilfen im Allgemeinen in regelmäßigen Abständen neu überdacht werden muss, soll die Geltungsdauer dieser Verordnung beschränkt werden. Für den Fall, dass die Verordnung nach Ablauf dieses Zeitraums nicht verlängert wird, sollten nach dieser Verordnung bereits freigestellte Beihilferegelungen für weitere sechs Monate freigestellt bleiben –

HAT FOLGENDE VERORDNUNG ERLASSEN:

Artikel 1
Anwendungsbereich

Diese Verordnung gilt für Ausbildungsbeihilfen in allen Wirtschaftsbereichen einschließlich der Tätigkeiten, die die Herstellung, Verarbeitung oder Vermarktung von in Anhang I des Vertrages aufgeführten Waren zum Gegenstand haben.

Artikel 2
Begriffsbestimmungen

Im Sinne dieser Verordnung bezeichnet der Ausdruck

a) „Beihilfe": alle Maßnahmen, die die Voraussetzungen des Artikels 87 Absatz 1 EG-Vertrag erfüllen;

b) „kleine und mittlere Unternehmen": Unternehmen im Sinne von Anhang I;

c) „Großunternehmen": Unternehmen, auf die die in Anhang I gegebene Definition von KMU nicht zutrifft;

d) „spezifische Ausbildungsmaßnahmen": Ausbildungsmaßnahmen, die vom Inhalt her in erster Linie unmittelbar an dem gegenwärtigen oder zukünftigen Arbeitsplatz des Beschäftigten in dem begünstigten Unternehmen verwendbar sind und mit denen Qualifikationen vermittelt werden, die nicht oder nur in begrenztem Umfang auf andere Unternehmen oder Arbeitsbereiche übertragbar sind;

e) „allgemeine Ausbildungsmaßnahmen": Ausbildungsmaßnahmen, die vom Inhalt her nicht ausschließlich oder hauptsächlich an dem gegenwärtigen oder zukünftigen

Arbeitsplatz des Beschäftigten in dem begünstigten Unternehmen verwendbar sind, sondern mittels derer auf andere Unternehmen und Arbeitsfelder übertragbare Qualifikationen erworben werden, durch die sich die Vermittelbarkeit des Arbeitnehmers deutlich verbessert. Eine allgemeine Ausbildungsmaßnahme liegt z. B. vor,

- wenn sie von mehreren unabhängigen Firmen gemeinsam organisiert ist oder von den Beschäftigten verschiedener Betriebe in Anspruch genommen werden kann oder

- wenn sie von einer Behörde oder einer öffentlichen Einrichtung oder sonstigen Organen oder Gremien, die hierzu von einem Mitgliedstaat der Gemeinschaft ermächtigt wurden, anerkannt, bescheinigt oder validiert wurde;

f) „Beihilfeintensität": in Prozent der beihilfefähigen Kosten des Vorhabens ausgedrückte Höhe der Bruttobeihilfe. Alle eingesetzten Beträge sind Beträge vor Abzug der direkten Steuern. Wird die Beihilfe nicht als Zuschuss, sondern in anderer Form gewährt, bestimmt sich die Höhe der Beihilfe nach ihrem Subventionsäquivalent. In mehreren Tranchen gezahlte Beihilfen werden zum Zeitpunkt ihrer Gewährung abgezinst. Der Zinssatz, der für die Abzinsung und die Berechnung der Beihilfeintensität bei einem zinsgünstigen Darlehen anzusetzen ist, ist der zum Zeitpunkt der Gewährung geltende Referenzsatz;

g) „benachteiligte Arbeitnehmer":

- Jugendliche unter 25 Jahren, die bisher noch keine reguläre bezahlte Erstanstellung gefunden haben, während der ersten sechs Monate nach der Einstellung,

- Personen mit schweren körperlichen, geistigen oder psychologischen Beeinträchtigungen, die dennoch auf dem Arbeitsmarkt verwendbar sind,

- Wanderarbeitnehmer, die zwecks Aufnahme einer Tätigkeit ihren Aufenthaltsort in einen anderen Mitgliedstaat verlegen oder verlegt haben oder sich in der Gemeinschaft niederlassen und berufsbildenden und/oder Fremdsprachenunterricht benötigen,

- Personen über 45 Jahre ohne Abitur oder einen vergleichbaren Abschluss;

- Personen, die nach mindestens dreijähriger Unterbrechung wieder in das Erwerbsleben eintreten wollen, vor allem solche, die ihre Tätigkeit wegen der Unvereinbarkeit von Beruf und Familie aufgegeben haben, während der ersten sechs Monate nach der Einstellung,

- Langzeitarbeitslose, d. h. Personen, die während zwölf aufeinander folgenden Monaten erwerbslos waren, während der ersten sechs Monate nach der Einstellung.

Artikel 3
Freistellungsvoraussetzungen

(1) Außerhalb von Beihilferegelungen gewährte Einzelbeihilfen, die alle Voraussetzungen dieser Verordnung erfüllen, sind im Sinne von Artikel 87 Absatz 3 EG-Vertrag mit

dem Gemeinsamen Markt vereinbar und unterliegen nicht der Anmeldungspflicht nach Artikel 88 Absatz 3 EG-Vertrag, wenn darin ausdrücklich auf diese Verordnung verwiesen und der Titel der Verordnung sowie die Fundstelle im Amtsblatt der Europäischen Gemeinschaften angegeben wird.

(2) Beihilferegelungen, die alle Voraussetzungen der Verordnung erfüllen, sind im Sinne von Artikel 87 Absatz 3 EG-Vertrag mit dem Gemeinsamen Markt vereinbar und unterliegen nicht der Anmeldungspflicht nach Artikel 88 Absatz 3 EG-Vertrag, wenn sie folgenden Anforderungen entsprechen:
a) Die Beihilfen, die nach der fraglichen Regelung gewährt werden können, erfüllen sämtliche Freistellungsvoraussetzungen dieser Verordnung.
b) In der Regelung wird ausdrücklich auf diese Verordnung verwiesen und der Titel der Verordnung sowie die Fundstelle im Amtsblatt der Europäischen Gemeinschaften angegeben.

(3) Auf der Grundlage der in Absatz 2 genannten Regelungen gewährte Beihilfen sind im Sinne von Artikel 87 Absatz 3 EG-Vertrag mit dem Gemeinsamen Markt vereinbar und unterliegen nicht der Anmeldungspflicht nach Artikel 88 Absatz 3 EG-Vertrag, wenn sie alle Voraussetzungen dieser Verordnung unmittelbar erfüllen.

Artikel 4
Freigestellte Ausbildungsbeihilfen

(1) Beihilferegelungen und Einzelbeihilfen für Ausbildungszwecke müssen die in den Absätzen 2 bis 7 genannten Voraussetzungen erfüllen.

(2) Die Intensität von Beihilfen für spezifische Ausbildungsmaßnahmen darf bei Großunternehmen 25 Prozent und bei kleinen und mittleren Unternehmen 35 Prozent der beihilfefähigen Kosten nicht überschreiten.

Für Unternehmen in Fördergebieten im Sinne von Artikel 87 Absatz 3 Buchstabe c) EG-Vertrag ist ein Aufschlag von 5 Prozentpunkten und für Unternehmen in Fördergebieten im Sinne von Artikel 87 Absatz 3 Buchstabe a) EG-Vertrag von 10 Prozentpunkten zulässig.

(3) Die Intensität von Beihilfen für allgemeine Ausbildungsmaßnahmen darf bei Großunternehmen 50 Prozent und bei kleinen und mittleren Unternehmen 70 Prozent der beihilfefähigen Kosten nicht überschreiten.

Für Unternehmen in Fördergebieten im Sinne von Artikel 87 Absatz 3 Buchstabe c) des Vertrages ist ein Aufschlag von 5 Prozentpunkten und für Unternehmen in Fördergebieten im Sinne von Artikel 87 Absatz 3 Buchstabe a) EG-Vertrag von 10 Prozentpunkten zulässig.

(4) Bei Ausbildungsmaßnahmen zugunsten von benachteiligten Arbeitnehmern erhöhen sich die in den Absätzen 2 und 3 genannten Beihilfehöchstintensitäten um 10 Prozentpunkte.

(5) Soll die Beihilfe für eine Ausbildungsmaßnahme gewährt werden, die sowohl spezifische als auch allgemein verwertbare Qualifikationen vermittelt, und ist eine gesonderte Berechnung nach Ausbildungsbausteinen nicht möglich, bestimmt sich die Ausbildungsintensität nach Absatz 2. Dies gilt auch für den Fall, dass sich nicht genau bestimmen lässt, ob es sich bei dem Vorhaben um eine spezifische oder eine allgemeine Ausbildungsmaßnahme handelt.

(6) Im Bereich des Seeverkehrs dürfen Beihilfen unabhängig davon, ob sie für allgemeine oder spezifische Ausbildungsmaßnahmen bestimmt sind, bis zu einer Intensität von 100 Prozent gewährt werden, wenn folgende Bedingungen erfüllt sind:
a) der Auszubildende darf kein aktives, sondern muss ein zusätzliches Besatzungsmitglied sein;
b) die Ausbildung muss an Bord von Schiffen, die im Gemeinschaftsregister eingetragen sind, durchgeführt werden.

(7) Folgende Kosten eines Ausbildungsvorhabens sind beihilfefähig:
a) Personalkosten für die Ausbilder,
b) Reisespesen der Ausbilder und der Auszubildenden,
c) sonstige laufende Aufwendungen wie Materialien und Ausstattung,
d) Abschreibung von Werkzeugen und Ausrüstungsgegenständen gemäß dem Anteil ihrer ausschließlichen Verwendung für das Ausbildungsvorhaben,
e) Kosten für Beratungsdienste, betreffend die Ausbildungsmaßnahme,
f) Personalkosten für Ausbildungsteilnehmer bis zur Höhe der Gesamtsumme der unter den Buchstaben a) bis e) genannten beihilfefähigen Kosten. Hierbei sind nur die tatsächlichen abgeleisteten Ausbildungsstunden nach Abzug aller produktiven Stunden oder deren Äquivalent zu berücksichtigen.

Die beihilfefähigen Kosten müssen belegbar, transparent und nach Posten aufgeschlüsselt sein.

Artikel 5
Einzelbeihilfen größeren Umfangs

Die Freistellung gilt nicht für Beihilfen, deren Höhe für ein einzelnes Ausbildungsvorhaben eines Unternehmens 1 Mio. EUR übersteigt.

Artikel 6
Kumulierung

(1) Die in Artikel 4 und 5 genannten Beihilfeobergrenzen gelten unabhängig davon, ob das Vorhaben ganz aus staatlichen Mitteln oder teilweise aus Gemeinschaftsmitteln finanziert wird.

(2) In Bezug auf dieselben förderfähigen Kosten dürfen nach dieser Verordnung freigestellte Beihilfen nicht mit sonstigen Beihilfen im Sinne des Artikels 87 Absatz 1 EG-Vertrag oder anderen Gemeinschaftsmitteln kumuliert werden, wenn die nach dieser Verordnung zulässige maximale Beihilfeintensität dadurch überschritten wird.

Artikel 7
Transparenz und Überwachung

(1) Die Mitgliedstaaten übermitteln der Kommission binnen 20 Arbeitstagen nach Erlass einer Beihilferegelung oder Gewährung einer nicht unter eine Beihilferegelung fallenden Einzelbeihilfe auf der Grundlage dieser Freistellungsverordnung eine Kurzbeschreibung der Maßnahme nach dem in Anhang II beschriebenen Muster, die im Amtsblatt der Europäischen Gemeinschaften veröffentlicht wird.

(2) Die Mitgliedstaaten halten ausführliche Aufzeichnungen über die nach dieser Verordnung freigestellten Beihilferegelungen und darunter fallende Einzelbeihilfen sowie über die nach dieser Verordnung freigestellten Einzelbeihilfen, die unabhängig von einer bestehenden Beihilferegelung gewährt wurden, zur Verfügung. Aus den Aufzeichnungen muss zu entnehmen sein, ob die in dieser Verordnung genannten Freistellungsvoraussetzungen erfüllt sind. Die Aufzeichnungen über Einzelbeihilfen sind während zehn Jahren vom Zeitpunkt ihrer Gewährung an gerechnet zur Verfügung zu halten; bei Beihilferegelungen beträgt diese Frist zehn Jahre ab dem Zeitpunkt, zu dem zum letzten Mal eine Einzelbeihilfe nach der fraglichen Regelung gewährt wurde. Die Kommission kann von dem betreffenden Mitgliedstaat schriftlich alle Informationen anfordern, die ihrer Ansicht nach nötig sind, um zu beurteilen, ob die Freistellungsvoraussetzungen erfüllt sind. Die Informationen sind der Kommission binnen zwanzig Arbeitstagen zu übermitteln, sofern die Frist in dem Auskunftsverlangen nicht verlängert wurde.

(3) Die Mitgliedstaaten erstellen in der in Anhang III vorgegebenen Form einen Jahresbericht über die Anwendung dieser Verordnung unabhängig davon, ob sich die Anwendung über ein ganzes Kalenderjahr oder nur Teile hiervon erstreckt. Der Bericht sollte auch in EDV-gestützter Form vorgelegt werden. Er ist der Kommission spätestens drei Monate nach Ablauf des Berichtszeitraums zu übermitteln.

Artikel 8
Inkrafttreten und Geltungsdauer

(1) Die Verordnung tritt am zwanzigsten Tag nach ihrer Veröffentlichung im Amtsblatt der Europäischen Gemeinschaften in Kraft.
Sie gilt bis zum 31. Dezember 2006.

(2) Nach Ablauf der Geltungsdauer dieser Verordnung bleiben die danach freigestellten Beihilferegelungen noch während einer Anpassungsfrist von sechs Monaten freigestellt.

Diese Verordnung ist in allen ihren Teilen verbindlich und gilt unmittelbar in jedem Mitgliedstaat.
Brüssel, den 12. Januar 2001

Für die Kommission
Mario Monti
Mitglied der Kommission

ANHANG I

Definition kleiner und mittlerer Unternehmen

(Auszug aus der Empfehlung 96/280/EG der Kommission vom 3. April 1996 betreffend die Definition der kleinen und mittleren Unternehmen [ABl. L 107 vom 30. 4. 1996, S. 4])

„Artikel 1

(1) Die kleinen und mittleren Unternehmen, nachstehend ‚KMU' genannt, werden definiert als Unternehmen, die

- weniger als 250 Personen beschäftigen und
- einen Jahresumsatz
- von höchstens 40 Mio. EUR oder eine Jahresbilanzsumme
- von höchstens 27 Mio. EUR haben und
- die das in Absatz 3 definierte Unabhängigkeitskriterium erfüllen.

(2) Für den Fall, dass eine Unterscheidung zwischen kleinen und mittleren Unternehmen erforderlich ist, werden die ‚kleinen' definiert als Unternehmen, die

- weniger als 50 Personen beschäftigen und
- einen Jahresumsatz
- von höchstens 7 Mio. EUR oder eine Jahresbilanzsumme
- von höchstens 5 Mio. EUR haben und
- die das in Absatz 3 definierte Unabhängigkeitskriterium erfüllen.

(3) Als unabhängig gelten Unternehmen, die nicht zu 25 Prozent oder mehr des Kapitals oder der Stimmenanteile im Besitz von einem oder von mehreren Unternehmen gemeinsam stehen, welche die Definition der KMU bzw. der kleinen Unternehmen nicht erfüllen. Dieser Schwellenwert kann in zwei Fällen überschritten werden:

- wenn das Unternehmen im Besitz von öffentlichen Beteiligungsgesellschaften, Risikogesellschaften oder institutionellen Anlegern steht und diese weder einzeln noch gemeinsam Kontrolle über das Unternehmen ausüben;
- wenn aufgrund der Kapitalstreuung nicht ermittelt werden kann, wer die Anteile hält, und das Unternehmen erklärt, dass es nach bestem Wissen davon ausgehen kann, dass es nicht zu 25 Prozent oder mehr seines Kapitals im Besitz von einem oder von mehreren Unternehmen gemeinsam steht, die die Definition der KMU bzw. der kleinen Unternehmen nicht erfüllen.

(4) Zur Berechnung der in den Absätzen 1 und 2 aufgeführten Schwellenwerte müssen die Zahlen des jeweiligen Unternehmens sowie alle Unternehmen, von denen es direkt oder indirekt 25 Prozent oder mehr des Kapitals oder der Stimmenanteile hält, addiert werden.

(5) Soweit es erforderlich ist, zwischen Kleinstunternehmen und anderen mittelständischen Unternehmen zu unterscheiden, werden diese als Unternehmen mit weniger als zehn Beschäftigten definiert.

(6) Über- oder unterschreitet ein Unternehmen an einem Bilanzstichtag die genannten Schwellenwerte für die Beschäftigtenzahl, den Umsatz oder die Bilanzsumme, so verliert oder erwirbt es dadurch den Status eines KMU, eines mittleren Unternehmens, eines kleinen Unternehmens oder eines Kleinstunternehmens erst dann, wenn sich die Über- oder Unterschreitung in zwei aufeinander folgenden Geschäftsjahren wiederholt.

(7) Die Beschäftigtenzahl entspricht der Zahl der Jahresarbeitseinheiten (JAE), d. h. der Anzahl der während eines Jahres beschäftigten Vollzeitarbeitnehmer. Teilzeitbeschäftigte und Saisonarbeitnehmer werden nur entsprechend ihres Anteils an den JAE berücksichtigt. Grundlage für die Berechnung ist der letzte durchgeführte Jahresabschluss.

(8) Die Schwellenwerte für den Umsatz und die Bilanzsumme beziehen sich ebenfalls auf den letzten durchgeführten Jahresabschluss. Bei einem neu gegründeten Unternehmen, das noch keinen Abschluss für einen vollständigen Rechnungszeitraum vorlegen kann, werden die entsprechenden Werte im laufenden Geschäftsjahr nach Treu und Glauben geschätzt."

ANHANG II

Zu verwendendes Formblatt für die Kurzbeschreibung einer nach dieser Verordnung freigestellten Beihilferegelung oder Einzelbeihilfe, die unabhängig von einer Beihilferegelung gewährt wurde

Kurzbeschreibung der in Übereinstimmung mit der Verordnung (EG) Nr. 68/2001 der Kommission gewährten staatlichen Beihilfen

Erforderliche Angaben	Erläuterungen
Mitgliedstaat:	
Region:	Angabe der Region, wenn eine dezentrale Stelle die Beihilfe gewährt
Bezeichnung der Beihilferegelung bzw. bei Einzelbeihilfen Name des begünstigten Unternehmens:	Angabe der Bezeichnung der Beihilferegelung oder bei Einzelbeihilfen des Begünstigten. Bei Einzelbeihilfen ist kein Jahresbericht erforderlich!
Rechtsgrundlage:	Vollständiger Titel der einzelstaatlichen Rechtsgrundlage, aufgrund deren die Beihilferegelung oder die Einzelbeihilfe bewilligt wurde.

Erforderliche Angaben	Erläuterungen
Voraussichtliche jährliche Kosten der Regelung bzw. Gesamtbetrag der einem Unternehmen gewährten Einzelbeihilfe:	Die Beträge sind in Euro oder gegebenenfalls in der Landeswährung anzugeben. Bei Beihilferegelungen: Angabe der jährlich veranschlagten Gesamthaushaltsmittel oder des voraussichtlichen jährlichen Steuerausfalls für sämtliche in der Regelung enthaltenen Beihilfeelemente. Bei Einzelbeihilfen: Angabe des Gesamtbeihilfebetrags/-steuerausfalls. Bei der Auszahlung der Beihilfe in Raten ist anzugeben, über wie viele Jahre sich die Zahlungen erstrecken. Das Gleiche gilt für Steuerausfälle, die sich über mehrere Jahre verteilen. Bei der Leistung von Bürgschaften ist in beiden Fällen die (maximale) Höhe der Besicherung anzugeben.
Beihilfehöchstintensität:	Angabe der Beihilfehöchstintensität bzw. des maximalen Beihilfebetrags für jedes einzelne Beihilfeelement.
Bewilligungszeitpunkt:	Angabe des Zeitpunkts, von dem an Beihilfen nach der betreffenden Regelung gewährt werden dürfen bzw. zu dem das begünstigte Unternehmen einen Anspruch auf Einzelbeihilfe erhält.
Laufzeit der Regelung bzw. Auszahlung der Einzelbeihilfe:	Angabe des genauen Datums (Jahr und Monat), bis zu dem Beihilfen nach der betreffenden Regelung gewährt werden dürfen, bzw. bei Einzelbeihilfen ggf. Angabe des voraussichtlichen Zeitpunkts (Jahr und Monat) der letzten Ratenzahlung.

Erforderliche Angaben	Erläuterungen
Zweck der Beihilfe:	Anzugeben ist, ob es sich um eine allgemeine oder eine spezifische Ausbildungsmaßnahme handelt. Bei allgemeinen Ausbildungsmaßnahmen muss der allgemeine Charakter der Maßnahme durch Belege (z. B. Beschreibung der Ausbildungsinhalte) nachgewiesen werden.
Betroffene Wirtschaftssektoren ☐ Alle Wirtschaftsbereiche oder ☐ Landwirtschaft ☐ Fischerei und/oder Aquakultur ☐ Bergbau ☐ Gesamte verarbeitende Industrie oder ☐ Stahlindustrie ☐ Schiffbau ☐ Kunstfaserindustrie ☐ Kfz-Industrie ☐ Andere Bereiche der verarbeitenden Industrie	
☐ Sämtliche Dienstleistungen oder ☐ Seeverkehr ☐ Sonstige ☐ Beförderungsleistungen ☐ Finanzdienstleistungen ☐ Sonstige Dienstleistungen	Gegebenenfalls zutreffende Rubrik ankreuzen.
Bemerkungen:	
Name und Anschrift der Bewilligungsbehörde:	
Sonstige Auskünfte:	

ANHANG III

Form des der Kommission zu übermittelnden periodischen Berichts

Standardangaben für den Jahresbericht über Beihilferegelungen, die unter die gemäß Artikel 1 der Verordnung (EG) Nr. 994/98 des Rates erlassenen Gruppenfreistellungsverordnungen fallen

Die Berichte, die die Mitgliedstaaten der Kommission gemäß der aufgrund der Verordnung (EG) Nr. 994/98 des Rates erlassenen Gruppenfreistellungsverordnungen zu übermitteln haben, sind unter Verwendung nachstehender Standardangaben zu erstellen.

Nach Möglichkeit sind die Berichte zudem auf einem Datenträger zu übermitteln.

Erforderliche Angaben für alle Beihilferegelungen, die unter die aufgrund von Artikel 1 der Verordnung (EG) Nr. 994/98 des Rates erlassenen Freistellungsverordnungen fallen

1. Bezeichnung der Beihilferegelung
2. Anwendbare Freistellungsverordnung der Kommission
3. Ausgaben.

Die Ausgaben sind für alle in der Regelung angewandten Beihilfeelemente (z. B. Zuschuss, zinsgünstiges Darlehen, Bürgschaft) getrennt auszuweisen und in Euro bzw. gegebenenfalls in der jeweiligen Landeswährung anzugeben. Bei Steuervergünstigungen sind die jährlichen Einnahmeausfälle anzugeben. In Ermangelung genauer Zahlen kann es sich auch um Schätzwerte handeln.

Die Zahlen betreffend die Ausgaben sollten auf folgender Grundlage geliefert werden: Für das jeweilige Berichtsjahr aufgeschlüsselt nach den in der Regelung angewandten Beihilfeelementen (z. B. Zuschuss, zinsgünstiges Darlehen, Bürgschaft).

3.1 Mittelbindungen, (geschätzter) Steuerausfall oder sonstige Einnahmeausfälle, Bürgschaftsleistungen usw. für alle neuen Förderprojekte. Bei Bürgschaftsregelungen ist die Gesamtsumme der neu ausgereichten Bürgschaften anzugeben.

3.2 Tatsächliche Zahlungen, (geschätzter) Steuerausfall oder sonstige Einnahmeausfälle, Bürgschaftsleistungen usw. für alle neuen und laufenden Förderprojekte. Bei Bürgschaftsregelungen ist Folgendes anzugeben: Gesamtgarantiesumme, Einnahmen aus Gebühren, Einnahmen aufgrund des Erlöschens der Bürgschaft, fällige Zahlungen infolge des Eintritts des Garantiefalls, laufendes Betriebsergebnis.

3.3 Zahl der neu geförderten Projekte.

3.4 Geschätzte Anzahl der durch die Projekte neu geschaffenen oder erhaltenen Arbeitsplätze (sofern zutreffend).

3.5 Geschätzter Gesamtumfang neu geförderter Investitionsvorhaben.

3.6 Regionale Aufschlüsselung der unter 3.1 aufgeführten Ausgaben entweder nach Regionen der NUTS-Ebene 2 (1) oder darunter oder nach Fördergebieten gemäß Artikel 87 Absatz 3 Buchstabe a), Buchstabe c) und Nicht-Fördergebieten.

3.7 Sektorale Aufschlüsselung der unter 3.1 aufgeführten Ausgaben nach Wirtschaftszweigen (ist mehr als nur ein Wirtschaftszweig betroffen, sind die Ausgaben anteilig auszuweisen):

- Landwirtschaft
- Fischerei und/oder Aquakultur
- Bergbau
- Verarbeitende Industrie:
  Stahl
  Schiffbau
  Kunstfaserindustrie
  Kfz-Industrie
  Sonstige (bitte angeben)
- Dienstleistungen
  Seeverkehr
  Sonstige Beförderungsleistungen
  Finanzdienstleistungen
  Sonstige Dienstleistungen (bitte angeben)
- Sonstige Wirtschaftszweige (bitte angeben)

4. Sonstige zweckdienliche Auskünfte und Bemerkungen

---

(1) NUTS-Systematik der Gebietseinheiten für die Statistik in der EG.

III Anschriften wichtiger Institutionen

Bayerisches Staatsministerium für Wirtschaft, Verkehr und Technologie
Prinzregentenstraße 28
80538 München
Tel.: 0 89 / 21 62–01
Fax: 0 89 / 21 62–27 60
E-Mail: info@stmwvt.bayern.de

Vertretung des Freistaats Bayern bei der EU
Boulevard Clovis 18
B-1000 Brüssel
Tel.: 00 32 2 / 7 43 04 40
Fax: 00 32 2 / 7 43 04 42
E-Mail: bayern.buero@bayernvertretungbruessel.be

Bayerischer Gemeindetag
Dreschstraße 8
80805 München
Tel.: 0 89 / 36 00 09–0
Fax: 0 89 / 36 56 03
E-Mail: baygt@bay-gemeindetag.de

Bayerischer Landkreistag
Körperschaft des öffentlichen Rechts
Kardinal-Döpfner-Straße 8
80333 München
Tel.: 0 89 / 28 15–0
Fax: 0 89 / 28 28 21
E-Mail: info@bay-landkreistag.de

Bayerischer Städtetag
Prannerstraße 7
80333 München
Tel.: 0 89 / 29 00 87–0
Fax: 0 89 / 29 00 87–70
E-Mail: post@bay-staedtetag.de

Bundesverband der Deutschen Industrie
Breite Straße 29
10178 Berlin
Tel.: 0 30 / 20 28–0
E-Mail: Zentralabteilung@bdi-online.de

Bundesministerium für Wirtschaft und Technologie
Scharnhorststraße 34–37
10115 Berlin
Postanschrift: 11019 Berlin
Telefon: 0 18 88 / 6 15–0
E-Mail: info@bmwi.bund.de

Europäische Kommission
Rue de la Loi 200
B-1049 Brüssel
E-Mail: infocomp@cec.eu.int
(Generaldirektion Wettbewerb)

Europäische Kommission
Vertretung in München
Erhardtstraße 27
80331 München
Tel.: 0 89 / 24 24 48–0
Fax: 0 89 / 24 24 48–15
E-Mail: eu-muenchen@cec.eu.int

Europäisches Parlament
Informationsbüro für Deutschland
Unter den Linden 78
10117 Berlin
Tel.: 0 30 / 22 80–10 00
Fax: 0 30 / 22 80–11 11
E-Mail: epberlin@europarl.eu.int

Europäisches Parlament
Informationsbüro München
Erhardtstraße 27
80331 München
Tel.: 0 89 / 2 02 08 79–0
Fax: 0 89 / 2 02 08 79–73
E-Mail: epmuenchen@europarl.eu.int

Gerichtshof der Europäischen Gemeinschaften
Palais de la Cour de Justice
Boulevard Konrad Adenauer Kirchberg
L-2925 Luxemburg
Tel.: 00 35 2 / 43 03–1
Fax: 00 35 2 / 43 03–26 00
E-Mail: info@curia.eu.int

Vereinigung der Bayerischen Wirtschaft
Max-Joseph-Straße 5
80333 München
Tel.: 0 89 / 5 51 78–1 00
Fax: 0 89 / 5 51 78–1 11
E-Mail: hubertus_raede.vbw@hbw.de

IV Internetadressen wichtiger Institutionen

Deutschland und die Europäische Union

http://europa.eu.int/
Informationen über Europa

http://www.cec.lu/
„Europa"-Informationen über Politik und Ziele der EU

http://europa.eu.int/pol/comp/index_de.htm
Eingangsseite zum Thema Wettbewerb der Europäischen Union

http://www.eib.org/
Informationen zur Europäischen Investitionsbank

http://www.europarl.de/
Europäisches Parlament

http://www.ecb.int/
Europäische Zentralbank

http://www.europa-digital.de/
Online-Angebot mit ausschließlich europäischen Themen

http://europa.eu.int/eur-lex/de/index.html
Das Recht der Europäischen Union

http://curia.eu.int/de/index.htm
Europäischer Gerichtshof

http://www.bayern.de/Europa/
Information zum Thema „Bayern und Europa"

http://www.eu-netz-bayern.de/
EU-Beratungsstellen für Wirtschaft und Wissenschaft in Bayern

http://www.bmwi.de
Bundeswirtschaftsministerium

http://www.bundesfinanzministerium.de/
Bundesfinanzministerium

http://www.bundesbank.de/
Deutsche Bundesbank

Kommunen

http://www.staedtetag.de/index.html
Deutscher Städtetag

http://www.bay-staedtetag.de/
Bayerischer Städtetag

http://www.bay-landkreistag.de/
Bayerischer Landkreistag

http://www.bay-gemeindetag.de/
Bayerischer Gemeindetag

http://www.kgst.de/
Verband für Kommunales Management

http://www.rgre.de/
Rat der Gemeinden und Regionen Europas

http://www.difu.de/
Deutsches Institut für Urbanistik

Wirtschaftsverbände

http://www.bdi-online.de/
Bundesverband der Deutschen Industrie

http://www.bda-online.de/
Bundesvereinigung der Deutschen Arbeitgeberverbände

http://www.dihk.de
Deutscher Industrie- und Handelskammertag

http://www.zdh.de/
Zentralverband des Deutschen Handwerks

http://www.vbw-bayern.de
Vereinigung der Bayerischen Wirtschaft

http://www.iwkoeln.de
Institut der deutschen Wirtschaft Köln

V Literaturverzeichnis

Zum rechtlichen Teil

App, Michael: Gewerbesteuerpflicht wirtschaftlicher Geschäftsbetriebe gemeinnütziger Organisationen – Kurzüberblick, Kommunale Steuer-Zeitschrift 1999, 153–154

Axer, Peter: Beihilfe unter dem Regime der Sozialversicherung, DVBl 1997, 698–702

Axer, Peter: Die Widmung als Grundlage der Nutzung kommunaler öffentlicher Einrichtungen, NVwZ 1996, 114–117

Baasch, Klaus-Hinnerk / Grewin, Hans-Werner: Abwasserbeseitigung, eine öffentliche Aufgabe und Ökonomie – Ein Erfahrungsbericht aus dem Amt Achterwehr auf dem Weg zum Kooperationsmodell –, KStZ 1997, 121–125

Badura, Peter: Wirtschaftliche Betätigung der Gemeinde zur Erledigung von Angelegenheiten der örtlichen Gemeinschaft im Rahmen der Gesetze, DÖV 1998, 818–823

Badura, Peter: Das öffentliche Unternehmen im europäischen Binnenmarkt, ZGR 1997, 291–305

Bahr, Christian: Die Verhinderung, Einschränkung oder Verfälschung des Wettbewerbs in § 1 GWB, WuW 2000, 954–965

Baldus, Christian / Becker, Rainer: „Quasi-Beihilfe" statt horizontaler Direktwirkung?, EuR 1999, 375–395

Bals, Hansjürgen: Moderne Einkaufsorganisation in Kommunalverwaltungen, ZKF 1997, 170–177

Bartl, Harald: Handbuch öffentlicher Aufträge, Baden-Baden, 2. Auflage, 2000

Bartosch, Andreas: Vergabefremde Kriterien und Art. 87 I EG: Sitzt das öffentliche Beschaffungswesen in Europa auf einem beihilferechtlichen Pulverfass?, EuZW 2001, 229–232

Bartosch, Andreas: Dienstleistungsfreiheit versus Monopolrechte – Die Fragwürdigkeit des Remailing-Urteils des EuGH vom 10. 2. 2000, NJW 2000, 2251–2253

Bartosch, Andreas: Verschärft sich die Spruchpraxis zum Europäischen Beihilfenrecht?, ZIP 2000, 2010–2016

Bartosch, Andreas: Öffentlich-rechtliche Rundfunkfinanzierung und EG-Beihilfenrecht – eine Zwischenbilanz, EuZW 1999, 176–180

Bauer, Hartmut: Verwaltungsrechtliche und verwaltungswissenschaftliche Aspekte der Gestaltung von Kooperationsverträgen bei Public Private Partnership, DÖV 1998, 89–97

Bauer, Martin / Böhle, Thomas / Masson, Christoph / Samper, Rudolf: Bayerische Kommunalgesetze, 4. Auflage, 2000 – 75. Ergänzungs-Lieferung, Januar 2001 – München

Baum, Heinz-Georg / Cantner, Jochen / Wittmann, Robert: Auswirkungen einer Umsatzsteuerpflicht für die öffentliche Abfallentsorgung auf die Gebührenschuldner – Eine analytische und exemplarische Betrachtung –, KStZ 1996, 221–232

Bayerischer Landtag / Rechtsprechung: Drucksache 13/10828 / Wahlperiode Gesetzentwurf der Staatsregierung Änderung des kommunalen Wirtschaftsrechts und anderer Vorschriften

Beater, Axel: Zum Verhältnis von europäischem und nationalem Wettbewerbsrecht – Überlegungen am Beispiel des Schutzes vor irreführender Werbung und des Verbraucherbegriffs, GRUR 2000, 963–974

Becker, Florian: Grenzenlose Kommunalwirtschaft, DÖV 2000, 1032–1039

Beckmann, Martin / Kersting, Andreas: Von der öffentlichen Daseinsvorsorge zur privaten Kreislaufwirtschaft, BB 1997, 161–169

Beinhofer, Paul: Brauchen wir ein Gesetz über private Sicherheitsdienste?, BayVBl 1997, 481–486

Bell, Albrecht / Rehak, Heinrich: Vergaberecht und kommunale Privatisierung der Abfallentsorgung, LKV 2001, 185–192

Benz, Angelika: Privatisierung und Deregulierung – Abbau von Staatsaufgaben, DW 1995, 337–359

Berg, Wilfried: Die wirtschaftliche Betätigung von Kommunen – kommunale Selbstverwaltung und Wettbewerb, WiVerw 2000, 141–158

Beyer, Thomas C. W.: Gewährträgerhaftung ohne Gewähr?, NVwZ 1999, 1085–1087

Bieback, Karl-Jürgen: Die Kranken- und Pflegeversicherung im Wettbewerbsrecht der EG, EWS 1999, 361–372

Biernat, Stanislaw / Hendler, Reinhard / Schoch, Friedrich / Wasilewski, Andrzej: Grundfragen des Verwaltungsrechts und der Privatisierung, NWVBl 1995, 157–158

Birkenfeld, Wolfram / Forst, Christian: Das Umsatzsteuerrecht im Europäischen Binnenmarkt, Bielefeld, 3. Auflage, 1998

Boehme-Neßler, Volker: Electronic Government: Internet und Verwaltung, NVwZ 2001, 374–380

Boesen, Arnold: Vergaberecht, Köln, 2000

Boesen, Arnold: Das neue Vergaberecht, Köln, 1999

Boesen, Arnold: Das Vergaberechtsänderungsgesetz im Lichte der europarechtlichen Vorgaben, EuZW 1998, 551–559

Boesen, Arnold: Der Rechtsschutz des Bieters bei der Vergabe öffentlicher Aufträge, NJW 1997, 345–352

Boetius, Jan: Der Begriff „Ausübung öffentlicher Gewalt (Hoheitsbetrieb)" im Steuerrecht, DB 1996, 1–12

Borgmann, Klaus: Gehaltsobergrenzen für Geschäftsführer kommunaler Eigen- und Beteiligungsgesellschaften?, BayVBl 1997, 654–658

Borgsmidt, Kirsten: Stand der Harmonisierung des gemeinsamen Mehrwertsteuersystems – Grundzüge des EG-Richtlinienrechts und der einschlägigen EuGH-Rechtsprechung, UR 1999, 1–16

Bös, Dieter / Schneider, Friedrich: Public Private Partnership: Gemeinschaftsunternehmen zwischen Privaten und der öffentlichen Hand, ZGR 1996, 519–543

Bosten, Bert: Wettbewerb ohne Wettbewerbsrecht?, WRP 1999, 9–18

Boysen, Johannes: Kommunales Outsourcing – Rechtsprobleme der privatrechtlich verselbständigten Erfüllung kommunaler Aufgaben, VR 1996, 73–80

Brand, Thomas / Mohl, Helmut: Zur Rechtmäßigkeit der Quersubventionierung der Biotonne nach dem neuen Landesabfallgesetz, NWVBl 1998, 468–471

Brandi-Dohrn, Anselm: VOF und GWB – Verdingungsordnung für freiberufliche Leistungen und Vergabepflichten der öffentlichen Hand gegenüber Rechtsanwälten, NJW 1998, 857–862

Brandi-Dohrn, Anselm: Zur Verpflichtung der öffentlichen Hand, Aufträge an Rechtsanwälte nur aufgrund öffentlicher Ausschreibung zu vergeben, VR 1997, 193–200

Braun, Christian: Tätigwerden von Stadtwerken außerhalb ihrer Gemeindegrenzen, SächsVBl 1999, 25–31

Brinker, Ingo: Die unmittelbare Anwendbarkeit von EG-Richtlinien bei der Vergabe öffentlicher Aufträge, EWS 1995, 255–260

Britz, Gabriele: Funktion und Funktionsweise öffentlicher Unternehmen im Wandel: Zu den jüngsten Entwicklungen im Recht der kommunalen Wirtschaftsunternehmen, NVwZ 2001, 380–387

Britz, Gabriele: Staatliche Förderung gemeinwirtschaftlicher Dienstleistungen in liberalisierten Märkten und Europäisches Wettbewerbsrecht, DVBl 2000, 1641–1650

Brüning, Christoph: Die Verwaltungsmittler – eine neue Figur bei der Privatisierung kommunaler Aufgaben, NWVBl 1997, 286–293

Brüning, Christoph: Die kommunalrechtlichen Experimentierklauseln, DÖV 1997, 278–289

Büchele, Martin: Der Apotheker-Fall – Beschluss des Großen Senats vom 23. 6. 1997, DB 1997, 2447–2448

Büllesbach, Alfred / Rieß, Joachim: Outsourcing in der öffentlichen Verwaltung, NVwZ 1995, 444–449

Burgi, Martin: Die öffentlichen Unternehmen im Gefüge des primären Gemeinschaftsrechts, EuR 1997, 261–290

Butzer, Hermann / Epping, Volker: Kommunale Selbstverwaltung in Spiegel von Verfassungsrecht und Verwaltungsrecht, DVBl 1995, 553–558

Byok, Jan: Rechtsweg bei wettbewerbsrechtlichen Verstößen durch Nichtbeachtung der Vergabevorschriften, WRP 1999, 402–404

Byok, Jan / Jaeger, Wolfgang: Kommentar zum Vergaberecht, Heidelberg, 2000

Cosson, Rainer: Begrenzungen kommunaler wirtschaftlicher Betätigung im Bereich der Abfallwirtschaft, DVBl 1999, 891–898

Cremer, Wolfram: Mitgliedstaatliche Forschungsförderung und Gemeinschaftsrecht: Der neue Gemeinschaftsrahmen für staatliche Forschungs- und Entwicklungsbeihilfen, EWS 1996, 379–389

Daubner, Robert: Kommunale Satzungsbefugnis auf dem Gebiet des Abfallrechts, NVwZ 1995, 33–35

David, Hans-Joachim: Wettbewerbsrechtliche Ansprüche gegen Betätigung von Kommunen und deren Gesellschaften, NVwZ 2000, 738–743

David, Hans-Joachim: Umsatzsteuerpflicht so genannter Drittbeauftragter, Beliehener und öffentlich-rechtlicher Aufgabenträger – Ursachen und Folgen der Entscheidung BFH, Beschl. v. 2. 12. 1999 – V B 81/99 –, UR 2000, 357–364

David, Hans-Joachim: Kommunale Abfallwirtschaft als unlauterer Wettbewerb, DVBl 1998, 1041–1048

Degenhart, Christoph: Programmauftrag Internet – öffentlich-rechtliche Rundfunkanstalten und Online-Dienste, MMR 1998, 137–141

Di Fabio, Udo: Privatisierung und Staatsvorbehalt – Zum dogmatischen Schlüsselbegriff der öffentlichen Aufgabe, JZ 1999, 585–592

Dickersbach, Alfred: Die Entwicklung des Subventionsrechts seit 1993, NVwZ 1996, 962–970

Diederichsen, Lars: Bericht – Kreislaufwirtschaft und Abfallrecht –, BayVBl 1994, 748–749

Dohmen, Florian: Möglichkeiten wirtschaftlicher Betätigung sowie erweiterter Finanzspielräume durch die Reform der Gemeindeordnung in Nordrhein-Westfalen, ZKF 1998, 146–152

Dörr, Dieter / Haus, Florian C.: Das Wettbewerbsrecht des EGV, JuS 2001, 313–319

Dörr, Oliver: Die HOAI und das EG-Vergaberecht, EuZW 1997, 37–41

Dreher, Meinrad: Der Rechtsschutz bei Vergabeverstößen nach „Umsetzung" der EG-Vergaberichtlinien, ZIP 1995, 1869–1879

Eberl, Wolfgang: Kommunale Kulturförderung, BayVBl 1994, 399–400

Eckert, Lucia: Europarechtliche Voraussetzungen des eisenbahnrechtlichen Zulassungsverfahrens, DVBl 1997, 158–162

Ehlermann, Claus-Dieter / Schütterle, Peter: Vollzugsdefizit der europäischen Beihilfekontrollregeln, EuZW 1996, 234–235

Ehlers, Dirk: Das neue Kommunalwirtschaftsrecht in Nordrhein-Westfalen, NWVBl. 2000, 1–7

Ehlers, Dirk: Die verfassungsrechtliche Garantie der kommunalen Selbstverwaltung, DVBl 2000, 1301–1310

Ehlers, Dirk: Rechtsprobleme der Rückforderung von Subventionen, GewArch 1999, 305–320

Ehlers, Dirk: Rechtsprobleme der Kommunalwirtschaft, DVBl 1998, 497–508

Ehlers, Dirk: Interkommunale Zusammenarbeit in Gesellschaftsform, DVBl 1997, 137–145

Ehricke, Ulrich: Rückzahlung gemeinschaftsrechtswidriger Beihilfen in der Insolvenz des Beihilfenempfängers, ZIP 2001, 489–497

Ehricke, Ulrich: Die Rückforderung gemeinschaftsrechtswidriger Beihilfen in der Insolvenz des Beihilfenempfängers, ZIP 2000, 1656–1667

Eichhorn, Peter / Engelhardt, Werner Wilhelm: Standortbestimmung öffentlicher Unternehmen in der Sozialen Marktwirtschaft, NWVBl 1995, 118

Eisermann, Karl Stefan: Gemeinschaftsrechtliche Beihilfenkontrolle bei staatlich unterstützten Forschungs- und Entwicklungsaufgaben, EuZW 1996, 683–688

Elbel, Thomas: Das Recht der öffentlichen Aufträge auf dem Prüfstand des europäischen Rechts, DÖV 1999, 235–242

Engelhardt, Dieter: Probleme von Verwaltung und Wirtschaft unter dem Blickwinkel der Standortdiskussion, WiVerw 2000, 65–94

Engellandt, Frank: Zustimmungsvorbehalte zugunsten der Kommunalaufsicht und der Kommunalparlamente in Gesellschaftsverträgen kommunaler Unternehmen, DÖV 1996, 71–74

Ennuschat, Jörg: Kommunalwirtschaft und Wettbewerbsrecht, WRP 1999, 405–407

Erdmann, Joachim: Wirtschaftliche Betätigung von Wirtschaftskammern, DVBl 1998, 13–19

Erlbacher, Friedrich: Die neuen Leitlinien der Kommission für die Vergabe staatlicher Regionalbeihilfen, EuZW 1998, 517–522

Erlenkämper, Friedel: Entwicklungen im Kommunalrecht, NVwZ 1999, 1295–1314

Erlenkämper, Friedel: Entwicklungen im Kommunalrecht, NVwZ 1998, 354–372

Erlenkämper, Friedel: Entwicklungen im Kommunalrecht, NVwZ 1997, 546–561

Erlenkämper, Friedel: Entwicklungen im Kommunalrecht, NVwZ 1996, 534–549

Erlenkämper, Friedel: Entwicklungen im Kommunalrecht, NVwZ 1995, 649–662

Faber, Angela: Öffentliche Aufträge an kommunalbeherrschte Unternehmen – In-house-Geschäfte oder Vergabe im Wettbewerb?, DVBl 2001, 248–257

Faber, Angela: Drittschutz bei der Vergabe öffentlicher Aufträge, DÖV 1995, 403–413

Falkenkötter, Thomas: Der Streit um die sächsischen VW-Beihilfen – Anlass für grundsätzliche Klärung?, NJW 1996, 2689–2694

Fehling, Michael: Mitbenutzungsrechte Dritter bei Schienenwegen, Energieversorgungs- und Telekommunikationsleitungen vor dem Hintergrund staatlicher Infrastrukturverantwortung, AöR 1996, 60–95

Fischer, Reinfried: Rechtsfolgen des Beihilfeverbots für öffentliche Bürgschaften, WM 2001, 277–287

Forster, Eduard: Einfluss des europäischen Gemeinschaftsrechts auf die deutsche Umsatzbesteuerung der Tätigkeiten von juristischen Personen des öffentlichen Rechts, Umsatzsteuer-Rundschau 1996, 73–84

Freiling, Andreas: Derivative Finanzgeschäfte der öffentlichen Hand, ZKF 1998, 272–276

Frenz, Walter: Wettbewerbsrechtliche Absicherung privater Entsorgungsverantwortung – Zum Spannungsfeld von KrW-/AbfG, GO und UWG –, DÖV 2000, 802–810

Frenz, Walter: Energiesteuer und Beihilfenverbot, EuZW 1999, 616–618

Frenz, Walter: Subjektiv-öffentliche Rechte aus Gemeinschaftsrecht vor deutschen Verwaltungsgerichten, DVBl 1995, 408–415

Friedrich, Roland O.: Zur Ausschreibung kommunaler Werbenutzungsverträge, ZKF 1998, 5–9

Gaa, Meinhard: Anwendung privaten Wettbewerbsrechts bei schlicht hoheitlichem Handeln?, WRP 1997, 837–840

Gallwass, Brigitta: Das Recht der Vergabe öffentlicher Aufträge – ein Überblick, GewArch 2000, 401–414

*Gaßner, Otto,*Planungsgewinn und städtebaulicher Vertrag – Materielle Vertragsgerechtigkeit im öffentlichen Recht –, BayVBl 1998, 577–584

Geiger, Martin: Die kommunale Selbstverwaltung, apf 1993, 181–187

Gerick, André: Nochmals: Anstaltslast und Gewährträgerhaftung bei kommunalen Sparkassen und Landesbanken, BB 1998, 494–496

Gern, Alfons: Zur Körperschafts- und Umsatzsteuerpflicht kommunaler Unternehmen nach der Rechtsprechung des Bundesfinanzhofes, KStZ 1997, 167–169

Gern, Alfons: Rechtsschutz der Kommunen in der Europäischen Union, NVwZ 1996, 532–534

Gerstlberger, Wolfgang / Kneissler, Thomas: Die Eigendynamik ausgegliederter Verwaltungseinheiten: Theoretische Überlegungen und empirische Befunde,193–218

Giesberts, Ludger: „Konkurrenz um Abfall“: Rechtsfragen der Abfallverbringung in der Europäischen Union, NVwZ 1996, 949–955

Giesberts, Ludger / Kummer, Heinz-Joachim: Rechtsfragen der Privatisierung kommunaler Abfallentsorgung und Abwasserbeseitigung, NVwZ 1996, 1166–1172

Grams, Hartmut A.: Pflichten von Mandatsträgern in Aufsichtsgremien kommunaler Privatunternehmen, LKV 1997, 397–402

Gratzel, Dirk: Wirtschaftstätigkeit der öffentlichen Hand und Konzernrecht, NJW 1995, 373–375

Grawert, Rolf: Mitwirkungsverbote in kommunalen Zweckverbänden und Gesellschaften, NWVBl 1998, 209–215

Grewing, Cornelia: Umweltschutz, Wirtschaft und kommunale Selbstverwaltung – Bericht über das sechzehnte Kolloquium zum Umwelt- und Technikrecht vom 10.–12. September 2000, DVBl 2001, 102–105

Grimm-Benne, Petra: Die Möglichkeiten einer wirtschaftlichen Betätigung von Gemeinden im Land Sachsen-Anhalt, LKV 1996, 54–57

Groeschke, Peer: Der wettbewerbsrechtliche Unterlassungs- und Schadenersatzanspruch aufgrund der unrechtmäßigen Subventionierung von Konkurrenten, BB 1995, 2329–2333

Gröning, Jochem: Die neue Vergabeordnung, WRP 2001, 1–8

Gröning, Jochem: Das deutsche Vergaberecht nach dem Urteil des EuGH vom 28. Oktober 1999 – Alcatel Austria AG u. a., WRP 2000, 49–55

Gröning, Jochem: Public Private Partnerships unter den Zwängen des Vergabe-, Gemeindewirtschafts- und Wettbewerbsrechts, ZIP 2001, 497–505

Gröpl, Christoph: Öffentliche Zuschüsse, Privatisierung und Umsatzsteuer – Umsatzsteuerrechtliche Folgen öffentlicher Zahlungen im hoheitlichen und nichthoheitlichen Bereich vor dem Hintergrund aktueller Privatisierungsbestrebungen –, DStZ 1998, 113–124

Gröpl, Christoph: Beeinträchtigung kommunaler Aufgaben durch die Zulassung privater Feuerbestattungen?, BayVBl 1995, 485–489

Gröpl, Christoph: Privatisierung von Messen, Märkten und Volksfesten, GewArch 1995, 367–372

Groß, Thomas: Öffentliche Verwaltung im Internet, DÖV 2001, 159–164

Gusy, Christoph: Die wirtschaftliche Betätigung des Staates (Teil 2), JA 1995, 253–259

Gusy, Christoph: Die wirtschaftliche Betätigung des Staates (Teil 1), JA 1995, 166–173

Habersack, Mathias: Public Private Partnership: Gemeinschaftsunternehmen zwischen Privaten und der öffentlichen Hand, ZGR 1996, 544–563

Habersack, Mathias: Staatsbürgerschaften und EG-vertragliches Beihilfeverbot, ZGH 1995, 663–685

Hailbronner, Kay: Der Begriff des öffentlichen Auftraggebers nach den EG-Richtlinien zur Vergabe öffentlicher Aufträge, EWS 1995, 285–292

Halfmann, Ralf: Rechtsprobleme der Privatisierung in der Wasser- und Entsorgungswirtschaft, DÖV 1996, 118–120

Harings, Lothar: Europäische Beihilfenkontrolle zwischen Konkurrentenschutz und Staatenbezogenheit, EWS 1998, 286–291

Harms, Wolfgang: Unlauterer Wettbewerb durch wirtschaftliche Aktivitäten öffentlicher Hände, BB 1986, Beilage 17, 1–24

Hecker, Jan: Wahrnehmung staatlicher Aufgaben durch Kapitalgesellschaften in privatem Anteilsbesitz, DÖV 2001, 119–124

Hecker, Jan: Privatisierung unternehmenstragender Anstalten öffentlichen Rechts, VerwArch 2000, 261–291

Heimlich, Jörg: Zur Zulässigkeit der Werbung von Hoheitsträgern am Beispiel der öffentlichen Feuerwehr, NVwZ 2000, 746–750

Heintzen, Markus: Zur Tätigkeit kommunaler (Energieversorgungs-)Unternehmen außerhalb der kommunalen Gebietsgrenzen, NVwZ 2000, 743–746

Held, Friedrich Wilhelm: Die Zukunft der Kommunalwirtschaft im Wettbewerb mit der privaten Wirtschaft – Änderungen des Gemeinderechts in Nordrhein-Westfalen –, NWVBl 2000, 201–206

Held, Friedrich Wilhelm: Ist das kommunale Wirtschaftsrecht noch zeitgemäß? – Zugleich ein Beitrag zur wirtschaftlichen und nicht-wirtschaftlichen Betätigung der Gemeinden –, WiVerw 1998, 264–294

Henneke, Hans-Günter: Die Steuerung der kommunalen Aufgabenerfüllung durch Finanz- und Haushaltsrecht, DVBl 1996, 791–797

Heugel, Klaus: Die Debatte über die wirtschaftliche Betätigung der Gemeinden im Rahmen der neuen Gemeindeordnung, NWVBl 1995, 329–331

Hidien, Jürgen W.: Die Quadratur der Umsatzsteuer – Zur Kritik der „kleinen" Gemeindefinanzreform –, DVBl 1998, 617–626

Hill, Hermann: In welchen Grenzen ist kommunalwirtschaftliche Betätigung Daseinsvorsorge?, BB 1997, 425–431

Himmelmann, Steffen: Die Besteuerung juristischer Personen des öffentlichen Rechts unter Berücksichtigung zulässiger Gestaltungsmöglichkeiten, KStZ 2000, 121–129

Hirsbrunner, Simon / Niemeyer, Hans-Jörg: Anstaltslast und Gewährträgerhaftung bei Sparkassen und die Zwischenstaatlichkeitsklausel in Art. 87 EG, EuZW 2000, 364–368

Hirsch, Günter: Landesverfassungen im Lichte des Europäischen Rechts, SächsVBl 1998, 101–103

Höfler, Heiko / Bert, Birgit: Die neue Vergabeordnung, NJW 2000, 3310–3317

Hönes, Ernst-Rainer: Über die Kompetenz der Länder zur Feststellung der besonderen nationalen kulturellen Bedeutung von Kulturdenkmälern bei Subventionen, BayVBl 2000, 169–175

Hönig, Dietmar: Wirtschaft und Verwaltung vor den Herausforderungen der Zukunft – Bericht über die Speyerer Gespräche zum öffentlichen Wirtschaftsrecht vom 29.9.–1. 10. 1999, DÖV 2000, 153–154

Hopp, Torsten: Das Verhältnis des Vergaberechts zum Wettbewerbs- und Kartellrecht am Beispiel des Berliner Vergabegesetzes, DB 2000, 29–34

Hoppe, Claus-Michael: Rückforderung von Zuwendungen nach negativer Kommissionsentscheidung im Beihilfeverfahren, NVwZ 1998, 26–28

Horn, Lutz: Public Private Partnerships im Immobilienbereich aus vergaberechtlicher Sicht, LKV 1996, 81–84

Horn, Norbert: Die Durchführung der Privatisierungsverträge (II): Vertragsanwendung und Vertragsanpassung, DB 1995, 359–364

Horn, Norbert: Die Durchführung der Privatisierungsverträge (I): Vertragsmanagement zwischen öffentlichem und privatem Recht, DB 1995, 309–313

Hösch, Ulrich: Wirtschaftliche Betätigung von gemeindlichen Unternehmen und von Privaten – ein Vergleich, WiVerw 2000, 159–183

Hösch, Ulrich: Öffentlicher Zweck und wirtschaftliche Betätigung von Kommunen, DÖV 2000, 393–406

Hösch, Ulrich: Der öffentliche Zweck als Voraussetzung kommunaler Wirtschaftstätigkeit, GewArch 2000, 1–11

Hösch, Ulrich: Die Nachprüfung von Vergabeentscheidungen der öffentlichen Hand, BayVBl 1997, 193–201

Hösch, Ulrich: Die Zulässigkeit von öffentlich-rechtlichen Verträgen im Rahmen der Zusammenschlusskontrolle, BB 1995, 1917–1920

Huber, Stephan: Kommunale Satzungen und ihre verwaltungsgerichtliche Überprüfung unter dem Einfluss von EG-Richtlinien, BayVBl 1998, 584–590

Husmann, Eberhard: Zur Frage der Steuerbarkeit von Zuwendungen der öffentlichen Hand, UR 2000, 137–142

Immenga, Ulrich: Wettbewerbsrechtliche Grenzen von Standortvorteilen der öffentlichen Hand, NJW 1995, 1921–1927

Iwers, Steffen J.: Kommunale Selbstverwaltung, Europäische Union, Neue Bundesländer, DVBl 1995, 558–559

Jahn, Ralf: Grundlagen wirtschaftlicher Selbstverwaltungskörperschaften am Beispiel der Industrie- und Handelskammern, JA 1995, 972–977

Jannasch, Alexander: Einwirkungen des Gemeinschaftsrechts auf den vorläufigen Rechtsschutz, NVwZ 1999, 495–502

Jestaedt, Thomas / Häsemeyer, Ulrike: Die Bindungswirkung von Gemeinschaftsrahmen und Leitlinien im EG-Beihilfenrecht, EuZW 1995, 787–792

Jestaedt, Thomas / Miehle, Andreas: Rettungs- und Umstrukturierungsbeihilfen für Unternehmen in Schwierigkeiten, EuZW 1995, 659–664

Jestaedt, Thomas / Schelling, Nicola: Regionalbeihilfen im Binnenmarkt, EWS 1999, 1–6

Jooß, Frieder: Rechtliche Beurteilung der gemeinsamen Grundstücksverkehrsgesellschaften von Gebietskörperschaften und örtlichen Sparkassen (S-Grundverkehrsgesellschaften), BayVBl 1994, 193–200

Jung, Lother / Hassold, Helge: Die Neuordnung der deutschen und europäischen Regional-/Strukturförderung vor dem Hintergrund der Beihilfenkontrolle und der Agenda 2000, DÖV 2000, 190–198

Jungblut, Ernst W.: Umsatzsteuer (Mehrwertsteuer) für kommunale Eigenbetriebe eine finanziell-vorteilhafte Entlastung?, KStZ 1996, 104–106

Kahl, Wolfgang: Das öffentliche Unternehmen im Gegenwind des europäischen Beihilfenregimes, NVwZ 1996, 1082–1088

Kahl, Wolfgang: Die Rückabwicklung europarechtswidriger Beihilfen, JA 1996, 857–859

Kahl, Wolfgang / Röder, Angelika: Subventionierung des örtlichen Gewerbes mittels Städtebaurecht? VGH München, NVwZ 1999, 1008, JuS 2001, 24–28

Kaltenborn, Markus: Gemeinden im Wettbewerb mit Privaten – Zu den Änderungen des kommunalen Wirtschaftsrechts in Nordrhein-Westfalen –, WuW 2000, 488–495

Kannengießer, Christoph: Zulässigkeit und Grenzen wirtschaftlicher Betätigung der Industrie- und Handelskammern, WiVerw 1998, 182–200

Kausch, Michael: Welche Chancen hat kommunale Wirtschaftsförderung in den neuen Bundesländern?, VR 1996, 43–46

Kerssenbrock, Graf Trutz: Ist der Verkauf von Geschäftsanteilen oder Aktienmehrheiten kommunaler Stromversorger einem Vergabeverfahren gemäß §§ 97 ff. GWB zu unterziehen?, WuW 2001, 122–126

Kittler, Matthias: Die öffentliche Hand als Werbeträger im Internet, NJW 2000, 122–123

Klanten, Thomas: Staatliche Kreditabsicherung durch Bürgschaft oder Exportkreditversicherung und EG-Beihilfeverbot, ZIP 1995, 535–545

Klein, Eckart / Haratsch, Andreas: Mitgliedsstaatliche Regionalförderung insbesondere zugunsten kleiner und mittlerer Unternehmen (KMU) aus der Sicht des EG-Rechts, EWS 1997, 410–420

Kluth, Winfried: Eingriff durch Konkurrenz – Zur grundrechtsdemokratischen Verortung kommunaler Teilnahme am wirtschaftlichen Wettbewerb, WiVerw 2000, 184–207

Knemeyer, Ludwig: Bayerisches Kommunalrecht, Stuttgart u. a.,10. Auflage, 2000

Knemeyer, Franz-Ludwig: Vom kommunalen Wirtschaftsrecht zum kommunalen Unternehmensrecht – Beispielhafte Fortentwicklung eines überalterten Rechtsbereichs –, BayVBl 1999, 1–5

Knemeyer, Franz-Ludwig: Rechtsaufsicht als Vertrauensaufsicht – Zum Wandel der Staatsaufsicht über die Kommunen als Zeichen eines Wandels in der äußeren Kommunalverfassung und zur Stärkung kommunaler Selbstverwaltung –, BayVBl 1999, 193–197

Koenig, Christian: Bestimmung des passivlegitimierten Adressaten einer Beihilfenrückforderung nach der Veräußerung eines begünstigten „Unternehmens", EuZW 2001, 37–46

Koenig, Christian: EG-beihilfenrechtliche Anforderungen an Unterstützungsmaßnahmen eines öffentlichen Mutterunternehmens zugunsten seiner Tochtergesellschaften, ZIP 2001, 629–635

Koenig, Christian: EG-beihilfenrechtliche Rückforderung als Insolvenzauslöser, BB 2000, 573–580

Koenig, Christian: Die Privilegien öffentlich-rechtlicher Einstandspflichten zugunsten der Landesbanken vor den Schranken der EG-Beihilfenaufsicht, EWS 1998, 149–156

Koenig, Christian: Öffentlich-rechtliche Anstaltslast und Gewährträgerhaftung als staatliche Beihilfen gem. Art. 92 EGV, EuZW 1995, 595–602

Koenig, Christian / Braun, Jens-Daniel: Eigentumsschutz nach Art. 14 GG für durch staatliche Beihilfe Erworbenes?, NVwZ 1999, 1056–1059

Koenig, Christian / Braun, Jens-Daniel / Lekar, Eva-Mareike: Erfüllen die Einstandspflichten des Bundes für die betrieblichen Altersversorgungssysteme der privatisierten Bahn- und Postunternehmen den Beihilfentatbestand des Art. 92 EGV?, EuZW 1998, 5–11

Koenig, Christian / Kühling, Jürgen: Grundfragen des EG-Beihilfenrecht, NJW 2000, 1065–1074

Koenig, Christian / Kühling, Jürgen: Beihilfen an kleine und mittlere Unternehmen (KMU) unter Berücksichtigung der geplanten EG-Verordnung für KMU, DVBl 2000, 1025–1035

Koenig, Christian / Kühling, Jürgen: Mitgliedsstaatliche Kulturförderung und gemeinschaftliche Beihilfskontrolle durch die EG-Kommission, EuZW 2000, 197–203

Koenig, Christian / Kühling, Jürgen: Reform des EG-Beihilfenrechts aus der Perspektive des mitgliedsstaatlichen Systemwettbewerbs, EuZW 1999, 517–523

Koenig, Christian / Sander, Claude: Zur Beihilfenaufsicht über Anstaltslast und Gewährträgerhaftung nach Art. 93 EGV, EuZW 1997, 363–370

Köhler, Helmut: Das neue kommunale Unternehmensrecht in Bayern, BayVBl 2000, 1–12

Köhler, Helmut: Wettbewerbsrechtliche Grenzen der Betätigung kommunaler Unternehmen, WRP 1999, 1205–1212

Köhler, Helmut: Mitgliederwerbung der Krankenkassen, NZS 1998, 153–158

Köhler, Helmut: Wettbewerbsrechtliche Grenzen des Mitgliederwettbewerbs der gesetzlichen Krankenkassen, WRP 1997, 373–382

Köhler, Helmut: Zur Reform des GWB, WRP 1996, 835–848

Köhler, Helmut / Steindorff, Ernst: Öffentlicher Auftrag, Subvention und unlauterer Wettbewerb, NJW 1995, 1705–1710

König, Klaus: Rückzug des Staates – Privatisierung der öffentlichen Verwaltung, DÖV 1998, 963–968

König, Klaus: Markt und Wettbewerb als Staats- und Verwaltungsprinzip, DVBl 1997, 239–248

König, Michael: Die Privatisierung im Landesorganisationsrecht – Umsetzung, Folgen, Alternativen –, DÖV 1999, 322–329

Körber, Torsten: Konkurrentenklagen in der europäischen Fusionskontrolle, EuZW 1996, 267–273

Kretschmann, Andrea: Kommunale Selbstverwaltung – Europäische und nationale Aspekte, DÖV 1995, 639–640

Krölls, Albert: Privatisierung der öffentlichen Sicherheit in Fußgängerzonen?, NVwZ 1999, 233–236

Krölls, Albert: Rechtliche Grenzen der Privatisierungspolitik, GewArch 1995, 129–144

Kruse, Eberhard: Kommunale Sparkassen im Blickfeld des europäischen Beihilferechts, NVwZ 2000, 721–727

Kruse, Eberhard: Bemerkungen zur gemeinschaftlichen Verfahrensverordnung für die Beihilfenkontrolle, NVwZ 1999, 1049–1056

Kruse, Eberhard: Die Rechtsstellung Dritter im Beihilfenkontrollverfahren, EuR 1999, 119–125

Kruse, Eberhard: Ist die „Teilungsklausel" als Rechtsgrundlage für Beihilfen zum Ausgleich teilungsbedingter Nachteile obsolet?, EuZW 1998, 229–232

Kruse, Eberhard: Das gemeinschaftsrechtliche Beihilfenverbot und die für „Kultur" und „kulturelles Erbe" bestehende Befreiungsmöglichkeit, EWS 1996, 113–119

Kühling, Jürgen: Verfassungs- und kommunalrechtliche Probleme grenzüberschreitender Wirtschaftsbetätigung, NJW 2001, 177–182

Küting, Karlheinz / Kessler, Harald: Der Streit um den Apotheker-Fall: Meinungssache oder Stimmungsmache?, DB 1997, 2441–2447

Kuhla, Wolfgang / Hüttenbrink, Jost: Entwicklung des Verwaltungsprozessrechts in den Jahren 1997 und 1998, DVBl 1996, 898–906

Kuntze, Christian: Die Kompetenzen der Europäischen Gemeinschaft auf dem Gebiet des Steuerrechts, Frankfurt 1999

Kupfer, Hans-Wolfram: Ausschreibungspflicht der Kommunen bei der Vergabe von Dienstleistungsverträgen, insbesondere von Versicherungs- und Finanzdienstleistungen, ZKF 1999, 218–224

Kutscheidt, Ernst: Der Unternehmer und der schlanke Staat, NVwZ 1996, 977–979

Kuxenko, Michael: Liberalisierung und Deregulierung im Energiewirtschaftsrecht, DÖV 2001, 141–150

Lang, Eva: Modernisierung der Kommunal- und Staatswirtschaft – Zur Begründung der Notwendigkeit grundlegender Reformen, apf 1994, 201–206

Lange, Hans-Friedrich: Juristische Personen des öffentlichen Rechts als Unternehmer im Umsatzsteuerrecht, UR 2000, 1–13

Lange, Hans-Friedrich: Neutralitätsprinzip bei der Umsatzbesteuerung der öffentlichen Hand – Wettbewerbsvorbehalt des Art. 4 Abs. 5 Unterabs. 2 der 6. EG-Richtlinie –, UR 1999, 385–391

Leupold, Heike: Keine Letztentscheidungskompetenz des EuGH im Verfahren des einstweiligen Rechtsschutzes, NVwZ 1995, 553–555

Lienemeyer, Max: „Öffentlicher Auftraggeber" im Vergaberecht – das Beispiel der Messegesellschaften, EWS 2000, 448–452

Löwer, Wolfgang: Die Stellung der Kommunen im liberalisierten Strommarkt, NWVBl 2000, 241–245

Lohmiller, Raphael: Beteiligungsfinanzierung kommunaler Sparkassen durch Kapitalbeteiligungsgesellschaften, WM 2000, 2473–2480

Ludwig, Frank: Privatisierung staatlicher Aufgaben im Umweltschutz, DVBl 2000, 504–506

Lübbig, Thomas: Neue Entwicklungen im Beihilfenrecht der Europäischen Gemeinschaften, WuW 1999, 249–256

Lukas, Martin: Stand und Perspektiven des EG-Antisubventionsrechts, EWS 2000, 203–207

Mann, Thomas: Die „Kommunalunternehmen" – Rechtsformalternative im kommunalen Wirtschaftsrecht, NVwZ 1996, 557–558

Martin-Ehlers, Andrés: Staatliche Beihilfen: Ein Plädoyer für Verfahrensrechte in der Vorprüfungsphase nach Art. 93 Abs. 3 EGV, EWS 1998, 245–248

Martin-Ehlers, Andrés: Der „private Investor" als Maßstab für das Vorliegen staatlicher Beihilfen, EWS 1999, 244–247

Mayen, Thomas: Privatisierung öffentlicher Aufgaben: Rechtliche Grenzen und rechtliche Möglichkeiten, DÖV 2001, 110–119

Mayer, Jörg: Die Veräußerung kommunaler Vermögensgegenstände unter Wert, BayVBl 1994, 65–72

Mees, Kurt: Überlegungen zu Folgen der Privatisierung für das Wettbewerbsrecht, WRP 2000, 963–967

Meilicke, Wienand: Verstaatlichungstendenzen bei der Veröffentlichung von Gerichtsentscheidungen?, DB 1997, 1–8

Meixner, Rüdiger: Der Subventionsstreit zwischen Sachsen und der EU-Kommission, ZIP 1996, 2105–2107

Menzel, Matthias / Hornig, Marion: Die Anstalt des öffentlichen Rechts – Eine neue Rechtsform für gemeindliche Betriebe in Nordrhein-Westfalen, ZKF 2000, 178–182

Menzel, Matthias / Hornig, Marion: Die Anstalt des öffentlichen Rechts – Eine neue Rechtsform für gemeindliche Betriebe in Nordrhein-Westfalen – Teil II –, ZKF 2000, 199–202

Möschel, Wernhard: Privatisierung und öffentliches Vergaberecht, WuW 1997, 120–124

Möschel, Wernhard: Anpassung des GWB an das europäische Wettbewerbsrecht, EuZW 1995, 817–821

Möstl, Markus: Zur Zulässigkeit kommunaler Telekommunikationsdienstleistungen, BayVBl 1999, 547–553

Mohl, Helmut / Stähler, Martina: Rechtliche Zulässigkeit eines kommunalen Wirtschaftsfonds, KStZ 2000, 149–150

Moraing, Markus: Kommunales Wirtschaftsrecht vor dem Hintergrund der Liberalisierung der Märkte – Handlungsbedarf und Handlungsmöglichkeiten aus Sicht der Kommunalwirtschaft –, WiVerw 1998, 233–263

Müller, Martin: Zur verfassungsrechtlichen Problematik kommunaler Unternehmen auf dem Telekommunikationsmarkt, DVBl 1998, 1256–1263

Müller, Núnez Marco / Kamann, Hans-Georg: Erweiterter Beteiligtenschutz im Beihilfenrecht der EG – Die Untätigkeitsklage, EWS 1999, 332–338

Müller-Terpitz, Ralf: Die wirtschaftliche Betätigung von Kommunen im Bereich der Telekommunikation, NWVBl 1999, 292–298

Neßler, Volker: Der Neutralitätsgrundsatz, NVwZ 1999, 1081–1083

Neßler, Volker: Das neue Auftragsvergaberecht – ein Beispiel für die Europäisierung des deutschen Rechts, EWS 1999, 89–94

Neumann, Manfred J. / Rux, Johannes: Einbindung öffentlich-rechtlicher Einrichtungen in einen privatrechtlichen Konzern?, DB 1996, 1659–1662

Niebhur, Frank / Kulartz, Hans-Peter / Kus, Alexander / Portz, Norbert: Kommentar zum Vergaberecht, Neuwied u. a., 2000

Noch, Rainer: Begriff des öffentlichen Auftraggebers, NVwZ 1999, 1083–1085

Noch, Rainer: Ausschreibungspflicht privater Unternehmen, DÖV 1998, 623–632

Nordemann, Jan Bernd: Wettbewerbsverzerrung durch die öffentliche Hand: Die Entdeckung des Kartellrechts, WRP 1996, 383–385

Nowak, Carsten: Grundrechtlicher Drittschutz im EG-Beihilfenkontrollverfahren, DVBl 2000, 20–27

Oebbecke, Janbernd: Die örtliche Begrenzung kommunaler Wirtschaftstätigkeit, ZHR 2000, 375–393

Oebbecke, Janbernd: Die neue Kommunalverfassung in Nordrhein-Westfalen, DÖV 1995, 701–709

Oldiges, Martin: Die Entwicklung des Subventionsrechts seit 1996, NVwZ 2001, 280–287

*OLG Frankfurt, 4. 3. 1997,*Subventionierung ortsansässiger Händler unzulässig, ZKF 2000, 41–42

Ossenbühl, Fritz: Europarechtliche Beihilfenaufsicht und nationales Gesetzgebungsverfahren, DÖV 1998, 811–818

Otting, Olaf: Wirtschaftliche Betätigung im Gewande nichtwirtschaftlicher Einrichtungen – Zum Urteil des OLG Düsseldorf vom 28. 10. 1999; NWVBl. 2000, 75 –, NWVBl. 2000, 206–209

Otting, Olaf: Die Aktualisierung öffentlich-rechtlicher Schranken kommunalwirtschaftlicher Betätigung durch das Wettbewerbsrecht, DÖV 1999, 549–555

Otting, Olaf: Öffentlicher Zweck, Finanzhoheit und fairer Wettbewerb – Spielräume kommunaler Erwerbswirtschaft –, DVBl 1997, 1258–1264

Pabst, Heinz-Joachim / Schwartmann, Rolf: Privatisierte Selbstverwaltung und staatliche Aufsicht – Ein Beitrag zu den Schranken der Organisationsprivatisierung am Beispiel der 10. Novelle vom LuftVG –, DÖV 1998, 315–323

Pache, Eckhard: Gemeinschaftsrecht im verwaltungsgerichtlichen Normenkontrollverfahren, NVwZ 1996, 979–981

Paefgen, Thomas Christian: Einwirkungen des Wettbewerbsrechts auf die kommunale Daseinsvorsorge, DZWiR 1996, 478–482

Pagenkopf, Martin: Einige Betrachtungen zu den Grenzen für privatwirtschaftliche Betätigung der Gemeinden – Grenzen für die Grenzzieher?, GewArch 2000, 177–185

Pappermann, Ernst: Zur wirtschaftlichen Betätigung der Gemeinden, VR 1997, 109–117

Pechstein, Matthias: Das Flächenerwerbsprogramm verstößt gegen das EG-Beihilferecht, NJW 1999, 1429–1432

Pechstein, Matthias: Nichtigkeit beihilfengewährender Verträge nach Art. 93 III 3 EGV, EuZW 1998, 495–498

Pechstein, Matthias / Damm, Andreas: EG-Beihilfeverbot und Flächenerwerbsprogramm des § 3 AusglLeistG, EWS 1996, 333–341

Peffer, Joachim / Dietrich, Michael: Verfahrensrechtliche Aspekte der Neuregelung des Anmelde- und Anzeigeverfahrens von Einkaufsgemeinschaften im GWB, WuW 2001, 245–253

Peine, Franz-Joseph: Grenzen der Privatisierung – verwaltungsrechtliche Aspekte, DÖV 1997, 353–365

Penski, Ulrich: Staatlichkeit öffentlicher Verwaltung und ihre marktmäßige Modernisierung – Vereinbarkeit oder Widerspruch?, DÖV 1999, 85–96

Pielow, Johann-Christian: Gemeindewirtschaft im Gegenwind? – Zu den rechtlichen Grenzen kommunaler Wettbewerbsteilnahme am Beispiel der Telekommunikation –, NWVBl 1999, 369–380

Polley, Romina: Die Konkurrentenklage im Europäischen Beihilfenrecht, EuZW 1996, 300–305

Prieß, Hans-Joachim: Das öffentliche Auftragswesen in den Jahren 1997 und 1998, EuZW 1999, 196–204

Prieß, Hans-Joachim: Das öffentliche Auftragswesen im Jahre 1996, EuZW 1997, 391–398

Prieß, Hans-Joachim: Das öffentliche Auftragswesen in den Jahren 1994 und 1995, EuZW 1996, 357–364

Pünder, Hermann: Die kommunale Betätigung auf dem Kommunikationssektor, DVBl 1997, 1353–1360

Rabenschlag, Dirk: Zweckbetriebe als Konkurrenten gewerblicher Anbieter – Ein Versuch der Entwicklung einer allgemeingültigen Formel zu § 65 Nr. 3 AO, DStZ 1997, 717–720

Rinze, Jens: Europarecht als Prüfungsmaßstab im Rahmen der Normenkontrolle nach § 47 VwGO, NVwZ 1996, 458–460

Ritter, Nicolai: Aktuelle Fragen des EG-Beihilfenrechts, EWS 2000, 397–402

Rittner, Fritz: Die „sozialen Belange“ i. S. der EG-Kommission und das inländische Vergaberecht, EuZW 1999, 677–680

Rittner, Fritz: Abschied vom „öffentlichen Auftragswesen“ für private Unternehmen, EuZW 1997, 161

Rittner, Fritz: Das deutsche öffentliche Auftragswesen im europäischen Kontext, NVwZ 1995, 313–320

Roebling, Georg: Das Vergaberecht im Wandel – eine Einführung, JURA 2000, 453–461

Roer, Friederieke: Die Nachfolgeunternehmen von Bahn und Post in der Bauleitplanung, DVBl 1996, 1293–1301

Ronellenfitsch, Michael: Staat und Markt: Rechtliche Grenzen einer Privatisierung kommunaler Aufgaben, DÖV 1999, 705–711

Ronellenfitsch, Michael: Schranken einer Privatisierung der staatlichen Unfalluntersuchung im Bereich der Eisenbahn, NVwZ 1998, 1021–1025

Ronellenfitsch, Michael: Privatisierung und Regulierung des Eisenbahnwesens, DÖV 1996, 1028–1037

Ruffert, Matthias: Kommunalwirtschaft und Landes-Wirtschaftsverfassung, NVwZ 2000, 763–765

Ruffert, Matthias: Dogmatik und Praxis des subjektiv-öffentlichen Rechts unter dem Einfluss des Gemeinschaftsrechts, DVBl 1998, 69–75

Ruthig, Josef: Konkurrentenrechtsschutz im Rettungsdienstwesen – Zur Frage der Klagebefugnis von Hilfsorganisationen gegenüber den privaten Unternehmern erteilten Genehmigungen zur Notfallrettung bzw. zum Krankentransport nach dem BayRDG, BayVBl 1994, 393–399

Sachs, Michael / Werneckes, Bernd: Die Neuregelung verwaltungsverfahrensrechtlicher Vorschriften zur Rückabwicklung fehlgeschlagener Subventionsverhältnisse (§§ 49, 49 a VwVfG), NVwZ 1996, 1185–1188

Schäfer, Peter W., Grundzüge des öffentlichen Antragswesens, BB 1996, Beilage 1–12

Schärich, Herbert: Wettbewerbsverzerrung durch Steuerfreiheit der Hoheitsbetriebe?, KSZ 1996, 97

Schaller, Hans: Neuregelung des öffentlichen Vergabewesens, BayVBl 1996, 197–200

Schaller, Hans: Die Grundsätze kommunaler wirtschaftlicher Betätigung, VR 1995, 452–454

Schaller, Hans: Öffentliches Auftragswesen, apf 1995, 93–96

Scherer, Peter / Schödermeier, Martin: Staatliche Beihilfen und Kreditgewerbe, ZBB 1996, 165–185

Schilling, Theodor: Rechtsschutz bei der Vergabe öffentlicher Aufträge durch Organe der EG, EuZW 1999, 239–243

Schink, Alexander: Öffentliche und private Entsorgung, NVwZ 1997, 435–442

Schliesky, Utz: Ausgewählte Grundfragen des Kommunalrechts, JA 1999, 515–523

Schliesky, Utz: Über Notwendigkeit und Gestalt eines öffentlichen Wettbewerbsrechts, DVBl 1999, 78–86

Schloh, Bernhard / Hoenike, Mark: Die Anforderungsfrist bei der Konkurrentenklage im Beihilfenrecht nach Art. 173 EGV, EuZW 1997, 398–402

Schmahl, Stefanie: Europäisierung der kommunalen Selbstverwaltung, DÖV 1999, 852–861

Schmid, Hansdieter: Veräußerung von Gemeindevermögen Teil 1, apf 1993, 89–90

Schmidt, Reiner: Der Übergang öffentlicher Aufgabenerfüllung in private Rechtsformen, ZGR 1996, 345–363

Schmidt, Reiner: Privatisierung und Gemeinschaftsrecht, DW 1995, 281–314

Schneevogel, Kai-Uwe / Horn, Lutz: Das Vergaberechtsänderungsgesetz, NVwZ 1998, 1242–1245

Schneider, Hannes / Busch, Torsten: Anstaltslast und Gewährträgerhaftung als Beihilfen im Sinne von Art. 92 EGV?, EuZW 1995, 602–608

Schneider, Jens-Peter: Der Staat als Wirtschaftssubjekt und Steuerungsakteur, DVBl 2000, 1250–1260

Schneider, Jens-Peter: Konkurrentenklagen als Instrumente der europäischen Beihilfenaufsicht, DVBl 1996, 1301–1309

Schnelle, Ulrich: Remailing im Licht des Europarechts – eine Zwischenbilanz, BB 1999, 2465–2469

Schnoor, Herbert: Anmerkungen zur neuen Kommunalverfassung, NWVBl 1996, 281–285

Schoch, Friedrich: Die Europäisierung des verwaltungsgerichtlichen vorläufigen Rechtsschutzes, DVBl 1997, 289–297

Schön, Wolfgang: Der Einfluss öffentlich-rechtlicher Zielsetzungen auf das Statut privatrechtlicher Eigengesellschaften der öffentlichen Hand: – Gesellschaftsrechtliche Analyse –, ZGR 1996, 429–457

Schohe, Gerrit / Hoenike, Mark: Die Rechtssprechung von EuGH und EuG zu staatlichen Beihilfen in den Jahren 1996 und 1997, EuZW 1997, 741–748

Schroeder, Werner: Rechtsprobleme der Beihilfekontrolle durch die EU-Kommission, ZIP 1996, 2097–2104

Schünemann, Wolfgang B.: Die wirtschaftliche Tätigkeit der öffentlichen Hand zwischen öffentlichem und privatem Wettbewerbsrecht, WRP 2000, 1001–1009

Schütte, Michael / Kirchhoff, Wolfgang: Staatliche Bürgschaften und EG-Beihilferecht, EWS 1996, 189–192

Schütterle, Peter: Wende in der europäischen Beihilfenkontrollpolitik?, EuZW 1997, 33

Schütterle, Peter: Die Beihilfenkontrollpraxis der Europäischen Kommission im Spannungsfeld zwischen Recht und Politik, EuZW 1995, 391–396

Schulz, Norbert: Anmerkungen zur Tätigkeit gemeindlicher Unternehmen außerhalb des Gemeindegebiets, BayVBl 1998, 449–452

Schulz, Norbert: Wirtschaftliche, nichtwirtschaftliche und nicht nichtwirtschaftliche Unternehmen, BayVBl 1997, 518–520

Schulz, Norbert: Neue Entwicklungen im kommunalen Wirtschaftsrecht Bayerns, BayVBl 1996, 97–102

Schulz, Norbert: Neue Entwicklungen im kommunalen Wirtschaftsrecht Bayerns, BayVBl 1996, 129–133

Schulz, Paul-Martin: Rechtsprobleme der Privatisierung der Wasser- und Entsorgungswirtschaft, NVwZ 1995, 979–980

Schumacher, Eva / Schalast, Christoph: Wettbewerb und Rationalisierung fiskalischer Tätigkeit durch Kommunen als Wertwiderspruch, DZWiR 1998, 296–299

Schumacher, Hermann: Die Übertragung öffentlicher Aufgaben der Gemeinden auf Dritte, LKV 1995, 135–141

Schuppert, Gunnar: Staatliche und private Aufgabenerfüllung – eine irreführend formulierte Alternative, DW 1998, 415–447

Schwarz, Kyrill-A.: Kommunale Aufgaben und Formenmissbrauch bei Aufgabenübertragung, NVwZ 1997, 237–242

Schwarze, Jürgen: Die Vergabe öffentlicher Aufträge im Lichte des Europäischen Wirtschaftsrechts, EuZW 2000, 133–144

Schwintowski, Hans-Peter: Gesellschaftsrechtliche Bindungen für entsandte Aufsichtsratsmitglieder in öffentlichen Unternehmen, NJW 1995, 1316–1321

Seeberg, Hans: Die Möglichkeiten und Grenzen der wirtschaftlichen Betätigung der Kommunen nach den Regelungen der neuen Kommunalverfassung Brandenburg vom 15. 10. 1993, LKV 1995, 353–358

Seidel, Norbert: Privatrechtliche Beteiligungen öffentlich-rechtlicher Rundfunkanstalten, ZUM 2001, 13–19

Singer, Jens Peter: Wettbewerbsrecht gegen kommunale wirtschaftliche Betätigung, ZKF 1998, 218–221

Sinnaeve, Adinda: Die ersten Gruppenfreistellungen: Dezentralisierung der Beihilfenkontrolle?, EuZW 2001, 69–77

Sinnaeve, Adinda: Der Kommissionsvorschlag zu einer Verfahrensverordnung für die Beihilfenkontrolle, EuZW 1998, 268–273

Sinnaeve, Adinda: Der Konkurrent im Beihilfeverfahren nach der neuesten EuGH-Rechtsprechung, EuZW 1995, 172–176

Sodan, Helge: Vorrang der Privatheit als Prinzip der Wirtschaftsverfassung, DÖV 2000, 361–371

Soltész, Ulrich: Die „Belastung des Staatshaushalts“ als Tatbestandsmerkmal einer Beihilfe i. S. des Art 92 I EGV, EuZW 1998, 747–753

Soltész, Ulrich: Kein Freifahrschein für nationale Subventionspolitik – die neuen Gruppenfreistellungsverordnungen im Europäischen Beihilferecht, ZIP 2001, 278–284

Soltész, Ulrich: Öffentliche Finanzierung von Infrastruktur- und Erschließungsmaßnahmen und das EG-Beihilferecht, EuZW 2001, 107–111

Soltész, Ulrich: Der Rechtsschutz des Konkurrenten gegen gemeinschaftswidrige Beihilfen vor rationalen Gerichten, EuZW 2001, 202–207

Spannowsky, Willy: Der Einfluss öffentlich-rechtlicher Zielsetzungen auf das Statut privatrechtlicher Eigengesellschaften in öffentlicher Hand: – öffentlich-rechtliche Vorgaben, insbesondere Ingerenzpflicht –, ZGR 1996, 400–428

Spannowsky, Willy: Öffentlich-rechtliche Bindungen für gemischt-wirtschaftliche Unternehmen, ZHR 1996, 560–592

Stargardt, Hans-Joachim: Kommunalverfassungen in Deutschland – Teil I, VR 1995, 118–130

Stargardt, Hans-Joachim: Kommunalverfassungen in Deutschland – Teil II, VR 1995, 145–156

Steckert, Uwe: Energiewirtschaft im Wandel – Der Wettbewerb kommt, wohin gehen die kommunalen Energieversorger?, ZKF 1999, 2–9

Steckert, Uwe: Kommunales Wirtschaftsrecht contra Diversifizierung und Wettbewerb, ZKF 1996, 170–174

Stern, Klaus: Die Kreise in Nordrhein-Westfalen – Bedeutung und Perspektiven kommunaler Selbstverwaltung –, NWVBl 1997, 361–366

Stern, Klaus: Postreform zwischen Privatisierung und Infrastrukturgewährleistung, DVBl 1997, 309–316

Stober, Rolf: Besonderes Wirtschaftsverwaltungsrecht, 12. Auflage, Stuttgart u. a., 2001

Stober, Rolf: Allgemeines Wirtschaftsverwaltungsrecht, 12. Auflage, Stuttgart u. a., 2000

Stober, Rolf: Police-Private-Partnership aus juristischer Sicht, DÖV 2000, 261–269

Stober, Rolf: Rechtliche Rahmenbedingungen der Wirtschaftsförderung, BB 1996, 1845–1854

Stober, Rolf: Zur Entwicklung des Wirtschaftsverwaltungsrechts, DZWiR 1996, 133–142

Stober, Rolf: Deregulierung und Wirtschaftsverwaltungsrecht – Die Wirtschaftsverwaltung zwischen Staats- und Privatfunktionen –, DÖV 1995, 125–135

Stollmann, Frank: Verwaltung und Wirtschaft – Kooperationsformen im Städtebaurecht, WiVerw 2000, 126–139

Stüer, Bernhard / Hermanns, Caspar David: Wirtschaft und Verwaltung vor den Herausforderungen der Zukunft – Speyerer Gespräche zum öffentlichen Wirtschaftsrecht –, DVBl 2000, 108–111

Stüer, Bernhard / Hermanns, Caspar David: Subventionsrecht und Subventionspolitik auf dem Prüfstand, DVBl 1999, 381–383

Tettinger, Peter J.: Rechtsschutz gegen kommunale Wettbewerbsteilnahme, NJW 1998, 3473–3474

Tettinger, Peter J.: Entgelte in der Entsorgungswirtschaft, NWVBl 1996, 81–89

Tettinger, Peter J.: Die rechtliche Ausgestaltung von Public Private Partnership, DÖV 1996, 764–770

Theobald, Christian: Rechtliche Steuerung von Wettbewerb und Umweltverträglichkeit in der Elektrizitätswirtschaft, AöR 1997, 372–403

Theobald, Christian / Zenke, Ines: Wettbewerb im Stromnetz: Eine Rechtsprechungsübersicht, NJW 2001, 797–799

Thode, Bernd / Peres, Holger: Die Rechtsform Anstalt nach dem kommunalen Wirtschaftsrecht des Freistaates Bayern, BayVBl 1999, 6–11

Thode, Bernd / Peres, Holger: Anstaltslast und Gewährträgerhaftung bei kommunalen Sparkassen und Landesbanken, BB 1997, 1749–1752

Thorsten, S.: Rückforderungen gemeinschaftswidriger Subventionen nach § 48 VwVfG, DÖV 1995, 846–854

Tillmann, Oliver: Auswirkungen des Steuersenkungsgesetzes auf Betriebe gewerblicher Art von Körperschaften öffentlichen Rechts im kommunalen Bereich, KStZ 2001, 61–63

Tollmann, Claus: Das Nichtigkeitsrisiko von Staatsbürgschaften vor dem Hintergrund des EG-Beihilfeverbots, WM 2000, 2030–2040

Trautwein, Thomas: Kommunale Wirtschaftsförderung und gemeinschaftsrechtliches Beihilfenrecht, BayVBl 1996, 230–233

Triantafyllou, Dimitria: Europäisierte Privatrechtsgestaltung im Bereich der Beihilfenaufsicht, DÖV 1999, 51–58

Uerpmann, Robert: Kooperatives Verwaltungshandeln im Gemeinschaftsrecht: die Gemeinschaftsrahmen für staatliche Beihilfen, EuZW 1998, 331–335

Uerpmann, Robert: Der europarechtliche Rahmen für staatliche Subventionen in Ostdeutschland, DÖV 1998, 226–233

Urban, Steffen: Auswirkungen der Unternehmenssteuerreform auf die Ertragsbesteuerung der wirtschaftlichen Betätigungen von Gemeinden, ZKF 2000, 194–198

Urban, Steffen: Neuregelungen der Unternehmenssteuerreform für die Ertragsbesteuerung der juristischen Personen des öffentlichen Rechts, DStR 2000, 2025–2031

Vollmöller, Thomas: Öffentlich-rechtliche Kreditinstitute und EU-Beihilfenrecht, NJW 1998, 716–721

von Arnim, Herbert Hans: Auf dem Weg zur optimalen Gemeindeverfassung?, DVBl 1997, 749–761

von Danwitz, Thomas: Grundfragen der europäischen Beihilfeaufsicht, JZ 2000, 429–435

von Friesen, Alexander: Umgestaltung des öffentlich-rechtlichen Banksektors angesichts des Europäischen Beihilfenrechts, EuZW 1999, 581–587 *von Unruh, Georg-Christoph:* Die kommunale Selbstverwaltung braucht Geld und Freiraum, DVBl 1997, 603–604

Wagner, Jürgen M.: Finanzierung öffentlicher Einrichtungen – Kommunalleasing als Königsweg?, KStZ 1998, 201–211

Wallerath, Maximilian: Der ökonomisierte Staat, JZ 2001, 209–218

Weber-Grellet, Heinrich: Der Apotheker-Fall – Anmerkungen und Konsequenzen zum Beschluss des Großen Senats vom 23. 6. 1997 GrS 2/93, DB 1997, 2233–2238

Weidemann, Clemens: Deregulierung und kommunales Wirtschaftsrecht – Zu den bundesrechtlichen Grenzen kommunaler Abfallwirtschaft –, DVBl 2000, 1571–1580

Weidemann, Clemens / Otting, Olaf: Der Begriff des öffentlichen Auftraggebers i. S. der Dienstleistungsrichtlinie, EWS 1999, 41–43

Weiß, Andrea: Die Verbandsklagebefugnis nach neuem Recht – wirksames Regulativ oder unüberwindbare Hürde?, WRP 1995, 151–166

Widtmann, Julius / Grasser, Walter: Bayerische Gemeindeordnung, Kommentar, München

Wieland, Joachim: Staatliche Finanzkontrolle im Bereich kommunaler Selbstverwaltung, DVBl 1999, 1470–1477

Wieneke, Daniel: Zum Problem der direkten kommunalen Wirtschaftsförderung, ZKF 1997, 198–202

Wiesemann, Hermann: Benutzungsgebühren und Privatisierung, NWVBl 1998, 257–262

Willenbruch, Klaus: Vorbeugender und vorläufiger Rechtsschutz nach dem Vergaberechtsänderungsgesetz (§§ 97–129 GWB), NVwZ 1999, 1062–1068

Winkler, Markus: Funktionsfähigkeit des Rettungsdienstes contra Berufsfreiheit der Rettungsdienstunternehmer, DÖV 1995, 899–904

Wolf, Dieter: Das Recht gegen Wettbewerbsbeschränkungen (GWB) und das Recht gegen unlauteren Wettbewerb (UWG) – ein Vergleich –, WRP 1995, 543–546

Wolf, Jens: Kontrolle kommunaler Unternehmen, GewArch 1999, 177–183

Wolfers, Benedikt: Privatisierung unter Wahrung der öffentlich-rechtlichen Rechtsform: Der Modellfall Berliner Wasserbetriebe, NVwZ 2000, 765–767

Zacharias, Diana: Die Entwicklung der kommunalen Aufgaben seit 1975, DÖV 2000, 56–63

Zandonella, Carlo: Bioabfälle zwischen öffentlicher und privater Entsorgung: Zum Begriff der überwiegenden öffentlichen Interessen in § 13 III 1 Nr. 3 KrW-/AbfG, NVwZ 1998, 1160–1162

Zivier, Constantin Ezra: Grundzüge und aktuelle Probleme des EU-Beihilfenrechts unter Berücksichtigung der Bezüge zum deutschen Verwaltungsrecht, Jura 1997, 116–122

Zundel, Frank P.: Unternehmerische Tätigkeit der öffentlichen Hand – am Beispiel der Vermarktung von Software, VR 1996, 340–348

Zum volkswirtschaftlichen Teil

Brümmerhoff, D., (1996): Finanzwissenschaft, 7., völlig überarbeitete Auflage, München, Wien

Fritsch, M. / Wein, T. / Ewers, H.-J., (1993): Marktversagen und Wirtschaftspolitik: mikroökonomische Grundlagen staatlichen Handelns, München

Kruse, J., (1989): „Ordnungstheoretische Grundlagen der Deregulierung", in: Seidenfus, H. (Hrsg.): Deregulierung – eine Herausforderung an die Wirtschafts- und Sozialpolitik in der Marktwirtschaft. Berlin, 9–36

Musgrave, R. A. / Musgrave, P. B. / Kulmer, L., (1990): Die öffentlichen Finanzen in Theorie und Praxis, Band 1, 5., überarbeitete Auflage, Tübingen

Mussel, G. / Pätzold, J., (1998): Grundfragen der Wirtschaftspolitik, 3., erweitere und aktualisierte Auflage, München

Olten, R., (1998): Wettbewerbstheorie und Wettbewerbspolitik, 2., unwesentlich veränderte Auflage, München, Wien

Weimann, J., (2001): Wirtschaftspolitik: Allokation und kollektive Entscheidung, 2., überarbeitete und erweiterte Auflage, Berlin u. a.

VI Abkürzungsverzeichnis

ABIEG	Amtsblatt der Europäischen Gemeinschaft
a. F.	alte Fassung
AfP	Zeitschrift für Medien- und Kommunikationsrecht
AG	Amtsgericht
AktG	Aktiengesetz
AöR	Archiv des öffentlichen Rechts
apf	Zeitschrift für die staatliche und kommunale Verwaltung
AusglLeistG	Ausgleichsleistungsgesetz
BayGO	Bayerische Gemeindeordnung
BayNpV	Bayerische Nachprüfungsverordnung
BayRDG	Bayerisches Rettungsdienstgesetz
BayVBl	Bayerische Verwaltungsblätter
BayVGH	Bayerischer Verfassungsgerichtshof
BB	Betriebsberater
BGB	Bürgerliches Gesetzbuch
BGBl.	Bundesgesetzblatt
BGH	Bundesgerichtshof
BGHZ	Entscheidungen des Bundesgerichtshofes in Zivilsachen
BHO	Bundeshaushaltsordnung
BRAGO	Bundesrechtsanwaltsgebührenordnung
BSGE	Amtliche Sammlung der Entscheidungen des Bundessozialgerichtes
BT-Drs.	Bundestags-Drucksache
BV	Bayerische Verfassung
BVerfG	Bundesverfassungsgericht
BVerwGE	Entscheidungen des Bundesverwaltungsgerichtes
c. i. c.	culpa in contrahendo
DB	Der Betrieb
DÖV	Die öffentliche Verwaltung
DStGB	Deutsches Steuergesetzblatt
DStR	Deutsches Steuerrecht
DStZ	Die Steuerzeitung
DVBl	Deutsches Verwaltungsblatt
DW	Die Verwaltung
DZWiR	Deutsche Zeitschrift für Wirtschaftsrecht
EA	Europa-Archiv

EGV	Vertrag der Europäischen Gemeinschaft
EnWG	Energiewirtschaftsgesetz
EStG	Einkommenssteuergesetz
EuG	Europäisches Gericht erster Instanz
EuGH	Europäischer Gerichtshof
EuR	Europarecht
EuZW	Europäische Zeitschrift für Wirtschaftsrecht
EWS	Europäisches Wirtschafts- & Steuerrecht
FR	Finanz-Rundschau
GemO	Gemeindeordnung
GemS-OBG	Beschluss des Gemeinsamen Senats
GewArch	Gewerbearchiv
GmbHG	Gesetz über die Gesellschaft mit beschränkter Haftung
GO NW	Gemeindeordnung Nordrhein-Westfalen
GR	Gewerberecht
GRUR	Gewerblicher Rechtsschutz und Urheberrecht
GVG	Gerichtsverfassungsgesetz
GWB	Gesetz gegen Wettbewerbsbeschränkungen
i. S. d.	im Sinne der (des)
i. V. m.	in Verbindung mit
JA	Juristische Arbeitsblätter
JöR	Jahrbuch des öffentlichen Rechts
JR	Juristische Rundschau
Jura	Juristische Ausbildung
JuS	Juristische Schulung
JZ	Juristenzeitung
KFR	Kommentierte Finanzrechtsprechung
KStZ	Kommunale Steuerzeitschrift
LG	Landgericht
lit.	litera
LKV	Landes- und Kommunalverwaltung
MMR	MultiMedia und Recht
n. F.	neue Fassung
NJW	Neue Juristische Wochenschrift
NJW-RR	Neue Juristische Wochenschrift Rechtsprechungsreport
NJWE-WettR	Neue Juristische Wochenschrift Entscheidungen im Wettbewerbsrecht
Nr.	Nummer

NVwZ	Neue Zeitschrift für Verwaltungsrecht
NWVBl	Nordrhein-Westfälische Verwaltungsblätter
NZG	Neue Zeitschrift für Gesellschaftsrecht
NZS	Neue Zeitschrift für Sozialrecht
OLG	Oberlandesgericht
ÖPNV	öffentlicher Personennahverkehr
Rh.-Pf. GO	Gemeindeordnung von Rheinland-Pfalz
Rpfleger	Der Deutsche Rechtspfleger
Rs.	Rechtssache
Rspr.	Rechtsprechung
RWP	Rechts- und Wirtschaftspraxis
SächsVBl	Sächsische Verwaltungsblätter
SGB	Sozialgesetzbuch
Slg.	Sammlung
u. a.	unter anderem
UAbs.	Unterabsatz
UPR	Umwelt und Planungsrecht
UR	Umsatzsteuerrundschau
UVR	Umsatz- und Verkehrssteuer-Recht
UWG	Gesetz gegen unlauteren Wettbewerb
VerwArch	Verwaltungsarchiv
VG	Verwaltungsgericht
VGH	Verfassungsgerichtshof
VgV	Vergabeverordnung
VR	Verwaltungsrundschau
VVO	Verfahrensverordnung
VwGO	Verwaltungsgerichtsordnung
VwVfG	Verwaltungsverfahrensgesetz
WiB	Wirtschaftsrechtliche Beratung
WiVerw	Wirtschaft und Verwaltung
WM	Zeitschrift für Wirtschafts- und Bankrecht
WRP	Wettbewerb in Recht und Praxis
WuW	Wirtschaft und Wettbewerb
ZBB	Zeitschrift für Bankrecht und Bankwirtschaft
ZfK	Zeitschrift für kommunale Wirtschaft
ZfZ	Zeitschrift für Zölle und Verbrauchsteuern
ZGR	Zeitschrift für Unternehmens- und Gesellschaftsrecht
ZHR	Zeitschrift für das gesamte Handelsrecht und Wirtschaftsrecht

ZIP	Zeitschrift für Wirtschaftsrecht
ZKF	Zeitschrift für Kommunalfinanzen
ZPO	Zivilprozessordnung
ZUM	Zeitschrift für Urheber- und Medienrecht

Die Autoren

Dr. **Christian Kuntze**, geboren 1963 in München; Rechtsanwalt; Berufsausbildung zum Bankkaufmann; anschließend Juristisches Studium in Augsburg; 1992 Juristischer Dozent in den neuen Bundesländern bei der Deutschen Privaten Finanzakademie AG auf den Gebieten des BGB und HGB (Gesellschafts- und Handelsrecht); 1993/1994 Mitarbeiter bei der Europäischen Kommission in Brüssel in der GD IV für Wettbewerb in der Abteilung „Staatliche Beihilfen" für kleine und mittlere Unternehmen und für FuE-Programme, Kfz-Bereich und wettbewerbsrechtliche Situation von Banken und Versicherungen auf dem Europäischen Markt; 1994 wissenschaftlicher Mitarbeiter am Lehrstuhl für Europäisches Wettbewerbs- und Wirtschaftsrecht; 1998 Promotion; von 1994 bis 1997 Rechtsanwalt Sozietät Löffler & Kollegen, München; 1997/1998 Gründung der überörtlichen Sozietät „Kuntze Mayer & Beyer RAe/WP/StB", München; von 1998 bis 2000 Lehrbeauftragter an der Universität Augsburg für Europäisches Beihilfenaufsichtsrecht; seit 1998 Dozent für Rechtsanwälte beim Deutschen Anwaltsinstitut e.V. (D. A. I.) für Europäisches Wirtschaftsrecht, Europarecht, Europäisches Beihilfenaufsichtsrecht.

Prof. Dr. rer. pol. **Winfried Fuest**, geboren 1946 in Büren/Westfalen; Studium der Wirtschaftswissenschaften in Münster; von 1976 bis 1979 wissenschaftlicher Assistent am Lehrstuhl für Finanzwissenschaft der Westfälischen Wilhelms-Universität Münster; seit Februar 1979 im Institut der deutschen Wirtschaft Köln, Arbeitsbereich Öffentliche Haushalte, Steuer- und Finanzpolitik, Geld- und Währungspolitik; seit 1995 Mitglied der Geschäftsführung und stellvertretender Leiter der Hauptabteilung Wirtschafts- und Sozialpolitik; seit 1999 außerdem Lehrbeauftragter an der Fachhochschule der Wirtschaft (FHDW) in Bergisch Gladbach; seit dem 1. April 2000 Professor an der FHDW.

Sollten Sie Fragen zum Inhalt oder generelle Anregungen zum Thema haben oder weitere Informationen benötigen, wenden Sie sich bitte an: muenchen@kmb-partner.de